科学出版社“十三五”普通高等教育本科规划教材

拓扑学基础

江辉有　主编

科学出版社

北京

内 容 简 介

本书主要介绍点集拓扑学的基本知识. 全书分为十七讲, 包括预备知识, 拓扑空间的基本概念, 拓扑空间之间的连续映射, 拓扑基与邻域基, Tychonoff 积空间, 分离性公理, Urysohn 引理与完全正则空间, 点网与滤子, 拓扑空间的紧致性, 列紧性、可数紧性与伪紧性, 局部紧性与 Baire 空间, 仿紧性, 连通性与道路连通性, 度量空间的完备性与完备化, 商空间与商映射, 函数空间, 同伦映射与空间的同伦等价. 每讲内容介绍都比较深入, 并配备大量的例题和习题.

本书适合于综合性大学及师范院校数学系高年级本科生学习, 也可作为非拓扑学方向的数学系研究生的教材使用, 还可供广大数学工作者参考使用.

图书在版编目(CIP)数据

拓扑学基础/江辉有主编. —北京：科学出版社, 2020.1
科学出版社“十三五”普通高等教育本科规划教材
ISBN 978-7-03-064267-7

Ⅰ. ①拓… Ⅱ. ①江… Ⅲ. ①拓扑 Ⅳ. ①O189

中国版本图书馆 CIP 数据核字(2020) 第 017683 号

责任编辑: 姚莉丽　孙翠勤 / 责任校对: 杨聪敏
责任印制: 吴兆东 / 封面设计: 陈　敬

科学出版社 出版
北京东黄城根北街 16 号
邮政编码：100717
http://www.sciencep.com
固安县铭成印刷有限公司印刷
科学出版社发行　各地新华书店经销
*
2020 年 1 月第　一　版　开本: 720 × 1000　1/16
2025 年12月第五次印刷　印张: 16　3/4
字数: 328 000
定价: 59.00 元
(如有印装质量问题, 我社负责调换)

前 言

福州大学数学系本科专业 2013 年恢复了拓扑学课程, 之前中断了几年, 只在研究生阶段开设该课程. 根据我校学生的实际情况, 我们在自编的研究生用拓扑学教材基础上, 选取一部分点集拓扑学内容, 适当地补充、完善, 作为本科生的教材内容. 经过几年的使用, 不断地修改、完善, 逐渐形成目前这本教材.

拓扑学是公认的比较难学的一门数学课程, 其高度的抽象性往往让学生难以适从. 鉴于这一特点, 我们在编写教材时, 有意加入了大量的例子和一些简单的命题, 以使内容更为丰富, 相关概念的理解也更容易些. 这些例子和命题, 限于学时要求, 或就课程本身而言是可以省略的, 但是编者觉得, 它们的存在, 恰恰使得拓扑学教材不至于显得那么生硬, 提高了可读性. 在教学实践中, 我们发现这样做也是有益的, 学生们做作业会更容易些. 当然, 每章节的内容增加, 自然就给授课教师增加了一些负担, 需要其对教学内容做些取舍, 每一节只要抓住一条主线进行教学就可以了. 本教材按照 56 学时的要求编写, 经适当取舍, 也适合 48 学时教学需要. 文中带 “*” 号的部分属于扩展内容, 忽略掉它并不影响对本书知识的理解.

预备知识部分, 对数学系本科高年级学生而言, 绝大多数内容是已经接触过的, 甚至是比较熟悉的, 因此根据学生的实际情况, 可以简单介绍, 或者让学生自己学习. 当然如果学生的基础比较薄弱, 则最好用 1 次课的时间讲授, 特别是关于映射的部分内容需要讲一讲, 否则后面的一些证明可能会无法及时理解. 如果是 48 学时的讲授, 建议第 14、16、17 讲这三讲不要讲授. 第 14 讲度量空间的完备化问题比较综合, 有时间就讲, 没时间可以不讲, 或者只介绍一下如何完备化即可. 第 16 讲函数空间一般需要学生有较强的理解力, 而第 17 讲同伦与同伦等价主要是代数拓扑里使用的概念, 因此这两部分内容不讲, 对本科生而言, 影响不大. 如果教学是 56 学时, 则全部内容可以讲授, 中间的取舍教师可根据学生的实际需要自行把握.

要想学好拓扑学, 做练习是必不可少的, 许多概念的理解是在不断做练习题的过程中逐渐加深的. 为此, 本书特别配备了大量的习题, 题目的难易程度并没有按照题序安排, 有一些习题还很有挑战性. 修这门课的学生应该尽可能完成书后的大部分习题; 作为基本训练, 建议每节至少应该完成十题.

本书在编写过程中得到福州大学教务处和数学与计算机科学学院领导的大力

支持, 在此, 编者向他们致以诚挚的谢意!

限于水平, 书中或有不妥之处, 敬请读者批评指正!

江辉有

2019 年 5 月于福州大学

目　录

第1讲　预备知识

1.1　集合代数与关系

通常, 我们把一些具有某种共性的单个事物组成的总体称为一个**集合**, 常用大写字母来表示, 如 A, B, F, Λ, Ω 等. 在本书中, 我们约定用 $\mathbb{R}, \mathbb{Z}, \mathbb{C}, \mathbb{Q}, \mathbb{N}$ 来分别表示实数集、整数集、复数集、有理数集和自然数集 (本书中指正整数集). $\mathbb{R}^+, \mathbb{Q}^+, \mathbb{Z}^+$ 分别表示正实数集、正有理数集和正整数集. 组成集合的个体称为该集合的元素. 而以集合为元素的集合通常称为**集族**, 常用花体字母来表示, 如 $\mathscr{U}$, $\Re$, $\Im$ 等. 没有任何元素的集合称为空集, 记作 $\varnothing$. 记号 $x \in A$ 表示 x 是集合 A 的一个元素, 读作 "x 属于 A"; 而 $x \notin A$ 表示 x 不是集合 A 的一个元素, 读作 "x 不属于 A". 记号 $A \subset B$ 表示集合 A 的所有元素都是集合 B 的元素, 此时称集合 A 是集合 B 的一个子集, 读作 "A 包含于 B", 也可读作 "B 包含 A". 记号 $A = B$ 表示集合 A 和 B 相等, 意指 $A \subset B$ 且 $B \subset A$, 即它们有完全一样的元素. 满足条件 $p(x)$ 的元素 x 的全体构成的集合常记为 $\{x|p(x)\}$ 或者 $\{x : p(x)\}$, 其中 $p(x)$ 表示元素 x 所满足的某种性质. 比如, 实数集上的开区间 $(0,1)$ 可表示为集合

$$\{x|x \in \mathbb{R}, 0 < x < 1\}, \quad \text{或者} \quad \{x : x \in \mathbb{R}, 0 < x < 1\}.$$

通常在某一讨论中, 所涉及的集合都是某个给定的集合 X 的子集, 这个 X 称为**全集或基本集**. X 中满足条件 $p(x)$ 的元素 x 的全体构成的集合记为 $\{x \in X|p(x)\}$ 或 $\{x|x \in X, p(x)\}$. X 的子集之间主要有下面将要介绍的一些基本运算. 我们用 $\mathscr{P}X$ 或 2^X 表示 X 的所有子集构成的集族, 称为 X 的**幂集**. 设 A 和 B 是 X 的两个子集, $\Re = \{A_\lambda|\lambda \in \Lambda\} \subset 2^X$ 是 X 的一个子集族. 我们定义如下运算.

并运算　若 $\Re = \varnothing$, 则规定并 $\bigcup \Re = \varnothing$; 若 $\Re \neq \varnothing$, 则 $\bigcup \Re = \{x \in X \,|\exists\, \lambda \in \Lambda, x \in A_\lambda\}$, 即 $\bigcup \Re$ 就是 $\Re$ 中所有集合的元素合在一起所构成的集合, 当元素有重复时, 仅取一次. 特别地, 当 $\Re = \{A_1, A_2, \cdots, A_n\}$ 或 $\Re = \{A_1, A_2, \cdots, A_n, \cdots\}$ 时, $\bigcup \Re$ 也分别记为

$$\bigcup_{i=1}^{n} A_i = \bigcup_{i \leqslant n} A_i = A_1 \cup A_2 \cup \cdots \cup A_n \quad \text{和} \quad \bigcup_{i=1}^{\infty} A_i = \bigcup_{i \in \mathbb{N}} A_i = A_1 \cup A_2 \cup \cdots.$$

交运算　若 $\Re = \varnothing$, 则交 $\bigcap \Re$ 不予定义; 若 $\Re \neq \varnothing$, 则 $\bigcap \Re = \{x \in X|\forall \lambda \in \Lambda, x \in A_\lambda\}$, 即 $\bigcap \Re$ 表示 $\Re$ 所有集合所共有的元素构成的集合. 而当 $\Re = \{A_1, A_2, \cdots,$

$A_n\}$ 或 $\Re=\{A_1,A_2,\cdots,A_n,\cdots\}$ 时, $\bigcap\Re$ 也分别记为

$$\bigcap_{i=1}^{n}A_i=\bigcap_{i\leqslant n}A_i=A_1\cap A_2\cap\cdots\cap A_n \quad 和 \quad \bigcap_{i=1}^{\infty}A_i=\bigcap_{i\in\mathbb{N}}A_i=A_1\cap A_2\cap\cdots.$$

当 $A\cap B=\varnothing$ 时, 称 A 和 B 不 (相) 交, 也称互外; 否则称 A 和 B 相交. 当 $A\cap B=\varnothing$ 时, 通常称并 $A\cup B$ 为不交并. 更一般地, 如果 $\Re$ 中每两个元素都不相交, 则称并 $\bigcup\Re$ 为不交并.

差运算与余运算 集合 A 与 B 的差集定义为 $A-B=\{x\in X|x\in A\wedge x\notin B\}$. 特别地, X 的子集 A(在 X 中) 的余集定义为 $A^{\mathrm{c}}=X-A=\{x\in X|x\notin A\}$.

关于上述这些运算, 我们有如下常用的 De Morgan 公式.

定理 1.1.1 (De Morgan) 若 X 的子集族 $\Re=\{A_\lambda|\lambda\in\Lambda\}\neq\varnothing$, $A\subset X$, 则有

(1) $A-\bigcup\Re=A-\bigcup\{A_\lambda|\lambda\in\Lambda\}=\bigcap\{A-A_\lambda|\lambda\in\Lambda\}$;

(2) $A-\bigcap\Re=A-\bigcap\{A_\lambda|\lambda\in\Lambda\}=\bigcup\{A-A_\lambda|\lambda\in\Lambda\}$;

(3) $\left(\bigcup\{A_\lambda|\lambda\in\Lambda\}\right)^{\mathrm{c}}=\bigcap\{A_\lambda^{\mathrm{c}}|\lambda\in\Lambda\}$;

(4) $\left(\bigcap\{A_\lambda|\lambda\in\Lambda\}\right)^{\mathrm{c}}=\bigcup\{A_\lambda^{\mathrm{c}}|\lambda\in\Lambda\}$. □

此外, 下面这些结论是基本而重要的, 读者应该熟练掌握.

定理 1.1.2 设 A,B,C 是全集 X 的任意三个子集, 则有

(1) $A\subset A,\varnothing\subset A$; 若 $A\subset B$ 且 $B\subset C$, 则 $A\subset C$.

(2) 交换律: $A\cup B=B\cup A, A\cap B=B\cap A$.

(3) 结合律: $A\cup(B\cup C)=(A\cup B)\cup C; A\cap(B\cap C)=(A\cap B)\cap C$.

(4) 分配律: $A\cap(B\cup C)=(A\cap B)\cup(A\cap C)$; $A\cup(B\cap C)=(A\cup B)\cap(A\cup C)$.

(5) 互补律: $A\cap A^{\mathrm{c}}=\varnothing; A\cup A^{\mathrm{c}}=X$; $(A^{\mathrm{c}})^{\mathrm{c}}=A$; $\varnothing^{\mathrm{c}}=X, X^{\mathrm{c}}=\varnothing$; $A-B=A\cap B^{\mathrm{c}}$.

(6) 下列六个条件相互等价:

(i) $A\subset B$; (ii) $B^{\mathrm{c}}\subset A^{\mathrm{c}}$; (iii) $A\cap B^{\mathrm{c}}=\varnothing$;

(iv) $A^{\mathrm{c}}\cup B=X$; (v) $A\cap B=A$; (vi) $A\cup B=B$. □

一个序对 (x,y) 指的是一个集合 $\{x,\{x,y\}\}$. 通常称 x 为第一坐标, y 为第二坐标. 容易看出, 两个序对 (x_1,y_1) 和 (x_2,y_2) 相等当且仅当 $x_1=x_2$ 且 $y_1=y_2$. 集合 X 和 Y 的**笛卡儿积**定义为

$$X\times Y=\{(x,y)|x\in X,y\in Y\}.$$

$X\times Y$ 的任一子集 R 称为 X 到 Y 的一个**关系**. 若 $(x,y)\in R$, 则称 x 与 y 是 R-相关的, 也记为 xRy. 若 R 是 X 到 Y 的一个关系, 则其**定义集**为 $\mathscr{D}R=\{x\in X|\exists y\in Y,xRy\}$(为方便起见, 也常常记为 DR), 也称为定义域. 而其**值集**则为

$\mathscr{R}R = \{y \in Y | \exists x \in X, xRy\}$. 从 X 到 X 的一个关系也称为 X 上的一个关系. 若 R 是从 X 到 Y 的一个关系, 则 $R^{-1} = \{(y,x)|(x,y) \in R\}$ 是从 Y 到 X 的一个关系, 称为 R 的**逆关系**. 若 R_1 是从 X 到 Y 的一个关系, R_2 是从 Y 到 Z 的一个关系, 则

$$R_2 \circ R_1 = \{(x,z)|\exists y \in Y, (x,y) \in R_1, (y,z) \in R_2\}$$

是从 X 到 Z 的一个关系, 称为 R_1 和 R_2 的**复合 (关系)**.

集合 $\Delta(X) = \{(x,x)|x \in X\}$ 作为一个关系称为 X 上的**恒同关系**, 有时也记作 id_X. 当作为 $X \times X$ 的子集时, 也称为 $X \times X$ 的**对角线**.

1.2 函数与等价关系

定义 1.2.1 从 X 到 Y 的一个关系 f 如果满足: $\forall x \in X$, 存在唯一的 $y \in Y$ 使得 xfy, 则称为一个**函数**(或**映射**), X 称为 f 的定义域, 记为 $X = \mathscr{D}f$. 若 xfy, 则称 y 为 x 在 f 下的像, 记作 $y = f(x)$. f 的所有像的集合称为 f 的值域, 记为 $\mathscr{R}f$.

当 $X = \varnothing$ 时, 从 X 到任一集合 Y 的函数只有一个, 即 $f = \varnothing$. 当 $X \neq \varnothing$, $Y = \varnothing$ 时, 则没有 X 到 Y 的函数. 若 f 为从 X 到 Y 的一个函数, 通常记为 $f: X \to Y$. 以后我们约定, 只要出现 $f: X \to Y$, 就表明 f 是从 X 到 Y 的一个函数 (或映射).

定义 1.2.2 设 $f: X \to Y$. 若 $\mathscr{R}f - Y$, 则称 f 为**满映射**(简称**满射**). 若 $\mathscr{R}f$ 为单元集, 则称 f 为**常值映射**. 若 f 满足: 当 $f(x_1) = f(x_2)$ 时必有 $x_1 = x_2$, 则称 f 为**单一映射**(简称**单射**). 既是单射又是满射的映射称为**一一对应**(或**一一映射**), 此时其逆关系 f^{-1} 显然也是一一对应, 称为其**逆映射**.

设 $f: X \to Y$, 若 $A \subset X$, 则定义 $f(A) = \{f(x)\,|x \in A\}$, 称为 A 在 f 下的**像 (集)**. 若 $B \subset Y$, 则定义 $f^{-1}(B) = \{x \in X\,|f\,(x) \in B\}$, 称为 B 在 f 下的**逆像 (集)**. 特别地, 对于 $y \in Y$, 我们习惯上把 $f^{-1}(\{y\})$ 简记为 $f^{-1}(y)$. 特别要注意的是, 一般而言, $f^{-1}(y)$ 是一个集合, 未必只有一个元素, 当然也有可能是空集.

如果 A 是 X 的一个子集, 映射 $i_A: A \to X, x \mapsto x$ 称为**包含映射** (也称**含入映射**). 显然它是单射, 并且它为满射当且仅当 $A = X$.

关于集合间的映射, 我们有如下一些基本而重要的结论.

定理 1.2.1 设 $f: X \to Y$, 则有

(1) 若 $\Im \subset 2^X$, 则

$$f\left(\bigcup \Im\right) = \bigcup \{f(E)|E \in \Im\}, \quad 且 f\left(\bigcap \Im\right) \subset \bigcap \{f(E)|E \in \Im\} \quad (\Im \neq \varnothing);$$

(2) 若 $\varnothing \neq \Re \subset 2^Y$, 则

$$f^{-1}\left(\bigcup \Re\right) = \bigcup \{f^{-1}(A) | A \in \Re\}, \quad 且 f^{-1}\left(\bigcap \Re\right) = \bigcap \{f^{-1}(A) | A \in \Re\}. \quad \square$$

注 应该注意的是, 定理 1.2.1(1) 中的包含式一般不能改为等式. 请读者自己举例说明.

定义 1.2.3 设 R 是 X 上的一个关系.

(1) 如果对任意的 $x \in X$ 都有 xRx, 则称 R 是**自反的**;

(2) 如果对任意的 $x, y \in X$, 只要 xRy, 就有 yRx, 则称 R 是**对称的**;

(3) 如果对任意的 $x, y, z \in X$, 只要 xRy 且 yRz, 就有 xRz, 则称 R 是**传递的**;

(4) 若 R 是自反的、对称的, 并且是传递的, 则称 R 是一个**等价关系**.

定义 1.2.4 设 R 是 X 上的一个等价关系, 则 $\forall x \in X, R(x) = \{y \in X | xRy\}$ 称为以 x 为代表元的一个 **(模 R) 等价类**. 全体等价类的集合称为 X 关于 R 的**商集**, 记作 X/R, 即

$$X/R = \{R(x) | x \in X\}.$$

而满射 $p: X \to X/R, x \mapsto R(x)$ 称为关于 R 的**自然映射**.

对于 $x \in X, R(x)$ 在不必提及等价关系 R 的情况下, 也记作 $[x]$.

定义 1.2.5 X 的非空子集族 Σ 称为集合 X 的一个**划分**, 是指 Σ 满足如下条件:

(1) $\forall A \in \Sigma, A \neq \varnothing$;

(2) 若 $A, B \in \Sigma, A \neq B$, 则 $A \cap B = \varnothing$;

(3) $\bigcup \Sigma = X$.

定义 1.2.6 设 Σ 为集合 X 的一个划分. 令

$$R(\Sigma) = \bigcup \{A \times A | A \in \Sigma\}.$$

则易知 $R(\Sigma)$ 是 X 上的一个等价关系, 称为**由 Σ 生成的等价关系**.

定理 1.2.2 设 Σ 为集合 X 的一个划分, 则 $X/R(\Sigma) = \Sigma$. $\square$

定理 1.2.3 设 R 是 X 上的一个等价关系, 则 X/R 是 X 的一个划分, 并且 $R(X/R) = R$. $\square$

1.3 序关系与选择公理

序关系 (简称序) 是通常的大小关系、前后关系等有顺序的关系的抽象形式, 或者说推广.

定义 1.3.1 设 R 是 X 上的一个关系. 如果只要 xRy 且 yRx, 则必有 $x=y$. 那么我们称 R 在 X 上是反对称的. X 上的一个自反、反对称并且传递的关系 R 就称为 X 上的一个**偏序**. 当 R 是 X 上的一个偏序时, 偶对 (X,R) 称为一个**偏序集**. 在偏序关系 R 明确且不必特别提及的情况下, 有时也简称 X 为一个偏序集.

偏序关系常用 $\leqslant$ 来表示, 甚至仍读作 "不大于" 或 "小于等于", 但其真实含义需联系具体定义来理解, 不能简单地理解成通常的小于等于 (不大于). $x\leqslant y$ 有时也写作 $y\geqslant x$. $(x,y)\notin\leqslant$ 简记为 $x\not\leqslant y$, 但要注意, 一般地说, 此时并不意味着有 $x>y$. 我们通常记 $<:=\leqslant-\Delta(X)$, 也就是说,

$$(x,y)\in< \text{ (简记为 } x<y\text{) 当且仅当 } x\leqslant y\wedge x\neq y.$$

此时称 x 小于 y, 或 y 大于 x. 对于 $x<y$ 与 $y>x$ 我们通常不加区别.

定义 1.3.2 设 $(X,\leqslant)$ 是一个偏序集, $A\subset X$.

(1) a 称为 A 的**最小元**, 记为 $a=\min A$, 是指 $a\in A$ 并且 $\forall x\in A, a\leqslant x$;

(2) b 称为 A 的**最大元**, 记为 $b=\max A$, 是指 $b\in A$ 并且 $\forall x\in A, x\leqslant b$;

(3) a 称为 A 的**极小元**, 是指 $a\in A$, 并且若 $x\in A\wedge x\leqslant a$, 则 $x=a$;

(4) b 称为 A 的**极大元**, 是指 $b\in A$, 并且若 $x\in A\wedge x\geqslant b$, 则 $x=b$;

(5) a 称为 A 的一个**下界**, 是指 $a\in X$, 并且 $\forall x\in A, a\leqslant x$;

(6) a 称为 A 的**下确界**, 记作 $a=\inf A$, 是指 a 是 A 的一个下界, 并且是 A 的一切下界构成的集合中的最大元;

(7) a 称为 A 的一个**上界**, 是指 $a\in X$, 并且 $\forall x\in A, x\leqslant a$;

(8) a 称为 A 的**上确界**, 记作 $a=\sup A$, 是指 a 是 A 的一个上界, 并且是 A 的一切上界构成的集合中的最小元.

例 1.3.1 设 X 是一个非空集合, 非空集族 $\Re\subset 2^X$. 容易看出, 关系 $\leqslant=\{(A,B)|A,B\in\Re, A\subset B\}$ 是 $\Re$ 上的一个偏序, 偏序集 $(\Re,\leqslant)$ 习惯上记作 $(\Re,\subset)$. 它有上界 X 和下界 $\varnothing$, 但是未必有最大元和最小元 (想想为什么?). 然而, 偏序集 $(2^X,\subset)$ 却有最小元 $\varnothing$ 和最大元 X. □

例 1.3.2 关系 $\leqslant=\{(m,n)\in\mathbb{N}\times\mathbb{N}|\exists p\in\mathbb{N}, n=mp\}$ 是 $\mathbb{N}$ 上的一个偏序, 偏序集 $(\mathbb{N},\leqslant)$ 有最小元 1, 但无最大元. 对集合 $A=\{2,4,5,8,40\}$ 来说, 1 是它的下界, 也是下确界; 它有无穷多个上界, 上确界为 40, 它同时也是 A 的最大元. A 无最小元. 此处 $\leqslant$ 实际上就是通常的整除关系. □

定义 1.3.3 (1) 关系 $\leqslant$ 称为集合 X 上的一个**全序**(也称**线性序**), 是指 $\leqslant$ 是 X 上的一个偏序, 并且满足: 对任意 $x,y\in X$, 要么有 $x\leqslant y$, 否则有 $y\leqslant x$. 此时, $(X,\leqslant)$ 称为**全序集** (或**线性序集**), 也称为**链**.

(2) 关系 $\leqslant$ 称为集合 X 上的一个**良序**, 是指 $\leqslant$ 是 X 上的一个偏序, 并且 X 上的每个非空子集都有最小元. 此时, $(X,\leqslant)$ 称为**良序集**.

(3) 设 $(X,\leqslant)$ 是一个全序集, $a,b\in X$, 且 $a\leqslant b$. 定义

$[a,b]=\{x\in X|x\geqslant a\wedge x\leqslant b\}$ 称为以 a 为左端点, b 为右端点的**闭区间**;

$[a,b)=\{x\in X|x\geqslant a\wedge x<b\}$ 称为以 a 为左端点, b 为右端点的**左闭右开区间**(注意可能为空!);

$(a,b)=\{x\in X|x>a\wedge x<b\}$ 称为以 a 为左端点, b 为右端点的**开区间** (注意可能为空!);

$[a,\rightarrow]=\{x\in X|x\geqslant a\}$ 称为**闭右射线**;

$(a,\rightarrow]=\{x\in X|x>a\}$ 称为**开右射线** (注意可能为空!).

类似地可定义 $(a,b],[\leftarrow,b),[\leftarrow,b]$ 等, 这些统称为全序集 $(X,\leqslant)$ 的**区间**.

(4) 设 $(X,\leqslant)$ 是一个偏序集, $A\subset X$, 则 $\leqslant_A=(A\times A)\cap\leqslant$ 是 A 上的一个偏序, 也称为 A 上的**诱导偏序**. $(A,\leqslant_A)$ 称为 $(X,\leqslant)$ 的一个**偏序子集**, 简记为 $(A,\leqslant)$.

例 1.3.3　每个良序集都是全序集, 因为若 $(X,\leqslant)$ 是个良序集, 则 $\forall x,y\in X,\{x,y\}$ 有最小元, 不妨设为 x, 则 $x\leqslant y$. 可见 $(X,\leqslant)$ 是个全序集. □

例 1.3.4　实数集 $\mathbb{R}$ 上的 "小于或等于" 关系 $\leqslant$ 是一个全序, 称为 $\mathbb{R}$ 上的通常全序, 但它并非良序. 因为非空子集 $\mathbb{R}^+$ 就没有最小元. 然而 $(\mathbb{N},\leqslant)$ 却是 $(\mathbb{R},\leqslant)$ 的一个良序子集. □

下面对序对 (x,y) 的概念作推广如下: 对 $x_1,x_2,\cdots,x_n(n\geqslant 3)$, 我们归纳地定义

$$(x_1,x_2,\cdots,x_n)=((x_1,x_2,\cdots,x_{n-1}),x_n),$$

这样就有了 n-**元序组**的概念. 其中 $x_i(1\leqslant i\leqslant n)$ 称为该序组的第 i 个坐标. 如 n 维欧氏空间就是带有欧氏拓扑的点集

$$\mathbb{R}^n=\{(x_1,x_2,\cdots,x_n)|\forall 1\leqslant i\leqslant n,x_i\in\mathbb{R}\}.$$

一般地说, 若 $X_1,X_2,\cdots,X_n$ 是 n 个非空集, 可定义

$$\prod_{i\leqslant n}X_i=\prod_{i=1}^{n}X_i:=\{(x_1,x_2,\cdots,x_n)|\forall 1\leqslant i\leqslant n,x_i\in X_i\},$$

称为以 $X_1,X_2,\cdots,X_n$ 为因子的**笛卡儿积**. 为便于进一步推广, 我们还可以用另一种方法来重新定义以 $X_1,X_2,\cdots,X_n$ 为因子的笛卡儿积.

记 $I_n=\{1,2,\cdots,n\}$, 并令 $D=\left\{f\,\middle|\,f:I_n\rightarrow\bigcup_{i=1}^{n}X_i,\forall i\leqslant n,f(i)\in X_i\right\}$. 再定义

$$\varphi:\prod_{i=1}^{n}X_i\rightarrow D,\quad x=(x_1,x_2,\cdots,x_n)\mapsto f_x,$$

其中 $f_x \in D$ 定义为: $\forall i \leqslant n, f_x(i) = x_i$. 则容易看出 φ 是一个一一对应. 因此可以用 D 来代替笛卡儿积 $\prod_{i=1}^{n} X_i$ 的定义, 也就是说, 有

$$\prod_{i=1}^{n} X_i = \left\{ x \,\middle|\, x : I_n \to \bigcup_{i=1}^{n} X_i, \forall i \leqslant n, x(i) \in X_i \right\}.$$

由此, 我们可以把笛卡儿积推广到任一集族上去. 设 $\{X_\lambda \,|\, \lambda \in \Lambda\}$ 是任一集族, 称

$$\prod_{\lambda \in \Lambda} X_\lambda = \left\{ x \,\middle|\, x : \Lambda \to \bigcup_{\lambda \in \Lambda} X_\lambda, \forall \lambda \in \Lambda, x(\lambda) \in X_\lambda \right\}$$

为集族 $\{X_\lambda \,|\, \lambda \in \Lambda\}$ 的**笛卡儿积**, 简称积. 这里每个 X_λ 称为该积的一个**因子**, 习惯上称为第 λ 个因子. 若 $x \in \prod_{\lambda \in \Lambda} X_\lambda$, 则 $x(\lambda)$ 称为 x 的第 λ 个**坐标**, 常简记为 x_λ, 即有 $x = (x_\lambda)_{\lambda \in \Lambda}$. 当 $\Lambda = I_n$ 时, 定义和前面的一致; 而当 $\Lambda = \mathbb{N}$ 时, 该积常记为 $\prod_{i=1}^{\infty} X_i = X_1 \times X_2 \times \cdots$; 当 $\Lambda = \varnothing$ 时, $\prod_{\lambda \in \Lambda} X_\lambda = \{\varnothing\}$; 而当 $\Lambda \neq \varnothing$, 且至少有一个 $\lambda \in \Lambda$ 使 $X_\lambda = \varnothing$ 时, $\prod_{\lambda \in \Lambda} X_\lambda = \varnothing$. 特别地, 若 $\forall \lambda \in \Lambda, X_\lambda = X$, 则把积 $\prod_{\lambda \in \Lambda} X_\lambda$ 简记为 ${}^{\Lambda}X$, 即有 ${}^{\Lambda}X = \{x \,|\, x : \Lambda \to X\}$, 就是所有从 Λ 到 X 的映射的集合. 若 $\Lambda \neq \varnothing$, 则 ${}^{\Lambda}\varnothing = \varnothing$, 而 ${}^{\varnothing}X = \{\varnothing\}$. 对于如上定义的积, $\forall \lambda_0 \in \Lambda$, 我们把映射

$$\pi_{\lambda_0} : \prod_{\lambda \in \Lambda} X_\lambda \to X_{\lambda_0}, \quad x \mapsto x_{\lambda_0} \quad (\text{其中 } x = (x_\lambda)_{\lambda \in \Lambda})$$

称为第 λ_0 个投射. 显然, 这是一个满射.

对于如上定义的积, 实际上存在一个逻辑上的问题: 对于由非空集合组成的任意集族 $\{X_\lambda \,|\, \lambda \in \Lambda\}$ 来说, 是否仍然有 $\prod_{\lambda \in \Lambda} X_\lambda \neq \varnothing$ 成立? 这就是选择公理的问题. 当 Λ 是无限集时, 我们无法在有限步骤内从每个 X_λ 取出点来, 因此历史上曾有一些数学家质疑该公理的合理性. 然而选择公理确确实实是个非常好用的公理, 有了它 (或者与之等价的其他公理), 数学上一些看似虚无缥缈的东西得以证明, 比如线性代数中任意线性空间中基的存在性等.

下面我们先介绍一下选择公理最基本的几种等价形式, 然后简单列出 Zermelo-Frankel 集合论中九条公理, 作为公理化集合论的简单介绍.

为此, 我们首先给出一个定义.

定义 1.3.4 给定一个集合 X 和 X 的子集的某种性质 p. 我们说 p 是**具有有限特征标的性质**, 是指: 空集有此性质, 并且如果集合 $A \subset X$ 有此性质, 则 A 的所有有限子集都有此性质.

下面四条公理是相互等价的.

(A_1) **选择公理**　对每一个由非空集合组成的非空集族 $\{X_\lambda\,|\,\lambda\in\Lambda\}$, 都存在选择函数 $f:\Lambda\to\bigcup\limits_{\lambda\in\Lambda}X_\lambda$ 使得对每个 $\lambda\in\Lambda, f(\lambda)\in X_\lambda$.

(A_2) **Zermelo 良序定理**　在每个集合 X 上都存在一个良序.

(A_3) **Teichmuller-Tukey 引理**　给定一个集合 X 和 X 的子集的一个性质 p. 如果 p 是个具有有限特征标的性质, 则 X 的每个具有性质 p 的集合 $A\subset X$ 必定包含在一个集合 $B\subset X$ 内, 集合 B 具有性质 p, 并且在 X 的所有具有性质 p 的子集中, B 是在偏序 $\subset$ 下的极大元.

(A_4) **Kuratowski-Zorn 引理**　如果偏序集 $(X,\leqslant)$ 的每个全序子集 A 都有上界, 则偏序集 $(X,\leqslant)$ 必有极大元.

Zermelo-Frankel 集合论简称 ZF, 它包含如下九条公理:

外延公理　如果 $x\in X$ 当且仅当 $x\in Y$, 则 $X=Y$.

无序对公理　$\forall x,y$, 存在集合 $\{x,y\}$(即无序对) 使得 $z\in\{x,y\}$ 当且仅当 $z=x$, 或者 $z=y$.

并集公理　$\forall\mathscr{F}$, 存在集合 $\bigcup\mathscr{F}$(并集) 使得 $x\in\bigcup\mathscr{F}$ 当且仅当存在 $F\in\mathscr{F}$ 使得 $x\in F$.

幂集公理　$\forall X$, 存在集合 2^X(幂集) 使得 $A\in 2^X$ 当且仅当 $A\subset X$.

分离公理　任取集合 X 以及关于 x 的命题 $p(x)$, 存在集合 A 使得 $x\in A$ 当且仅当 $x\in X$, 且 $p(x)$ 成立.

空集公理　存在集合 $\varnothing$(空集), 使得对任意 $x, x\notin\varnothing$.

无穷公理　存在一个集合 ω(含有无穷多个元素的集合), 使得 $\varnothing\in\omega$, 并且若 $x\in\omega$, 则 $x\cup\{x\}\in\omega$.

替换公理　任取集合 X 以及关于 x,y 的命题 $R(x,y)$, 如果 R 满足: "$\forall x\in X$, 存在唯一的 y 使得 $R(x,y)$ 成立", 则存在集合 Y 使得 $y\in Y$ 当且仅当存在一个 $x\in X$ 使得 $R(x,y)$ 成立.

正则公理　任取非空集合 X, 其元素关于从属关系 $\in$ 存在一个极小元, 即存在 $x\in X$ 使得 $\forall y\in X, y\notin x$.

顺便提一下, 在 ZF 中, 所有对象都是集合, 最多只是层次不同. 比如, 在 ZF 中, 自然数可以按照如下方式归纳定义:

$$0=\varnothing, 1=\{\varnothing\}=\{0\}, 2=\{\varnothing,\{\varnothing\}\}=\{0,1\},\cdots,n+1=\{0,1,\cdots,n\},\cdots.$$

在 ZF 中添加一条选择公理, 就成了 ZFC. 本书的所有命题 (包括习题) 都可以在 ZFC 中给出证明.

1.4 集合的可数性

如果集合 A 的元素只有有限个, 就称它是**有限集**. 集合 A 如果不是有限集, 就称为**无限集**. 不同的无限集所含元素的个数可能有质的区别, 这一点被德国数学家 Cantor 注意到了. 他通过一一对应的手段, 对无限集做了精准的区别. 无限集的一个特征性质是它可以与它的真子集一一对应. 我们把能与自然数集形成一一对应的集合称为**可数无限集** (也称**可列集**), 把能够与自然数集的某个子集一一对应的集合统称为**可数集** (countable set), 当然, 可数集包含了有限集和可列集. 不是可数集的集合称为**不可数集** (uncountable set).

例如, 整数集和自然数集都是可数无限集. 通过一个不太难的证明即可知道, 有理数集也是可数无限集. 但是, 实数集却不是可数集 (严格的证明不是太容易! 读者不妨一试). 下面以几个不加证明的结论来介绍一下有关可数性的基本性质.

定理 1.4.1 设 A 是一个非空集合, 则 A 是一个可数集与如下两个条件等价:

(1) 存在一个满映射 $f:\mathbb{N}\to A$;

(2) 存在一个单映射 $g:A\to\mathbb{N}$. □

定理 1.4.2 (1) 可数集的子集都是可数集;

(2) 可数个可数集的并集也是可数集;

(3) 有限个可数集的笛卡儿积也是可数集. □

但要注意, 可数个可数集的笛卡儿积却未必是可数集. 例如, 若记 $X=\{0,1\}$, 则利用实数的二进制表示, 不难看出, $X^{\mathbb{N}}$ 是不可数集. $X^{\mathbb{N}}$ 有时候也写成 X^{ω}. 这里 ω 称为第一无限序数.

定理 1.4.3 (Schroeder-Bernstein) 如果存在两个单射 $f:A\to B$ 和 $g:B\to A$, 则存在一一对应 $h:A\to B$. □

定理 1.4.4 如果 A 是一个给定的非空集合, 则不存在一个单映射 $g:2^A\to A$, 也不存在一个满映射 $f:A\to 2^A$. □

定理 1.4.5 非空集合 A 是一个无限集的充分必要条件是: A 与其某个真子集之间可建立一一对应. □

由此我们容易得到一个重要的推论.

推论 1.4.1 可数无限集的幂集不是可数集. 特别地, 实数集 $\mathbb{R}$ 不是可数集.□

数学归纳法 设 $P(n)$ 是一个与不小于 n_0 的自然数有关的命题. 如果 $P(n_0)$ 成立, 并且对任一自然数 $n\geqslant n_0$, 当 $P(n)$ 成立时, $P(n+1)$ 也成立. 则对一切自然数 $n\geqslant n_0$, $P(n)$ 均成立.

当然我们还常常使用下面的方法.

强数学归纳法　设 $P(n)$ 是一个与不小于 n_0 的自然数有关的命题. 如果 $P(n_0)$ 成立, 并且当对一切小于 n(此处 $n > n_0$) 的自然数 m, $P(m)$ 均成立时, $P(n)$ 也成立. 则对一切自然数 $n \geqslant n_0$, $P(n)$ 均成立.

*1.5　基　　数

区分两个具有有限个元素的集合之间元素的多少是一件很容易的事情, 但是要区分两个具有无限个元素的集合究竟哪一个的元素更多却不是那么容易. 对此, 德国数学家 Cantor 给出了一种方法, 可以在无限集合之间作一种细致的区分, 他给出的基数和序数这两个概念, 奠定了现代集合论的基础. 用一一对应来对两个集合的元素多少进行比较, 是优于 "数数法" 的, 是一个质的飞跃.

定义 1.5.1　如果在集合 A 和集合 B 之间存在一一对应 $f: A \to B$, 则称集合 A 和集合 B 是**等势的**, 记为 $A \sim B$.

定理 1.5.1　集合之间的等势关系是一个等价关系, 即对任意集合 A, B, C, 有

(1) $A \sim A$;

(2) 若 $A \sim B$, 则 $B \sim A$;

(3) 若 $A \sim B$, 且 $B \sim C$, 则 $A \sim C$. □

例 1.5.1　对于任何集合 X, 令 2^X 表示从 X 到 $\{0,1\}$ 的所有映射构成的集合, $\mathscr{P}X$ 表示 X 的所有子集构成的集合. 对于 X 的任一子集 A, 定义映射

$$c_A : X \to \{0,1\}, \quad c_A(x) = \begin{cases} 0, & x \notin A, \\ 1, & x \in A, \end{cases}$$

称为子集 A 的**特征函数**. 再定义映射

$$f : 2^X \to \mathscr{P}X, \quad f(c) = c^{-1}(1), \text{ 对每个 } c \in 2^X.$$

则不难验证, f 是一一对应. 因此 $2^X \sim \mathscr{P}X$. 正因如此, 有时我们把 2^X 和 $\mathscr{P}X$ 这两个记号不加区别地使用. □

显然, 等势关系把所有集合分成一些等价类. 由于集合论中基数的严格定义是通过等价类的初始序数来定义的, 因此我们这里只给出基数的一个不很严格的定义.

定义 1.5.2　对于每个集合 A, 对应一个符号 $|A|$, 称为 A 的**基数**, 它满足如下条件:

(1) 如果 $A \sim B$, 则 $|A| = |B|$;

(2) $|\varnothing| = 0$;

(3) 如果有自然数 n 使得 $A \sim \{1, 2, \cdots, n\}$, 则 $|A| = n$.

显然, 基数就是通常个数概念的推广. 从条件 (2) 和 (3) 可知, 每个非负整数都是一个基数, 这些基数称为**有限基数**, 而其余的所有基数都称为**无限基数**. 常用的无限基数主要有 $\aleph_0 = |\mathbb{N}|, c = |\mathbb{R}|$ 等, 其中 c 又称为连续统基数. 断言在 $\aleph_0$ 与 c 之间不存在其他基数, 就是所谓的**连续统假设**. 通常用希腊字母 $\kappa, \lambda, \mu, \nu$ 等来表示基数.

定义 1.5.3　对于基数 κ, λ, 如果存在集合 A, B 使得 $\kappa = |A|, \lambda = |B|$, 又存在一个单射 $f: A \to B$, 则称 $\kappa \leqslant \lambda$; 而当 $\kappa \leqslant \lambda$ 且 $\kappa \neq \lambda$ 时, 称 $\kappa < \lambda$.

从定义可知, 有下面的定理.

定理 1.5.2　(1) 对任意集合 A, $|A| < |\mathscr{P}A|$, 因此没有最大的基数;

(2) 如果 $A \subset B$, 则 $|A| \leqslant |B|$;

(3) 如果存在满射 $f: A \to B$, 则 $|B| \leqslant |A|$. □

由前面的定理 1.4.3 又可知如下结论.

定理 1.5.3 (Cantor-Bernstein)　若 $\kappa \leqslant \lambda$, 且 $\lambda \leqslant \kappa$, 则 $\kappa = \lambda$. □

推论 1.5.1　对任意两个基数 κ, λ, 三个式子 $\kappa > \lambda, \kappa < \lambda$ 和 $\kappa = \lambda$ 有且只有一个成立. □

定义 1.5.4　对于任意两个基数 κ, λ, 取不相交的两个集合 A, B 使得 $\kappa = |A|, \lambda = |B|$, 并规定

$$\lambda + \kappa = |A \cup B|.$$

定义 1.5.5　对于任意两个基数 κ, λ, 取两个集合 A, B 使得 $\kappa = |A|, \lambda = |B|$, 并规定

$$\kappa \cdot \lambda = |A \times B|, \quad \kappa^\lambda = \left|{}^B A\right|.$$

定理 1.5.4　设 κ, λ, ν 是任意三个基数, 则有

(1) 交换律: $\kappa + \lambda = \lambda + \kappa$, $\kappa \cdot \lambda = \lambda \cdot \kappa$;

(2) 结合律: $\kappa + (\lambda + \nu) = (\kappa + \lambda) + \nu$, $\kappa \cdot (\lambda \cdot \nu) = (\kappa \cdot \lambda) \cdot \nu$;

(3) 分配律: $\kappa \cdot (\lambda + \nu) = \kappa \cdot \lambda + \kappa \cdot \nu$;

(4) 指数律: $\kappa^{\lambda + \nu} = \kappa^\lambda \cdot \kappa^\nu$, $(\kappa \cdot \lambda)^\nu = \kappa^\nu \cdot \lambda^\nu$, $(\kappa^\lambda)^\nu = \kappa^{\lambda \cdot \nu}$;

(5) 保序性: 若 $\kappa \leqslant \lambda$, 则 $\kappa + \nu \leqslant \lambda + \nu, \kappa \cdot \nu \leqslant \lambda \cdot \nu, \kappa^\nu \leqslant \lambda^\nu, \nu^\kappa \leqslant \nu^\lambda (\nu \neq 0)$;

(6) 无最大基数: $\kappa < 2^\kappa$. □

习　题

1.1　对任意两个集合 A, B, 证明:

(1)$A = (A \cap B) \cup (A - B)$ 是 A 的一个不交并的表示;

(2)$A \cup B = A \cup (B - A)$ 是 $A \cup B$ 的一个不交并的表示.

1.2 (1) 证明: $\bigcup_{k=1}^{n} A_k = (A_1 - A_2) \cup (A_2 - A_3) \cup \cdots \cup (A_{n-1} - A_n) \cup (A_n - A_1) \cup \bigcap_{k=1}^{n} A_k$.

(2) 设 $\{A_n \,|n = 0, 1, 2, \cdots\}$ 是一个可数集族, 令 $S_n = \bigcup_{k=0}^{n} A_k, n = 0, 1, 2, \cdots$. 证明:

$$\bigcup_{n=0}^{\infty} A_n = A_0 \cup (A_1 - S_0) \cup \cdots \cup (A_n - S_{n-1}) \cup \cdots,$$

并且这还是一个不交并.

1.3 集合 $(A - B) \cup (B - A)$ 称为 A 与 B 的对称差, 记为 $A \Delta B$. 试证明:

(1) $A \Delta B = (A \cup B) - (A \cap B)$;

(2) 对任意集合 A, B, C 有 $A \cap (B \Delta C) = (A \cap B) \Delta (A \cap C), A \Delta (B \Delta C) = (A \Delta B) \Delta C$.

1.4 设 $A, B \subset X; C, D \subset Y$. 证明:

(1) $(A \times C) \cap (B \times D) = (A \cap B) \times (C \cap D)$;

(2) $(A \cup B) \times (C \cup D) = (A \times C) \cup (B \times D) \cup (A \times D) \cup (B \times C)$;

(3) $X \times Y - B \times D = (X - B) \times Y \cup X \times (Y - D)$.

1.5 设 $\{A_n \,|n \in \mathbb{N}\}$ 是集合 X 的任意一族非空子集, 定义两个运算:

$$\limsup A_n = \bigcap_{n=1}^{\infty} \left(\bigcup_{k=0}^{\infty} A_{n+k} \right), \quad \liminf A_n = \bigcup_{n=1}^{\infty} \left(\bigcap_{k=0}^{\infty} A_{n+k} \right).$$

证明: (1) $\limsup A_n = \{x \in X \,|x$ 属于无限多个 $A_i\}$;

(2) $\liminf A_n = \{x \in X \,|x$ 最多不属于有限多个 $A_i\}$;

(3) $\bigcap_{n=1}^{\infty} A_n \subset \liminf A_n \subset \limsup A_n \subset \bigcup_{n=1}^{\infty} A_n$;

(4) $\liminf (X - A_n) = X - \limsup A_n$;

(5) 对于 X 的任意子集族 $\{B_n \,|n \in \mathbb{N}\}$, 有

$$\liminf A_n \cup \liminf B_n \subset \liminf (A_n \cup B_n),$$

$$\liminf A_n \cap \liminf B_n \subset \liminf (A_n \cap B_n);$$

(6) 对于 X 的任意子集族 $\{B_n \,|n \in \mathbb{N}\}$, 有

$$\limsup (A_n \cap B_n) \subset \limsup A_n \cap \limsup B_n,$$

$$\limsup (A_n \cup B_n) \subset \limsup A_n \cup \limsup B_n;$$

(7) 如果 $A_0, A_1, A_2, \cdots$ 单调, 即 $A_0 \subset A_1 \subset A_2 \subset \cdots$ 或者 $A_0 \supset A_1 \supset A_2 \supset \cdots$, 则

$$\limsup A_n = \liminf A_n.$$

1.6 设 $\mathscr{A} = \{A_\lambda | \lambda \in \Lambda\}$ 是 X 的任一子集族, $\mathscr{F}$ 表示由 $\mathscr{A}$ 中元素的有限交全体构成的集族, 则 $\bigcap \mathscr{A} = \bigcap \mathscr{F}$.

1.7　设 $f: X\to Y$ 是一个映射, 证明: 对任意集合 $A,B\subset X$, $f(A\cap B)=f(A)\cap f(B)$ 的充分且必要条件是 f 为单射.

1.8　设 $f: X\to Y$ 是一个映射, 证明:

(1) 若 $A\subset X$, 则 $A\subset f^{-1}\circ f(A)$; 特别地, 当 f 是单射时, $A=f^{-1}\circ f(A)$.

举例说明, 这里的包含关系一般不能改为相等关系.

(2) 若 $B\subset Y$, 则 $f\circ f^{-1}(B)=B\cap f(X)\subset B$; 特别地, 当 f 是满射时, $f\circ f^{-1}(B)=B$.

举例说明, 这里的包含关系一般不能改为相等关系.

(3) 若 $A,B\subset Y$, 则 $f^{-1}(A-B)=f^{-1}(A)-f^{-1}(B)$, 特别地, $f^{-1}(A^{c})=(f^{-1}(A))^{c}$.

举例说明, 一般地说, 若 $A,B\subset X$, 则未必有 $f(A-B)=f(A)-f(B)$.

1.9　设 $f: X\to Y$ 是一个映射, $A\subset X$, $B\subset Y$, 证明:

(1) $A\cap f^{-1}(B)\subset f^{-1}(f(A)\cap B)$.

(2) $f(A\cap f^{-1}(B))=f(A)\cap B$. 因此 $f(A)\cap B=\varnothing\Leftrightarrow A\cap f^{-1}(B)=\varnothing$.

(3) $f(A-f^{-1}(B))=f(A)-B$.

1.10　设 $\{A_\lambda|\lambda\in\Lambda\},\{B_\mu|\mu\in\Omega\}$ 是集合 X 的两个覆盖 (划分), 则集族

$$\{A_\lambda\cap B_\mu|\lambda\in\Lambda,\mu\in\Omega\}$$

也是 X 的一个覆盖 (划分 (当每个 $A_\lambda\cap B_\mu\neq\varnothing$ 时)).

注　(1) 如果 $\bigcup\{A_\lambda|\lambda\in\Lambda\}=X$, 就称 $\{A_\lambda|\lambda\in\Lambda\}$ 为 X 的一个**覆盖**;

(2) 如果 $\bigcup\{A_\lambda|\lambda\in\Lambda\}=X$, $\forall\lambda\neq\mu\in\Lambda, A_\lambda\cap A_\mu=\varnothing$, 并且每个 $A_\lambda\neq\varnothing$, 就称 $\{A_\lambda|\lambda\in\Lambda\}$ 为 X 的一个划分.

1.11　设 $\{A_\lambda|\lambda\in\Lambda\},\{B_\mu|\mu\in\Omega\}$ 分别是集合 X 和 Y 的覆盖 (划分), 则集族

$$\{A_\lambda\times B_\mu|\lambda\subset\Lambda,\mu\in\Omega\}$$

是 $X\times Y$ 的一个覆盖 (划分).

1.12　一个偏序集 $(X,\leqslant)$ 称为**序完备的**, 是指 $(X,\leqslant)$ 中每个具有上界的非空子集都有上确界. 试证明: 一个偏序集 $(X,\leqslant)$ 是序完备的当且仅当 X 中每个具有下界的非空子集都有下确界.

1.13　一个**布尔代数** (Boolean algebra) B 是一个带有两个二元运算 $+,\cdot$ 和一个一元运算 $'$ 的集合, 这三个运算需满足如下公理:

(1) 二元运算 $+,\cdot$ 都是可交换的;

(2) 存在元素 0 和 1, 使得对每一个 $a\in B, a+0=a, a\cdot 1=a$;

(3) 分配律成立: $\forall a,b,c\in B$,

$$a\cdot(b+c)=a\cdot b+a\cdot c,\quad a+(b\cdot c)=(a+b)\cdot(a+c);$$

(4) 对任意 $a\in B$, $a\cdot a'=0, a+a'=1$.

(注意: + 与 · 的结合律也是成立的, 都是以上公理的推论.) 现在假设 X 是一个固定的非空集合, 规定 $+,\cdot,',0,1$ 分别表示集合的并运算、集合的交运算、在 X 中取余运算、空集 $\varnothing$ 和全集 X. 试验证此时 X 的幂集 2^X 带上这些运算构成一个布尔代数.

1.14　令 $A_n=\{0,2\}\,(n\in\mathbb{Z}^+)$, 于是 $\prod\limits_{n\in\mathbb{Z}^+}A_n=\{\{k_n\}\,|k_n=0$ 或者 $2,n=1,2,3,\cdots\}$. 定义映射

$$f:\prod_{n\in\mathbb{Z}^+}A_n\to[0,1]\subset\mathbb{R},\quad f(\{k_n\})=\sum_{n=1}^{\infty}\frac{k_n}{3^n},$$

则 f 是单射, 并且 $f\left(\prod\limits_{n\in\mathbb{Z}^+}A_n\right)$ 正是 Cantor 三分集.

1.15　设映射 $f:X\to Y$ 与 $g:Y\to X$ 满足: $g\circ f=\mathrm{id}_X$. 证明: f 是单射, 并且 g 是满射.

1.16　证明下列集合都是可数的:

(1) 实数轴上所有有理点的集合;

(2) 实平面上所有坐标均为有理数的点构成的集合;

(3) 可数集的所有有限子集的集合;

(4) 实数轴上所有端点为有理点的区间的集合;

(5) 3 维欧氏空间中所有中心具有有理坐标, 且半径为正有理数的球面的集合;

(6) 变量 x 的所有有理系数的一元多项式的集合.

1.17　一个实数 x 称为代数数, 是指它为某个正次数的有理系数多项式方程的根. 试证明: 所有代数数的集合是可数集.

1.18　试证明: 一个单调实函数的全体不连续点构成的集合是可数集.

1.19　设 A 和 B 是分别带有全序关系 $\leqslant_A$ 和 $\leqslant_B$ 的两个集合, 在 $A\times B$ 上定义一个关系 $\leqslant$ 如下:

$$(a_1,b_1)\leqslant(a_2,b_2)\Leftrightarrow(a_1\leqslant_A a_2)\vee((a_1=a_2)\wedge(b_1\leqslant_B b_2)).$$

试证明: $\leqslant$ 是 $A\times B$ 上的一个全序, 称为字典序.

*1.20　设 κ 是任一基数, 则

(1) $\kappa+0=\kappa,\kappa\cdot 0=0,\kappa\cdot 1=\kappa$;

(2) $\kappa^0=1$, 特别地, 有 $0^0=1$;

(3) 若 $\kappa\neq 0$, 则 $0^\kappa=0$;

(4) $\kappa+\kappa=2\cdot\kappa$.

*1.21　对于 $\aleph_0$ 和 c 这两个基数, 有

(1) 若 $n\in\mathbb{N}$, 则 $n+\aleph_0=n\cdot\aleph_0=\aleph_0$;

(2) 若 $n\in\mathbb{N}-\{1\}$, 则 $n^{\aleph_0}=\aleph_0^{\aleph_0}=c^{\aleph_0}=c$;

(3) $c+c=c\cdot c=c$;

(4) 若 $n\in\mathbb{N}$, 则 $n+c=n\cdot c=\aleph_0+c=\aleph_0\cdot c=c$.

第 2 讲　拓扑空间的基本概念

拓扑学是研究拓扑空间以及它们之间关系的一个数学分支, 研究空间的拓扑性质或者寻找拓扑不变量是拓扑学的主要任务. 所谓拓扑性质, 粗略地说, 就是在不发生撕裂、粘连, 而只是弯曲、拉伸、压缩、旋转等变换下保持不变的几何性质. 这些变换实际上就是一种双向连续的变形. 而所谓连续, 在分析中我们已经知道, 除了可以由度量来描述以外, 也可以借用开集来加以描述, 而且这种描述可以更方便地推广到不带有度量的集合上去. 规定一个空间的拓扑结构, 实际上就是规定什么样的集合是开集. 因此开集是拓扑空间中的最基本的概念.

拓扑空间标准定义的形成是许多数学家长期努力的结果. 人们希望这种定义既有广泛的包容性, 又不至于太过宽泛, 也就是说, 拓扑空间应该包括人们所熟知的如欧氏空间、度量空间等, 同时又尽可能地窄, 使得一些熟知的空间中的重要定理在一般的拓扑空间中仍然能够建立起来. 这中间利用开集来描述度量空间之间映射的连续性无疑为拓扑概念的最终成熟落地起了非常重要的作用.

这一讲主要介绍拓扑空间的一些基本概念.

2.1　拓扑空间的定义

把欧氏空间中开集所具备的最本质的性质抽象出来, 就形成了如下的拓扑的定义.

定义 2.1.1　设 X 是一个非空集合, 其子集族 $\Im \subset 2^X$ 如果满足

(1) $X, \varnothing$ 均为 $\Im$ 中元素;

(2) $\Im$ 中任意多个元素的并集仍为 $\Im$ 中元素 (也称 $\Im$ 对并运算封闭);

(3) $\Im$ 中有限个元素的交集仍为 $\Im$ 中元素 (也称 $\Im$ 对有限交运算封闭),

就称 $\Im$ 为 X 上的一个**拓扑**. 此时, 偶对 $(X, \Im)$ 称为一个**拓扑空间**, 有时简称为空间, 通常简记为 X. 其中条件 (3) 也可以替换为

($3^\bullet$) $\Im$ 中任意两个元素的交集仍为 $\Im$ 中元素.

而 $\Im$ 中的元素就称为拓扑空间 $(X, \Im)$ 的**开集**, 简称为空间 X 的开集.

注　历史上有许多数学家定义过拓扑空间的概念, 最典型的定义如下. Fréchet (1906) 用收敛序列的术语来定义拓扑空间: X 为 Fréchet 空间, 如果 $\forall A \subset X$, 若 $x \in \overline{A}$, 则 A 中有点列 $\langle x_n \rangle$ 收敛于 x. 这种定义方式, 由于仅限于考察可数序列, 因而所考虑的拓扑空间类太过狭窄, 不过仍一直有人在研究这类空间的相关问题.

Riesz (1907) 用聚点的术语来定义拓扑空间 (概念太过一般化 (此处略去), 甚至无法满足条件 $\overline{\overline{A}} = \overline{A}$, 因而如今几乎没人再继续进行相关研究). Hausdorff (1914) 用邻域系的术语来定义拓扑空间, 这是公认的比较成功的定义. Kuratowski(1922) 用闭包算子的术语来定义拓扑空间, 属于与现行定义等价的一种.

前面提到, 拓扑的概念是从欧氏空间中开集所满足的一些最基本的性质抽象出来的. 但是 (特别是对于初学者而言更应该注意!), 一般拓扑空间中的开集与欧氏空间中的开集经常会有非常大的不同. 因此学习过程中要避免用欧氏空间中那些既有的结论去推导一般拓扑空间中的命题.

在一个集合 X 上定义一个拓扑, 实际上就是规定好哪些子集才是开集, 当然开集必须满足如上的运算性质. 下面是几个简单例子.

例 2.1.1 设 X 是一个非空集合, 则在其上可以定义如下形式的拓扑.

(1) X 的全体子集构成的集族 2^X 是 X 上的一个拓扑, 称为**离散拓扑**. 这是 X 上开集最多的一个拓扑 (也称为最大的拓扑).

(2) 只有两个集合的集族 $\{X, \varnothing\}$ 也是 X 上的一个拓扑, 称为**平凡拓扑**. 这是 X 上开集最少的一个拓扑 (也称为最小的拓扑).

(3) 集族 $\Im_f = \{U \subset X \,|\, X - U \text{是有限集}\} \cup \{\varnothing\}$ 也是 X 上的一个拓扑, 习惯上称为**有限补**(或**有限余**)**拓扑**. 事实上, $\Im_f$ 满足定义中的条件 (1) 是显然的. 设 $\{U_\lambda | \lambda \in \Lambda\}$ 是 $\Im_f$ 的任一子族, 不妨设每个 $U_\lambda \neq \varnothing$, 则对任一 $\lambda \in \Lambda, X - U_\lambda$ 是有限集, 因此由 De Morgan 律知

$$X - \bigcup \{U_\lambda | \lambda \in \Lambda\} = \bigcap \{X - U_\lambda | \lambda \in \Lambda\}$$

也是有限集, 这表明 $\bigcup \{U_\lambda | \lambda \in \Lambda\} \in \Im_f$, 即 $\Im_f$ 满足拓扑定义中的条件 (2). 最后设 $U_1, U_2, \cdots, U_n$ 是 $\Im_f$ 中的任意 n 个集合, 若有某个 $U_i = \varnothing$, 则 $\bigcap\limits_{j=1}^{n} U_j = \varnothing \in \Im_f$; 否则对每个 $1 \leqslant i \leqslant n, X - U_i$ 都是有限集. 于是同样由 De Morgan 律可知

$$X - \bigcap_{i=1}^{n} U_i = \bigcup_{i=1}^{n} (X - U_i)$$

也是有限集, 因此 $\bigcap\limits_{i=1}^{n} U_i \in \Im_f$. 因此 $\Im_f$ 也满足拓扑定义中的条件 (3). 可见 $\Im_f$ 是一个拓扑.

(4) 集族 $\Im_c = \{U \subset X \,|\, X - U \text{是可数集}\} \cup \{\varnothing\}$ 也是 X 上的一个拓扑, 习惯上称为**可数补**(或**可数余**)**拓扑**, 其论证与 (3) 相似, 请读者自己完成.

容易看出, 当 X 本身是有限集时, $\Im_c, \Im_f$ 都是离散拓扑. 当 X 本身是可数无限集时, $\Im_c$ 是离散拓扑. 这几个拓扑以后将经常被提及. □

注 在上面例子的 (3) 中 $\Im_f$ 和 (4) 中 $\Im_c$ 的定义中, 如果不另外添上 $\{\varnothing\}$, 将有可能不成为一个拓扑, 因为当 X 是无限集时, $\{U \subset X \,|X - U\text{是有限集}\}$ 中并不自然含有元素 $\varnothing$; 当 X 是不可数集时, $\{U \subset X \,|X - U\text{是可数集}\}$ 中并不自然含有元素 $\varnothing$.

通过这个例子我们发现, 在同一个集合上可以定义不同的拓扑. 带上不同的拓扑, 集合 X 因而成为不同的拓扑空间. 设 τ_1 和 τ_2 是集合 X 上的两个拓扑, 如果 $\tau_1 \subset \tau_2$, 则称 τ_1 **比** τ_2 **小**(**粗**、**弱**), 也可以说 τ_2 **比** τ_1 **大**(**细**、**强**). 比如, 在例 2.1.1 中, 如果 X 是不可数集, 则离散拓扑比 $\Im_c$ 更细, $\Im_c$ 比 $\Im_f$ 更细, $\Im_f$ 比平凡拓扑更细. 在集合 X 上的所有拓扑构成的族 $\mathscr{P}$ 中, "$\subset$" 是一个偏序, 偏序集 $(\mathscr{P}, \subset)$ 中有最小元平凡拓扑, 同时有最大元离散拓扑.

例 2.1.2 实数集 $\mathbb{R}$ 上所有能够表示为最多可数个互不相交的开区间之并的集合全体 $\mathscr{O}$ 构成一个拓扑 (其验证请读者自己完成), 称为**欧氏拓扑**, 也叫**通常拓扑**. 实数集 $\mathbb{R}$ 带上通常拓扑所成的拓扑空间记为 $\mathbb{R}^1$, 常称为**实直线**. 同样地, 一般的 n 元有序实数组全体构成的集合 $\mathbb{R}^n$ 上所有能够表示成一些开球的并集的集合全体也构成一个拓扑, $\mathbb{R}^n$ 带上这个拓扑所成的拓扑空间即 n 维欧氏空间. □

例 2.1.3 设 $X = \{0,1\}$, 则不难验证, $\Im = \{\{0\}, \varnothing, X\}$ 是 X 上的一个拓扑, 对应的拓扑空间 $(X, \Im)$ 通常称为 Sierpinski **空间**. 可是, 集族 $\Im' = \{\{0\}, \{1\}, \varnothing\}$ 却不是 X 上的拓扑 (因为 $\Im'$ 中没有元素 X). 可见并不是每个子集族都能成为一个拓扑的. □

例 2.1.4 设 $X = \{a, b, c\}$, 令 $\Im_1 = \{\{a\}, \{a, b\}, X, \varnothing\}$, $\Im_2 = \{\{a\}, X, \varnothing\}$, $\Im_3 = \{\{c\}, \{b, c\}, X, \varnothing\}$, 则 $\Im_1, \Im_2$ 和 $\Im_3$ 都是 X 上的拓扑, 且 $\Im_1$ 比 $\Im_2$ 更细, $\Im_3$ 也比 $\Im_2$ 更细, 但 $\Im_1$ 与 $\Im_3$ 却不可比较大小. 因此同一个集合上定义的不同拓扑并不是总能够比较大小的. □

下面再举几个复杂一点的例子.

例 2.1.5 记 $\mathbb{Z}$ 表示整数集, p 是一个给定的素数. 对任一整数 n 及正整数 α, 记 $U_\alpha(n) = \{n + mp^\alpha \,|m \in \mathbb{Z}\}$. 令 $\Im$ 表示所有能够表示为若干个形如 $U_\alpha(n)$ 的集合的并集的集合全体构成的族. 下面我们证明 $\Im$ 是 $\mathbb{Z}$ 上的一个拓扑.

由于 0 个形如 $U_\alpha(n)$ 的集合的并集是空集, 所有形如 $U_\alpha(n)$ 的集合的并集就是 $\mathbb{Z}$, 因此 $\varnothing, \mathbb{Z} \in \Im$. 此外从定义不难看出, $\Im$ 对任意并运算是封闭的, 因此只需再证明: 若 $A, B \in \Im$, 则 $A \cap B \in \Im$.

我们先证明: 若 $\alpha \leqslant \beta$, 且 $U_\alpha(m) \cap U_\beta(n) \neq \varnothing$, 则有 $U_\alpha(m) \cap U_\beta(n) = U_\beta(n)$. 事实上, 由于 $U_\alpha(m) \cap U_\beta(n) \neq \varnothing$, 故有 $k_0 \in U_\alpha(m) \cap U_\beta(n)$, 因此存在 $\lambda_0, \mu_0 \in \mathbb{Z}$ 使得 $k_0 = m + \lambda_0 p^\alpha = n + \mu_0 p^\beta$. 若 $k \in U_\beta(n)$, 则存在 $\lambda \in \mathbb{Z}$ 使得 $k = n + \lambda p^\beta$. 从而

$$k = n + \lambda p^{\beta} = m + \lambda_0 p^{\alpha} - \mu_0 p^{\beta} + \lambda p^{\beta} = m + (\lambda_0 - \mu_0 p^{\beta-\alpha} + \lambda p^{\beta-\alpha})p^{\alpha} \in U_{\alpha}(m).$$

可见 $U_{\beta}(n) \subset U_{\alpha}(m)$. 因此 $U_{\alpha}(m) \cap U_{\beta}(n) = U_{\beta}(n)$.

于是, 若 $A, B \in \Im$, 不妨设

$$A = \bigcup \left\{ U_{\alpha_\lambda}(n_\lambda) | \lambda \in \Lambda, \alpha_\lambda \in \mathbb{Z}^+, n_\lambda \in \mathbb{Z} \right\},$$

$$B = \bigcup \left\{ U_{\beta_\mu}(m_\mu) | \mu \in \Gamma, \beta_\mu \in \mathbb{Z}^+, m_\mu \in \mathbb{Z} \right\}.$$

则有

$$A \cap B = \bigcup \{ U_{\alpha_\lambda}(n_\lambda) \cap U_{\beta_\mu}(m_\mu) | \lambda \in \Lambda, \alpha_\lambda \in \mathbb{Z}^+, n_\lambda \in \mathbb{Z}, \mu \in \Gamma, \beta_\mu \in \mathbb{Z}^+, m_\mu \in \mathbb{Z} \}$$
$$\in \Im.$$

因此 $\Im$ 是 $\mathbb{Z}$ 上的一个拓扑. 这个拓扑通常称为 $\mathbb{Z}$ 上的 p-进拓扑. □

例 2.1.6 设 Ω 表示任一无限集, a, b 表示不在集合 Ω 中的任意两个不同的元素, 记 $X = \Omega \cup \{a, b\}$, 又记

$$\Im_1 = \left\{ A \subset X | a \in A, \Omega - A \text{ 是有限集} \right\},$$

$$\Im_2 = \left\{ B \subset X | b \in B, \Omega - B \text{ 是有限集} \right\},$$

$$\Im_3 = \{ C | C \subset \Omega \},$$

则 $\Im = \Im_1 \cup \Im_2 \cup \Im_3$ 是 X 上的一个拓扑.

证明　由 $\Omega - X = \varnothing$ 为有限集及 $\varnothing \subset \Omega$ 知, $X, \varnothing \in \Im$.

现在设 $\mathscr{U}$ 是 $\Im$ 的任一子族, 我们要证明 $\cup\mathscr{U} \in \Im$. 不妨记 $\mathscr{U} = \mathscr{U}_1 \cup \mathscr{U}_2 \cup \mathscr{U}_3$, 其中 $\mathscr{U}_1 \subset \Im_1$, $\mathscr{U}_2 \subset \Im_2$, $\mathscr{U}_3 \subset \Im_3$.

若 $\mathscr{U}_1 \neq \varnothing$, 设 $\mathscr{U}_1 = \{U_\lambda | \lambda \in \Lambda\}$, 则对任一 $\lambda_0 \in \Lambda, a \in U_{\lambda_0}$, 且 $\Omega - U_{\lambda_0}$ 是有限集, 故由

$$\Omega - \bigcup \mathscr{U}_1 = \Omega - \bigcup \{U_\lambda | \lambda \in \Lambda\} = \bigcap \{\Omega - U_\lambda | \lambda \in \Lambda\} \subset \Omega - U_{\lambda_0}$$

知, $\Omega - \bigcup \mathscr{U}_1$ 是有限集, 且 $a \in U_{\lambda_0} \subset \bigcup \mathscr{U}_1$. 因此 $\bigcup \mathscr{U}_1 \in \Im_1 \subset \Im$.

若 $\mathscr{U}_2 \neq \varnothing$, 则与上一段类似可证, $\bigcup \mathscr{U} \in \Im_2 \subset \Im$.

若 $\mathscr{U}_1 = \mathscr{U}_2 = \varnothing$, 则 $\mathscr{U} = \mathscr{U}_3$, 此时显然 $\bigcup \mathscr{U} = \bigcup \mathscr{U}_3 \in \Im_3 \subset \Im$. 可见 $\Im$ 对并运算封闭.

最后, 设 $U, V \in \Im$, 且 $U \neq \varnothing, V \neq \varnothing$. 若 $U, V \in \Im_1$, 则 $a \in U \cap V$, 且

$$\Omega - (U \cap V) = (\Omega - U) \cup (\Omega - V)$$

是两个有限集的并集, 还是有限集, 故 $U \cap V \in \Im_1 \subset \Im$.

类似地, 若 $U, V \in \Im_2$, 则 $U \cap V \in \Im_2 \subset \Im$.

若 $U, V \in \Im_3$, 显然也有 $U \cap V \in \Im_3 \subset \Im$.

设 $U \in \Im_1$, $V \in \Im_2$, 若 $a \in U \cap V$, 则 $U \cap V \in \Im_1 \subset \Im$; 若 $b \in U \cap V$, 则 $U \cap V \in \Im_2 \subset \Im$; 否则, $a, b \notin U \cap V$, 则 $U \cap V \in \Im_3 \subset \Im$.

若 $U \in \Im_1, V \in \Im_3$ 或者 $U \in \Im_2, V \in \Im_3$, 则 $U \cap V \in \Im_3 \subset \Im$.

故 $\Im$ 对有限交封闭. 因此 $\Im$ 是 X 上的一个拓扑. □

一个集合只要元素足够多, 就可以有足够多的不一样的拓扑. 因此有时我们会研究某个集合上某一具体的拓扑, 有时又会研究对所有拓扑都有意义的问题.

2.2 度量拓扑与度量空间

度量空间是最重要的拓扑空间之一, 也是与我们熟知的欧氏空间最接近的一种拓扑空间. 由于具有度量, 也就有了距离概念, 因此有关度量空间中问题的处理模式就有点 “欧氏” 的味道.

定义 2.2.1 设 X 是一个集合, 映射 $\rho: X \times X \to \mathbb{R}^1$ 如果满足下面三个条件:

(1) (非负性) 对任意 $x, y \in X$, 都有 $\rho(x, y) \geqslant 0$, 并且当且仅当 $x = y$ 时, 不等式成为等式;

(2) (对称性) 对任意 $x, y \in X$, 都有 $\rho(x, y) = \rho(y, x)$;

(3) (三角不等式) 对任意的 $x, y, z \in X$, 都有 $\rho(x, z) \leqslant \rho(x, y) + \rho(y, z)$,

则称 ρ 为 X 上的一个**度量**. 其中条件 (1)~(3) 称为**度量公理**.

度量这个概念显然是欧氏度量的推广形式, 它是分析数学的一个基本概念. 有了度量, 就可以引入距离的概念, 也就有了通常分析意义下的连续性、收敛性等概念.

例 2.2.1 设 X 是一个至少有两个元素的集合, 定义 $\rho: X \times X \to \mathbb{R}^1$, 使得

$$\text{对任意的 } x, y \in X, \quad \rho(x, y) = \begin{cases} 0, & x = y, \\ 1, & x \neq y. \end{cases}$$

则容易验证, ρ 为 X 上的一个度量, 称为**离散度量**. □

例 2.2.2 在闭区间 $[a, b]$ 上全体连续实函数构成的集合 $C[a, b]$ 上, 定义 $\rho: C[a, b] \times C[a, b] \to \mathbb{R}^1$, 使得

$$\rho(f, g) = \int_a^b |f - g| \mathrm{d}x \quad (\forall f, g \in C[a, b]).$$

则 ρ 为 $C[a, b]$ 上的一个度量.

证明　显然, 对任意两个 $f,g \in C[a,b]$, 都有 $\rho(f,g) \geqslant 0$, 且若 $\rho(f,g) = \int_a^b |f-g|\,\mathrm{d}x = 0$, 由连续性及 $|f-g| \geqslant 0$ 可知, 必有 $|f(x)-g(x)| \equiv 0$, 即 $f=g$. 可见 ρ 满足度量公理 (1). 度量公理 (2) 对称性是显然的. 此外, 对于任意的 $f,g,h \in C[a,b]$, 由定积分的单调性可知,

$$\rho(f,h) = \int_a^b |f-h|\mathrm{d}x \leqslant \int_a^b (|f-g|+|g-h|)\mathrm{d}x = \rho(f,g)+\rho(g,h).$$

因此 ρ 也满足三角不等式. 可见 ρ 是个度量. □

例 2.2.3　在集合

$$H = \left\{(x_1,x_2,\cdots,x_n,\cdots) \middle| \sum_{n=1}^{\infty} x_n^2 < +\infty, x_n \in \mathbb{R}, n=1,2,3,\cdots\right\}$$

上定义

$$\rho(x,y) = \sqrt{\sum_{i=1}^{\infty}(x_i-y_i)^2} \quad (\text{对任意的 } x=(x_1,x_2,\cdots), y=(y_1,y_2,\cdots) \in H).$$

下面我们验证: $\rho: H \times H \to \mathbb{R}^1$ 是 H 上的一个度量.

对于给定的两个点 $x=(x_1,x_2,\cdots), y=(y_1,y_2,\cdots) \in H$, 首先, 对每个 $n \in \mathbb{N}$, 由 Cauchy 不等式得到

$$\begin{aligned}\sum_{i=1}^{n}(x_i-y_i)^2 &= \sum_{i=1}^{n}x_i^2 - 2\sum_{i=1}^{n}x_iy_i + \sum_{i=1}^{n}y_i^2 \leqslant \sum_{i=1}^{n}x_i^2 + 2\sqrt{\sum_{i=1}^{n}x_i^2}\cdot\sqrt{\sum_{i=1}^{n}y_i^2} + \sum_{i=1}^{n}y_i^2 \\ &= \left(\sqrt{\sum_{i=1}^{n}x_i^2} + \sqrt{\sum_{i=1}^{n}y_i^2}\right)^2 \leqslant \left(\sqrt{\sum_{i=1}^{\infty}x_i^2} + \sqrt{\sum_{i=1}^{\infty}y_i^2}\right)^2 < +\infty.\end{aligned}$$

可见 $\sum_{i=1}^{\infty}(x_i-y_i)^2$ 收敛. 因此 $\rho: H \times H \to \mathbb{R}^1$ 是一个映射. 其次, 由定义式不难看出, 度量公理 (1) 和 (2) 自然被 ρ 所满足, 因此只需再证明 ρ 满足度量公理 (3) 即可. 为此, 任取三个点

$$x=(x_1,x_2,\cdots), \quad y=(y_1,y_2,\cdots), \quad z=(z_1,z_2,\cdots) \in H.$$

为方便计, 记 $a_i = x_i - y_i, b_i = y_i - z_i, c_i = z_i - x_i (i \in \mathbb{N})$, 又记

$$\begin{aligned}x^n &= (x_1,x_2,\cdots,x_n,0,0,\cdots),\\ y^n &= (y_1,y_2,\cdots,y_n,0,0,\cdots),\\ z^n &= (z_1,z_2,\cdots,z_n,0,0,\cdots).\end{aligned}$$

由 Cauchy 不等式得到

$$\begin{aligned}[\rho(x^n,z^n)]^2 &= \sum_{i=1}^n c_i^2 = \sum_{i=1}^n (a_i+b_i)^2 = \sum_{i=1}^n a_i^2 + 2\sum_{i=1}^n a_ib_i + \sum_{i=1}^n b_i^2 \\ &\leqslant \sum_{i=1}^n a_i^2 + 2\sqrt{\sum_{i=1}^n a_i^2}\cdot\sqrt{\sum_{i=1}^n b_i^2} + \sum_{i=1}^n b_i^2 \leqslant \left(\sqrt{\sum_{i=1}^n a_i^2}+\sqrt{\sum_{i=1}^n b_i^2}\right)^2 \\ &= [\rho(x^n,y^n)+\rho(y^n,z^n)]^2 \leqslant [\rho(x,y)+\rho(y,z)]^2.\end{aligned}$$

令 $n\to\infty$, 即得 $\rho(x,z)\leqslant\rho(x,y)+\rho(y,z)$. 因此度量公理 (3) 也被 ρ 满足. 从而 ρ 是一个度量. □

例 2.2.4 设 X 是一个非空集合, 记 $B(X)$ 表示 X 上定义的所有有界实函数全体构成的集合, 定义

$$\rho: B(X)\times B(X)\to\mathbb{R}^1,\quad \rho(f,g)=\sup\{|f(x)-g(x)|\,|x\in X\}.$$

则 ρ 是一个度量.

证明 显然, 对任意 $f,g\in B(X),\rho(f,g)\geqslant 0$. 若 $\rho(f,g)=0$, 则意味着对每个 $x\in X$, 都有 $f(x)-g(x)=0$, 因此 $f=g$. 反过来, 当 $f=g$ 时, 自然也有 $\rho(f,g)=0$. 因此 ρ 满足度量公理 (1).

度量公理 (2) 对称性显然也是满足的.

下面证明 ρ 也满足度量公理 (3), 即三角不等式. 设 $f,g,h\in B(X)$, 则有

$$\begin{aligned}\rho(f,h) &= \sup\{|f(x)-h(x)|\,|x\in X\} \\ &\leqslant \sup\{|f(x)-g(x)|+|g(x)-h(x)|\,|x\in X\} \\ &\leqslant \sup\{|f(x)-g(x)|\,|x\in X\}+\sup\{|g(x)-h(x)|\,|x\in X\} \\ &= \rho(f,g)+\rho(g,h).\end{aligned}$$

因此 ρ 是 $B(X)$ 上的一个度量. □

定义 2.2.2 设 ρ 是 X 上给定的一个度量. 对于任意的 $x_0\in X,\varepsilon>0$, 称集合

$$B(x_0,\varepsilon)=\{x\in X\,|\rho(x,x_0)<\varepsilon\}$$

为以点 x_0 为中心, ε 为半径的 ρ-球形邻域 (开球), 简称球形邻域.

命题 2.2.1 集族 $\Im_\rho=\{U\subset X\,|U$ 可以表示为 X 中若干个开球的并集$\}$ 为 X 上的一个拓扑.

证明 由于 0 个开球的并集是空集, 全体开球的并集是 X 本身, 故 $\varnothing,X\in\Im_\rho$.

再设 $\Im^*$ 为 $\Im_\rho$ 的任一子族, 若 $x\in\bigcup\Im^*$, 则在 $\Im^*$ 中可以取定一个元素 $B(x_0,\varepsilon)$ 使得 $x\in B(x_0,\varepsilon)$. 记 $\delta_x=\dfrac{1}{2}(\varepsilon-\rho(x,x_0))$, 则 $0<\delta_x<\varepsilon$, 并且容易看出,

$B(x,\delta_x)\in B(x_0,\varepsilon)\subset\bigcup\Im^*$ (图 2-1). 由此可得

$$\bigcup\Im^*=\bigcup\left\{B(x,\delta_x)\,|x\in\bigcup\Im^*\right\}\in\Im_\rho.$$

可见 $\Im_\rho$ 对任意并运算封闭.

最后, 设 $U,V\in\Im_\rho$, 且 $x\in U\cap V$, 则存在两个开球 $B(x_1,\varepsilon_1),B(x_2,\varepsilon_2)$, 使得 $x\in B(x_1,\varepsilon_1)\subset U,x\in B(x_2,\varepsilon_2)\subset V$. 记

$$\delta_x=\frac{1}{2}\min\left\{\varepsilon_1-\rho(x,x_1),\varepsilon_2-\rho(x,x_2)\right\},$$

则 $B(x,\delta_x)\subset B(x_1,\varepsilon_1)\cap B(x_2,\varepsilon_2)\subset U\cap V$ (图 2-2). 由此可知

$$U\cap V=\{B(x,\delta_x)\,|x\in U\cap V\}\in\Im_\rho,$$

即 $\Im_\rho$ 对有限交运算封闭. 故 $\Im_\rho$ 是 X 上的一个拓扑. □

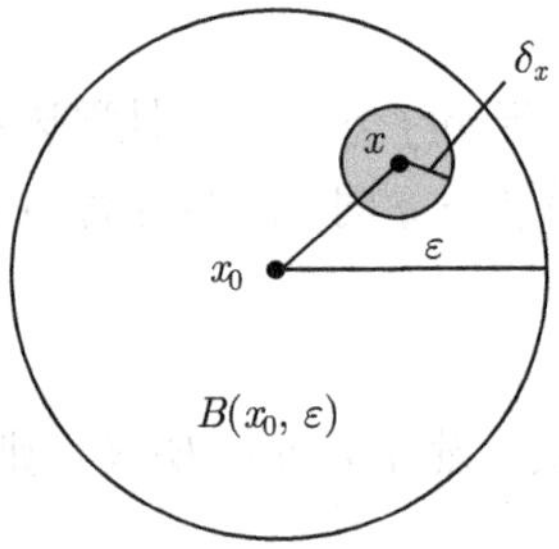

图 2-1

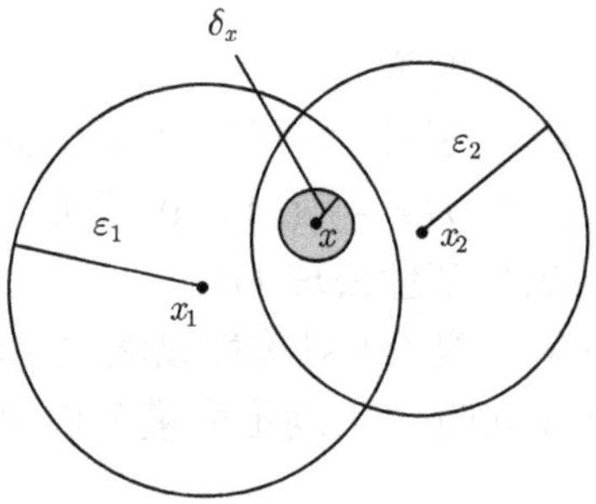

图 2-2

定义 2.2.3 若集合 X 上给定一个度量 ρ, 则 $\Im_\rho$ 称为 X 上由度量 ρ 诱导的**度量拓扑**, 而拓扑空间 $(X,\Im_\rho)$ 则称为**度量空间**. 在不必提到具体的度量时, 简称 X 为度量空间. 更多的时候我们直接称 (X,ρ) 为度量空间.

这样一来, 前面四个例子中的集合带上相应的度量拓扑就成为度量空间, 其中例 2.2.3 中集合 H 带上由 ρ 诱导的度量拓扑 $\Im_\rho$ 所成的拓扑空间称为 Hilbert **空间**.

2.3 拓扑空间的几个基本概念

下面我们由开集出发, 来定义拓扑空间的一些基本概念. 由于这些概念都借助于开集给以描述, 相关的命题也都可以借助于开集的性质而得以证明.

2.3.1 闭集

定义 2.3.1 拓扑空间 X 中的一个子集 F, 如果其补集为开集, 则称它为 X 的**闭集**.

从定义自然可知, 一个拓扑空间中, 开集和闭集是一样多的, 且它们是对应互补的. 由 De Morgan 律, 显然有下面的命题.

命题 2.3.1 拓扑空间 X 中的闭集满足如下的三条性质:

(1) $X, \varnothing$ 都是闭集;

(2) X 中任意多个闭集的交集是闭集;

(3) X 中有限多个闭集的并集是闭集. □

定义 2.3.2 在一个拓扑空间中, 能表示为可数多个闭集的并集的集合称为 F_σ-**集**, 能表示为可数多个开集的交集的集合称为 G_δ-**集**.

特别地, 闭集也是 F_σ-集, 开集也是 G_δ-集.

不过, F_σ-集未必是闭集, G_δ-集也未必是开集. 比如在实直线 $\mathbb{R}^1$ 中, G_δ-集 $\{0\}=\bigcap\limits_{n=1}^{\infty}\left(-\dfrac{1}{n},\dfrac{1}{n}\right)$ 不是开集, F_σ-集 $(0,1]=\bigcup\limits_{n=1}^{\infty}\left[\dfrac{1}{n+1},1\right]$ 也不是闭集.

定义 2.3.3 集合 X 的一个非空子集族 Σ 称为一个 σ-**环**, 是指它满足

(1) 对余运算封闭: 若 $A\in\Sigma$, 则 $A^{\mathrm{c}}\in\Sigma$;

(2) 对可数交运算封闭: 若对每个 $i\in\mathbb{N}$, 都有 $A_i\in\Sigma$, 则也有 $\bigcap\limits_{i\in\mathbb{N}}A_i\in\Sigma$.

对于给定的拓扑空间 $(X,\Im)$, 包含 $\Im$ 的唯一一个最小的 σ-环称为 X 中的 Borel **集族**, 其中每一个元素都称为 X 的一个 Borel **集**.

自然地, 开集、闭集、F_σ-集和 G_δ-集都是 Borel 集. 并且容易看出, Borel 集族对于可数交、可数并以及余运算都是封闭的.

2.3.2 邻域、内点和内部

定义 2.3.4 设 A 是拓扑空间 X 的一个子集, $x\in A$. 如果存在开集 U 使得 $x\in U\subset A$, 则 x 称为 A 的一个**内点**, 而 A 称为 x 的一个**邻域**. 类似地, 含有包含 A 的开集的集合称为 A **的邻域**. A 的所有内点构成的集合称为 A 的**内部**, 记为 $\mathring{A}$(或 A°), 也记为 $\mathrm{Int}A$. 点 x 的全体邻域的集合记作 $\mathscr{N}(x)$, 称为**点 x 的邻域系**. 类似地, 集合 A 的全体邻域的集合记作 $\mathscr{N}(A)$, 称为**集合 A 的邻域系**.

下面这个命题是显然的.

命题 2.3.2 设 X 为一个拓扑空间, $\mathscr{N}(x)$ 表示点 $x\in X$ 的邻域系, 则 $\mathscr{N}(x)$ 对有限交运算是封闭的, 即若 $U_1,U_2,\cdots,U_n\in\mathscr{N}(x)$, 则 $\bigcap\limits_{1\leqslant i\leqslant n}U_i\in\mathscr{N}(x)$. □

注 由定义来看, 邻域系中的集合未必都是开集, 但它们都包含一个仍然是邻域的开集, 因此我们在以后的某些证明当中, 在不至于影响问题的实质的情况下, 常常把邻域系中的集合当成开集来看. 当我们这样处理时, 意思是指, 即使用原始的邻域的概念来写证明, 最多也只是证明写得稍微长一点, 相关的推理在逻辑上仍然是可以成立的. 因此, 在以后的证明中, 如果没有特别说明, 邻域一般指开邻域.

命题 2.3.3 在给定的一个拓扑空间里, 内部运算具有如下性质:

(1) 若 $A \subset B$, 则 $A^\circ \subset B^\circ$;

(2) $A^\circ = \bigcup \{U \subset A \,|\, U\text{是开集}\}$, 因此 A° 是包含在 A 中的最大开集;

(3) $A^\circ = A$ 当且仅当 A 是开集;

(4) $(A \cap B)^\circ = A^\circ \cap B^\circ$;

(5) $(A^\circ)^\circ = A^\circ$;

(6) $(A \cup B)^\circ \supset A^\circ \cup B^\circ$. 但是一般地说, 这里的包含不能改成相等.

证明 我们这里只证明 (2), 至于其他几条, 作为基本训练, 请读者自行验证.

对于任意 $x \in A^\circ$, 由定义, 存在开集 U 使得 $x \in U \subset A$, 可见 $x \in \bigcup\{U \subset A|U$ 是开集$\}$. 这表明, $A^\circ \subset \bigcup \{U \subset A \,|\, U\text{是开集}\}$. 反过来, 如果 $x \in \bigcup\{U \subset A|U$ 是开集$\}$, 存在开集 U 使得 $x \in U \subset A$, 因此有 $x \in A^\circ$, 从而也有 $A^\circ \supset \bigcup \{U \subset A \,|\, U\text{是开集}\}$. 可见 (2) 真. □

上述命题 (6) 中使得相等关系不成立的例子如下, 在实直线 $\mathbb{R}^1$ 中, 当 $A = [0,1], B = (1,2]$ 时, 就有

$$(A \cup B)^\circ = (0,2) \neq (0,1) \cup (1,2) = A^\circ \cup B^\circ.$$

拓扑学中的**内部公理**是指如下四条公理. 在给定集合 X 中, 满足如下四条公理的运算 $*^\circ : 2^X \to 2^X$ 称为 X 上的一个内部运算:

(1) $*^\circ(X) = X$;

(2) $*^\circ(A) \subset A$;

(3) $*^\circ(A \cap B) = *^\circ(A) \cap *^\circ(B)$;

(4) $*^\circ(*^\circ(A)) = *^\circ(A)$.

不难看出, 拓扑空间中的内部运算满足这四条公理. 反过来, 如果一个集合 X 上定义了一个满足这四条公理的内部运算 $*^\circ$, 则不难验证 (其具体验证留作习题), 由 X 中所有满足 $*^\circ(A) = A$ 的子集 A 构成的集族 $\Im$ 是 X 上的一个拓扑, 且这个拓扑的内部运算就是原先给出的这个内部运算, 即对每一 $A \subset X, *^\circ(A) = A^\circ$.

2.3.3 聚点与闭包

定义 2.3.5 设 A 是拓扑空间 X 的一个子集, $x \in X$. 如果 x 的每个邻域都与 $A - \{x\}$ 相交, 则称 x 为 A 的**聚点**. A 的所有聚点的集合称为 A 的**导集**, 记作 A'. 而 $\overline{A} = A' \cup A$ 则称为 A 的**闭包**. 有时候, A 的闭包也记为 $\mathrm{Cl}A$. 集合 $\overline{A} \cap \overline{A^c}$ 称为 A 的**边界**, 记为 $\mathrm{Fr}A$. 若 $\{x\}$ 是开集, 则 x 称为 X 的**孤立点**.

若 $\overline{A} = X$, 则称 A 在 X 中**稠密**, 并称 A 为 X 的一个**稠密子集**. 若拓扑空间 X 有一个可数的稠密子集, 则称 X 是**可分的**, 或称空间 X 是一个**可分空间**.

例 2.3.1 有理数集 $\mathbb{Q}$ 在 $\mathbb{R}^1$ 中是稠密的, 并且 $\mathbb{Q}$ 是可数集, 因此实直线 $\mathbb{R}^1$ 是可分的拓扑空间. 无理数集在 $\mathbb{R}^1$ 中也是稠密的, 当然无理数集并不是可数集. □

例 2.3.2 在欧氏空间 $\mathbb{R}^2$ 中 (图 2-3), 设

$$A=\left\{(x,y)\,\middle|\,y=\sin\frac{1}{x},0<x<1\right\},$$

则

$$\overline{A}=\left\{(x,y)\,\middle|\,y=\sin\frac{1}{x},0<x\leqslant 1\right\}\cup\{(0,y)\,|-1\leqslant y\leqslant 1\}.$$

证明 由于 $\lim\limits_{x\to 1-0}\sin\frac{1}{x}=\sin 1$, 故容易看出 $(1,\sin 1)\in A'$. 下面证明:

对任一 $y\in[-1,1]$, 都有 $(0,y)\in A'$. 事实上, 由于 $y\in[-1,1]$, 故可取一个实数 $x_0\in(0,1)$ 使得 $\sin\frac{1}{x_0}=y$. 对任一自然数 n, 令 $x_n=\frac{x_0}{1+2n\pi x_0}$, 则 $x_n\in(0,1)$, 且 $\sin\frac{1}{x_n}\equiv y$. 因此, 对任意的 $U\in\mathscr{N}((0,y))$, 存在一个正数 ε 使得 $B((0,y),\varepsilon)\subset U$. 而对此正数 ε, 又存在一个自然数 n 使得 $\frac{1}{n}<\varepsilon$, 从而由

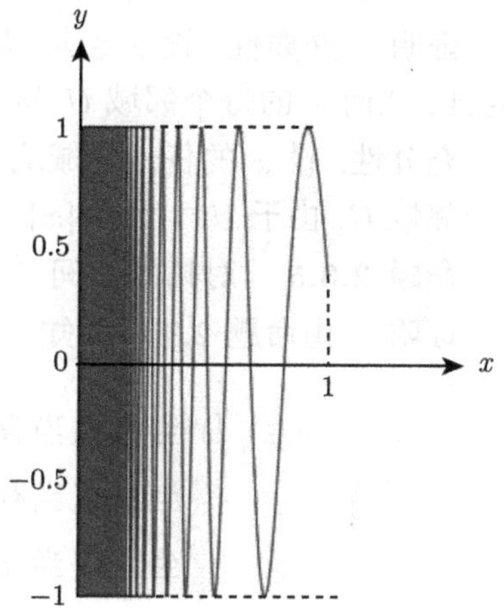

图 2-3

$$d((x_n,y),(0,y))=x_n=\frac{x_0}{1+2n\pi x_0}<\frac{1}{n}<\varepsilon$$

可知, $(x_n,y)\in U\cap(A-\{(0,y)\})$. 因此 $(0,y)\in A'$.

由此可见, $\overline{A}\supset\left\{(x,y)\,\middle|\,y=\sin\frac{1}{x},0<x\leqslant 1\right\}\cup\{(0,y)\,|-1\leqslant y\leqslant 1\}$.

此外, 不难看出, 若 $(x,y)\notin\left\{(x,y)\,\middle|\,y=\sin\frac{1}{x},0<x\leqslant 1\right\}\cup\{(0,y)\,|-1\leqslant y\leqslant 1\}$, 则存在一个正数 δ 使得

$$B((x,y),\delta)\cap\left(\left\{(x,y)\,\middle|\,y=\sin\frac{1}{x},0<x\leqslant 1\right\}\cup\{(0,y)\,|-1\leqslant y\leqslant 1\}\right)=\varnothing.$$

因此, 又有

$$\overline{A}\subset\left\{(x,y)\,\middle|\,y=\sin\frac{1}{x},0<x\leqslant 1\right\}\cup\{(0,y)\,|-1\leqslant y\leqslant 1\}.$$

□

例 2.3.3 设 X 是一个无限集合, x_0 是 X 的一个给定点. 令

$$\Im=\{U\subset X\,|x_0\notin U\}\cup\{V\subset X\,|\,|X-V|<\aleph_0\}.$$

则不难验证, $\Im$ 是 X 上的一个拓扑. 在空间 $(X,\Im)$ 中, 若 $x\in X-\{x_0\}$, 则 $\{x\}$ 是既开又闭集, 因此 x 是孤立点. 而 $\{x_0\}$ 是闭集, 但不是开集, 因此 x_0 不是孤立点.

容易看出, x_0 是 X 的唯一聚点. 对每个 $A \subset X$, 若 A 是有限的, 则 $A' = \varnothing$, 从而 $\overline{A} = A$. 若 A 是无限的, 则 $x_0 \in A'$, 从而 $\overline{A} = A \cup \{x_0\}$.

这里的点 x_0 称为 $(X, \Im)$ 的指定点, 而 $\Im$ 称为 X 上的**指定点拓扑**.

当 $|X| = \aleph_0$ 时, 空间 $(X, \Im)$ 简记为 $A(\aleph_0)$; 当 $|X| = c$ 时, 空间 $(X, \Im)$ 简记为 $A(c)$. □

命题 2.3.4　$x \in \overline{A}$ 当且仅当 x 的任一邻域均与 A 相交.

证明　必要性. 设 $x \in \overline{A}$. 若 $x \in A$, 则 x 的任一邻域均与 A 相交; 否则必有 $x \in A'$, 从而 x 的每个邻域 U 与 $A - \{x\}$ 均相交. 从而也有 $U \cap A \neq \varnothing$.

充分性. 设 x 的任一邻域均与 A 相交. 若 $x \in A$, 则显然 $x \in \overline{A}$. 否则对 x 的任一邻域 U, 由于 $U \cap (A - \{x\}) = U \cap A \neq \varnothing$, 故 $x \in A' \subset \overline{A}$. □

命题 2.3.5　对拓扑空间 X 的每个子集 $A \subset X$, $\left(\overline{A}\right)^{\mathrm{c}} = (A^{\mathrm{c}})^{\circ}$.

证明　由命题 2.3.4, 可知

$$
\begin{aligned}
x \in (\overline{A})^{\mathrm{c}} & \text{当且仅当存在某个 } U \in \mathscr{N}(x) \text{ 使得 } U \cap A = \varnothing, \\
& \text{当且仅当存在某个 } U \in \mathscr{N}(x) \text{ 使得 } U \subset A^{\mathrm{c}}, \\
& \text{当且仅当 } x \in (A^{\mathrm{c}})^{\circ}.
\end{aligned}
$$
□

命题 2.3.6　拓扑空间 X 中的闭包运算具有如下性质: 设 $A, B \subset X$, 则

(1) 若 $A \subset B$, 则 $\overline{A} \subset \overline{B}$;

(2) $\overline{A} = A$ 当且仅当 A 是闭集;

(3) $\overline{A}$ 是包含 A 的所有闭集的交, 因而是包含 A 的最小闭集;

(4) $\overline{A \cup B} = \overline{A} \cup \overline{B}$;

(5) $\overline{A \cap B} \subset \overline{A} \cap \overline{B}$. 但是, 这里的包含一般不能改成相等;

(6) $\overline{\overline{A}} = \overline{A}$.

证明　(1) 只需证明 $A' \subset B'$. 事实上, 对任意的 $x \in A', U \in \mathscr{N}(x)$, 由

$$\varnothing \neq U \cap (A - \{x\}) \subset U \cap (B - \{x\})$$

可知, $U \cap (B - \{x\}) \neq \varnothing$, 因此 $x \in B'$. 从而 $A' \subset B'$.

(2) 必要性. 设 $\overline{A} = A$, 则对任一 $x \in A^{\mathrm{c}}$, 由命题 2.3.3, 存在开集 $U_x \in \mathscr{N}(x)$, $U_x \cap A = \varnothing$. 因此 $U_x \subset A^{\mathrm{c}}$. 于是 $A^{\mathrm{c}} = \bigcup \{U_x | x \in A^{\mathrm{c}}\}$ 是开集. 因此 A 是闭集.

充分性. 设 A 是闭集, 只需证明 $A' \subset A$. 设 $x \in A'$, 如果 $x \notin A$, 则 $A^{\mathrm{c}} \in \mathscr{N}(x)$, 并且显然地有 $A^{\mathrm{c}} \cap (A - \{x\}) = \varnothing$. 这与 $x \in A'$ 矛盾! 因此 $x \in A$. 从而 $A' \subset A$.

(3) 对任意的 $x \in \overline{A}$ 及包含 A 的任一闭集 F, 由 (1) 与 (2) 可知, $x \in \overline{A} \subset \overline{F} = F$. 可见 $x \in \bigcap \{F | A \subset F, F \text{是闭集}\}$, 从而 $\overline{A} \subset \bigcap \{F | A \subset F, F \text{是闭集}\}$.

反过来, 设 $x \in \bigcap\{F|A \subset F, F\text{是闭集}\}$, 若 $x \notin \overline{A}$, 则由命题 2.3.3, 存在开邻域 $U \in \mathscr{N}(x)$ 使得 $U \cap A = \varnothing$, 从而 $x \notin U^c \supset A$. 但 U^c 是闭集, 矛盾! 因此

$$\overline{A} \subset \bigcap\{F|A \subset F, F\text{是闭集}\}.$$

(4) 只需证明 $(A \cup B)' = A' \cup B'$. 首先, 由 (1) 容易知道, $(A \cup B)' \supset A' \cup B'$.

现在设 $x \in (A \cup B)'$, 如果 $x \notin A' \cup B'$, 则 $x \notin A'$ 且 $x \notin B'$, 故由命题 2.3.3, 必定存在开邻域 $U, V \in \mathscr{N}(x)$ 使得

$$U \cap (A - \{x\}) = \varnothing, \quad V \cap (B - \{x\}) = \varnothing.$$

再令 $W = U \cap V$, 则 $W \in \mathscr{N}(x)$, 并且 $W \cap ((A \cup B) - \{x\}) = \varnothing$. 这与 $x \in (A \cup B)'$ 矛盾! 因此也有 $(A \cup B)' \subset A' \cup B'$.

(5) 由 (1) 立即可知.

(6) 由 (3) 知, $\overline{A}$ 是闭集, 再由 (2) 知, $\overline{\overline{A}} = \overline{A}$. □

对于给定的非空集合 X, 满足如下四条公理的映射 $*^- : 2^X \to 2^X$ 称为一个**闭包算子**:

(1) $*^-(\varnothing) = \varnothing$;

(2) 对任一 $A \in 2^X, A \subset *^-(A)$;

(3) 对任意的 $A, B \in 2^X, *^-(A \cup B) = *^-(A) \cup *^-(B)$;

(4) 对任一 $A \in 2^X, *^-(*^-(A)) = *^-(A)$.

这四条公理称为 Kuratowski (1922) **闭包公理**. 如果在非空集合 X 上定义好了一个闭包算子 $*^-$, 令

$$\Im = \{U \subset X \,|\, *^-(X - U) = X - U\}.$$

则 $\Im$ 是 X 上的一个拓扑, 并且在拓扑空间 $(X, \Im)$ 中, 对每个 $A \subset X, \overline{A} = *^-(A)$. 具体验证作为习题 (见习题 2.29), 请读者自己完成.

2.3.4 序列的收敛性

定义 2.3.6 设 $x_1, x_2, \cdots, x_n, \cdots$ 是拓扑空间 X 中的一个点列, 简记为 $\langle x_n \rangle$, 有时直接写成 x_n. 若 $x_0 \in X$ 满足: 对 x_0 的任一邻域 U, 都存在自然数 N, 当 $n > N$ 时, 均有 $x_n \in U$, 则称**点列** $\langle x_n \rangle$ **收敛于**x_0, 记作 $\lim\limits_{n\to\infty} x_n = x_0$, 或者 $x_n \to x_0$. 称 x_0 为序列 $\langle x_n \rangle$ 的**极限点**.

注 序列 $\langle x_n \rangle$ 的极限点与点集 $\{x_1, x_2, \cdots, x_n, \cdots\}$ 的聚点未必相同. 比如, 在任一拓扑空间 X 中, 常值序列 $x, x, \cdots, x, \cdots$ 总是有极限点 x, 但 x 却未必是 $\{x\}$ 的聚点. 设 $X = \{0, 1\}$ 表示 Sierpinski 空间 (见例 2.1.3), 则常值序列 $\langle x_n \rangle$(其中每个 $x_n = 1$) 以 1 为极限点, 但是 1 却不是集合 $\{x_1, x_2, \cdots, x_n, \cdots\}$ 的聚点. 此外,

拓扑空间中的序列收敛性与欧氏空间中的序列收敛性也不尽相同, 这一点应给予特别注意. 欧氏空间中的序列收敛性可以借助于距离 (也就是度量) 来描述, 可是一般的拓扑空间上未必有距离的概念. 即使有距离概念, 两者的区别仍然可能是非常大的. 比如当 $\mathbb{R}$ 带离散拓扑时, 点列 $\left\langle \frac{1}{n} \right\rangle$ 不收敛; 而在 $\mathbb{R}^1$ 中, 同样的点列却收敛于 0.

例 2.3.4　在可数补拓扑空间 $(\mathbb{R}, \Im_c)$ 中, 若 A 为不可数集, 则对任一 $x \in A^c$, 由于 x 的每个邻域 U 的余集都是可数的, 因此必有 $U \cap (A - \{x\}) \neq \varnothing$, 故 x 是 A 的聚点. 但是 A 中任一序列都不可能收敛到 x. 事实上, 对于 A 中任一序列 $\langle x_n \rangle$, 由于 $U = \mathbb{R} - \{x_1, x_2, \cdots\} \in \mathscr{N}(x)$, 并且显然 $\langle x_n \rangle$ 没有任何点落在 U 中, 可见 $\langle x_n \rangle$ 不收敛于 x. 特别地, 如果 A 表示无理数集, 则对任一有理数 r, A 中不会有一个点列收敛于 r. □

例 2.3.5　从实数理论我们知道, 在欧氏空间 $\mathbb{R}^1$ 中, 每一个有理数 r 都是一个无理数序列的极限点. 同样地, 每一个无理数 p 也都是一个有理数序列的极限点. □

命题 2.3.7　设 X 是一个拓扑空间, $\langle x_n \rangle$ 是其一个点列, 则

(1) 若 $\langle x_n \rangle$ 是常值点列, 即有 $x \in X$ 使得 $x_n \equiv x (\forall n \in \mathbb{N})$, 则 $\lim\limits_{n\to\infty} x_n = x$;

(2) 若 $\lim\limits_{n\to\infty} x_n = x$, 则对 $\langle x_n \rangle$ 的任一子序列 $\langle x_{n_k} \rangle$, 也有 $\lim\limits_{k\to\infty} x_{n_k} = x$.

证明　留作习题, 由读者自己完成. □

例 2.3.6　若 $(X, \Im)$ 是例 2.3.3 中的拓扑空间, x^* 为指定点. 则对于该空间中的任一点列 $\langle x_n \rangle$, 如果对任一 $n \in \mathbb{N}$, $x_n \neq x^*$, 且对任意两个不同的 $m, n \in \mathbb{N}$, 都有 $x_m \neq x_n$, 则必有 $\lim\limits_{n\to\infty} x_n = x^*$. 事实上, 对于任一 $U \in \mathscr{N}(x^*)$, $X - U$ 是有限集, 因此必存在充分大的自然数 k 使得当 $n > k$ 时, $x_n \notin X - U$, 即 $x_n \in U$. 因此 $\lim\limits_{n\to\infty} x_n = x^*$.

如果集合 $\{x_n | n \in \mathbb{N}\}$ 是有限集, 则对于任一 $x \in X - \{x_n | n \in \mathbb{N}\}$, 由于 $X - \{x_n | n \in \mathbb{N}\} \in \mathscr{N}(x)$, 故 $\lim\limits_{n\to\infty} x_n \neq x$. 因此由命题 2.3.7(2), 如果此时 $\langle x_n \rangle$ 收敛, 则必存在一个自然数 k, 使得当 $n > k$ 时, $x_n \equiv x_k$, 并且此时 $\lim\limits_{n\to\infty} x_n = x_k$. □

2.4　子　空　间

定义 2.4.1　设 A 是拓扑空间 X 中的一个非空子集, τ 是 X 上的拓扑, 则容易验证, 集族

$$\tau_A = \{A \cap U \,|U \in \tau\}$$

是 A 上的一个拓扑, 称为 A 的**子空间拓扑**. (A, τ_A) 称为 (X, τ) 的**子空间**, 通常在拓扑自明的情况下, 直接说 A 是 X 的一个子空间. 对 A 的子集 U, 若 $U \in \tau_A$, 则

称 U 是 A 的 **(相对) 开集**. A 的 (相对) 开集关于 A 的余集称为 A 的 **(相对) 闭集**. 也就是说, 子空间 (A,τ_A) 中的闭集称为 (相对) 闭集.

例 2.4.1 (1) 在实直线 $\mathbb{R}^1$ 中, 区间 $(0,1]$ 是子空间 $[-1,1]$ 的相对开集, 但不是 $\mathbb{R}^1$ 的开集.

(2) 实直线 $\mathbb{R}^1$ 可以看作欧氏空间 $\mathbb{R}^2$ 的子空间. 一般地, 若 $m<n$, 则 $\mathbb{R}^m$ 可以自然地看成 $\mathbb{R}^n$ 的子空间, 相当于 $\mathbb{R}^n$ 中由所有后 $n-m$ 个坐标均为 0 的点构成的子空间.

(3) 正整数集 $\mathbb{N}$ 带上实直线 $\mathbb{R}^1$ 的子空间拓扑所成的空间是个离散空间. □

设 A 是拓扑空间 X 的一个子空间. 如果 $B\subset A$, 则 B 在子空间 A 中的闭包、内部、邻域系和导集分别表示为

$$\mathrm{Cl}_A B(\text{或 } \overline{B}_A),\quad \mathrm{Int}_A B(\text{或 } B_A^\circ),\quad \mathscr{N}_A(B) \text{ 和 } B'_A.$$

命题 2.4.1 设 A 是拓扑空间 X 中的非空子集, $C\subset A$, 则

(1) C 为 A 的相对闭集当且仅当 C 为 A 与 X 的一个闭子集之交集;

(2) 若 C 为 X 的开 (闭) 集, 则 C 也为 A 的相对开 (闭) 集;

(3) 若 A 为 X 的开 (闭) 集, C 为 A 的相对开 (闭) 集, 则 C 也为 X 的开 (闭) 集.

证明 (1) $\Rightarrow$ 设 C 为 A 的一个相对闭集, 则 $A-C$ 为 A 的相对开集, 因此存在 X 中的一个开集 U 使得 $A-C=A\cap U$, 从而 $C=A-(A-C)=A-A\cap U=A\cap(X-U)$. 由于 $X-U$ 是 X 的闭子集, 故 C 为 A 与 X 的一个闭子集之交集.

以上过程自然具有可逆性, 故 $\Leftarrow$ 部分也真.

(2) 和 (3) 是显然的. □

命题 2.4.2 设 Y 是 X 的一个子空间, 则对于任一 $A\subset Y$, 有

(1) $\overline{A}_Y=Y\cap\overline{A}$;

(2) $A'_Y=Y\cap A'$;

(3) $\mathrm{Int}_Y(A)=Y-\overline{Y-A}$.

证明 (1) 若 $x\in\overline{A}_Y$, 则对于 x 在 X 中的任一邻域 U, $U\cap Y$ 为 x 在 Y 中的一个邻域, 因此 $A\cap(U\cap Y)\neq\varnothing$, 可见也有 $U\cap A\neq\varnothing$. 故 $x\in\overline{A}$. 因为 $x\in Y$, 故 $x\in Y\cap\overline{A}$. 这表明 $\overline{A}_Y\subset Y\cap\overline{A}$.

反过来, 若 $x\in Y\cap\overline{A}$, 则 $x\in Y\wedge x\in\overline{A}$, 故对于 x 在 X 中的任一邻域 U, $U\cap A\neq\varnothing$. 对于 x 在 Y 中的任一邻域 V, 存在 x 在 X 中的一个邻域 U 使得 $V=U\cap Y$, 从而 $V\cap A=(U\cap Y)\cap A=U\cap A\neq\varnothing$, 因此 $x\in\overline{A}_Y$. 这表明 $\overline{A}_Y\supset Y\cap\overline{A}$. 因此, $\overline{A}_Y=Y\cap\overline{A}$.

(2) 设 $x\in A'_Y$, 则 $x\in Y$, 且对于 x 在 X 中的任一邻域 U, 令 $V=U\cap Y$, 则 V 是 x 在 Y 中的一邻域, 因此 $V\cap(A-\{x\})\neq\varnothing$. 而 $V\cap(A-\{x\})\subset U\cap(A-\{x\})$,

故也有 $U\cap(A-\{x\})\neq\varnothing$. 因此 $x\in A'$. 可见 $A'_Y\subset A'\cap Y$.

反过来, 设 $x\in Y\cap A'$. 则 $x\in Y$ 且 $x\in A'$. 对于 x 在 Y 中的任一邻域 V, 存在 x 在 X 中的一个邻域 U 使得 $V=U\cap Y$. 由 $x\in A'$ 知, $U\cap(A-\{x\})\neq\varnothing$. 从而

$$V\cap(A-\{x\})=(U\cap Y)\cap(A-\{x\})=U\cap(A-\{x\})\neq\varnothing.$$

因此 $x\in A'_Y$. 故也有 $A'_Y\supset A'\cap Y$.

(3) 由 (1) 及命题 2.3.5 可得

$$\mathrm{Int}_Y(A)=Y-\overline{(Y-A)_Y}=Y-\big(Y\cap\overline{Y-A}\big)=Y-\overline{Y-A}.$$ □

习　　题

2.1　在实数集 $\mathbb{R}$ 上定义子集族 $\tau=\{(-\infty,a)\,|-\infty\leqslant a\leqslant+\infty\}$(这里 $(-\infty,-\infty)$ 表示空集 $\varnothing$, 而 $(-\infty,+\infty)=\mathbb{R}$). 证明 τ 是 $\mathbb{R}$ 上的一个拓扑.

2.2　设 τ_1,τ_2 是集合 X 上的两个拓扑, 证明 $\tau_1\cap\tau_2$ 也是 X 上的一个拓扑. 试问 $\tau_1\cup\tau_2$ 是否也是 X 上的一个拓扑? 为什么?

2.3　设 A 和 B 都是拓扑空间 X 的子集, 并且 A 是开集. 证明 $A\cap\overline{B}\subset\overline{A\cap B}$.

2.4　设 A 是拓扑空间 X 的稠密子集, U 是 X 的开子集, 则 $\overline{U}=\overline{A\cap U}$.

2.5　设 A 是拓扑空间 X 的任一子集, U 是 X 的开子集, 则 $\overline{U\cap\overline{A}}=\overline{A\cap U}$.

2.6　证明: A 是拓扑空间 X 的稠密子集的充分必要条件是 X 的每个非空开集与 A 有非空的交.

2.7　设 A 和 B 都是拓扑空间 X 的稠密子集, 并且 A 是开集, 则 $A\cap B$ 也是 X 的稠密子集. 如果 A 不是开集, 结论还对吗?

2.8　设 $\{x_n\}$ 是 $(\mathbb{R},\Im_c)$ 中的一个序列. 证明: $x_n\to x$ 当且仅当存在正整数 N, 使得当 $n>N$ 时, $x_n=x$.

2.9　设 X 是一个非空集合, B 是 X 的一个非空子集, 令 $\Im=\{X\}\cup 2^B$, 则 $\Im$ 是 X 上的一个拓扑, 称为 X 上的 B-拓扑. 并且

(1) B 是 $(X,\Im)$ 中所有孤立点的集合;

(2) $\overline{B}=X$;

(3) $\Im$ 是离散拓扑当且仅当 $B=X$;

(4) 若 $a\in X-B, b\in B$, 求集合 $A=\{a,b\}$ 的导集 A'.

2.10　设 $\mathbb{Z}^+$ 是全体正整数的集合. 令 τ 表示满足如下条件的集合 U 构成的集族:

若 $n\in U$, 则 n 的每个因数都在 U 中.

证明: τ 是 $\mathbb{Z}^+$ 上的一个拓扑. 试问: 它是离散拓扑吗?

2.11　设 $A=\left\{\dfrac{1}{m}+\dfrac{1}{n}\,\middle|\, m,n\in\mathbb{N}\right\}\subset\mathbb{R}^1$, 试证明: $A'=\{0\}\cup\left\{\dfrac{1}{n}\,\middle|\, n\in\mathbb{N}\right\}$; $A''=\{0\}$.

2.12 设 $\{A_\lambda|\lambda\in\Lambda\}$ 是拓扑空间 X 的一个子集族. 证明：如果 $\bigcup\{\overline{A_\lambda}|\lambda\in\Lambda\}$ 是闭集, 那么有

$$\overline{\bigcup\{A_\lambda|\lambda\in\Lambda\}}=\bigcup\{\overline{A_\lambda}|\lambda\in\Lambda\}.$$

并举例说明, 一般地说, 等式是不成立的.

2.13 如果一个拓扑空间的每个可数子集都是闭集, 其拓扑一定是离散拓扑吗？

2.14 在拓扑空间中, 一个开集 U 称为**正则** (regular) **开集**是指它满足 $U=(\overline{U})^\circ$; 一个闭集 F 称为**正则闭集**是指它满足 $F=\overline{F^\circ}$. 试证明：

(1) 如果 F 是闭集, 则 F° 是正则开集;

(2) 如果 U 是开集, 则 $\overline{U}$ 是正则闭集;

(3) 正则开 (闭) 集的补集是正则闭 (开) 集;

(4) 如果 U,V 都是正则开集, 则 $U\subset V$ 当且仅当 $\overline{U}\subset\overline{V}$;

(5) 如果 E,F 都是正则闭集, 则 $E\subset F$ 当且仅当 $E^\circ\subset F^\circ$;

(6) 如果 U,V 都是正则开集, 那么 $U\cap V$ 也是正则开集;

(7) 如果 E,F 都是正则闭集, 那么 $E\cup F$ 也是正则闭集.

2.15 设 X 是一个拓扑空间, $A\subset X$ 是一个子集. 试证明：

(1) $\mathrm{Fr}(A)=\overline{A}-\mathrm{Int}(A)$;

(2) $\mathrm{Fr}(A)\cap\mathrm{Int}(A)=\varnothing$;

(3) $\overline{A}=\mathrm{Int}(A)\cup\mathrm{Fr}(A)$;

(4) $X=\mathrm{Int}(A)\cup\mathrm{Fr}(A)\cup\mathrm{Int}(A^c)$.

2.16 试证明：

(1) 有限个 F_σ-集的交集还是 F_σ-集;

(2) 有限个 G_δ-集的并集还是 G_δ-集;

(3) F_σ-集的余集是 G_δ-集, G_δ-集的余集是 F_σ-集.

2.17 设 $\{A_n:n\in\mathbb{N}\}$ 是拓扑空间 X 的任意一列子集, 证明：

$$\overline{\bigcup_{n\in\mathbb{N}}A_n}=\left(\bigcup_{n\in\mathbb{N}}\overline{A_n}\right)\cup\bigcup_{n\in\mathbb{N}}\overline{\left(\bigcup_{m=0}^{\infty}A_{n+m}\right)}.$$

并举例说明, 若去掉上式右端的第二项, 则等式一般不成立.

2.18 (C. T. Yang) 设 X 是任一拓扑空间, 则 X 的每个子集的导集是闭集当且仅当 X 的每个单点集的导集是闭集, 即

$$\text{对任一 } A\subset X, A''\subset A' \text{ 当且仅当对任意 } x\in X, \{x\}''\subset\{x\}'.$$

2.19 设 X 是一个拓扑空间, A 是 X 的一个子集, 则下列三个命题相互等价：

(1) 对每个点 $x\in A$, 存在一个邻域 $U\in\mathscr{N}(x)$ 使得 $A\cap U$ 是子空间 U 中的闭集;

(2) $\overline{A}-A$ 是闭集;

(3) 存在一个开集 G 和一个闭集 F 使得 $A=F\cap G$.

2.20 设 X 是拓扑空间 Y 的一个子空间, G 是 X 的开子集, 证明下列四个结论是相互等价的：

(1) $\tilde{G} = \bigcup \{V \subset Y | V$是 Y 中的开集, 且$V \cap X = G\}$;

(2) $\tilde{G}$ 是 Y 的开子集, $\tilde{G} \cap X = G$, 并且如果 $U \subset Y$, U 是 Y 中开集, $U \cap X = G$, 则 $U \subset \tilde{G}$;

(3) $\tilde{G} = Y - \overline{(X-G)}_Y$;

(4) $z \in Y - \tilde{G}$ 当且仅当对任意 $W \in \mathcal{N}(z), W \cap (X-G) \neq \varnothing$.

2.21　设 X 是一个拓扑空间, A 是 X 的一个子集. 若 $X - A$ 是稠密集, 则称 A 为**补稠的** (co-dense); 若 $\overline{A}$ 是补稠的, 则称 A 是**无处稠的** (nowhere dense); 若 $A \subset A'$, 则称 A 是**自稠的** (dense in itself). 试证明:

(1) 子集 A 为补稠的当且仅当对每个非空开集 $U, U \cap (X-A) \neq \varnothing$.

(2) 子集 A 是无处稠的当且仅当对每个非空开集 U, 存在非空开集 V 使得 $V \subset U$, $V \cap A = \varnothing$.

(3) 若 A 是补稠的, B 是无处稠的, 则 $A \cup B$ 也是补稠的.

(4) 举例说明, 两个补稠的子集的并集未必是补稠的.

2.22　在度量空间 (X,d) 中, 记 $B[x_0,\varepsilon] = \{x \in X | d(x,x_0) \leqslant \varepsilon\}$, 证明 $B[x_0,\varepsilon]$ 是闭集. 举例说明, 一般地说, $\overline{B(x_0,\varepsilon)} = B[x_0,\varepsilon]$ 并不成立.

2.23　在度量空间 (X,d) 中, 对任一子集 $A \subset X$ 及任一点 x_0, 我们定义

$$d(x_0,A) = \inf\{d(x_0,x) | x \in A\}.$$

称为**点** x_0 **到子集** A **的距离**. 试证明:

(1) $x \in A' \Leftrightarrow$ 存在 A 中异于 x 的点列 $\langle x_n \rangle$ 使得 $d(x,x_n) \to 0(n \to \infty$ 时);

(2) $\overline{A} = \{x \in X | d(x,A) = 0\}$.

2.24　在度量空间 (X,d) 中, 对任一子集, $A \subset X$, 定义其直径为

$$D(A) = \sup\{d(x,y) | x,y \in A\}.$$

当 $D(A)$ 是常数时, 称 A 是**有界集**; 否则称为**无界集**. 特别地, 如果 $D(X)$ 是常数, 则称 d 为 X 上的**有界度量**. 试证明: 对于任一度量空间 (X,d), 在 X 上一定可以找到一个有界度量 d', 使得 d' 诱导的拓扑正是度量空间 (X,d) 的拓扑.

2.25　设 (X,d) 是一个度量空间, $\mathbf{B}(X)$ 是 X 中所有非空有界闭集的集合. 对于 $(A,B) \in \mathbf{B}(X) \times \mathbf{B}(X)$, 定义

$$h(A,B) = \sup\{d(x,B) | x \in A\}, \quad \rho(A,B) = \max\{h(A,B), h(B,A)\}.$$

证明: (1) ρ 是 $\mathbf{B}(X)$ 上的一个度量 (称为 Hausdorff **度量**);

(2) 对任意的 $x,y \in X$, 都有 $\rho(\{x\},\{y\}) = d(x,y)$;

(3) 对任一正数 ε 及 $A,B \in \mathbf{B}(X)$, 都有: $A,B \in \mathbf{B}(X), \rho(A,B) \leqslant \varepsilon$ 当且仅当 $A \subset U(B,\varepsilon)$ 且 $B \subset U(A,\varepsilon)$(其中 $U(A,\varepsilon)$ 表示 A 在 X 中的 ε 球形邻域);

(4) 对任一正数 ε 及 $A,B \in \mathbf{B}(X)$, 都有: $A,B \in \mathbf{B}(X), \rho(A,B) \leqslant \varepsilon$ 当且仅当 $B \subset U(A,\varepsilon)$, 并且 $\forall a \in A, B(a,\varepsilon) \cap B \neq \varnothing$.

2.26 设 U,V 是拓扑空间 X 的两个开集, 若 $U\cap V=\varnothing$, 则 $\overline{U}\cap V=\varnothing$, 且 $U\cap\overline{V}=\varnothing$.

2.27 设 U,V 是拓扑空间 X 的两个不交开集, 则 $\mathrm{Int}(\overline{U})\cap\mathrm{Int}(\overline{V})=\varnothing$.

2.28 如果一个集合 X 上定义了一个满足内部公理的一个内部运算 $*^{\circ}$, 则由 X 中所有满足 $*^{\circ}(A)=A$ 的子集 A 构成的集族 $\Im$ 是 X 上的一个拓扑, 且这个拓扑的内部运算就是原先给出的这个内部运算, 即对每一 $A\subset X, *^{\circ}(A)=A^{\circ}$.

2.29 如果在非空集合 X 上定义好了一个闭包算子 $*^{-}$, 令

$$\Im=\left\{U\subset X\,\middle|\,*^{-}(X-U)=X-U\right\},$$

则 $\Im$ 是 X 上的一个拓扑, 并且在拓扑空间 $(X,\Im)$ 中, 对每个 $A\subset X, \overline{A}=*^{-}(A)$.

2.30 试证明命题 2.3.7.

第 3 讲　拓扑空间之间的连续映射

连续映射是把两个拓扑空间联系起来的基本工具, 以后我们将研究某些拓扑性质在连续映射下是否被保持, 或者是否被逆保持等问题, 这也是拓扑学研究的一个重要方面. 同胚映射则是对拓扑空间进行分类的基本工具. 从拓扑的角度来看, 能够用同胚映射联系在一起的拓扑空间本质上没有什么区别, 因此可以看成是同一类的. 也就是说, 同胚的空间具有完全相同的拓扑结构. 本讲主要介绍连续映射与同胚映射的一些基本知识.

3.1　连续映射的概念

一般拓扑空间中连续性的定义实际上是分析学中连续性概念的推广. 撇开距离这一特定的术语, 借助于开集 (或者邻域) 这个概念, 可以把分析中连续性的概念推广成拓扑空间之间的连续性定义.

在分析学中, 一个函数 $f: D \to \mathbb{R}^1$ 在某一聚点 $x_0 \in D \subset \mathbb{R}^n$ 处连续, 是指对每一个正数 ε, 都存在正数 δ, 使得当 $\|x - x_0\| < \delta$ 且 $x \in D$ 时, 均有 $|f(x) - f(x_0)| < \varepsilon$ 成立. 利用邻域这一语言, 就是说, 对于点 $f(x_0)$ 的任一邻域 $V = B(f(x_0), \varepsilon)$, 都有点 x_0 在 D 中的一个邻域 $U = B(x_0, \delta) \cap D$ 使得 $f(U) \subset V$. 把球形邻域更换成一般拓扑空间中的邻域, 也就有了拓扑空间中映射连续的定义.

定义 3.1.1　设 X, Y 为两个拓扑空间, 而 $f: X \to Y$ 是一个映射, 点 $x \in X$. 如果对任一邻域 $V \in \mathscr{N}(f(x))$, 都存在邻域 $U \in \mathscr{N}(x)$ 使得 $f(U) \subset V$(或者 $U \subset f^{-1}(V)$), 则称 f **在点 x 处连续**. 若 f 在每一点 $x \in X$ 处均连续, 则称 $f: X \to Y$ 为一个**连续映射**.

由邻域的定义不难看出, f 在点 x 处连续等价于对任一 $V \in \mathscr{N}(f(x))$, 其逆像 $f^{-1}(V) \in \mathscr{N}(x)$.

例 3.1.1　由映射连续定义不难看出, 对集合 X 上给定的两个拓扑 τ_1 和 τ_2, 恒等映射 $\mathrm{id}: (X, \tau_1) \to (X, \tau_2), x \mapsto x$ 是连续的当且仅当 $\tau_2 \subset \tau_1$.

事实上, 若 $\tau_2 \subset \tau_1$, 则对任一 $x \in X$ 及任一 $V \in \mathscr{N}_{\tau_2}(x)$, 存在 $V_0 \in \tau_2$ 使得 $x \in V_0 \subset V$. 而 $\mathrm{id}^{-1}(V) = V, \mathrm{id}^{-1}(V_0) = V_0$, 因此 $\mathrm{id}^{-1}(V) \in \mathscr{N}_{\tau_1}(x)$. 因此 id 在 x 处连续. 由 x 的任意性知, id 是连续映射.

反过来, 若 id 是连续映射, 则对任一 $V \in \tau_2$, 若 $V = \varnothing$, 自然有 $V \in \tau_1$; 若 $V \neq \varnothing$, 则对任一 $x \in V$, 由于 $V \in \mathscr{N}_{\tau_2}(x)$, 故由 id 在 x 处连续可知, $V =$

$\mathrm{id}^{-1}(V) \in \mathscr{N}_{\tau_1}(x)$. 因此在 (X, τ_1) 中 x 是 V 的内点. 于是由 x 的任意性知, $V \in \tau_1$. 可见 $\tau_2 \subset \tau_1$.

比如, 恒等映射 $\mathrm{id}: (\mathbb{R}, \Im_c) \to (\mathbb{R}, \Im_f), x \mapsto x$ 是连续的, 因为 $\Im_f \subset \Im_c$. 但是, 由于此时 $\Im_c \subset \Im_f$ 不成立, 因此其逆映射 $\mathrm{id}: (\mathbb{R}, \Im_f) \to (\mathbb{R}, \Im_c), x \mapsto x$ 却在每一点都不是连续的. □

例 3.1.2 对任意拓扑空间 Y, 若 X 是一个离散拓扑空间, 则任一映射 $f: X \to Y$ 都是连续的. 事实上, 对于任一 $x \in X$ 及开集 $V \in \mathscr{N}(f(x))$, 由于 $f^{-1}(V)$ 总是 X 中的开集, 且 $x \in f^{-1}(V)$, 故总有 $f^{-1}(V) \in \mathscr{N}(x)$. 因此 f 在 x 处连续. 再由 x 的任意性知, f 是连续映射.

类似地, 若 X 是一个平凡拓扑空间, 则任一映射 $f: Y \to X$ 都是连续的. 因为此时 X 中的所有点都只有一个邻域 X, 而 $f^{-1}(X) = Y$ 是 Y 中每一个点的邻域. □

例 3.1.3 数学分析中讲过的那些连续函数都是相应的拓扑空间之间的连续映射. □

例 3.1.4 考虑映射

$$f: (\mathbb{Q}, \Im_f) \to \mathbb{R}^1, \qquad f(r) = r^2 .$$

对于任一 $r \in \mathbb{Q}$ 及任一正数 ε, 不难看出, r^2 的 ε-邻域 $B(r^2, \varepsilon)$ 在 f 下的逆像 $f^{-1}[B(r^2, \varepsilon)]$ 含有无限多个有理数, 同时 $\mathbb{Q} - f^{-1}[B(r^2, \varepsilon)]$ 也含有无限多个元素. 因此不可能有开集 $U \in \Im_f$ 使得

$$r \in U \subset f^{-1}[B(r^2, \varepsilon)].$$

这说明 f 在 r 处不连续. 可见, f 是一个处处不连续的函数. □

定理 3.1.1 设 $f: X \to Y$ 是一个映射, 则下列各条件相互等价:

(1) $f: X \to Y$ 是连续映射;

(2) Y 的任一开集在 f 下的原像为 X 的开集;

(3) Y 的任一闭集在 f 下的原像为 X 的闭集.

证明 设 (1) 真, 即 $f: X \to Y$ 是连续映射, V 是 Y 的任意一个非零开集. 则对于任一 $x \in f^{-1}(V)$, 有 $V \in \mathscr{N}(f(x))$, 因此由假设 (1) 知, 存在开集 $U_x \in \mathscr{N}(x)$ 使 $f(U_x) \subset V$, 从而 $U_x \subset f^{-1}(V)$. 于是得到 $f^{-1}(V) = \bigcup \{U_x \,|x \in f^{-1}(V)\}$. 可见 $f^{-1}(V)$ 是 X 的开集. 因此 (2) 也真.

设 (2) 真, F 是 Y 的任意一个闭集, 则 $Y - F$ 是 Y 的开集. 由 (2) 知, $f^{-1}(Y - F) = X - f^{-1}(F)$ 是 X 的开集, 从而 $f^{-1}(F)$ 为 X 的闭集. 因此 (3) 也真.

设 (3) 真, 则对任意的 $x \in X$ 及 $V \in \mathscr{N}(f(x))$, 不妨设 V 是开集, 则 $Y - V$ 是闭集. 令

$$U = f^{-1}(V) = f^{-1}(Y - (Y - V)) = f^{-1}(Y) - f^{-1}(Y - V) = X - f^{-1}(Y - V).$$

由 (3) 可知, $f^{-1}(Y-V)$ 是闭集, 因此 U 是 X 的开集. 又 $x \in U$, 且 $f(U) = f(f^{-1}(V)) \subset V$. 因此 $f: X \to Y$ 在 x 处连续. 再由 x 的任意性, 即知 $f: X \to Y$ 是连续映射. 因此 (1) 也真.

可见, 条件 (1), (2), (3) 相互等价. □

该定理表明, 可以从考察开集 (闭集) 的逆像是否还是开集 (闭集) 来判断一个映射是否为连续映射. 这是判断一个映射是否连续的基本方法, 也可以把它作为映射连续的定义. 在习题中, 我们介绍了另外几个刻画连续性的等价条件, 读者应该自己去证明一下.

例 3.1.5 设 $f: A(c) \to \mathbb{R}^1$ 是一个映射, x_0 表示 $A(c)$ 的指定点. 如果 f 在 x_0 处连续, 则对于每个自然数 n, 由于 $\left(f(x_0)-\dfrac{1}{n}, f(x_0)+\dfrac{1}{n}\right)$ 是 $\mathbb{R}^1$ 的开集, 所以由连续性知, 集合

$$X_n = A(c) - f^{-1}\left[\left(f(x_0)-\frac{1}{n}, f(x_0)+\frac{1}{n}\right)\right]$$

是 $A(c)$ 中的闭集, 并且显然 $x_0 \notin X_n$. 因此 X_n 是一个有限集. 再令 $X_0 = \bigcup\limits_{n \in \mathbb{N}} X_n$, 则 X_0 是一个可数的 F_σ-集, 并且对每一 $x \in A(c) - X_0$, 都有 $f(x) = f(x_0)$. 可见当 f 在 x_0 处连续时, f 最多在可数个点处函数值与 $f(x_0)$ 不同. 反过来说, 如果映射 $f: A(c) \to \mathbb{R}^1$ 在不可数多个点上的取值与 $f(x_0)$ 不同, 则 f 在 x_0 处必不连续. □

下面介绍几个以后经常使用的连续映射.

例 3.1.6 (1) 由例 3.1.1 可知, 对任何拓扑空间 X, **恒等映射**

$$\mathrm{id}: X \to X, \text{ 对每一 } x \in X, \ \mathrm{id}(x) = x$$

总是一个连续映射. 为区别起见, 有时把空间 X 上的恒等映射更准确地记作 id_X.

(2) 若 A 是拓扑空间 X 的子空间, 则**含入映射**

$$i: A \to X, \text{ 对每一 } x \in A, \ i(x) = x$$

是一个连续映射. 实际上, 对于 X 的任一开集 U, $i^{-1}(U) = U \cap A$ 是 A 中的相对开集, 因此 i 是连续的.

(3) 拓扑空间之间的常值映射

$$c: X \to Y, \text{ 对每一 } x \in X, \ c(x) \equiv y_0 \in Y$$

是一个连续映射. 实际上, 对于 Y 中任一开集 V, 其逆像

$$c^{-1}(V) = \begin{cases} X, & y_0 \in V, \\ \varnothing, & y_0 \notin V \end{cases}$$

总是开集, 因此 c 连续.

(4) 若 A 是拓扑空间 X 的子空间, 并且映射 $f: X \to Y$ 为连续映射, 则其限制映射$f_A = f|_A : A \to Y$ 也是连续映射. 因为对于 Y 中任一开集 V, $f_A^{-1}(V) = A \cap f^{-1}(V)$ 是 A 中的相对开集. 比如, 含入映射 $i: A \to X$ 实际上就是恒等映射 id_X 在 A 上的**限制映射**. 反过来, 也可以说 $f: X \to Y$ 是 $f_A: A \to Y$ 在 X 上的连续扩张.

若 A 是 x 的邻域, 则当 f_A 在 x 处连续时, f 在 x 处也连续. 因为对于 $f(x)$ 的任一邻域 V, 由于 f_A 在 x 处连续, x 在 A 中有相对邻域 G 使得 $f_A(G) \subset V$; 同时, x 在 X 中又有邻域 U 使得 $G = U \cap A$. 而由 A 是 x 的邻域可知, G 也是 x 在 X 中的邻域, 并且 $f(G) = f_A(G) \subset V$, 因此 f 在 x 处也连续.

(5) 设 A 是拓扑空间 X 的子空间, 若映射 $r: X \to A$ 连续, 且满足对每一 $a \in A$, 都有 $r(a) = a$, 则称 r 为**收缩映射**. 若 r 为收缩映射, 则限制映射 $r|_A = \mathrm{id}_A$. □

3.2 连续映射的性质与粘接引理

命题 3.2.1 若 X, Y, Z 均为拓扑空间, 且 $f: X \to Y$ 在 x 处连续, $g: Y \to Z$ 在 $f(x)$ 处连续, 则复合映射 $g \circ f: X \to Z$ 在 x 处也连续. 由此可知, 连续映射的复合映射还是连续映射.

证明 对于 $g \circ f(x)$ 在 Z 中的任一邻域 W, 由于 g 连续, $V = g^{-1}(W)$ 是 $f(x)$ 在 Y 中的邻域; 又由于 f 连续, 故 $U = f^{-1}(V)$ 是 x 在 X 中的邻域. 也就是说, $(g \circ f)^{-1}(W) = f^{-1} \circ g^{-1}(W) = f^{-1}(V)$ 是 x 在 X 中的邻域, 因此 $g \circ f$ 在 x 处连续. □

命题 3.2.2 设 $f: X \to Y$ 为连续映射. 若 X 中的序列 $\langle x_n \rangle$ 收敛于 x, 则 Y 中的对应序列 $\langle f(x_n) \rangle$ 也收敛于 $f(x)$.

证明 对任一 $V \in \mathscr{N}(f(x))$, 由 f 的连续性知, 存在 $U \in \mathscr{N}(x)$ 使得 $f(U) \subset V$. 而由 $\langle x_n \rangle$ 收敛于 x 知, 存在自然数 N, 当 $n > N$ 时, 均有 $x_n \in U$, 从而 $f(x_n) \in f(U) \subset V$. 这表明序列 $\langle f(x_n) \rangle$ 收敛于 $f(x)$. □

注 该命题表明, 连续映射保持序列的收敛性. 不过, 该命题的逆命题却不真. 也就是说, 在 f 连续的假设下, 由 $\langle f(x_n) \rangle$ 的收敛性推不出 $\langle x_n \rangle$ 的收敛性. 比如, 若 Y 为平凡拓扑空间, 则对任意拓扑空间 X, 映射 $f: X \to Y$ 均为连续映射, 而且对每一 $x \in X$ 及 X 中的每一序列 $\langle x_n \rangle$, 序列 $\langle f(x_n) \rangle$ 总是会收敛于 $f(x)$, 因为 $f(x)$ 只有一个邻域 Y, 而 $\langle f(x_n) \rangle$ 始终在 Y 中. 但是我们很容易给出一个拓扑空间 X, 以及它的一个不收敛于 x 的序列 $\langle x_n \rangle$. 比如, 取 $X = (\mathbb{Q}, \Im_c)$, 则序列 $\langle n \rangle$ 在 X 中并不收敛. 可见, 收敛性被连续映射保持, 但不被连续映射逆保持.

下面我们介绍连续映射的分片定义方法, 也就是粘接引理. 为此, 我们先介绍几个相关的概念.

定义 3.2.1 设 $\mathfrak{R} \subset 2^X$ 是拓扑空间 X 的一个子集族. 若 $\bigcup \mathfrak{R} = X$, 则称 $\mathfrak{R}$ 是 X 的一个**覆盖**. 若覆盖 $\mathfrak{R}$ 的元素均为开 (闭) 集, 则称 $\mathfrak{R}$ 是 X 的一个**开 (闭) 覆盖**. 若覆盖 $\mathfrak{R}$ 的元素只有有限 (可数) 个, 则称 $\mathfrak{R}$ 是 X 的一个**有限 (可数) 覆盖**. 如果对每一个 $x \in X$, 都有 $U \in \mathscr{N}(x)$ 使 U 只与覆盖 $\mathfrak{R}$ 的有限个 (可数个) 成员相交, 则称 $\mathfrak{R}$ 是 X 的一个**局部有限 (局部可数) 覆盖**. 若 $\mathfrak{R}$ 的一个子族 $\mathfrak{R}_0$ 也是 X 的一个覆盖, 则称 $\mathfrak{R}_0$ 是 $\mathfrak{R}$ 的一个**子覆盖**. 如果 $\mathfrak{R}'$ 也是 X 的一个覆盖, 并且对每一个 $V \in \mathfrak{R}'$, 都存在 $U \in \mathfrak{R}$ 使得 $V \subset U$, 则称 $\mathfrak{R}'$ 是 $\mathfrak{R}$ 的一个加细. 此时如果 $\mathfrak{R}'$ 是开 (闭) 覆盖, 也称 $\mathfrak{R}'$ 是 $\mathfrak{R}$ 的一个**开 (闭) 加细**.

显然, 如果 $\mathfrak{R}_0$ 是 $\mathfrak{R}$ 的一个子覆盖, 则 $\mathfrak{R}_0$ 是 $\mathfrak{R}$ 的一个加细.

引理 3.2.1 若 $\mathfrak{R} = \{A_\lambda | \lambda \in \Lambda\}$ 是拓扑空间 X 的局部有限的子集族, 则

$$\overline{\bigcup \mathfrak{R}} = \overline{\bigcup \{A_\lambda | \lambda \in \Lambda\}} = \bigcup_{\lambda \in \Lambda} \overline{A_\lambda}.$$

证明 首先对任一 $\lambda \in \Lambda, A_\lambda \subset \bigcup \mathfrak{R}$, 从而 $\overline{A_\lambda} \subset \overline{\bigcup \mathfrak{R}}$. 故有 $\bigcup\limits_{\lambda \in \Lambda} \overline{A_\lambda} \subset \overline{\bigcup \mathfrak{R}}$.

反过来, 设 $x \notin \bigcup\limits_{\lambda \in \Lambda} \overline{A_\lambda}$, 则对任一 $\lambda \in \Lambda, x \notin \overline{A_\lambda}$. 首先由 $\mathfrak{R}$ 的局部有限性知, 存在一个 $U_0 \in \mathscr{N}(x)$ 及有限个 $\lambda_1, \lambda_2, \cdots, \lambda_n \in \Lambda$ 使得对每个 $\lambda \in \Lambda - \{\lambda_1, \lambda_2, \cdots, \lambda_n\}$, 都有 $U_0 \cap A_\lambda = \varnothing$. 对于每个 $1 \leqslant i \leqslant n$, 由于 $x \notin \overline{A_{\lambda_i}}$, 故存在 $U_i \in \mathscr{N}(x)$ 使得 $U_i \cap A_{\lambda_i} = \varnothing$. 令 $U = \bigcap\limits_{i=0}^{n} U_i$, 则显然有 $U \in \mathscr{N}(x)$, 并且 $U \cap (\bigcup \mathfrak{R}) = \varnothing$. 由此可见, $x \notin \overline{\bigcup \mathfrak{R}}$. 故也有 $\bigcup\limits_{\lambda \in \Lambda} \overline{A_\lambda} \supset \overline{\bigcup \mathfrak{R}}$. 因此 $\bigcup\limits_{\lambda \in \Lambda} \overline{A_\lambda} = \overline{\bigcup \mathfrak{R}}$. □

下面这个引理是显然的.

引理 3.2.2 若 $\mathfrak{R} = \{A_\lambda | \lambda \in \Lambda\}$ 是拓扑空间 X 的一个局部有限的子集族, 并且对每个 $\lambda \in \Lambda$, 都有 $B_\lambda \subset A_\lambda$. 则 $\mathfrak{R}' = \{B_\lambda | \lambda \in \Lambda\}$ 也是局部有限的. □

定理 3.2.1 (粘接引理) 设 $\{A_1, A_2, \cdots, A_n\}$ 是 X 的一个闭 (开) 覆盖. 如果映射 $f : X \to Y$ 在每一个 A_i 上的限制映射 $f_{A_i} : A_i \to Y$ 都是连续的, 则 $f : X \to Y$ 是连续映射. □

粘接引理是分片构造连续映射的理论依据. 该定理的证明我们这里不予给出, 因为它是我们后面将要介绍的粘接引理的一般形式的一个特殊情形. 为了介绍粘接引理更为一般的形式, 我们先定义两个概念.

定义 3.2.2 设 $\{A_\lambda | \lambda \in \Lambda\}$ 是集合 X 的一个覆盖, 给定一个映射族 $\Sigma = \{f_\lambda : A_\lambda \to Y \,|\lambda \in \Lambda\}$.

(1) 称 Σ 是**相容的**, 是指对每对 $\lambda,\mu\in\Lambda$, 都有 $f_\lambda\big|_{(A_\lambda\cap A_\mu)}=f_\mu\big|_{(A_\lambda\cap A_\mu)}$;

(2) 设 Σ 是相容的. 对任一 $x\in X$, 任取一个 $\lambda\in\Lambda$ 使得 $x\in A_\lambda$, 定义 $f(x)=f_\lambda(x)$. 则 $f:X\to Y$ 是一个映射, 称为**映射族 Σ 的组合**, 记为 $f=\underset{\lambda\in\Lambda}{\nabla}f_\lambda$. 当 $\Lambda=\{1,2,\cdots,n\}$ 或 $\Lambda=\mathbb{N}$ 时, 组合映射也可分别记为

$$f=f_1\nabla f_2\nabla\cdots\nabla f_n\quad 和\quad f=f_1\nabla f_2\nabla\cdots.$$

定理 3.2.1*(粘接引理的一般形式) 设 $\{A_\lambda|\lambda\in\Lambda\}$ 是拓扑空间 X 的一个覆盖, 相容的映射族

$$\Sigma=\big\{f_\lambda:A_\lambda\to Y 连续\,|\lambda\in\Lambda\big\}$$

的组合记为 $f=\underset{\lambda\in\Lambda}{\nabla}f_\lambda$. 那么

(1) 若 $\{A_\lambda|\lambda\in\Lambda\}$ 是空间 X 的一个开覆盖, 则 $f:X\to Y$ 连续.

(2) 若 $\{A_\lambda|\lambda\in\Lambda\}$ 是空间 X 的一个局部有限的闭覆盖, 则 $f:X\to Y$ 连续.

证明 (1) 设 $G\subset Y$ 是一个开集. 由假设, 对任一 $\lambda\in\Lambda, f_\lambda^{-1}(G)$ 是 A_λ 的相对开集. 而 A_λ 为 X 的开集, 故 $f_\lambda^{-1}(G)$ 也是 X 的开集. 从而 $f^{-1}(G)=\bigcup\limits_{\lambda\in\Lambda}f_\lambda^{-1}(G)$ 为 X 的开集. 可见 $f:X\to Y$ 连续.

(2) 设 $F\subset Y$ 是闭集. 由假设, 对任一 $\lambda\in\Lambda, f_\lambda^{-1}(F)$ 是 A_λ 的相对闭集. 由于 A_λ 为 X 的闭集, 因此 $f_\lambda^{-1}(F)$ 也是 X 的闭集. 由于 $\{A_\lambda|\lambda\in\Lambda\}$ 是局部有限的, 由引理 3.2.2 可知, $\{f_\lambda^{-1}(F)|\lambda\in\Lambda\}$ 也是局部有限的. 从而由引理 3.2.1, 可得

$$\overline{f^{-1}(F)}=\overline{\bigcup_{\lambda\in\Lambda}f_\lambda^{-1}(F)}=\bigcup_{\lambda\in\Lambda}\overline{f_\lambda^{-1}(F)}=\bigcup_{\lambda\in\Lambda}f_\lambda^{-1}(F)=f^{-1}(F).$$

这说明 $f^{-1}(F)$ 为 X 的闭集. 故 $f:X\to Y$ 连续. □

显然, 当 Λ 是有限集时, 定理 3.2.1* 就是定理 3.2.1.

定义 3.2.3 设 $f:X\to Y$ 是一个映射,

(1) 若 f 把 X 的每个开集都映射成 Y 的开集, 则称映射 f 为**开映射**;

(2) 若 f 把 X 的每个闭集都映射成 Y 的闭集, 则称映射 f 为**闭映射**.

开 (或闭) 映射未必是连续的. 同样地, 连续映射也未必是开 (或闭) 映射.

例 3.2.1 (1) $f:(\mathbb{R},\Im_c)\to(\mathbb{R},2^{\mathbb{R}})$, $f(x)=x$ 是既开且闭的映射, 但不是连续映射. 因为有理数集 $\mathbb{Q}$ 是 $(\mathbb{R},2^{\mathbb{R}})$ 中的开集, 但其逆像 $f^{-1}(\mathbb{Q})$ 却不是 $(\mathbb{R},\Im_c)$ 中的开集.

(2) $g:(\mathbb{R},2^{\mathbb{R}})\to(\mathbb{R},\Im_c)$, $g(x)=x$ 是连续映射, 但既非开映射也非闭映射. 因为有理数 $\mathbb{Q}$ 是 $(\mathbb{R},2^{\mathbb{R}})$ 中的开集, 却不是 $(\mathbb{R},\Im_c)$ 中的开集; 无理数集 $\mathbb{R}-\mathbb{Q}$ 是 $(\mathbb{R},2^{\mathbb{R}})$ 中的闭集, 却不是 $(\mathbb{R},\Im_c)$ 中的闭集. □

例 3.2.2　设映射 $f:\mathbb{R}^1\to I$(其中 $I=[0,1]$ 为 $\mathbb{R}^1$ 的子空间) 定义如下

$$f(x)=\begin{cases}0, & x<0,\\ x, & 0\leqslant x\leqslant 1,\\ 1, & x>1.\end{cases}$$

则 f 是一个连续映射. 下面证明它还是一个闭映射. 事实上, 对 $\mathbb{R}^1$ 中的任一闭集 F, 根据 $\mathbb{R}^1$ 中的开集构造定理, 存在最多可数个两两互不相交的开区间 $I_i=(a_i,b_i)(i\in A\subset\mathbb{N})$ 使得 $F=\mathbb{R}^1-\bigcup\limits_{i\in A}I_i$. 于是由 f 的定义可知, $f(F)=I-\bigcup\limits_{i\in A}((0,1)\cap(a_i,b_i))$. 可见 $f(F)$ 也是 I 的闭集. 因此, f 是一个闭映射.

但是, 由于 $\mathbb{R}^1$ 中的开集 $U=(-1,-2)$ 在 f 下的像 $f(U)=\{0\}$ 不是 I 的开集, 因此 f 不是开映射. □

例 3.2.3　映射 $f:\mathbb{R}^2\to\mathbb{R}^1, f((x,y))=x$ 是连续的开映射, 但不是闭映射. 比如, 不难看出, 双曲线 $F=\big\{(x,y)\in\mathbb{R}^2|xy=1\big\}$ 是 $\mathbb{R}^2$ 中的闭集, 而其像 $f(F)=(-\infty,0)\cup(0,+\infty)$ 却并不是 $\mathbb{R}^1$ 中的闭集. □

以上三个例子表明, 连续映射、开映射和闭映射之间不存在必然的蕴涵关系.

定理 3.2.2　设 $f:X\to Y$ 是一个映射, 则下列三个条件等价:

(1) $f:X\to Y$ 是闭映射;

(2) 对任一 $B\subset Y$ 及 $U\in\mathscr{N}(f^{-1}(B))$, 存在 $V\in\mathscr{N}(B)$, 使得 $f^{-1}(V)\subset U$;

(3) 对任一 $y\in Y$ 及 $U\in\mathscr{N}(f^{-1}(y))$, 存在 $V\in\mathscr{N}(y)$, 使得 $f^{-1}(V)\subset U$.

证明　设 (1) 真, $B\subset Y, U\in\mathscr{N}(f^{-1}(B))$. 不妨设 U 是开集, 则 $V=Y-f(X-U)$ 是 Y 的开集, 又由 $f^{-1}(B)\subset U$ 可知 $B\subset V$, 因此 $V\in\mathscr{N}(B)$, 并且

$$f^{-1}(V)=X-f^{-1}\circ f(X-U)\subset X-(X-U)=U.$$

因此 (2) 也真.

设 (2) 真, 则显然 (3) 也真.

设 (3) 真, A 是 X 的任一闭子集, 则对任一 $y\in f(A)^{\mathrm{c}}$, 都有

$$f^{-1}(y)\subset f^{-1}((f(A))^{\mathrm{c}})=(f^{-1}\circ f(A))^{\mathrm{c}}\subset A^{\mathrm{c}}.$$

从而由假设 (3) 可知, 存在开集 $V_y\in\mathscr{N}(y)$, 使得 $f^{-1}(V_y)\subset A^{\mathrm{c}}$. 则显然开集 $V=\bigcup\limits_{y\in f(A)^{\mathrm{c}}}V_y\supset f(A)^{\mathrm{c}}$.

另一方面, 由 $f^{-1}(V)=\bigcup\limits_{y\in f(A)^{\mathrm{c}}}f^{-1}(V_y)\subset A^{\mathrm{c}}$ 可知, $f^{-1}(V)\cap A=\varnothing$. 因此有 $V\cap f(A)=\varnothing$. 这说明 $V\subset f(A)^{\mathrm{c}}$. 所以 $f(A)=V^{\mathrm{c}}$ 是 Y 中闭集. 故 $f:X\to Y$ 是闭映射. 因此 (1) 也真.

可见, 条件 (1), (2) 和 (3) 相互等价. □

利用定理 3.2.2 及 De Morgan 律, 可以证明 (我们把它作为一个练习留给读者).

定理 3.2.3 设 $f: X \to Y$ 是一个映射, 则下列三个条件等价:

(1) $f: X \to Y$ 是开映射.

(2) 对每个 $B \subset Y$, 若 X 的闭子集 $F \supset f^{-1}(B)$, 则 Y 有闭子集 D 使得 $B \subset D$ 且 $f^{-1}(D) \subset F$.

(3) 对每个 $y \in Y$, 若 X 的闭子集 $F \supset f^{-1}(y)$, 则 Y 有闭子集 D 使得 $y \in D$ 且 $f^{-1}(D) \subset F$. □

3.3 同胚映射

定义 3.3.1 设 X 和 Y 是两个拓扑空间, 如果映射 $f: X \to Y$ 是个一一对应, 并且 f 和它的逆映射 $f^{-1}: Y \to X$ 都连续, 则称 $f: X \to Y$ 是一个**同胚映射**, 也称 f 为**拓扑变换**. 在拓扑变换下保持不变的性质称为**拓扑性质.**

给定两个拓扑空间 X 与 Y, 若存在同胚映射 $f: X \to Y$, 则称 X 与 Y **同胚**, 记为 $f: X \cong Y$, 也可以简记为 $X \cong Y$.

容易看出, 同胚映射等价于一对一的连续开映射, 也等价于一对一的连续闭映射.

命题 3.3.1 拓扑空间之间的同胚关系是一种等价关系.

证明 (1) 反身性. 对任一拓扑空间 X, $\mathrm{id}_X : X \to X$ 就是同胚映射, 因此 $X \cong X$.

(2) 对称性. 若 $f: X \to Y$ 为同胚映射, 则 $f^{-1}: Y \to X$ 也是同胚映射, 因此 $X \cong Y \Rightarrow Y \cong X$.

(3) 传递性. 若 $f: X \to Y, g: Y \to Z$ 都是同胚映射, 则 $g \circ f: X \to Z$ 也是同胚映射, 这表明 $(X \cong Y) \wedge (Y \cong Z) \Rightarrow (X \cong Z)$. □

定理 3.3.1 设 $f: X \to Y$ 是一个同胚映射, 则对每个 $A \subset X$ 及 $x \in X$, 有

(1) A 是 X 的开集当且仅当 $f(A)$ 是 Y 的开集.

(2) A 是 X 的闭集当且仅当 $f(A)$ 是 Y 的闭集.

(3) $U \in \mathscr{N}(x) \Leftrightarrow f(U) \in \mathscr{N}(f(x))$.

(4) $f(A^\circ) = [f(A)]^\circ$.

(5) $\overline{f(A)} = f(\overline{A})$.

(6) 若 $x_n \in X(n=1,2,3,\cdots)$, $x \in X$, 则 $\lim\limits_{n\to\infty} x_n = x \Leftrightarrow \lim\limits_{n\to\infty} f(x_n) = f(x)$. □

该定理的证明比较简单, 此处略去, 请读者自行完成.

这个定理实际上表明, 两个同胚的空间具有本质上相同的拓扑结构, 所有能够用开集来描述的性质都是两者共有或共无的.

下面是几个典型的例子, 我们具体地给出了同胚映射, 当然也就表明对应的两个拓扑空间是同胚的.

例 3.3.1　$\mathbb{R}^1$ 的开区间与 $\mathbb{R}^1$ 同胚. 比如, 映射

$$f:\left(-\frac{\pi}{2},\frac{\pi}{2}\right)\to\mathbb{R}^1, f(x)=\tan x \quad 和 \quad g:(1,+\infty)\to\mathbb{R}^1, g(x)=\tan\left(\frac{\pi}{2}\left(1-\frac{2}{x}\right)\right)$$

都是同胚. 一般地, 若 $a<b$ 是两个实数, 则不难验证, 下列三个映射

$$f_1:(a,b)\to\mathbb{R}^1,\quad f_1(x)=\tan\frac{(2x-a-b)\pi}{2(b-a)},$$

$$f_2:(-\infty,b)\to\mathbb{R}^1,\quad f_2(x)=\tan\left[\frac{\pi}{2}\left(\frac{2b}{x}-1\right)\right],$$

$$f_3:(a,+\infty)\to\mathbb{R}^1,\quad f_3(x)=\tan\left[\frac{\pi}{2}\left(1-\frac{2a}{x}\right)\right]$$

都是同胚. 因此 $\mathbb{R}^1$ 中的所有开区间都与 $\mathbb{R}^1$ 同胚. 再由命题 3.3.1, 实直线 $\mathbb{R}^1$ 上所有开区间都是相互同胚的, 也就是说, 它们有着完全相同的拓扑结构. □

例 3.3.2　n 维欧氏空间 $\mathbb{R}^n$ 内的单位球体记为 $D^n:=\{x\in\mathbb{R}^n|\ \|x\|\leqslant 1\}$, 其内部 $\mathring{D}^n$ 同胚于 $\mathbb{R}^n$ 本身. 映射 $f:\mathring{D}^n\to\mathbb{R}^n, f(x)=\dfrac{x}{1-\|x\|}$ 就是所需的同胚映射, 其逆映射为 $f^{-1}(y)=\dfrac{y}{1+\|y\|}$. □

例 3.3.3　$f:\mathbb{R}^n-\{O\}\to\mathbb{R}^n-D^n, f(x)=x+\dfrac{x}{\|x\|}$ 也是一个同胚映射, 其逆为 $f^{-1}(y)=y-\dfrac{y}{\|y\|}$. 因此, 从 $\mathbb{R}^n$ 中去掉一个点和去掉一个单位球体, 纯粹从拓扑角度看, 没有什么区别. □

例 3.3.4　2 维球面 S^2(即三维球体 D^3 的表面) 上去掉一个点后所得空间与 $\mathbb{R}^2$ 同胚. 不妨设去掉的为北极点 $N=(0,0,1)$, 则球极投射

$$f:S^2-\{N\}\to\mathbb{R}^2,\quad f(x,y,z)=\left(\frac{x}{1-z},\frac{y}{1-z}\right)$$

是所需的同胚映射, 其逆映射则为

$$f^{-1}(x,y)=\left(\frac{2x}{x^2+y^2+1},\frac{2y}{x^2+y^2+1},1-\frac{2}{x^2+y^2+1}\right).$$ □

例 3.3.5　平面上任何凸多边形均与闭圆盘 D^2 同胚, 因而凸多边形是相互同胚的. 事实上, 利用仿射变换和粘接引理, 可以证明凸多边形均与三角形同胚. 如图 3-1 所示, 先把每种颜色的三角形用过 A 点的仿射变换实现同胚, 再用粘接引理

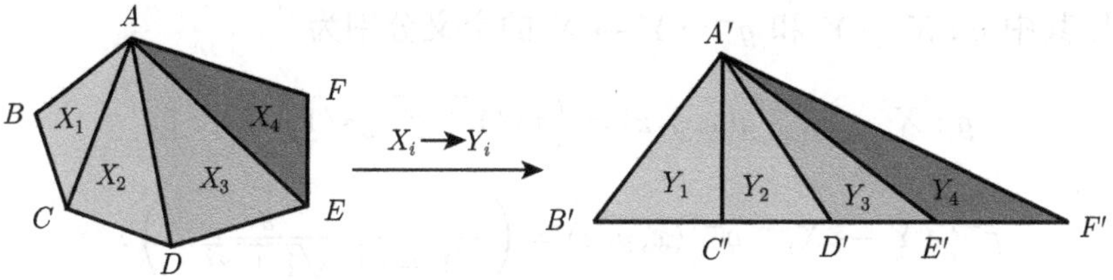

图 3-1

得到所需同胚. 然后我们可使用如下方法来证明正方形与 D^2 同胚. 图 3-2 给出了从 $\triangle ABC$ 到扇形 ABC 的同胚映射

$$f:\triangle ABC \to 扇形ABC,\quad f(x,y)=(\sqrt{x},\sqrt{y}).$$

另外三个三角形与对应扇形的同胚可类似得到. 再用粘接引理于四个三角形和扇形, 即得所需的同胚

$$F: M\to D^2\quad (这里\ M\ 表示正方形).\qquad \square$$

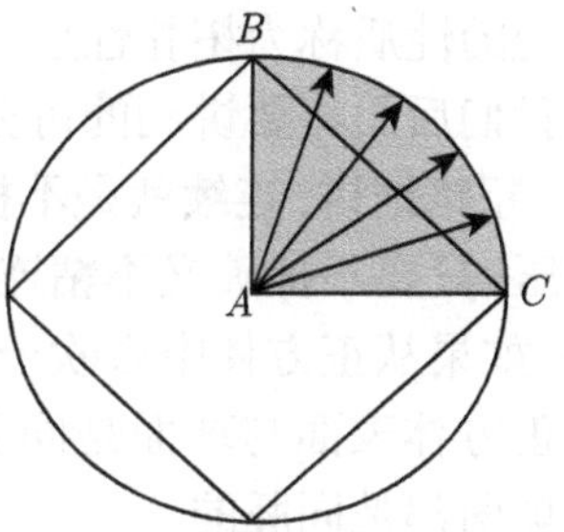

图 3-2

例 3.3.6 试证明: 圆柱面 $X=\{(x,y,z)\,|x^2+y^2=1\}$ 与双曲面 $Y=\{(x,y,z)|x^2+y^2-z^2=1\}$ 是同胚的.

证明 下面我们来建立 Y 与 X 之间的一个同胚. 这个同胚的构造是很直观的, 就是让从 z 轴出发并且与 z 轴垂直的一条射线与两个曲面的交点相互对应, 即得到所需的同胚映射, 如图 3-3 所示. 具体地写出来, 就是如下的两个互逆的映射

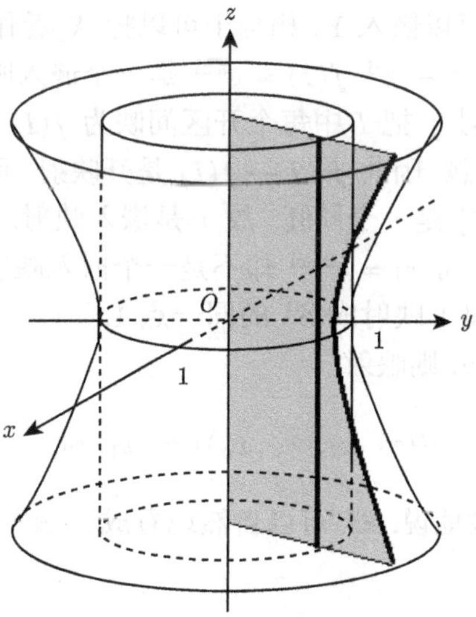

图 3-3

g 与 g^{-1}. 其中 $g: X \to Y$ 和 $g^{-1}: Y \to X$ 的定义分别为

$$g: X \to Y, \quad g(x,y,z) = \left(x\sqrt{1+z^2}, y\sqrt{1+z^2}, z\right),$$

$$g^{-1}: Y \to X, \quad g^{-1}(x,y,z) = \left(\frac{x}{\sqrt{1+z^2}}, \frac{y}{\sqrt{1+z^2}}, z\right).$$

可见, X 与 Y 是相互同胚的. □

通常, 我们把在拓扑变换下保持不变的概念称为拓扑概念, 在拓扑变换下保持不变的性质称为拓扑性质. 如开集、闭集、邻域、闭包、聚点、内部等是拓扑概念, 而我们后面将要讲到的可分性、可度量性、正规性、连通性、紧致性等都是拓扑性质. 粗略地讲, 连续就是不扯断、扯破, 而拓扑变换就是一种弹性变换, 通常的拉伸、挤压, 只要不扯破又不粘连, 就是一种拓扑变换. 因此你可以想象, 一个正方体的表面, 如果从正方体中心吹一口气, 使它鼓起来成一个球面, 这就是一种拓扑变换, 因此正方体表面与球面是同胚的. 依此类推, 你可以想象, 任何一个凸多面体的表面与球面都是同胚的.

3.4　嵌入与嵌入映射

定义 3.4.1　如果 $f: X \to Y$ 是单射, 且 $f: X \to f(X)$ 是同胚 (其中 $f(X) \subset Y$ 带子空间拓扑), 则称 $f: X \to Y$ 是**嵌入映射**, 此时称 X 可以**嵌入** Y.

例 3.4.1　设 A 为拓扑空间 X 的子空间, 则含入映射 $i: A \to X$ 是一个嵌入映射. □

大体而言, 空间 X 可以嵌入 Y, 相当于可以把 X 看作 Y 的子空间 $f(X)$.

例 3.4.2　映射 $f: I \to S^1, f(x) = \mathrm{e}^{\pi x\mathrm{i}}$ 是一个嵌入映射, $f(I)$ 是闭的上半圆周. f 是单射是显然的, 且 f 把 I 中每个开区间映为 $f(I)$ 中的开弧, I 中每个半开区间映为 $f(I)$ 中的半开弧, 因此 $f: I \to f(I)$ 是开映射. 而 $f: I \to f(I)$ 显然是连续映射, 因此 $f: I \to f(I)$ 是一个同胚. 故 f 是嵌入映射.

但是映射 $g: I \to S^1, g(x) = \mathrm{e}^{2\pi x\mathrm{i}}$ 却不是一个嵌入映射, 因为此时的 g 并不是单射, 它把 I 中的点 0 和 1 映射成 S^1 的同一点 1. □

例 3.4.3　设 $m > n$, 则映射

$$i: \mathbb{R}^n \to \mathbb{R}^m, \quad i((x_1, x_2, \cdots, x_n)) = (x_1, x_2, \cdots, x_n, 0, \cdots, 0)$$

是个嵌入映射. 因此一般地说, $\mathbb{R}^n$ 可以自然地看成是 $\mathbb{R}^m$ 的子空间. □

习　题

3.1　设 $f:X\to Y$ 是映射, 证明下列条件相互等价:

(1) $f:X\to Y$ 是连续映射;

(2) 对 X 的任何子集 $A, f(\overline{A})\subset\overline{f(A)}$;

(3) 对 Y 的任何子集 $B, \overline{f^{-1}(B)}\subset f^{-1}(\overline{B})$;

(4) 对 Y 的任何子集 $B, f^{-1}(B^{\circ})\subset(f^{-1}(B))^{\circ}$.

3.2　设 $f:X\to Y$ 是映射, 则有

(1) f 是闭映射当且仅当对每一个 $A\subset X$, 都有 $\overline{f(A)}\subset f(\overline{A})$;

(2) f 是连续的闭映射当且仅当对每一个 $A\subset X$, 都有 $\overline{f(A)}=f(\overline{A})$.

3.3　设 $f:X\to Y$ 是映射, 则下列各条件等价:

(1) f 是开映射;

(2) 对每一个 $A\subset X$, 都有 $f(A^{\circ})\subset f(A)^{\circ}$;

(3) 对每一个 $B\subset Y$, 都有 $f^{-1}(B)^{\circ}\subset f^{-1}(B^{\circ})$;

(4) 对每一个 $B\subset Y$, 都有 $f^{-1}(\overline{B})\subset\overline{f^{-1}(B)}$.

3.4　设 $f:X\to Y$ 是开映射, A 是 X 的一个子集使得对于任一 $y\in Y, \overline{A\cap f^{-1}(y)}=f^{-1}(y)$. 试证明: 限制映射 $f|_A:A\to Y$ 也是开映射.

3.5　$f:X\to Y$ 是连续的开映射当且仅当对每一个 $A\subset X$, 都有 $f(A^{\circ})=(f(A))^{\circ}$.

3.6　证明定理 3.2.3.

3.7　设 $f:X\to Y$ 是一个满连续映射. 若 A 是 X 的一个稠密子集, 则 $f(A)$ 是 Y 的稠密子集. 反过来, 若映射 $f:X\to Y$ 满足条件: “若 A 是 X 的一个稠密子集, 则 $f(A)$ 是 Y 的稠密子集.” 则 $f:X\to Y$ 一定连续吗?

3.8　设 (X,d) 和 (Y,ρ) 是两个度量空间, Z 是任一拓扑空间. 证明:

(1) 映射 $f:Z\to X$ 连续当且仅当对任意正数 $\varepsilon>0$ 及 $z\in Z$, 存在 $U\in\mathscr{N}(z)$ 使得对任一 $z'\in U, d(f(z),f(z'))<\varepsilon$;

(2) 映射 $f:X\to Z$ 连续当且仅当对任一非空开集 $U\subset Z$ 及任一 $x\in f^{-1}(U)$, 存在 $\varepsilon>0$ 使得 $f(B(x,\varepsilon))\subset U$;

(3) 映射 $f:X\to Y$ 连续当且仅当对任意正数 ε, 存在正数 δ, 使得 $f(B(x,\delta))\subset B(f(x),\varepsilon)$.

3.9　证明下列两个空间相互同胚:

(1) 单孔平面 $X_1=\mathbb{R}^2-\{0\}$;

(2) 圆柱面 $X_2=\big\{(x,y,z)\in\mathbb{R}^3|x^2+y^2=1\big\}$.

3.10　设 f,g 是任意空间 X 到实直线 $\mathbb{R}^1$ 的两个连续函数, 则

(1) 对任一实数 a, 函数 $af:X\to\mathbb{R}^1, x\mapsto a\cdot f(x)$ 是连续的;

(2) 函数 $|f|:X\to\mathbb{R}^1, x\mapsto|f(x)|$ 是连续的;

(3) 函数 $f+g:X\to\mathbb{R}^1, x\mapsto f(x)+g(x)$ 和 $f-g:X\to\mathbb{R}^1, x\mapsto f(x)-g(x)$ 都是连续的;

(4) 函数 $f\cdot g:X\to\mathbb{R}^1, x\mapsto f(x)\cdot g(x)$ 是连续的;

(5) 若 $0 \notin R(g)$(g 的值域), 则函数 $\dfrac{1}{g}: X \to \mathbb{R}^1, x \mapsto \dfrac{1}{g(x)}$ 是连续的, 从而函数 $\dfrac{f}{g} = f \cdot \dfrac{1}{g}$ 也连续;

(6) 函数

$$\max\{f, g\}: X \to \mathbb{R}^1, x \mapsto \max\{f(x), g(x)\},$$
$$\min\{f, g\}: X \to \mathbb{R}^1, x \mapsto \min\{f(x), g(x)\}$$

都是连续的.

3.11　设 (X, d) 是任一度量空间, $A \subset X$, 对于任一 $x \in X$, 定义 x 到 A 的距离为

$$d(x, A) = \inf\{d(x, y) | y \in A\}.$$

试证明: 距离函数

$$f: X \to \mathbb{R}^1, \quad f(x) = d(x, A)$$

是连续的.

3.12　一个映射 $f: X \to \mathbb{R}^1$ 称为**上半连续的**, 如果对每个实数 b, $\{x \,|f(x) < b\}$ 都是 X 的开子集; 类似地, $f: X \to \mathbb{R}^1$ 称为**下半连续的**, 如果对每个实数 b, $\{x \,|f(x) > b\}$ 都是 X 的开子集. 证明:

(1) 映射 $f: X \to \mathbb{R}^1$ 连续当且仅当它既上半连续又下半连续;

(2) 映射 $f: X \to \mathbb{R}^1$ 连续当且仅当 f 和 $-f$ 都是上半连续 (下半连续) 的;

再设 $\left\{f_\lambda: X \to \widetilde{\mathbb{R}^1} \,|\lambda \in \Lambda\right\}$ 是任一连续函数族, 其中 $\widetilde{\mathbb{R}^1} = [-\infty, +\infty]$ 表示扩张实直线, 那么

(3) 映射 $M: X \to \widetilde{\mathbb{R}^1}, M(x) = \sup\{f_\lambda(x) | \lambda \in \Lambda\}\ (x \in X)$ 下半连续;

(4) 映射 $m: X \to \widetilde{\mathbb{R}^1}, m(x) = \inf\{f_\lambda(x) | \lambda \in \Lambda\}\ (x \in X)$ 上半连续.

3.13　设 $f_n: X \to \mathbb{R}^1 (n = 1, 2, \cdots)$ 是一个连续函数序列, 满足: 对于每一个 n, 存在正数 M_n 使得对任一 $x \in X$, 都有 $|f_n(x)| \leqslant M_n$, 其中 $\sum\limits_{n=1}^{\infty} M_n$ 是收敛级数. 定义 $f: X \to \mathbb{R}^1$ 使得每个 $x \in X, f(x) = \sum\limits_{n=1}^{\infty} f_n(x)$. 则函数 $f: X \to \mathbb{R}^1$ 是一个连续函数.

3.14　设 $\mathbb{R}$ 表示实数集, 分别带如下拓扑: ① 离散拓扑; ② 欧氏拓扑; ③ 指定点 $x_0 = 0$ 的拓扑 (参见例 2.3.3); ④ $\Im = \left\{U \,\middle|\, U \text{ 可表示为一些形如 } [a, b) \text{ 的半开区间的并集}\right\}$; ⑤ 有限补拓扑; ⑥ 可数补拓扑. 试证明:

(1) 若 a 是个正实数, 则 $\mathbb{R}$ 带上述任一拓扑, 映射 $f_a: \mathbb{R} \to \mathbb{R}, f_a(x) = ax (\forall x \in \mathbb{R})$ 都是同胚;

(2) 若 a 是个负实数, 则 $\mathbb{R}$ 带上④中拓扑时, 映射 $f_a: \mathbb{R} \to \mathbb{R}, f_a(x) = ax (\forall x \in \mathbb{R})$ 不是同胚; 而当 $\mathbb{R}$ 带上其他五种拓扑时, 映射 $f_a: \mathbb{R} \to \mathbb{R}, f_a(x) = ax (x \in \mathbb{R})$ 是同胚.

3.15　设 $f: X \to Y$ 是连续映射, 且 B 是 Y 中的 Borel 集, 证明: $f^{-1}(B)$ 也是 X 中的 Borel 集.

3.16　(1) 设 $f: X \to Y$ 是闭映射, $Y_1 \subset Y, X_1 = f^{-1}(Y_1), f' = f|_{X_1}$. 证明 $f': X_1 \to Y_1$ 也是闭映射;

(2) 设 $f: X \to Y$ 是开映射, $Y_1 \subset Y, X_1 = f^{-1}(Y_1), f' = f|_{X_1}$. 证明 $f': X_1 \to Y_1$ 也是开映射.

3.17　设 $f: X \to Y$ 是一个满连续闭映射, 且 X 中的每个闭集都是 G_δ-集, 则 Y 中的每个闭集也都是 G_δ-集.

3.18　设 $f: X \to Y$ 是个既开又闭的满映射, $\varphi: X \to I$ 是个连续的有界函数, 定义

$$F: Y \to I, \quad \text{对每一 } y \in Y, F(y) = \sup\left\{\varphi(x)\,\middle|\,x \in f^{-1}(y)\right\}.$$

证明: 映射 F 连续.

第 4 讲　拓扑基与邻域基

4.1　拓扑基与子基

给一个非空集合 X 赋予一个拓扑以成为一个拓扑空间, 实际上就是规定 X 的哪些子集为开集. 而一个拓扑空间中的开集常常是非常多的, 因此自然的一个问题是, 能不能找到相对少的一些开集, 利用它们可以把所有的开集通过某种方式表示出来呢? 拓扑基就是在这样的背景下产生的一个概念. 这正如在向量空间中, 所有向量都可以利用基向量线性表示出来, 许多相关问题只要弄清楚在基向量上的作用, 则在整个向量空间上的作用也就大致清楚了. 从拓扑的定义可知, 拓扑对于任意并运算和有限交运算是封闭的, 因此利用其对并运算的封闭性, 我们给出了拓扑基的概念; 再 "精简" 一点, 在表示上除了并运算外, 如果还允许有限交运算, 就又产生了子基的概念.

定义 4.1.1　设 X 是一个非空集合, 子集族 $\Re \subset 2^X$ 如果满足

(1) $\Re$ 覆盖 X;

(2) 对任意两个 $B_1, B_2 \in \Re$ 及任一 $x \in B_1 \cap B_2$, 都存在 $B \in \Re$ 使得 $x \in B \subset B_1 \cap B_2$,

则称 $\Re$ 是 X 上的一个**拓扑基**, 简称**基**.

命题 4.1.1　若 $\Re$ 是 X 的一个拓扑基, 令

$$\tau_{\Re} = \left\{ U \subset X \,\middle|\, \text{存在 } \Re' \subset \Re \text{ 使得 } U = \bigcup \Re' \right\}.$$

则 $\tau_{\Re}$ 是 X 上的一个拓扑, 称为**由 $\Re$ 生成的拓扑**.

证明　由拓扑基的条件 (1) 可知, $X \in \tau_{\Re}$. 取 $\Re' = \varnothing \subset \Re$, 则知 $\varnothing = \bigcup \Re' \in \tau_{\Re}$. 因此 $\tau_{\Re}$ 满足拓扑公理 (1). 由 $\tau_{\Re}$ 的定义可知, $\tau_{\Re}$ 对任意并运算是封闭的, 因此 $\tau_{\Re}$ 满足拓扑公理 (2). 现在设 $U, V \in \tau_{\Re}$, 不妨设 $U = \bigcup \Re_1, V = \bigcup \Re_2$, 其中 $\Re_1, \Re_2$ 是 $\Re$ 的两个子族. 若 $U \cap V = \varnothing$, 则自然有 $U \cap V \in \tau_{\Re}$; 否则对任一 $x \in U \cap V$, 存在 $B_1 \in \Re_1, B_2 \in \Re_2$ 使得 $x \in B_1 \cap B_2$. 于是由定义中的条件 (2) 知, 存在 $B_x \in \Re$ 使得 $x \in B_x \subset B_1 \cap B_2$. 从而 $U \cap V = \bigcup \{B_x | x \in U \cap V\} \in \tau_{\Re}$. 这表明 $\tau_{\Re}$ 也满足拓扑公理 (3), 因此 $\tau_{\Re}$ 是一个拓扑. □

显然 $\Re$ 的每个元素都是 $\tau_{\Re}$ 中的元素, 因而都是开集.

定义 4.1.2　给定拓扑空间 (X, τ), 若有子集族 $\Re$ 满足定义 4.1.1 中的条件 (1), (2), 且 $\tau_{\Re} = \tau$, 则称 $\Re$ 是 τ 的**基**.

由基生成拓扑, 涉及的运算就是“并”运算. 实际上就是规定所有能够表示为基中若干个元素 (具体个数不做限制!) 的并集的集合才是开集. 因此基就是该拓扑中一些“基本”的开集所构成的集合. 于是对于给定的集合 X, 通过给出满足定义 4.1.1 中条件的基, 就可以给出 X 上相应的拓扑. 但是千万不要以为, 给出不同的基, 就一定会生成不同的拓扑!

例 4.1.1 设 X 是一个非空集合, 则 $\mathscr{B}=\{\{x\}\,|x\in X\}$ 是 X 上的一个拓扑基, 其生成的拓扑正是离散拓扑. $\mathscr{B}'=\{X\}$ 也是 X 上的一个拓扑基, 其生成的拓扑正是平凡拓扑. □

例 4.1.2 实直线 $\mathbb{R}^1$ 的两个子集族 $\Re_1=\left\{(a,b)\,\middle|a<b,a,b\in\mathbb{R}^1\right\},\Re_2=\{(r_1,r_2)\,|r_1<r_2,r_1,r_2\in\mathbb{Q}\}$ 都是实直线 $\mathbb{R}^1$ 的基.

$\Re_1$ 是 $\mathbb{R}^1$ 的基是显然的. 又由实数理论可知, 对于任意两个不同实数 $a<b$, 可以取两个有理数列 $\langle r_n\rangle$ 和 $\langle r_n'\rangle$ 使得对任一自然数 n, 都有 $a<r_n<r_n'<b$, 并且 $\lim\limits_{n\to\infty}r_n=a,\lim\limits_{n\to\infty}r_n'=b$. 则显然有

$$(a,b)=\bigcup_{n=1}^{\infty}(r_n,r_n').$$

可见, $\Re_2$ 也是 $\mathbb{R}^1$ 的基. 由此可见, 不同的基可以生成相同的拓扑. 应该注意的是, 这里 $\Re_2$ 是可数族, 因此 $\mathbb{R}^1$ 有可数的拓扑基. □

例 4.1.3 实数集 $\mathbb{R}$ 的子集族 $\Re_3=\{[a,b)\,|a<b,a,b\in\mathbb{R}\}$ 构成 $\mathbb{R}$ 上的一个拓扑基.

显然 $\Re_3$ 构成 $\mathbb{R}$ 的一个覆盖. 对于 $\Re_3$ 中任意两个元素 $B_1=[a_1,b_1),B_2=[a_2,b_2)$, 如果 $B_1\cap B_2\neq\varnothing$, 令 $a=\max\{a_1,a_2\},b=\min\{b_1,b_2\}$, 则 $B_1\cap B_2=[a,b)$. 可见 $\Re_3$ 满足基的两个条件, 因而是 $\mathbb{R}$ 上的一个拓扑基. 由 $\Re_3$ 生成的拓扑 $\Im$ 称为 $\mathbb{R}$ 上的**下限拓扑**, 而空间 $K=(\mathbb{R},\Im)$ 通常称为 Sorgenfrey **直线**. 这是 Sorgenfrey 在 1947 年给出的一个例子, 以后我们会看到, 它有一些很有意思的拓扑性质. 在 Sorgenfrey 直线 K 中, 集合 $[a,b)$ 是开集, 同时因为其余集

$$\mathbb{R}-[a,b)=\left(\bigcup_{n=1}^{\infty}[a-n,a)\right)\cup\left(\bigcup_{n=1}^{\infty}[b,b+n)\right)$$

也是 K 中的开集, 因此, $[a,b)$ 也是 K 中的闭集. 注意到对于任意的 $a,b\in\mathbb{R},a<b$, 有

$$(a,b)=\bigcup_{n=2}^{\infty}\left[a+\frac{b-a}{n},b\right),$$

因此实直线 $\mathbb{R}^1$ 上的每个开区间都是 Sorgenfrey 直线上的开集, 从而 $\mathbb{R}^1$ 上的开集都是 Sorgenfrey 直线上的开集. 但是, Sorgenfrey 直线上的开集 $[a,b)(a<b)$ 在 $\mathbb{R}^1$

中却不是开集. 因此 Sorgenfrey 直线上的开集比 $\mathbb{R}^1$ 上的开集要 "多" 些, 即 $\mathbb{R}$ 上的下限拓扑严格细于通常拓扑. □

命题 4.1.2 对于给定的拓扑空间 (X,τ), 开集族 $\mathscr{B}$ 是 τ 的基当且仅当对每一个 $x\in X$ 及每一个 $U\in\mathscr{N}(x)$, 都存在 $B\in\mathscr{B}$ 使得 $x\in B\subset U$.

证明 设开集族 $\mathscr{B}$ 是 τ 的基, 则对每一个 $x\in X$ 及 $U\in\mathscr{N}(x)$, 不妨设 U 是开集, 则存在 $\mathscr{B}$ 的子族 $\mathscr{A}$ 使得 $U=\bigcup\mathscr{A}$, 于是存在 $B\in\mathscr{A}$ 使得 $x\in B$. 显然 $B\in\mathscr{B}$ 且 $x\in B\subset U$.

反之, 设对每一个 $x\in X$ 及每一个 $U\in\mathscr{N}(x)$, 都存在 $B\in\mathscr{B}$ 使得 $x\in B\subset U$. 我们先证明 $\mathscr{B}$ 是一个拓扑基, 然后证明它生成的拓扑正是 τ. 首先, 显然 $\mathscr{B}$ 是 X 的覆盖. 其次, 对于 $\mathscr{B}$ 中的任意两个元素 B_1,B_2, 如果 $B_1\cap B_2\neq\varnothing$, 则对于任一 $x\in B_1\cap B_2$, 由于 $\mathscr{B}$ 是开集族, 故 $B_1\cap B_2\in\mathscr{N}(x)$, 因此由假设, 存在 $B\in\mathscr{B}$ 使得 $x\in B\subset B_1\cap B_2$. 可见 $\mathscr{B}$ 是一个拓扑基. 由于 $\mathscr{B}\subset\tau$, 故 $\mathscr{B}$ 生成的拓扑 $\tau'\subset\tau$; 同时对于任一 $U\in\tau$ 及 $x\in U$, 由 $U\in\mathscr{N}(x)$ 及假设知, 存在 $B(x)\in\mathscr{B}$ 使得 $x\in B(x)\subset U$, 于是有

$$U=\bigcup\{B(x)|x\in U\}.$$

可见, $U\in\tau'$, 从而又有 $\tau\subset\tau'$. 故 $\tau=\tau'$. 因此 $\mathscr{B}$ 是 τ 的基. □

定义 4.1.3 设 X 是一个非空集合, φ 是 X 的一个覆盖, 称 φ 是 X 的一个**子基**. 它可以生成一个拓扑基

$$\Re_\varphi=\{B\,|B\text{ 是 }\varphi\text{ 的有限个成员的交集}\}$$

(读者可自行验证 $\Re_\varphi$ 确实是一个拓扑基!), 进而由 $\Re_\varphi$ 生成一个拓扑 τ_φ, 该拓扑称为由 φ 生成的拓扑. 此时 φ 称为 τ_φ 的**子基.**

对于给定的拓扑空间 (X,τ) 而言, 若有 X 的覆盖 φ 使得 $\tau_\varphi=\tau$, 则称 φ 是 τ 的子基.

例 4.1.4 (1) $\{(-\infty,b)\,|b\in\mathbb{R}\}\cup\{(a,+\infty)\,|a\in\mathbb{R}\}$ 是实直线 $\mathbb{R}^1$ 的一个子基, 因为每个开区间 (a,b) 都是其两个元素的交集 $(a,b)=(a,+\infty)\cap(-\infty,b)$.

(2) $\{[0,b)\,|0<b\leqslant 1\}\cup\{(a,1]\,|0\leqslant a<1\}$ 是 $\mathbb{R}^1$ 的子空间 $I=[0,1]$ 的一个子基. □

例 4.1.5 $\{(-\infty,b)\,|b\in\mathbb{R}\}\cup\{[a,+\infty)\,|a\in\mathbb{R}\}$ 是 $\mathbb{R}$ 上的下限拓扑的一个子基, 因为每个半开区间 $[a,b)$(下限拓扑的拓扑基中的元素) 都是其两个元素的交集 $[a,b)=[a,+\infty)\cap(-\infty,b)$. □

例 4.1.6 设 $(X,\leqslant)$ 是一个全序集, 并且至少有两个元素. 令

$$\varphi=\{[\leftarrow,x),(y,\rightarrow]\,|x,y\in X\}.$$

则 φ 是 X 的一个覆盖, 因此是 X 的一个子基. 由 φ 生成的拓扑称为关于序 $\leqslant$ 的序拓扑, 它所生成的拓扑基是 $\Re_\varphi = \{(a,b)\,|a,b \in X\}$. 不难看出, 如果 $\leqslant$ 表示通常的"不大于", 则实数集 $\mathbb{R}$ 上关于序 $\leqslant$ 的序拓扑正是通常拓扑, 对应的序拓扑空间正是实直线 $\mathbb{R}^1$. □

例 4.1.7 设 $(X,\leqslant)$ 和 $(Y,\prec)$ 是两个全序集, 在笛卡儿积 $X\times Y$ 上定义一个偏序 $\ll$ 如下:

对每对 $(a,b),(c,d)\in X\times Y$,

$$(a,b)\ll(c,d) \text{ 当且仅当 } a\leqslant c, \text{ 或者 } a=c, \text{ 且 } b\prec d.$$

不难验证, $\ll$ 是 $X\times Y$ 上的一个全序, 称为**字典序**. 比如用 $\leqslant$ 表示实数集 $\mathbb{R}$ 上通常的小于等于关系, 它是 $\mathbb{R}$ 上的一个全序. 若 $\mathbb{R}\times\mathbb{R}$ 上带字典序诱导的序拓扑所成的拓扑空间记为 $\mathbb{R}^{2*}$, 则 $\mathbb{R}^{2*}$ 和欧氏空间 $\mathbb{R}^2$ 是很不一样的. $\mathbb{R}^{2*}$ 中的一个标准基元素 $((a,b),(c,d))$(这是一个区间, 其中 $a<c$ 或者 $a=c,b<d$) 是如图 4-1 所示的图形, 它在 $\mathbb{R}^2$ 中并非开集.

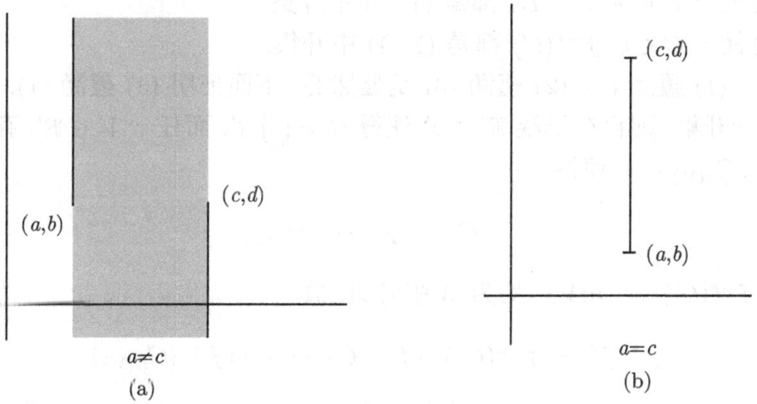

图 4-1

然而, 由于 $\mathbb{R}^2$ 中的开球 $\{(a,b)|a^2+b^2<r^2\}$ 可以表示为无限条垂直于横轴的开线段的并集, 而垂直于横轴的开线段却是 $\mathbb{R}^{2*}$ 中的开集 (图 4-1(b)), 因此 $\mathbb{R}^2$ 中的开集都是 $\mathbb{R}^{2*}$ 中的开集. 也就是说, $\mathbb{R}\times\mathbb{R}$ 上的字典序拓扑比欧氏拓扑更细. □

利用基和子基, 我们可以更方便地论证某些关系, 证明某些结论. 下面四个命题中, 假定 $\Re$ 是拓扑空间 (X,τ) 的基, 而 φ 是其子基.

命题 4.1.3 X 的子集 A 是点 $x\in X$ 的邻域当且仅当存在 $B\in\Re$ 使得 $x\in B\subset A$.

证明 设子集 A 是点 $x\in X$ 的邻域, 则存在开集 U 使得 $x\in U\subset A$. 于是有 $\Re$ 的子族 $\Re'$ 使得 $U=\bigcup\Re'$. 可见存在 $B\in\Re'$ 使得 $x\in B\subset A$.

反过来, 是显然的. □

命题 4.1.4 $x\in X$ 是 $A\subset X$ 的聚点当且仅当 $\mathfrak{R}$ 中每个包含点 x 的成员都与 $A-\{x\}$ 有交点.

证明 必要性. 设 $x\in A'$. 则对任一 $U\in\mathscr{N}(x)$, 都有 $U\cap(A-\{x\})\neq\varnothing$. 而 $\mathfrak{R}$ 中每个包含 x 的成员均为 $\mathscr{N}(x)$ 的成员, 故与 $A-\{x\}$ 有交点.

充分性. 由于对每一个 $U\in\mathscr{N}(x)$, 都存在 $\mathfrak{R}'\subset\mathfrak{R}$ 使得 $x\in\bigcup\mathfrak{R}'\subset U$. 从而存在 $V\in\mathfrak{R}'$ 使 $x\in V\subset U$. 于是可得 $U\cap(A-\{x\})\supset V\cap(A-\{x\})\neq\varnothing$. 这说明 $x\in A'$. □

命题 4.1.5 给定拓扑空间 X 及 $A\subset X$, 则对任一 $x\in X, x\in\overline{A}$ 当且仅当对任一使得 $x\in B$ 的 $B\in\mathfrak{R}$ 都有 $B\cap A\neq\varnothing$.

证明 由命题 4.1.4 立即可得. □

命题 4.1.6 设 $(Y,\Im)$ 是任一拓扑空间, $f:(Y,\Im)\to(X,\tau)$ 为一个映射, 则下列三个条件等价:

(1) $f:(Y,\Im)\to(X,\tau)$ 连续;

(2) 对任一 $B\in\mathfrak{R}, f^{-1}(B)$ 都是 $(Y,\Im)$ 中开集;

(3) 对任一 $C\in\varphi, f^{-1}(C)$ 都是 $(Y,\Im)$ 中开集.

证明 (1) 蕴涵 (2), (2) 蕴涵 (3) 是显然的. 下面证明 (3) 蕴涵 (1). 设 $U\subset X$ 为 τ 中任一开集, 则存在子族 $\mathfrak{R}'\subset\mathfrak{R}$ 使得 $U=\bigcup\mathfrak{R}'$. 而任一 $V\in\mathfrak{R}'$, 存在有限个 $C_1,C_2,\cdots,C_{n(V)}\in\varphi$ 使得

$$V=C_1\cap C_2\cap\cdots\cap C_{n(V)}.$$

由于每个 $f^{-1}(C_i)(i\leqslant n(V))$ 均为 $\Im$ 中开集, 故

$$f^{-1}(V)=f^{-1}(C_1)\cap f^{-1}(C_2)\cap\cdots\cap f^{-1}(C_{n(V)})$$

也是 $\Im$ 中开集. 从而 $f^{-1}(U)=\bigcup\{f^{-1}(V)|V\in\mathfrak{R}'\}$ 也是 $\Im$ 中开集. 可见 $f:(Y,\Im)\to(X,\tau)$ 连续. 从而 (3) 蕴涵 (1).

可见, (1), (2) 和 (3) 相互等价. □

命题 4.1.7 下列三个条件是相互等价的:

(1) X 中的点列 $\langle x_n\rangle$ 收敛于点 $x^*\in X$;

(2) 对 $\mathfrak{R}$ 中任一含有点 x^* 的元素 B, 存在 $k\in\mathbb{N}$, 当 $n>k$ 时都有 $x_n\in B$;

(3) 对 φ 中任一含有点 x^* 的元素 C, 存在 $k\in\mathbb{N}$, 当 $n>k$ 时都有 $x_n\in C$.

证明 (1) 蕴涵 (2) 和 (2) 蕴涵 (3) 是显然的. 下面证明 (3) 蕴涵 (1). 对任一 $U\in\mathcal{N}(x^*)$, 存在 $C_1,C_2,\cdots,C_m\in\varphi$ 使得 $x^*\in C_1\cap C_2\cap\cdots\cap C_m\subset U$. 而对每个 $1\leqslant i\leqslant m$, 有 $x^*\in C_i$. 由假设 (3), 存在 $k_i\in\mathbb{N}$, 使得当 $n>k_i$ 时, 都有 $x_n\in C_i$. 如果记 $k=\max\{k_1,k_2,\cdots,k_m\}$, 则当 $n>k$ 时, 有 $x_n\in C_1\cap C_2\cap\cdots\cap C_m\subset U$. 可见, 点列 $\langle x_n\rangle$ 收敛于点 x^*. □

定义 4.1.4 如果一个拓扑空间 X 有一个可数的拓扑基, 就称拓扑空间 X 为**第二可数空间**.

例 4.1.8 实直线 $\mathbb{R}^1$ 是第二可数空间, 因为它有可数基 $\mathfrak{R} = \{(r_1, r_2)|r_1, r_2 \in \mathbb{Q}\}$. 然而 Sorgenfrey 直线 K 却不是第二可数空间. 事实上, 如果 $\mathfrak{R}$ 为 K 的任一拓扑基, 对于任一 $x \in K$, 取定一个 $U_x \in \mathfrak{R}$ 使得 $x \in U_x \subset [x, x+1)$. 则易知 $\inf U_x = x$. 这样我们可定义一个映射

$$f: K \to \mathfrak{R}, \quad x \mapsto U_x,$$

容易看出 f 是单射. 因此 $|\mathfrak{R}| \geqslant |K| = |\mathbb{R}| > \aleph_0$, 即 $\mathfrak{R}$ 为不可数的. 因而 Sorgenfrey 直线 K 不是第二可数空间. □

4.2 邻 域 基

定义 4.2.1 设 X 是一个拓扑空间, $x \in X$, 开集族 $\mathfrak{R}(x) \subset \mathscr{N}(x)$. 若对任意一个 $U \in \mathscr{N}(x)$, 都存在 $V \in \mathfrak{R}(x)$ 使得 $x \in V \subset U$. 则称 $\mathfrak{R}(x)$ 为点 x 的一个**邻域基**.

若拓扑空间 X 在每一点处都有可数的邻域基, 则称 X 为**第一可数空间**.

命题 4.2.1 设 X 是一个集合, 且对每个 $x \in X$, 有集族 $\mathscr{B}(x) \subset \mathscr{P}(X)$ 满足如下三个条件:

(1) 对任一 $x \in X, \mathscr{B}(x) \neq \varnothing$, 且对每个 $B \in \mathscr{B}(x)$, 都有 $x \in B$;

(2) 若 $x \in B' \in \mathscr{B}(x')$, 则存在 $B \in \mathscr{B}(x)$ 使得 $B \subset B'$;

(3) 若 $A, B \in \mathscr{B}(x)$, 则存在 $C \in \mathscr{B}(x)$ 使得 $C \subset A \cap B$.

则 $\mathscr{B} = \bigcup\limits_{x \in X} \mathscr{B}(x)$ 构成 X 上的一个拓扑基, 其所生成的拓扑空间在每一点 $x \in X$ 处以 $\mathscr{B}(x)$ 为一个邻域基.

证明 我们先验证 $\mathscr{B}$ 是 X 上的一个拓扑基. 首先, 对任一 $x \in X$, 由 (1) 可知, 存在 $B \in \mathscr{B}(x)$ 使得 $x \in B$, 因此 $\mathscr{B}$ 是 X 的一个覆盖. 其次, 设 $B_1, B_2 \in \mathscr{B}$, 且 $x \in B_1 \cap B_2$. 则由定义知存在 $x_1, x_2 \in X$ 使得 $B_i \in \mathscr{B}(x_i)(i = 1, 2)$. 由条件 (2), 存在 $U, V \in \mathscr{B}(x)$ 使得 $U \subset B_1, V \subset B_2$. 又由 (3), 存在 $B \in \mathscr{B}(x)$ 使得 $x \in B \subset U \cap V \subset B_1 \cap B_2$. 因此, $\mathscr{B}$ 满足拓扑基的两个条件, 因而是 X 上的一个拓扑基. 记 $\mathscr{B}$ 生成的拓扑为 τ.

下面我们验证, $\mathscr{B}$ 所生成的拓扑空间 (X, τ) 在每一点 $x \in X$ 处以 $\mathscr{B}(x)$ 为一个邻域基. 首先, 由 (1) 可知, $\mathscr{B}(x)$ 中的元素都是点 x 的开邻域. 其次, 对任一 $U \in \mathscr{N}(x)$, 存在 $V \in \tau$ 使得 $x \in V \subset U$. 于是存在 $B \in \mathscr{B}$ 使得 $x \in B \subset V$. 不妨设 $B \in \mathscr{B}(x')$, 则由 (2) 可知, 存在 $B_* \in \mathscr{B}(x)$ 使得 $x \in B_* \subset B$. 从而 $x \in B_* \subset U$. 可见 $\mathscr{B}(x)$ 为点 x 的邻域基. □

不难看出, 下面这个命题是显然的.

命题 4.2.2　若 $\mathfrak{R}$ 是拓扑空间 X 的一个基, 则 $\mathfrak{R}(x)=\{B\in\mathfrak{R}|x\in B\}$ 是点 x 的一个邻域基. □

例 4.2.1　实直线 $\mathbb{R}^1$ 是第一可数空间. 因为对于每个 $x\in\mathbb{R}^1$,

$$\mathfrak{R}(x)=\left\{\left(x-\frac{1}{n},x+\frac{1}{n}\right)\middle|n\in\mathbb{N}\right\}$$

就是一个可数的邻域基. Sorgenfrey 直线 K 也是第一可数空间, 因为对任一实数 $a\in K$, 都有可数邻域基 $\left\{\left[a,a+\frac{1}{n}\right)\middle|n\in\mathbb{N}\right\}$. 然而, 带可数余拓扑的空间 $(\mathfrak{R},\mathfrak{I}_c)$ 却不是第一可数的. 事实上, 对任一 $a\in\mathbb{R}$, 若它有可数邻域基 $\{B_n|n\in\mathbb{N}\}$(不妨设对不同的 n,B_n 也不同), 则每个 $B_n^{\rm c}$ 是可数集, 从而 $F=\bigcup\limits_{n\in\mathbb{N}}B_n^{\rm c}$ 是可数集. 显然 $a\notin F$, 再任取一点 $b\in\mathbb{R}-(F\cup\{a\})$, 则 $U=\mathbb{R}-F-\{b\}$ 是 a 的一个邻域. 可是, 对每个 $n\in\mathbb{N}$, $B_n\subset U$ 都不成立, 这与 $\{B_n|n\in\mathbb{N}\}$ 是点 a 的邻域基矛盾! 由此可见, $(\mathfrak{R},\mathfrak{I}_c)$ 不是第一可数的空间. □

Sorgenfrey 直线 K 表明, 第一可数空间未必是第二可数空间. 另一方面, 从定义立即可知如下结论.

命题 4.2.3　第二可数空间必定是第一可数空间. □

例 4.2.2　每个度量空间 X 都是第一可数空间. 因为对任一 $x\in X$, 集族

$$\mathscr{B}(x)=\left\{B\left(x,\frac{1}{n}\right)\middle|n\in\mathbb{N}\right\}$$

是点 x 处的可数邻域基. 可是, 度量空间未必是第二可数空间. 比如, 当实数集 $\mathbb{R}$ 带上离散度量 (即每两个不同的点的距离都是 1 的度量) 就不是第二可数的 (想想这是为什么?). □

命题 4.2.4　设 X 是第一可数空间. 则

(1) X 的每一个点都有一个可数的**递降的邻域基** $\{U_n|n\in\mathbb{N}\}$, 其中 $U_{n+1}\subset U_n(n\in\mathbb{N})$;

(2) 若 $A\subset X$, 则 $x\in\overline{A}$ 的充分必要条件是 A 中存在收敛于 x 的序列;

(3) 设 $x_0\in X$, 则 $f:X\to Y$ 在 x_0 处连续的充分必要条件是: 对 X 中的任一序列 $\langle x_n\rangle$, 若 $x_n\to x_0$ 则 $f(x_n)\to f(x_0)$.

证明　(1) 由于 X 是第一可数空间, 故对任一 $x\in X,x$ 有可数的邻域基 $\{V_n|n\in\mathbb{N}\}$. 对任意自然数 n, 令

$$U_n=\bigcap_{i=1}^{n}V_i,$$

则容易验证, $\{U_n \,|n \in \mathbb{N}\}$ 即为 x 的可数的递降的邻域基.

(2) 设 $x \in X$, $\{U_n \,|n \in \mathbb{N}\}$ 为 x 的可数的递降的邻域基. 若 $x \in \overline{A}$, 则对每个 $n \in \mathbb{N}$, 由于 $U_n \cap A \neq \varnothing$, 故可取一个 $x_n \in U_n \cap A$. 这样得到一个序列 $\langle x_n \rangle$. 对任一 $U \in \mathscr{N}(x)$, 由邻域基的定义知, 存在 $N \in \mathbb{N}$ 使得 $U_N \subset U$, 从而当 $n \geqslant N$ 时, 都有 $x_n \in U_n \subset U_N \subset U$. 因此序列 $\{x_n\}$ 收敛于 x.

反过来, 设 A 中存在收敛到 x 的序列 $\{x_n\}$, 则依收敛的定义, 对每个 $U \in \mathscr{N}(x)$, 存在自然数 m 使得当 $n > m$ 时, 都有 $x_n \in U$, 从而 $x_n \in U \cap A$. 因此可知 $U \cap A \neq \varnothing$. 故 $x \in \overline{A}$.

(3) 显然只需证明充分性. 设 $x_0 \in X$, 且对 X 中的任一序列 $\langle x_n \rangle$, 若 $x_n \to x_0$ 则 $f(x_n) \to f(x_0)$. 又设 $\{U_n : n \in \mathbb{N}\}$ 为 x_0 处的可数的递降的邻域基. 用反证法. 若 $f : X \to Y$ 在 x_0 处不连续, 则存在 $V \in \mathscr{N}(f(x_0))$ 使得 $f^{-1}(V) \notin \mathscr{N}(x_0)$, 故对每一 $n \in \mathbb{N}, U_n - f^{-1}(V) \neq \varnothing$. 因此可取得 $x_n \in U_n - f^{-1}(V)$, 于是得到一个序列 $\langle x_n \rangle$. 易见 $x_n \to x_0$, 但 $f(x_n) \not\to f(x_0)$. 矛盾! 因此 $f : X \to Y$ 在 x_0 处连续. □

定理 4.2.1 第二可数空间是第一可数空间, 也是可分空间.

证明 设 X 为第二可数空间, $\{B_n|n \in \mathbb{N}\}$ 为其可数拓扑基. $\forall x \in X$, 令

$$\Re(x) = \{B_n|x \in B_n, n \in \mathbb{N}\}.$$

则 $\Re(x)$ 即为点 x 处的可数邻域基. 因此 X 为第一可数空间. 此外, 对每个 $n \in \mathbb{N}$, 任取 $x_n \in B_n$, 令 $A = \{x_n|n \in \mathbb{N}\}$, 下面我们证明, A 即为 X 的可数稠密子集. 事实上, 设 $x \in X, \forall U \in \mathscr{N}(x)$, 则存在 $n \in \mathbb{N}$ 使得 $x \in B_n \subset U$. 因此 $x_n \in U \cap A$, 可见 $U \cap A \neq \varnothing$. 因此 $x \in \overline{A}$. 由 x 的任意性知, 有 $\overline{A} = X$, 即 A 是 X 的稠密子集. 而 A 的可数性是显然的. 故 X 为可分空间. □

定义 4.2.2 若拓扑空间 X 的每个开覆盖都有可数的子覆盖, 则称 X 为一个 Lindelöf **空间**.

定理 4.2.2 若 (X, d) 是一个度量空间, 则下列三个条件等价:

(1) (X, d) 是第二可数的;

(2) (X, d) 是可分的;

(3) (X, d) 是 Lindelöf 空间.

证明 (1) 蕴涵 (2). 由定理 4.2.1 知.

(2) 蕴涵 (3). 设 A 为 (X, d) 的可数稠密集, $\Re$ 为 X 的任一开覆盖. 对任一 $x \in X$ 及 $U \in \mathscr{N}(x)$, 存在 $n \in \mathbb{N}$ 使得 $B\left(x, \dfrac{1}{n}\right) \subset U$. 由于 A 是稠密集, 故存在 $a \in B\left(x, \dfrac{1}{2n}\right) \cap A$. 易见 $x \in B\left(a, \dfrac{1}{2n}\right) \subset U$. 由此可见, 子集族 $\Omega = \left\{B\left(a, \dfrac{1}{n}\right) \middle| a \in A, n \in \mathbb{N}\right\}$ 是 (X, d) 的可数基. 如果记

$$\Omega_0 = \left\{B \in \Omega \middle| 存在\ U \in \Re\ 使得\ B \subset U\right\},$$

则 Ω_0 也是可数的. 由于 $\Re$ 为 X 的覆盖, 故对任一 $x \in X$, 存在 $U \in \Re$ 使得 $x \in U$. 又由于 Ω 为拓扑基, 因此存在 $B \in \Omega$ 使得 $x \in B \subset U$, 可见 Ω_0 是 X 的覆盖. 对每个 $B \in \Omega_0$, 取定一个满足 $B \subset U$ 的 $U \in \Re$, 并记为 U_B, 令

$$\Re' = \{U_B \in \Re | B \in \Omega_0\}.$$

则 $\Re'$ 就是 $\Re$ 的可数子覆盖. 因此 X 是 Lindelöf 空间.

(3) 蕴涵 (1). 设 (X,d) 是 Lindelöf 空间. 记 $\Re_n = \left\{B\left(x, \frac{1}{n}\right) \middle| x \in X\right\}$. 则 $\Re_n$ 是 X 的开覆盖, 因而有可数子覆盖 $\Re_n' = \left\{B\left(x_i, \frac{1}{n}\right) \middle| i \in \mathbb{N}, x_i \in X\right\}$. 对任一 $x \in X$ 及 $U \in \mathscr{N}(x)$, 存在 $m \in \mathbb{N}$ 使得 $B\left(x, \frac{1}{m}\right) \subset U$. 由于 $\Re_{2m}'$ 是 X 的开覆盖, 因此存在某个 $x_{i_{2m}} \in X$ 使得 $x \in B\left(x_{i_{2m}}, \frac{1}{2m}\right)$. 利用度量的三角不等式不难得出

$$B\left(x_{i_{2m}}, \frac{1}{2m}\right) \subset B\left(x, \frac{1}{m}\right).$$

这表明 $\Re = \bigcup_{n \in N} \Re_n'$ 是 X 的一个可数基. 故 X 第二可数. □

定理 4.2.3　第二可数空间都是 Lindelöf 空间.

证明　设拓扑空间 X 有可数拓扑基 $\{B_n | n \in \mathbb{N}\}$, $\mathscr{U}$ 是 X 的任一开覆盖. 对任一 $x \in X$, 存在 $U_x \in \mathscr{U}$ 使得 $x \in U_x$ 于是又存在 $n(x) \in \mathbb{N}, x \in B_{n(x)} \subset U_x$. 对每个 x, 取定一个这样的 U_x, 并记为 $U_{n(x)}$. 由于 $\{n(x) | x \in X\} \subset \mathbb{N}$ 可数, 故 $\{U_{n(x)} | x \in X\}$ 是 $\mathscr{U}$ 的可数子覆盖. 因而 X 是 Lindelöf 空间. □

例 4.2.3　$(\mathbb{R}, \Im_f)$ 是 Lindelöf 空间, 但不是第二可数空间, 也不是第一可数空间.

证明　设 $\mathscr{U}$ 是 $(\mathbb{R}, \Im_f)$ 的任一开覆盖. 任取不空的 $U \in \mathscr{U}$, 不妨设 $U \neq \mathbb{R}$. 则 U^c 是有限集, 记 $U^c = \{x_1, x_2, \cdots, x_n\}$, 则对每个 $i \leqslant n$, 存在 $U_i \in \mathscr{U}$ 使得 $x_i \in U_i$. 因此, $\{U, U_1, U_2, \cdots, U_n\}$ 是 $\mathscr{U}$ 的可数 (还是有限的!) 子覆盖. 因此 $(\mathbb{R}, \Im_f)$ 是 Lindelöf 空间.

下面我们证明 $(\mathbb{R}, \Im_f)$ 不是第一可数空间. 若不然, 则点 0 有可数的递降邻域基 $\{V_n | n = 1, 2, \cdots\}$, 即该邻域基满足 $V_1 \supset V_2 \supset \cdots \supset V_n \supset \cdots$, 对于任一 $n \in \mathbb{N}$, 存在有限集 $A_n \subset \mathbb{R}$ 使得 $V_n = \mathbb{R} - A_n$. 由递降性可知, 必有 $A_1 \subset A_2 \subset \cdots \subset A_n \subset \cdots$. 令 $A = \bigcup_{n=1}^{\infty} A_n$, 则 A 是可数集, 因此存在 $b \in \mathbb{R} - (A \cup \{0\})$. 这样得到 0 的一个邻域

$U=\mathbb{R}-\{b\}$. 由假设, 存在 $n\in\mathbb{N}$ 使得 $V_n\subset U$, 从而 $b\in\mathbb{R}-U\subset\mathbb{R}-V_n=A_n\subset A$. 矛盾! 这表明 $(\mathbb{R},\Im_f)$ 不是第一可数空间.

再由定理 4.2.1 知, $(\mathbb{R},\Im_f)$ 也不是第二可数空间. □

例 4.2.4 考虑集合 $N=\{(x,y)\in\mathbb{R}\times\mathbb{R}|y\geqslant 0\}$. 记 $N_1=\{(x,y)\in N|y=0\}$, $N_2=N-N_1$, 我们用 $B((x,y),\varepsilon)$ 表示实平面 $\mathbb{R}^2$ 中以 (x,y) 为中心, ε 为半径的开球邻域, 对每个 $n\in\mathbb{N}$ 及 $(x,y)\in N$, 令

$$U_n((x,y))=\begin{cases}\{(x,y)\}\cup B\left(\left(x,\dfrac{1}{n}\right),\dfrac{1}{n}\right), & y=0,\\ N\cap B\left((x,y),\dfrac{1}{n}\right), & y>0.\end{cases}$$

如图 4-2 所示. 则

$$\mathscr{B}((x,y))=\{U_n((x,y))|n\in\mathbb{N}\}$$

符合命题 4.2.1 的三个条件, 因此

$$\mathscr{B}=\bigcup\{\mathscr{B}((x,y))|(x,y)\in N\}$$

构成 N 上的一个拓扑基, 其所生成的拓扑 $\Im$ 称为**切盘拓扑**, 而拓扑空间 $(N,\Im)$ 则称为 Niemytzki **平面**. 由于每个点 $(x,y)\in N$ 都有可数的邻域基 $\mathscr{B}((x,y))$, 故 Niemytzki 平面是第一可数的. 然而, 它却不是第二可数的. 因为若 $(N,\Im)$ 第二可数, 则其子空间 $(N_1,\Im\cap N_1)$ 也应该第二可数. 然而子空间 $(N_1,\Im\cap N_1)$ 明显是一个离散空间, 且有不可数多个点, 因此不可能是第二可数空间, 矛盾! 因此, Niemytzki 平面不是第二可数的. 这也是一个第一可数而非第二可数的空间. □

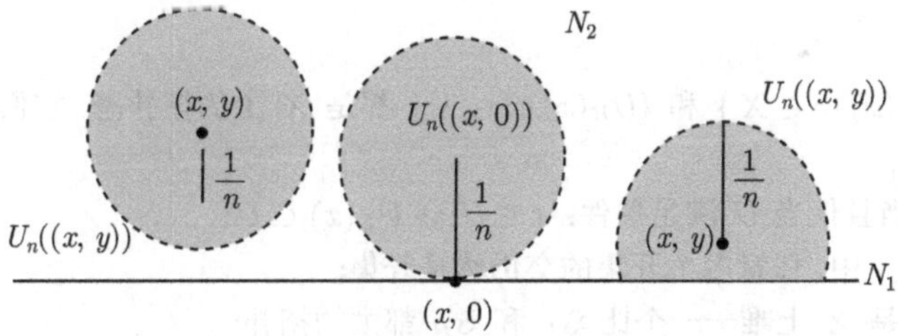

图 4-2

例 4.2.5 Sorgenfrey 直线 K 是可分的、第一可数的 Lindelöf 空间. 事实上, 有理数集 $\mathbb{Q}$ 仍然是 K 的稠密子集, 因此 K 是可分的. 例 4.2.1 告诉我们, K 是第一可数的. 下面我们证明 K 是 Lindelöf 空间.

设 $\{U_\lambda|\lambda\in\Lambda\}$ 是 K 的任一开覆盖, 对于每个 $\lambda\in\Lambda$, 记 V_λ 表示 U_λ 在实直线 $\mathbb{R}^1$ 中的内部, 那么集合 $L=K-\bigcup\{V_\lambda|\lambda\in\Lambda\}$ 是可数的. 事实上, 对每个 $x\in L$,

存在一个指标 $\lambda(x)\in\Lambda$ 和一个有理数 $r(x)$ 使得 $[x,r(x))\subset U_{\lambda(x)}$. 从 L 的定义不难看出, 如果 $x\neq x'$, 则 $[x,r(x))\cap[x',r(x'))=\varnothing$. 由于 $\{r(x)\,|\,x\in L\}$ 是可数集, 因此 L 是可数的.

集合 $K-L$ 带上实直线的诱导拓扑有可数基, 因此 $K-L$ 的覆盖有可数的子覆盖 $\{V_{\lambda_i}\,|\,i\in\mathbb{N}\}$. 于是可数子族 $\left\{U_{\lambda(x)}\,|\,x\in L\right\}\cup\{U_{\lambda_i}\,|\,i\in\mathbb{N}\}$ 就是 $\{U_\lambda\,|\,\lambda\in\Lambda\}$ 的子覆盖. 因此, K 是 Lindelöf 空间. □

习　题

4.1　设 $(X,\Im)$ 是任一拓扑空间, X^* 表示 X 的所有非空闭子集全体构成的集合. 对任一 $n\in\mathbb{N}$ 及 $U_1,U_2,\cdots,U_n\in\Im$, 令

$$\langle U_1,\cdots,U_n\rangle:=\{B\in X^*|B\subset U_1\cup U_2\cup\cdots\cup U_n,\forall i\leqslant n,B\cap U_i\neq\varnothing\};$$

$$\Re:=\{\langle U_1,U_2,\cdots,U_n\rangle\,|n\in\mathbb{N},\forall i\leqslant n,U_i\in\Im\}.$$

则 $\Re$ 构成 X^* 上的一个拓扑基. 它所生成的拓扑称为 X^* 上的有限拓扑或 Vietoris **拓扑**.

4.2　设 X 表示所有 n 阶实方阵的集合. 对每个 $A=(a_{ij})\in X$ 及正数 ε, 定义

$$U(A;\varepsilon)=\{B=(b_{ij})\in X\,|\forall i,j\leqslant n,|a_{ij}-b_{ij}|<\varepsilon\}.$$

证明全体 $U(A;\varepsilon)$ 构成的集合是 X 上一个拓扑基.

4.3　设 p 是一个给定的素数, 对每个正整数 a, 定义 $U_a(n)=\{n+mp^a\,|m\in\mathbb{Z}\}$, 证明: $\left\{U_a(n)\,|\,a\in\mathbb{Z}^+,n\in\mathbb{Z}\right\}$ 是整数集 $\mathbb{Z}$ 上的一个拓扑基.

4.4　设 X 是个偏序集, $\prec$ 是其上的偏序. 任意 $x\in X$, 定义

$$U_L(x)=\{y\in X\,|y\prec x\},\quad U_R(x)=\{y\in X\,|x\prec y\}.$$

试证明:

(1) 集族 $\{U_L(x)\,|x\in X\}$ 和 $\{U_R(x)\,|x\in X\}$ 都是 X 上的拓扑基, 它们所生成的拓扑分别记为 $\Im_L$ 和 $\Im_R$;

(2) $U\in\Im_L$ 当且仅当 U 满足条件: $x\in U\Rightarrow U_L(x)\subset U$;

(3) 在 $(X,\Im_L)$ 中, 任意多个开集的交仍然是开集;

(4) 离散拓扑是 X 上唯一一个比 $\Im_L$ 和 $\Im_R$ 都大的拓扑;

(5) $\Im_L$ 和 $\Im_R$ 之间并不存在必然的包含关系.

4.5　设 $\{\Im_\lambda|\lambda\in\Lambda\}$ 是集合 X 上任意一族拓扑, 记 X 上以 $\bigcup\{\Im_\lambda|\lambda\in\Lambda\}$ 为子基生成的拓扑为 $\bigvee\limits_{\lambda\in\Lambda}\Im_\lambda$.

(1) 证明: $\bigvee\limits_{\lambda\in\Lambda}\Im_\lambda$ 是 X 上所有比每个 $\Im_\lambda$ 都大的拓扑中最小的拓扑;

(2) 对于 X 上的三个拓扑 $\Im_1,\Im_2,\Im_3$, 总有 $\Im_1\cap(\Im_2\vee\Im_3)=(\Im_1\cap\Im_2)\vee(\Im_1\cap\Im_3)$ 成立吗?

(3) 在习题 4.4 中, $\Im_L \vee \Im_R$ 是个怎样的拓扑?

4.6 设 $\{(X_\lambda, \Im_\lambda)|\lambda \in \Lambda\}$ 是一族拓扑空间, 满足 $\forall \lambda, \mu \in \Lambda, \lambda \neq \mu, X_\lambda \cap X_\mu = \varnothing$. 我们在 $\bigcup\limits_{\lambda \in \Lambda} X_\lambda$ 上定义一个集族

$$\bigoplus_{\lambda \in \Lambda} \Im_\lambda := \left\{ U \subset \bigcup_{\lambda \in \Lambda} X_\lambda \middle| \forall \lambda \in \Lambda, U \cap X_\lambda \in \Im_\lambda \right\}.$$

试证明: $\bigoplus\limits_{\lambda \in \Lambda} \Im_\lambda$ 是 $\bigcup\limits_{\lambda \in \Lambda} X_\lambda$ 上的一个拓扑, 称为**和拓扑**, 而拓扑空间 $\left(\bigcup\limits_{\lambda \in \Lambda} X_\lambda, \bigoplus\limits_{\lambda \in \Lambda} \Im_\lambda\right)$ 称为 $\{(X_\lambda, \Im_\lambda)|\lambda \in \Lambda\}$ 的和空间, 习惯上记为 $\sum\limits_{\lambda \in \Lambda} X_\lambda$.

对于上述定义的和空间 $X = \sum\limits_{\lambda \in \Lambda} X_\lambda$, 对任一 $\lambda \in \Lambda$, 定义 $i_\lambda : X_\lambda \to \sum\limits_{\mu \in \Lambda} X_\mu$ 表示含入映射, 则有

(1) 对任意 $F \subset X$, F 为闭集当且仅当对于每个 $\lambda \in \Lambda, F \cap X_\lambda$ 都是 X_λ 的闭集;

(2) 和拓扑 $\bigoplus\limits_{\lambda \in \Lambda} \Im_\lambda$ 是 $\bigcup\limits_{\lambda \in \Lambda} X_\lambda$ 上使每个含入映射 i_λ 都连续的最大的一个拓扑;

(3) 和空间 $X = \sum\limits_{\lambda \in \Lambda} X_\lambda$ 第一可数当且仅当每个 X_λ 第一可数;

(4) 和空间 $X = \sum\limits_{\lambda \in \Lambda} X_\lambda$ 第二可数当且仅当每个 X_λ 第二可数, 并且 $|\Lambda| \leqslant \aleph_0$.

4.7 设 $C[0,1]$ 表示单位区间 $[0,1]$ 上所有连续实函数的集合, 对任一 $f \in C[0,1]$ 及任一正数 ε, 令

$$U(f, \varepsilon) = \left\{ g \in C[0,1] \middle| \sup_{x \in [0,1]} |f(x) - g(x)| < \varepsilon \right\},$$

则 $\mathscr{B}_1 = \{U(f, \varepsilon)|f \in C[0,1], \varepsilon > 0\}$ 构成 $C[0,1]$ 上一个拓扑基, 其生成的拓扑记为 $\Im_1$. 再令

$$V(f, \varepsilon) = \left\{ g \in C[0,1] \middle| \int_0^1 |f(x) - g(x)| \,\mathrm{d}x < \varepsilon \right\},$$

则 $\mathscr{B}_2 = \{V(f, \varepsilon)|f \in C[0,1], \varepsilon > 0\}$ 也构成 $C[0,1]$ 上一个拓扑基, 其生成的拓扑记为 $\Im_2$. 试证明: $\Im_1$ 与 $\Im_2$ 是不相同的拓扑, 并且 $\Im_2 \subset \Im_1$.

4.8 设 X 是一个非空集合, $\mathscr{D}$ 是其任一子集族, $\mathscr{D}^*$ 是所有能够表示成 $\mathscr{D}$ 中的有限个元素的交集的子集构成的集族, 而 $\mathscr{D}^{**}$ 是所有能够表示为 $\mathscr{D}^*$ 中的若干元素之并集的子集构成的集族, 则

(1) $\tau = \mathscr{D}^{**} \cup \{\varnothing\} \cup \{X\}$ 是 X 上的一个拓扑;

(2) $\mathscr{B} = \mathscr{D}^* \cup \{X\}$ 是 τ 的基;

(3) $\mathscr{C} = \mathscr{D} \cup \{X\}$ 是 τ 的子基.

4.9 设 $\mathscr{C}$ 表示平面 $\mathbb{R}^2$ 上所有直线构成的集合, 则 $\mathscr{C}$ 构成一个拓扑子基, 其所生成的拓扑是什么拓扑?

4.10 设 $\mathscr{C}_l$ 表示平面 $\mathbb{R}^2$ 上所有平行于已知直线 l 的直线构成的集合, 则 $\mathscr{C}$ 构成一个拓扑子基, 试描述其所生成的拓扑.

4.11　设 $\mathscr{C}_l$ 表示平面 $\mathbb{R}^2$ 上所有过原点的直线构成的集合, 则 $\mathscr{C}$ 构成一个拓扑子基, 试描述其所生成的拓扑.

4.12　设 $\mathscr{C}$ 表示实数集 $\mathbb{R}$ 上所有闭区间构成的集合, 则 $\mathscr{C}$ 构成一个拓扑子基, 其所生成的拓扑是什么拓扑?

4.13　设 $\mathscr{C}$ 是拓扑空间 X 的一个子基, $A \subset X$. 如果对任一 $V \in \mathscr{C}$ 都有 $V \cap A \neq \varnothing$, 是否意味着 A 在 X 中稠密?

第 5 讲　Tychonoff 积空间

与拓扑空间的其他运算相比, 拓扑空间的笛卡儿积运算提供了最有趣的定理、例子和问题. 有限个流形的积最初在 Steinitz(1908) 的论文中提出来, Fréchet (1910) 是第一个讨论抽象空间的 (有限) 笛卡儿积的数学家. 度量空间的有限积和可数积是二十世纪拓扑学界普遍感兴趣的部分. 我们这里介绍的任意多个拓扑空间的积空间是由 Tychonoff(1930) 定义的.

我们先考察两个拓扑空间 X 和 Y 的积空间 $X\times Y$, 再推广到有限个拓扑空间 $(X_i,\tau_i)(i=1,2,\cdots,n)$ 的积空间 $\prod\limits_{i=1}^{n}X_i$, 最后推广到任意个拓扑空间 $\{(X_\lambda,\tau_\lambda)|\lambda\in\Lambda\}$ 的积空间 $\left(\prod\limits_{\lambda\in\Lambda}X_\lambda,\prod\limits_{\lambda\in\Lambda}\tau_\lambda\right)$ 的一般形式.

5.1　有限多个空间的积空间

命题 5.1.1　设 (X,τ)和(Y,σ)是两个拓扑空间, 令$\mathscr{B}=\{U\times V\,|U\in\tau,V\in\sigma\}$, 则 $\mathscr{B}$ 是集合 $X\times Y$ 上的一个拓扑基.

证明　首先, 对任一 $(x,y)\in X\times Y$, 由于 τ 和 σ 分别为 X 和 Y 上的拓扑, 故存在 $U\in\tau,V\in\sigma$ 使得 $x\in U,y\in V$. 因此 $(x,y)\in(U,V)\in\mathscr{B}$. 可见 $\mathscr{B}$ 是集合 $X\times Y$ 的一个覆盖. 其次, 对于 $\mathscr{B}$ 中的任意两个元素 $B_1=U_1\times V_1$ 和 $B_2=U_2\times V_2$, 若 $(x,y)\in B_1\cap B_2$, 则 $(x,y)\in(U_1\cap U_2)\times(V_1\cap V_2)$, 由拓扑定义可知, $B=(U_1\cap U_2)\times(V_1\cap V_2)\in\mathscr{B}$, 且 $(x,y)\in B\subset B_1\cap B_2$. 因此 $\mathscr{B}$ 是集合 $X\times Y$ 上的一个拓扑基. □

定义 5.1.1　设 (X,τ) 和 (Y,σ) 是两个拓扑空间, 集合 $X\times Y$ 上由 $\mathscr{B}=\{U\times V|U\in\tau,V\in\sigma\}$ 所生成的拓扑 $\Im$ 称为**积拓扑**, 而空间 $(X\times Y,\Im)$ 称为 (X,τ) 和 (Y,σ) 的**积空间**. 有时记 $\Im=\tau\times\sigma$, 从而 $(X\times Y,\Im)$ 也记为 $(X\times Y,\tau\times\sigma)$.

一般地, 若 $(X_i,\tau_i)(i=1,2,\cdots,n)$ 是拓扑空间, 则容易证明

$$\mathscr{B}=\{U_1\times U_2\times\cdots\times U_n\,|U_i\in\tau_i,i=1,2,\cdots,n\}$$

是积集 $\prod\limits_{i=1}^{n}X_i$ 上的一个拓扑基, 其所生成的拓扑 $\Im$ 称为**积拓扑**, 有时记为 $\Im=\prod\limits_{i=1}^{n}\tau_i$, 并称 $\left(\prod\limits_{i=1}^{n}X_i,\prod\limits_{i=1}^{n}\tau_i\right)$ 为 $(X_i,\tau_i)(i=1,2,\cdots,n)$ 的积空间.

命题 5.1.2　若 $\mathscr{B}_i$ 是拓扑空间 $(X_i, \tau_i)(i=1,2,\cdots,n)$ 的基, 则

$$\mathscr{B} = \{U_1 \times U_2 \times \cdots \times U_n \,|U_i \in \mathscr{B}_i, i=1,2,\cdots,n\}$$

也是积空间 $\left(\prod_{i=1}^n X_i, \prod_{i=1}^n \tau_i\right)$ 的拓扑基.

证明　对任一 $x=(x_1,x_2,\cdots,x_n) \in \prod_{i=1}^n X_i$ 及 $U \in \mathscr{N}(x)$, 存在 X_i 中的开集 $V_i(i=1,2,\cdots,n)$ 使得 $x \in V_1 \times V_2 \times \cdots \times V_n \subset U$. 显然 $x_i \in V_i(i=1,2,\cdots,n)$. 由于 $\mathscr{B}_i$ 是拓扑空间 $(X_i,\tau_i)(i=1,2,\cdots,n)$ 的基, 故存在 $U_i \in \mathscr{B}_i(i=1,2,\cdots,n)$ 使得 $x_i \in U_i \subset V_i(i=1,2,\cdots,n)$. 从而 $U_1 \times U_2 \times \cdots \times U_n \in \mathscr{B}$, 且

$$x \in U_1 \times U_2 \times \cdots \times U_n \subset U.$$

故由命题 4.1.2 知, $\mathscr{B}$ 是积空间 $\left(\prod_{i=1}^n X_i, \prod_{i=1}^n \tau_i\right)$ 的拓扑基.　□

类似地, 可以证明如下结论.

命题 5.1.3　设 $(X_i,\tau_i)(i=1,2,\cdots,n)$ 是拓扑空间, $(x_1,x_2,\cdots,x_n) \in \prod_{i=1}^n X_i$, $\mathscr{B}_i(x_i)$ 是点 x_i 的邻域基, 则 $\{B_1 \times B_2 \times \cdots \times B_n \,|B_i \in \mathscr{B}_i(x_i), i=1,2,\cdots,n\}$ 是点 $(x_1,x_2,\cdots,x_n)$ 的邻域基.　□

例 5.1.1　n 维欧氏空间 $\mathbb{R}^n$就可以看成 n 条实直线 $\mathbb{R}^1$ 的积空间, 即有 $\mathbb{R}^n = \mathbb{R}^1 \times \mathbb{R}^1 \times \cdots \times \mathbb{R}^1$. 所有开区间构成 $\mathbb{R}^1$ 的一组基, 因此集族

$$\{(a_1,b_1) \times (a_2,b_2) \times \cdots \times (a_n,b_n) \,|a_i\,, b_i \in \mathbb{R}, a_i < b_i, i=1,2,\cdots,n\}$$

构成 $\mathbb{R}^n$ 的一组基. 由于所有有理数端点的开区间也构成 $\mathbb{R}^1$ 的一组基, 因此 $\mathbb{R}^n$ 也有一组可数的拓扑基

$$\{(r_1,r_1') \times (r_2,r_2') \times \cdots \times (r_n,r_n') \,|r_i\,, r_i' \in \mathbb{Q}, r_i < r_i', i=1,2,\cdots,n\}.$$　□

例 5.1.2　如果拓扑空间 $(X_i,\tau_i)(i=1,2,\cdots,n)$ 都是离散空间, 那么积空间 $\left(\prod_{i=1}^n X_i, \prod_{i=1}^n \tau_i\right)$ 也是离散空间. 因为每个单点集

$$\{(x_1,x_2,\cdots,x_n)\} = \{x_1\} \times \{x_2\} \times \cdots \times \{x_n\}$$

都是 $\left(\prod_{i=1}^n X_i, \prod_{i=1}^n \tau_i\right)$ 中的开集.　□

定理 5.1.1 若拓扑空间 $(X_i,\tau_i)(i=1,2,\cdots,n)$ 都是第一可数 (第二可数) 空间, 则积空间 $\left(\prod_{i=1}^{n}X_i,\prod_{i=1}^{n}\tau_i\right)$ 也是第一可数 (第二可数) 空间.

证明 我们只证明 $n=2$ 的情形, 一般情形的证明几乎是一样的. 设拓扑空间 (X,τ) 和 (Y,σ) 都是第一可数的, 对任一 $(x,y)\in X\times Y$, 由假设, x 有可数邻域基 $\mathscr{B}(x)$, y 有可数邻域基 $\mathscr{B}(y)$, 于是由命题 5.1.3 知, $\mathscr{B}(x)\times\mathscr{B}(y)$ 是点 (x,y) 的可数邻域基. 因此 $(X\times Y,\tau\times\sigma)$ 是第一可数空间.

又设拓扑空间 (X,τ) 和 (Y,σ) 都是第二可数的, 则 X 有可数拓扑基 $\mathscr{B}$, Y 有可数拓扑基 $\mathscr{C}$, 从而由命题 5.1.2 知, $(X\times Y,\tau\times\sigma)$ 有可数拓扑基 $\mathscr{B}\times\mathscr{C}$, 因而是第二可数的. □

类似地, 可以证明如下定理.

定理 5.1.2 任意有限个可分空间的积空间还是可分空间. □

定义 5.1.2 给定积空间 $\left(\prod_{i=1}^{n}X_i,\prod_{i=1}^{n}\tau_i\right)$, 对任一 $1\leqslant i\leqslant n$, 称映射

$$\pi_i:\prod_{j=1}^{n}X_j\to X_i,\quad \pi_i((x_1,x_2,\cdots,x_n))=x_i$$

为第 i 个投射.

由投射的定义, 不难看出, 对任意 $A_i\subset X_i$, 有 $\pi_i^{-1}(A_i)=X_1\times\cdots\times X_{i-1}\times A_i\times X_{i+1}\times\cdots\times X_n$. 特别地, 对于 $U_i\in\tau_i(i=1,2,\cdots,n)$, 有

$$U_1\times U_2\times\cdots\times U_n=\pi_1^{-1}(U_1)\cap\pi_2^{-1}(U_2)\cap\cdots\cap\pi_n^{-1}(U_n)=\bigcap_{i=1}^{n}\pi_i^{-1}(U_i).$$

因此有下面的命题.

命题 5.1.4 设 $(X_i,\tau_i)(i=1,2,\cdots,n)$ 是拓扑空间, 则 $\{\pi_i^{-1}(U_i)\,|U_i\in\tau_i,i=1,2,\cdots,n\}$ 构成积拓扑 $\prod_{i=1}^{n}\tau_i$ 的一组子基.

习惯上, 我们把 $\mathscr{C}=\{\pi_i^{-1}(U_i)\,|U_i\in\tau_i,i=1,2,\cdots,n\}$ 称为积拓扑 $\prod_{i=1}^{n}\tau_i$ 的标准子基, 把 $\mathscr{B}=\{U_1\times U_2\times\cdots\times U_n\,|U_i\in\tau_i,i=1,2,\cdots,n\}$ 称为积拓扑 $\prod_{i=1}^{n}\tau_i$ 的标准基. □

定理 5.1.3 每个投射 $\pi_i:\prod_{j=1}^{n}X_j\to X_i$ 都是连续的、开的满映射.

证明 π_i 的连续性由命题 4.1.6 即可知, π_i 是满映射是显然的. 下面我们证明

π_i 还是开映射. 对于 $\prod\limits_{j=1}^{n} X_j$ 中的任一开集 U, 存在 $\mathscr{B}=\{U_1\times U_2\times\cdots\times U_n\,|U_i\in\tau_i,$ $i=1,2,\cdots,n\}$ 中一个子族 $\{B_\lambda|\lambda\in\Lambda\}$ 使得 $U=\bigcup\{B_\lambda|\lambda\in\Lambda\}$. 由于 $\pi_i(U)=\bigcup\{\pi_i(B_\lambda)|\lambda\in\Lambda\}$, 因此只需证明每个 $\pi_i(B_\lambda)$ 是 X_i 的开集就可以了. 事实上, 设 $B_\lambda=U_1\times U_2\times\cdots\times U_n, U_j\in\tau_j, j=1,2,\cdots,n$. 则 $\pi_i(B_\lambda)=U_i\in\tau_i$, 这表明 $\pi_i(B_\lambda)$ 确实是 X_i 的开集. 故 π_i 是开映射. □

定理 5.1.4 设 $(X_i,\tau_i)(i=1,2,\cdots,n)$ 是拓扑空间, $\prod\limits_{j=1}^{n} X_j$ 带积拓扑 $\prod\limits_{i=1}^{n}\tau_i$, 则对任一拓扑空间 Y, 映射 $f:Y\to\prod\limits_{i=1}^{n} X_i$ 连续当且仅当对每个 $1\leqslant i\leqslant n$, 复合映射 $\pi_i\circ f:Y\to X_i$ 连续.

证明 必要性是显然的, 下面证明充分性. 设每个复合映射 $\pi_i\circ f:Y\to X_i$ 都连续 $(1\leqslant i\leqslant n)$, 对于 $\prod\limits_{i=1}^{n}\tau_i$ 的标准子基 $\mathscr{C}=\left\{\pi_i^{-1}(U_i)\,|U_i\in\tau_i, i=1,2,\cdots,n\right\}$ 中的任一元素 $\pi_i^{-1}(U_i)$, 由于

$$f^{-1}(\pi_i^{-1}(U_i))=(\pi_i\circ f)^{-1}(U_i),$$

由假设可知, $(\pi_i\circ f)^{-1}(U_i)$ 是 Y 的开集, 因此 $f^{-1}(\pi_i^{-1}(U_i))$ 也是 Y 的开集. 故由命题 4.1.6 可知, 映射 $f:Y\to\prod\limits_{i=1}^{n} X_i$ 连续. □

5.2 任意多个空间的积空间

下面我们要把有限个空间的积空间的概念推广到任意多个空间的情形.

设 Λ 是一个指标集. 对任一 $\lambda\in\Lambda$, (X_λ,τ_λ) 是一个拓扑空间. 我们用

$$\begin{aligned}\prod_{\lambda\in\Lambda} X_\lambda &:=\left\{f:\Lambda\to\coprod_{\lambda\in\Lambda} X_\lambda\,\middle|\,\text{对每一个}\lambda\in\Lambda,\text{有}f(\lambda)\in X_\lambda\right\}\\ &:=\left\{(x_\lambda)_{\lambda\in\Lambda}|\text{对每一个}\lambda\in\Lambda,\text{有}x_\lambda\in X_\lambda\right\}\end{aligned}$$

来表示 $\{X_\lambda|\lambda\in\Lambda\}$ 的笛卡儿积. 其中 $\coprod\limits_{\lambda\in\Lambda} X_\lambda$ 表示 $\{X_\lambda:\lambda\in\Lambda\}$ 的不交并 (也就是说, 不同的 X_λ 中的元素看作是不同的, 即使是同一个字母表示的元素, 在不同的 X_λ 中也要被看成不同的元素!), 对每个 $\lambda_0\in\Lambda$, 让

$$\pi_{\lambda_0}:\prod_{\lambda\in\Lambda} X_\lambda\to\pi_{\lambda_0},\quad \pi_{\lambda_0}((x_\lambda)_{\lambda\in\Lambda})=x_{\lambda_0}$$

表示第 λ_0 个投射, 则不难看出有下述命题 (证明留作习题).

命题 5.2.1 $X=\prod_{\lambda\in\Lambda}X_\lambda$ 上的集族 $\varphi=\{\pi_\lambda^{-1}(U_\lambda)|\lambda\in\Lambda,U_\lambda\in\tau_\lambda\}$ 构成一个拓扑子基. □

定义 5.2.1 $X=\prod_{\lambda\in\Lambda}X_\lambda$ 上由 φ 生成的拓扑称为 (Tychonoff)**积拓扑**(product topology). 这个 φ 称为积拓扑的**标准子基**. 而由 φ 生成的拓扑基

$$\Re=\left\{\bigcap_{i=1}^{k}\pi_{\lambda_i}^{-1}(U_{\lambda_i})\middle|k\in\mathbb{N},\lambda_i\in\Lambda,1\leqslant i\leqslant k,U_{\lambda_i}\in\tau_i\right\}$$

称为积拓扑的**标准基**. 积拓扑有时记为 $\prod_{\lambda\in\Lambda}\tau_\lambda$. 拓扑空间 $\left(\prod_{\lambda\in\Lambda}X_\lambda,\prod_{\lambda\in\Lambda}\tau_\lambda\right)$ 称为**积空间**, 常简记为 $\prod_{\lambda\in\Lambda}X_\lambda$.

如果没有特别说明, 本书中我们所讲的积空间均指如上定义的 Tychonoff 积空间.

当 $\Lambda=\{1,2,\cdots,n\}$ 时, $X=X_1\times X_2\times\cdots\times X_n$, 此时,

$$\begin{aligned}\varphi=&\{U_1\times X_2\times\cdots\times X_n\,|U_1\in\tau_1\}\cup\{X_1\times U_2\times\cdots\times X_n\,|U_2\in\tau_2\}\\&\cup\cdots\cup\{X_1\times\cdots\times X_{n-1}\times U_n\,|U_n\in\tau_n\},\\\Re=&\{U_1\times U_2\times\cdots\times U_n\,|U_i\in\tau_i,i=1,2,\cdots,n\}.\end{aligned}$$

这正好是 5.1 节讲的内容.

当 $\Lambda=\{1,2,\cdots,n,\cdots\}$ 时, $X=\prod_{n=1}^{\infty}X_n$, 此时

$$\varphi=\left\{\prod_{k=1}^{n-1}X_k\times U_n\times\prod_{k=n+1}^{\infty}X_k\middle|n\in\mathbb{N},U_n\in\tau_n\right\},$$

$$\Re=\left\{\prod_{k=1}^{n}U_k\times\prod_{k=n+1}^{\infty}X_k\middle|n\in\mathbb{N},U_k\in\tau_k(1\leqslant k\leqslant n)\right\}.$$

例 5.2.1 对每个 $n\in\mathbb{N}$, 设 X_n 都是实直线 $\mathbb{R}^1$ 的一个拷贝, 记 $\mathbb{R}^\omega=\prod_{n\in\mathbb{N}}X_n$ 表示积空间, 则在 $\mathbb{R}^\omega$ 中, 一些开区间的积 $\prod_{n=1}^{\infty}(a_n,b_n)$(这里每个 a_n,b_n 都是实数) 就不再是开集了, 因为标准基 $\Re$ 中的每个元素实际上只能限制有限个坐标, 其他坐标则可以取所有实数. 而 $\prod_{n=1}^{\infty}(a_n,b_n)$ 中的每个坐标都受限制, 因此它不可能表示成标准基中的元素的并集, 故不可能是开集. 这一点与我们前面讲的有限积可不一样, 需要特别予以注意!

对每个 $n \in \mathbb{N}$, 设 I_n 都是单位区间 I 的一个拷贝, 记 $I^\omega = \prod\limits_{n\in\mathbb{N}} I_n$ 表示对应的积空间, 这个空间通常称为 **Hilbert 方体**. □

例 5.2.2 设 Λ 是个非空集合, 对每个 $\lambda \in \Lambda, X_\lambda$ 都是至少有两个点的离散空间, 并且指标集 Λ 是无限集, 则 $X = \prod\limits_{\lambda\in\Lambda} X_\lambda$ 不是离散空间. 因为由标准基的定义可以看出, X 中的任一单点集 $\{(x_\lambda)_{\lambda\in\Lambda}\}$ 都不可能表示成若干个标准基元素之并. 实际上, 每个标准基开集所含的点都是无限的. 因此 $X = \prod\limits_{\lambda\in\Lambda} X_\lambda$ 不是离散空间. 这一点又与我们前面讲的有限积情形不一样! □

从这几个例子可以看出, 一般积拓扑的定义有其特别之处, 而不仅仅是有限积的平行推广. 下面我们介绍与积空间有关的一些重要结论.

定理 5.2.1 设 Λ 是个非空集合, 对每个 $\lambda \in \Lambda, X_\lambda$ 都是拓扑空间, 并且 $X = \prod\limits_{\lambda\in\Lambda} X_\lambda$ 赋予积拓扑, 且对每一 $\lambda \in \Lambda, A_\lambda \subset X_\lambda$ 是非空子集, 则

$$\overline{\prod_{\lambda\in\Lambda} A_\lambda} = \prod_{\lambda\in\Lambda} \overline{A_\lambda}.$$

证明 设 $x = (x_\lambda)_{\lambda\in\Lambda} \in \overline{\prod\limits_{\lambda\in\Lambda} A_\lambda}$, 则对于标准基中的任意一个含有点 x 的元素 $\bigcap\limits_{k=1}^{n} \pi_{\lambda_k}^{-1}(U_{\lambda_k})$, 均有

$$\prod_{\lambda\in\Lambda} A_\lambda \cap \bigcap_{k=1}^{n} \pi_{\lambda_k}^{-1}(U_{\lambda_k}) \neq \varnothing.$$

对任一$\lambda \in \Lambda$, 若$x_\lambda \notin \overline{A_\lambda}$, 则存在 $U_\lambda \in \tau_\lambda$ 使得 $U_\lambda \cap A_\lambda = \varnothing$. 从而$\pi_\lambda^{-1}(U_\lambda) \cap \prod\limits_{\lambda\in\Lambda} A_\lambda = \varnothing$. 而 $\pi_\lambda^{-1}(U_\lambda)$ 是一个标准基元, 矛盾! 故对任意的 $\lambda \in \Lambda$, $x_\lambda \in \overline{A_\lambda}$, 即有 $x \in \prod\limits_{\lambda\in\Lambda} \overline{A_\lambda}$, 从而 $\overline{\prod\limits_{\lambda\in\Lambda} A_\lambda} \subseteq \prod\limits_{\lambda\in\Lambda} \overline{A_\lambda}$.

反之, 若 $x = (x_\lambda)_{\lambda\in\Lambda} \in x \in \prod\limits_{\lambda\in\Lambda} \overline{A_\lambda}$. 则对任意 $\lambda \in \Lambda$, $x_\lambda \in \overline{A_\lambda}$. 于是对标准基中的任一含有点 x 的元素 $\bigcap\limits_{k=1}^{n} \pi_{\lambda_k}^{-1}(U_{\lambda_k})$, 由 $x_{\lambda_k} \in U_{\lambda_k}$ 及 $x_{\lambda_k} \in \overline{A_{\lambda_k}}$ 可知 $U_{\lambda_k} \cap A_{\lambda_k} \neq \varnothing (1 \leqslant k \leqslant n)$. 从而

$$\prod_{\lambda\in\Lambda} A_\lambda \cap \bigcap_{k=1}^{n} \pi_{\lambda_k}^{-1}(U_{\lambda_k}) \neq \varnothing.$$

于是由命题 4.1.5 可知 $x \in \overline{\prod\limits_{\lambda\in\Lambda} A_\lambda}$. 因此也有 $\overline{\prod\limits_{\lambda\in\Lambda} A_\lambda} \supseteq \prod\limits_{\lambda\in\Lambda} \overline{A_\lambda}$.

可见, $\overline{\prod\limits_{\lambda\in\Lambda} A_\lambda} = \prod\limits_{\lambda\in\Lambda} \overline{A_\lambda}$. □

推论 5.2.1 积空间 $X = \prod\limits_{\lambda\in\Lambda} X_\lambda$ 的子集 $\prod\limits_{\lambda\in\Lambda} A_\lambda$ 是闭集当且仅当每个 A_λ 都是 X_λ 的闭子集. □

定理 5.2.2 设 Λ 是个非空集合, 对每个 $\lambda\in\Lambda$, X_λ 都是拓扑空间, $X = \prod\limits_{\lambda\in\Lambda} X_\lambda$ 赋予积拓扑, 则对每个 $\lambda_0\in\Lambda$, 投射

$$\pi_{\lambda_0}: \prod_{\lambda\in\Lambda} X_\lambda \to X_{\lambda_0}, \quad \pi_{\lambda_0}((x_\lambda)_{\lambda\in\Lambda}) = x_{\lambda_0}$$

都是连续的、开的满映射, 并且积拓扑也是 $X = \prod\limits_{\lambda\in\Lambda} X_\lambda$ 上使每个投射 π_λ 都连续的最小拓扑.

证明 由标准基元的构成立即可知, 每个投射都是连续的. 因为对任一 $\lambda\in\Lambda$ 及 $U\in\tau_\lambda$, 逆像 $\pi_\lambda^{-1}(U)$ 恰为一个标准基元, 自然是 X 中的开集. 为证明每个 π_λ 都是开映射, 显然只需证明每个标准基元在该映射下的像为开集. 设 $\bigcap\limits_{k=1}^{n} \pi_{\lambda_k}^{-1}(U_{\lambda_k})$ 是任一标准基元, 则

$$\pi_{\lambda_0}\left(\bigcap_{k=1}^{n} \pi_{\lambda_k}^{-1}(U_k)\right) = \begin{cases} U_k, & \lambda_0 = \lambda_k, \quad k = 1,2,\cdots,n, \\ X_{\lambda_0}, & \lambda_0 \neq \lambda_k, \quad k = 1,2,\cdots,n, \end{cases}$$

可见 $\pi_{\lambda_0}\left(\bigcap\limits_{k=1}^{n} \pi_{\lambda_k}^{1}(U_k)\right)$ 为 X_{λ_0} 的开集. 故 π_{λ_0} 为开映射. 此外, 投射 π_{λ_0} 为满映射是显然的.

最后, 如果 $\Im$ 是 $X = \prod\limits_{\lambda\in\Lambda} X_\lambda$ 上使每个 π_λ 都连续的任一拓扑, 那么对任一 $\lambda\in\Lambda$ 及 $U\in\tau_\lambda$, 有 $\pi_\lambda^{-1}(U)\in\Im$. 由于拓扑对有限交运算封闭, 因此积拓扑的每个标准基元都属于 $\Im$. 从而积拓扑 $\prod\limits_{\lambda\in\Lambda}\tau_\lambda$ 的每个元素都属于 $\Im$. 这说明积拓扑 $\prod\limits_{\lambda\in\Lambda}\tau_\lambda$ 小于 $\Im$. 由 $\Im$ 的任意性可知, 积拓扑 $\prod\limits_{\lambda\in\Lambda}\tau_\lambda$ 是 $X = \prod\limits_{\lambda\in\Lambda} X_\lambda$ 上使每个 π_λ 都连续的最小拓扑. □

定理 5.2.3 设 Λ 是个非空集合, 对每一 $\lambda\in\Lambda$, X_λ 及 Y 都是拓扑空间, 且 $X = \prod\limits_{\lambda\in\Lambda} X_\lambda$ 赋予积拓扑, 则映射 $f: Y\to\prod\limits_{\lambda\in\Lambda} X_\lambda$ 连续的充分必要条件是对每个 $\lambda\in\Lambda$, 复合映射 $\pi_\lambda\circ f: Y\to X_\lambda$ 都连续.

证明 必要性. 显然. 因为每个 π_λ 都是连续的, 而连续映射的复合映射仍然是连续的.

充分性. 对积拓扑的任一标准基元 $\bigcap_{i=1}^{n}\pi_{\lambda_i}^{-1}(U_i)$, 由于

$$f^{-1}\left(\bigcap_{i=1}^{n}\pi_{\lambda_i}^{-1}(U_{\lambda_i})\right)=\bigcap_{i=1}^{n}f^{-1}(\pi_{\lambda_i}^{-1}(U_{\lambda_i}))=\bigcap_{i=1}^{n}(\pi_{\lambda_i}\circ f)^{-1}(U_{\lambda_i}),$$

且每个 $\pi_\lambda\circ f$ 都连续, 故每个 $(\pi_{\lambda_i}\circ f)^{-1}(U_{\lambda_i})$ 都是Y的开集, 从而 $f^{-1}\left(\bigcap_{i=1}^{n}\pi_{\lambda_i}^{-1}(U_{\lambda_i})\right)$ 也是 Y 的开集. 因此由命题 4.1.6 知, f 是连续的. □

$\pi_\lambda\circ f:Y\to X_\lambda$ 称为映射 $f:Y\to\prod_{\lambda\in\Lambda}X_\lambda$ 的第 λ 个分量, 因此该定理表明, 从一个拓扑空间 Y 到积空间 $\prod_{\lambda\in\Lambda}X_\lambda$ 的一个映射 $f:Y\to\prod_{\lambda\in\Lambda}X_\lambda$ 连续等价于每个分量 $\pi_\lambda\circ f:Y\to X_\lambda$ 均连续.

定理 5.2.4　设空间 $X=\prod_{\lambda\in\Lambda}X_\lambda$ 赋予积拓扑, 则对每个 $\lambda\in\Lambda$, X_λ 可以嵌入 $\prod_{\lambda\in\Lambda}X_\lambda$.

证明　实际上, 给定 $\lambda\in\Lambda$, 对于每一 $s\in\Lambda-\{\lambda\}$, 任取定一个 $a_s\in X_s$, 定义映射 $f:X_\lambda\to\prod_{\alpha\in\Lambda}X_\alpha, f(x)=(x_\alpha)_{\alpha\in\Lambda}$, 其中当 $\alpha=\lambda$ 时, $x_\alpha=x$; 当 $\alpha\neq\lambda$ 时, $x_\alpha=a_\alpha$. 则显然 f 是一个单射, 并且由定理 5.2.3 容易看出, 它是连续的. 又对于 X_λ 中任一开集 U,

$$f(U)=U\times\prod_{\mu\neq\lambda}\{a_\mu\}$$

是 $f(X_\lambda)=X_\lambda\times\prod_{\mu\neq\lambda}\{a_\mu\}$ 中的相对开集, 故 $f:X_\lambda\to f(X_\lambda)$ 是同胚, 从而 f 是嵌入映射. □

定义 5.2.2　若 $\{(X_\lambda,\tau_\lambda)|\lambda\in\Lambda\}$ 是一族拓扑空间, 则不难验证,

$$\Re=\left\{\prod_{\lambda\in\Lambda}U_\lambda\,\middle|\,\text{对每一个}\lambda\in\Lambda,\text{都有 }U_\lambda\in\tau_\lambda\right\}$$

也为 $X=\prod_{\lambda\in\Lambda}X_\lambda$ 上的一个拓扑基, 其所生成的拓扑称为**箱拓扑**(box topology).

容易看出, 当 Λ 是有限集时, 箱拓扑与积拓扑是等价的. 不过一般来说, 箱拓扑细于积拓扑, 即积拓扑中的开集皆为箱拓扑中的开集, 反之则不然. 本书中除下面这个例子中提到箱拓扑外, 当讲到积空间时, 均指带 Tychonoff 积拓扑的积空间.

例 5.2.3 考虑实直线 $\mathbb{R}^1$ 的可数无限个拷贝的 Tychonoff 积空间 $\mathbb{R}^\omega = \prod_{n\in\mathbb{N}} X_n$, 其中每个 $n \in \mathbb{N}$, 都有 $X_n = \mathbb{R}^1$. 我们考察函数

$$f : \mathbb{R}^1 \to \mathbb{R}^\omega, \quad f(t) = (t, t, t, \cdots) \quad (t \in \mathbb{R}^1),$$

其中第 n 个坐标函数为 $f_n(t) = t$(对任 $\in \mathbb{N}$) 都是连续的. 因此函数 f 是连续的.

但是如果集合 $\mathbb{R}^\omega = \prod_{n\in\mathscr{N}} X_n$ 上赋予的拓扑是箱拓扑, 则 f 就不是连续的了. 因为对于箱拓扑的基元素

$$B = (-1, 1) \times \left(-\frac{1}{2}, \frac{1}{2}\right) \times \cdots \times \left(-\frac{1}{n}, \frac{1}{n}\right) \times \cdots,$$

其逆像 $f^{-1}(B)$ 并不是 $\mathbb{R}^1$ 中的开集. 事实上, 如果 $f^{-1}(B)$ 是 $\mathbb{R}^1$ 中开集, 则由 $0 \in f^{-1}(B)$ 可知, 存在 $\delta > 0$ 使得 $(-\delta, \delta) \subset f^{-1}(B)$. 将 π_n 作用于这个包含关系, 将得到

$$(-\delta, \delta) \subset \left(-\frac{1}{n}, \frac{1}{n}\right), \quad \text{对每个} n \in \mathbb{N}.$$

这显然是不可能的. □

这个例子说明, 我们这里所定义的积拓扑较之箱拓扑有更便利之处.

定义 5.2.3 设 $X, X_\lambda, Y_\lambda (\lambda \in \Lambda)$ 均为拓扑空间.

(1) 设对每个 $\lambda \in \Lambda, f_\lambda : X \to Y_\lambda$ 为映射, 定义

$$f : X \to \prod_{\lambda\in\Lambda} Y_\lambda, \quad f(x) = (f_\lambda(x))_{\lambda\in\Lambda}, \quad \forall x \in X,$$

称为映射族 $\{f_\lambda : X \to Y_\lambda | \lambda \subset \Lambda\}$ 的对角线, 记为 $f = \mathop{\Delta}\limits_{\lambda\in\Lambda} f_\lambda$. 当 $\Lambda = \{1, 2, \cdots, n\}$ 时, $\mathop{\Delta}\limits_{\lambda\in\Lambda} f_\lambda$ 也可记为 $f_1 \Delta f_2 \Delta \cdots \Delta f_n$.

(2) 设对每个 $\lambda \in \Lambda, g_\lambda : X_\lambda \to Y_\lambda$ 为映射, 定义

$$g : \prod_{\lambda\in\Lambda} X_\lambda \to \prod_{\lambda\in\Lambda} Y_\lambda, \quad g((x_\lambda)_{\lambda\in\Lambda}) = (g_\lambda(x_\lambda))_{\lambda\in\Lambda}, \quad \forall x = (x)_{\lambda\in\Lambda} \in \prod_{\lambda\in\Lambda} X_\lambda,$$

称为映射族 $\{g_\lambda : X_\lambda \to Y_\lambda \,|\lambda \in \Lambda\}$ 的积, 习惯上记为 $g = \prod_{\lambda\in\Lambda} g_\lambda$. 当 $\Lambda = \{1, 2, \cdots, n\}$ 时, $\prod_{\lambda\in\Lambda} g_\lambda$ 也可记为 $g_1 \times g_2 \times \cdots \times g_n$.

定理 5.2.5 设 $X, X_\lambda, Y_\lambda (\lambda \in \Lambda)$ 为任意拓扑空间, 则

(1) 对每个 $\lambda \in \Lambda, f_\lambda : X \to Y_\lambda$都连续当且仅当对角线 $f = \mathop{\Delta}\limits_{\lambda\in\Lambda} f_\lambda : X \to \prod_{\lambda\in\Lambda} Y_\lambda$ 连续;

(2) 对每个 $\lambda \in \Lambda, g_\lambda : X_\lambda \to Y_\lambda$都连续当且仅当积映射 $g = \prod_{\lambda\in\Lambda} g_\lambda : \prod_{\lambda\in\Lambda} X_\lambda \to \prod_{\lambda\in\Lambda} Y_\lambda$ 连续.

证明 为方便起见, 记 $\pi_\lambda : \prod_{\lambda\in\Lambda} X_\lambda \to X_\lambda, \pi'_\lambda : \prod_{\lambda\in\Lambda} Y_\lambda \to Y_\lambda$ 均表示投射.

(1) 必要性. 设每个 $f_\lambda : X \to Y_\lambda$ 连续. 由于对任意 $\lambda \in \Lambda$ 及 $x \in X$, 有

$$\pi'_\lambda \circ f(x) = \pi'_\lambda(f_\lambda(x))_{\lambda\in\Lambda} = f_\lambda(x).$$

可见对任一 $\lambda \in \Lambda$, $\pi'_\lambda \circ f = f_\lambda$ 都是连续的. 由定理 5.2.3 知 $f = \underset{\lambda\in\Lambda}{\Delta} f_\lambda$ 连续.

充分性. 设 f 连续, 则对每个 $\lambda \in \Lambda$, 由 π'_λ 连续及 $f_\lambda = \pi'_\lambda \circ f$ 知, 每个 $f_\lambda : X \to Y_\lambda$ 都连续.

(2) 必要性. 设每个 $g_\lambda : X_\lambda \to Y_\lambda$ 连续. 我们先证明: 对每个 $\lambda \in \Lambda$, 有

$$\pi'_\lambda \circ g = g_\lambda \circ \pi_\lambda. \tag{$*$}$$

事实上, 对任一 $x \in \prod_{\lambda\in\Lambda} X_\lambda, \pi'_\lambda \circ g(x) = g_\lambda(x_\lambda) = g_\lambda(\pi_\lambda(x)) = g_\lambda \circ \pi_\lambda(x)$, 可见 $(*)$ 式真. 于是由假设及 $(*)$ 式可知对任一 $\lambda \in \Lambda$, $\pi'_\lambda \circ g$ 都连续. 再由定理 5.2.3 便知, g 连续.

充分性. 设 g 连续. 对于任一 $\lambda \in \Lambda$, 设 U_λ 为 Y_λ 的开集, 则 $\pi'^{-1}_\lambda(U)$ 为 $\prod_{\lambda\in\Lambda} Y_\lambda$ 之开集. 于是由 $(*)$ 式及假设知

$$\pi'^{-1}_\lambda(g'^{-1}_\lambda(U)) = g^{-1}(\pi'^{-1}_\lambda(U))$$

是 $\prod_{\lambda\in\Lambda} X_\lambda$ 的开集. 由于 π_λ 是开的满映射, 故知 $g'^{-1}_\lambda(U)$ 为 X_λ 的开集. 因此 g_λ 连续. □

5.3 拓扑性质的可乘性

如果任意多个 (有限多个、可数多个) 具有某种拓扑性质 p 的拓扑空间的积空间也必然具有拓扑性质 p, 则称拓扑性质 p 是可乘(有限可乘、可数可乘) 性质, 或称**拓扑性质** p 具有可乘性(有限可乘性、可数可乘性).

定理 5.3.1 积空间 $X = \prod_{\lambda\in\Lambda} X_\lambda$ 是第一可数的当且仅当每个因子空间 X_λ 是第一可数的, 并且至多有可数个因子空间不是平凡的.

证明 必要性. 设 X 是第一可数的, $\lambda \in \Lambda, \pi_\lambda : X \to X_\lambda$ 表示投射. 对任意 $t \in X_\lambda$, 任取 $x \in \pi_\lambda^{-1}(t)$. 由假设, $\mathscr{N}(x)$ 有可数基 $\{U_n | n \in \mathbb{N}\}$. 对任一 $V \in \mathscr{N}(t)$,

由于 π_λ 是连续的, 故 $\pi_\lambda^{-1}(V) \in \mathscr{N}(x)$, 从而存在 $n \in \mathbb{N}$ 使得 $U_n \subset \pi_\lambda^{-1}(V)$, 又由 π_λ 是开的满映射, 容易看出 $\{\pi_\lambda(U_n)|n \in \mathbb{N}\}$ 是 $\mathscr{N}(t)$ 的可数基. 因此 X_λ 是第一可数的.

其次, 若 Λ 有一个不可数子集 Λ' 使得对任一 $\lambda \in \Lambda', X_\lambda$ 都不是平凡的, 则对任一 $\lambda \in \Lambda', X_\lambda$ 有一个非空的、开的真子集 G_λ. 任取一点 $x_\lambda \in G_\lambda$, 而对每一个 $\lambda' \in \Lambda - \Lambda'$, 任取 $x_{\lambda'} \in X_{\lambda'}$. 这样得到一个点 $x = (x_\mu)_{\mu\in\Lambda}$. 由假设, $\mathscr{N}(x)$ 有可数基 $\{V_n|n \in \mathbb{N}\}$. 对于 $\forall n \in \mathbb{N}$, X 都有一个标准基元 $B_n = \bigcap\limits_{j=1}^{k_n} \pi_{\lambda_{n,j}}^{-1}(U_{n,j})$ (其中 $U_{n,j}$ 为 $X_{\lambda_{n,j}}$ 的开集, k_n 为自然数) 使得 $x \in B_n \subset V_n$. 如果记 $\Lambda_0 = \{\lambda_{n,j}|n \in \mathbb{N}, j = 1, 2, \cdots, k_n\}$, 则 Λ_0 是可数的, 从而存在 $\lambda^* \in \Lambda - \Lambda_0$. 于是 $x_{\lambda^*} \in G_{\lambda^*}, x \in \pi_{\lambda^*}^{-1}(G_{\lambda^*})$. 因此存在 $n_0 \in \mathbb{N}$ 使得 $B_{n_0} \subset V_{n_0} \subset \pi_{\lambda^*}^{-1}(G_{\lambda^*})$, 但由于 $\lambda^* \notin \Lambda_0$, 故 $X_{\lambda^*} = \pi_{\lambda^*}(B_{n_0}) \subset G_{\lambda^*}$. 而这与 G_{λ^*} 为 X_{λ^*} 的真子集相矛盾!

充分性. 假设每个因子空间 X_λ 都是第一可数的, 并且指标集 Λ 有可数子集 Λ_0 使得对任一 $\lambda \in \Lambda - \Lambda_0, X_\lambda$ 都是平凡的. 设 $x \in X$, 且对任一 $\lambda \in \Lambda_0, \mathscr{N}(x_\lambda)$ 有可数基 $\Re(x_\lambda)$. 对 $\lambda \in \Lambda - \Lambda_0$, 令 $\Re(x_\lambda) = \{X_\lambda\}$. 则易知

$$\Re(x) = \left\{\pi_\lambda^{-1}(U_\lambda)\,|U_\lambda \in \Re_\lambda(x_\lambda), \lambda \in \Lambda\right\}$$

是 $\mathscr{N}(x)$ 的可数子基, 其元素的有限交全体就构成 $\mathscr{N}(x)$ 的可数基. 因此 X 是第一可数的. □

该定理表明, 第一可数性不是可乘的拓扑性质, 却是可数可乘的拓扑性质. 类似地可以证明如下定理.

定理 5.3.2 积空间 $X = \prod\limits_{\lambda\in\Lambda} X_\lambda$ 是第二可数的当且仅当每个因子空间 X_λ 是第二可数的, 并且至多有可数个因子空间不是平凡的. □

因此第二可数性也不是可乘的拓扑性质, 也只是可数可乘的拓扑性质.

定理 5.3.3 设 c 表示连续统基数. 若对每个 $\lambda \in \Lambda, X_\lambda$ 都是可分空间, 且 $|\Lambda| \leqslant c$, 则积空间 $\prod\limits_{\lambda\in\Lambda} X_\lambda$ 也是可分的. □

这个定理表明, 可分性是 c 可乘的拓扑性质. 定理的证明在下一讲再给出.

例 5.3.1 Cantor 三分集作为 $\mathbb{R}^1$ 的子空间是可分的.

设对每个 $n \in \mathbb{N}, X_n$ 都表示离散空间 $\{0, 2\}$, 则显然每个 X_n 都是可分空间. 又用 C 表示 Cantor 三分集, 带 $\mathbb{R}^1$ 的子空间拓扑而成一个拓扑空间. 由定理 5.3.3 知, 积空间 $\prod\limits_{n\in\mathbb{N}} X_n$ 是可分的. 我们只需证明, $\prod\limits_{n\in\mathbb{N}} X_n$ 与 C 同胚, 即可证明 C 是可

分的. 为此, 定义映射

$$\varphi : \prod_{n\in\mathbb{N}} X_n \to C, \quad \varphi((x_n)_{n\in\mathbb{N}}) = \sum_{n=1}^{\infty} \frac{x_n}{3^n},$$

则不难验证, φ 是一个一一映射. 下面证明 φ 是连续的开映射, 从而是一个同胚映射.

事实上, 对于任一 $c = \sum\limits_{n=1}^{\infty} \frac{x_n}{3^n} \in C$ 及任一 $B(c,\varepsilon)\cap C \in \mathscr{N}(c)$(其中 $\varepsilon > 0$), 由于 $\sum\limits_{n=1}^{\infty} \frac{2}{3^n}$ 收敛, 故存在一个$N \in \mathbb{N}$ 使得 $\sum\limits_{n=N}^{\infty} \frac{2}{3^n} < \varepsilon$. 令 $U = \bigcap\limits_{i=1}^{N} \pi_i^{-1}(x_i)$, 则 $U \in \mathscr{N}((x_i)_{i\in\mathbb{N}})$, 且 $\varphi(U) \subset B(c,\varepsilon)\cap C$. 因此 φ 是连续的.

反过来, 对任一给定的 $x = (x_n)_{n\in\mathbb{N}} \in \prod\limits_{n\in\mathbb{N}} X_n$ 及任一基邻域 $U = \bigcap\limits_{i=1}^{k} \pi_{n_i}^{-1}(x_{n_i}) \in \mathscr{N}(x)$, 令 $N = \max\{n_1, n_2, \cdots, n_k\}$, $V = B\left(\varphi(x), \frac{1}{3^{N+1}}\right)\cap C$, 则 $V \subset \varphi(U)$. 由此可见, φ 也是开映射. □

定义 5.3.1　对于一个拓扑空间 (X,τ), 如果 X 上有一个度量 d 使得 d 所诱导的拓扑 τ_d 正是原拓扑 τ, 就称拓扑空间 (X,τ) 是可度量化的. 如果两个度量 d, d' 诱导相同的拓扑, 就称这两个度量是等价的. 如果 d 是 X 上的一个度量, 且存在一个正数 M, 使得对于任意两点 $x, y \in X$, 都有 $d(x,y) \leqslant M$, 则称度量 d 是 X 上的有界度量.

对于任意一个度量空间 (X,d), 如果令

$$d' : X\times X \to \mathbb{R}^1, \quad d'(x_1,x_2) = \min\{d(x_1,x_2), 1\}, \quad x_1, x_2 \in X.$$

则不难验证 d' 是 X 上与 d 等价的有界度量. 因此每个度量空间都有一个等价的有界度量.

定理 5.3.4　设对任一 $n \in \mathbb{N}$, (X_n, d_n) 都是度量空间, $X = \prod\limits_{n\in\mathbb{N}} X_n$, 对每个 d_n, $d_n' = \min\{d_n, 1\}$ 表示如上定义的与 d_n 等价的有界度量. 则

$$d : X\times X \to \mathbb{R}^1, \quad d(x,y) = \sum_{n=1}^{\infty} \frac{d_n'(x_n,y_n)}{2^n}, x = (x_1, x_2, \cdots), y = (y_1, y_2, \cdots) \in X$$

是 X 上的一个度量, 并且它所诱导的拓扑正是积拓扑. 从而可数个度量空间的积空间还是可度量空间, 即可度量性是可数可乘性质.

证明　借助于级数 $\sum\limits_{n=1}^{\infty} \frac{1}{2^n}$ 收敛于 1 这个事实, d 是 X 上的一个以 1 为界的度量的验证是容易的, 这里略去. 下面只证明 d 所诱导的拓扑正是 X 上的积拓扑.

为方便起见, 记 τ 表示积拓扑, 而 τ_n 表示 X_n 上的度量拓扑, τ^* 表示 X 上由 d 诱导的度量拓扑.

首先证明 $\tau^* \subset \tau$. 设 $U \in \tau^*$, 则对任一 $x = (x_1, x_2, \cdots, x_n, \cdots) \in U$, 存在 $\varepsilon > 0$, 使得 $B_d(x, \varepsilon) \subset U$. 不妨设 $\varepsilon \leqslant 1$, 由于级数 $\sum\limits_{n=1}^{\infty} \dfrac{1}{2^n}$ 收敛, 故可取充分大的自然数 k 使得 $\sum\limits_{n=k+1}^{\infty} \dfrac{1}{2^n} < \dfrac{\varepsilon}{2}$; 此外, 对每个 $n \leqslant k$, 令 $V_n = B_{d_n}\left(x_n, \dfrac{\varepsilon}{2}\right)$, 则容易看出, 有

$$x \in \prod_{n=1}^{k} \pi_n^{-1}(V_n) \subset B_d(x, \varepsilon) \subset U.$$

由于 $\prod\limits_{n=1}^{k} \pi_n^{-1}(V_n) \in \tau$, 因此 $U \in \tau$, 从而 $\tau^* \subset \tau$ 成立.

其次证明 $\tau \subset \tau^*$. 这只需证明积空间 X 的每个标准子基元素均在 τ^* 中即可. 对任意的 $n \in \mathbb{N}$, 设 $V_n \in \tau_n$, 任取 $x = (x_1, x_2, \cdots) \in \pi_n^{-1}(V_n)$, 则 $x_n \in V_n$, 因此存在 $\varepsilon > 0$, 使得 $B_{d_n}(x_n, \varepsilon) \subset V_n$. 再令 $\delta = \dfrac{\varepsilon}{2^n}$, 则有

$$B_d(x, \delta) \subset \pi_n^{-1}(B_{d_n}(x_n, \varepsilon)) \subset \pi_n^{-1}(V_n).$$

因此, $\pi_n^{-1}(V_n) \in \tau^*$. 可见 $\tau \subset \tau^*$ 也成立. □

习　题

5.1　设 $A \subset X, B \subset Y$, 试证明在积空间 $X \times Y$ 中,

(1) $(A \times B)^\circ = A^\circ \times B^\circ$.

(2) $(A \times B)' = A' \times \overline{B} \cup \overline{A} \times B'$.

(3) $\mathrm{Fr}(A \times B) = \mathrm{Fr}(A) \times \overline{B} \cup \overline{A} \times \mathrm{Fr}(B)$.

注意, 这个结论可以自然地推广到任意有限积空间情形, 即若 $A_i \subset X_i (i = 1, 2, \cdots, n)$, 则有

$$\mathrm{Fr}(A_1 \times A_2 \times \cdots \times A_n) = \bigcup_{i=1}^{n} (\overline{A_1} \times \cdots \times \overline{A_{i-1}} \times \mathrm{Fr}(A_i) \times \overline{A_{i+1}} \times \cdots \times \overline{A_n}).$$

5.2　试证明: 若 X, Y 都是第一 (第二) 可数空间, 则积空间 $X \times Y$ 也是第一 (第二) 可数空间.

5.3　试证明: 若 X, Y 都是可分空间, 则积空间 $X \times Y$ 也是可分空间.

5.4　若 $\Re_1, \Re_2$ 分别为拓扑空间 X 和 Y 的局部有限子集族, 则

$$\Re_1 \times \Re_2 = \{A \times B | A \in \Re_1, B \in \Re_2\}$$

是积空间 $X \times Y$ 的局部有限子集族.

5.5　试证明：两个 Sorgenfrey 直线的积空间 $K \times K$ 是可分的. 但它的子空间

$$M = \{(x, y) \in K \times K | x + y = 0\}$$

是不可数的离散空间, 因而不是可分的.

5.6　试完成定理 5.3.2 的证明.

5.7　设对任意的 $\lambda \in \Lambda, f_\lambda : X_\lambda \to Y_\lambda$ 都是嵌入映射, 则积映射

$$f = \prod_{\lambda \in \Lambda} f_\lambda : \prod_{\lambda \in \Lambda} X_\lambda \to \prod_{\lambda \in \Lambda} Y_\lambda$$

也是嵌入映射.

5.8　证明：$\prod\limits_{\lambda \in \Lambda} A_\lambda$ 在积空间 $\prod\limits_{\lambda \in \Lambda} X_\lambda$ 中稠密当且仅当对每个 $\lambda \in \Lambda$, A_λ 在 X_λ 中稠密.

5.9　设对每个 $n = 1, 2, 3, \cdots, A_n = \{0, 2\}$, 定义映射

$$f : \prod_{k=1}^{\infty} A_k \to I, \quad f((a_k)_{k \in \mathbb{N}}) = \sum_{k=1}^{\infty} \frac{a_k}{2^{k+1}}.$$

证明：f 是连续的、开的满映射.

5.10　设 $f : X \to Y$ 是一个映射, $X \times Y$ 的子空间 $G(f)$ 和映射 $g : X \to G(f)$ 分别定义为

$$G(f) = \{(x, f(x)) \, | x \in X\}; \quad g : X \to G(f), \; g(x) = (x, f(x)), \; x \in X.$$

证明：映射 g 是同胚当且仅当 f 连续.

5.11　在积空间 $X = \prod\limits_{\lambda \in \Lambda} X_\lambda$ 中取定一个点 $x^* = (x^*_\lambda)_{\lambda \in \Lambda}$, 定义

$$D = \left\{ x \in \prod_{\lambda \in \Lambda} X_\lambda \middle| x \text{ 与 } x^* \text{ 最多有限个坐标不相同} \right\}.$$

证明：D 是 X 的稠密子集.

5.12　在积空间 $X = \prod\limits_{\lambda \in \Lambda} X_\lambda$ 中取定一个点列 $\langle x_n \rangle$, 其中 $x_n = (x^n_\lambda)_{\lambda \in \Lambda}$, 若 $\lim\limits_{n \to \infty} x_n = x^*$, 其中 $x^* = (x^*_\lambda)_{\lambda \in \Lambda}$, 则对任意 $\lambda \in \Lambda$, 也有 $\lim\limits_{n \to \infty} x^n_\lambda = x^*_\lambda$. 反过来, 若对任意 $\lambda \in \Lambda$, 都有 $\lim\limits_{n \to \infty} x^n_\lambda = x^*_\lambda$, 是否也有 $\lim\limits_{n \to \infty} x_n = x^*$?

5.13　对于任意一个度量空间 (X, d), 如果令

$$d' : X \times X \to \mathbb{R}^1, \quad d'(x_1, x_2) = \min\{d(x_1, x_2), 1\}, \; x_1, x_2 \in X.$$

试证明：d' 是 X 上与 d 等价的有界度量.

第6讲　分离性公理

分离性是一种重要的拓扑性质. 分离性主要讨论的是拓扑空间中点与点、点与闭集、闭集与闭集之间的分离状态, 即它们可以怎样被开集所分离的状态. 它们从几个不同的方面反映了空间所赋予拓扑结构的复杂性.

6.1　分离性公理的概念

在这里, 我们先逐条列出典型的五个分离性公理, 然后做一些比较和等价描述的讨论.

T_0 **分离性公理**: 若对拓扑空间 X 中任何两个不同的点 x, y, 至少有一个点有邻域不含另一点, 则称拓扑空间 X 满足 T_0 分离性公理, 此时也称该空间为一个 T_0 空间;

T_1 **分离性公理**: 若对拓扑空间 X 中任何两个不同的点 x, y, 存在 $U \in \mathscr{N}(x)$, $V \in \mathscr{N}(y)$ 使得 $x \notin V$, 且 $y \notin U$, 则称拓扑空间 X 满足 T_1 分离性公理, 此时也称该空间为一个 T_1 **空间**;

T_2 **分离性公理**: 若对拓扑空间 X 中任何两个不同的点 x, y, 存在 $U \in \mathscr{N}(x)$, $V \in \mathscr{N}(y)$ 使得 $U \cap V = \varnothing$, 则称拓扑空间 X 满足 T_2 分离性公理, 此时也称该空间为一个 T_2 **空间**;

T_3 **分离性公理**: 若对拓扑空间 X 中任一点 x 以及不含这点的任一闭集 F, 都有 $U \in \mathscr{N}(x), V \in \mathscr{N}(F)$ 使得 $U \cap V = \varnothing$, 则称拓扑空间 X 满足 T_3 分离性公理, 此时也称该空间为一个 T_3 **空间**;

T_4 **分离性公理**: 若对拓扑空间 X 中任何两个不相交的闭集 E 和 F, 都有 $U \in \mathscr{N}(E), V \in \mathscr{N}(F)$ 使得 $U \cap V = \varnothing$, 则称拓扑空间 X 满足 T_4 分离性公理, 此时也称该空间为一个 T_4 **空间**(图 6-1).

满足 T_2 分离性公理的空间也称为 Hausdorff 空间, 满足 T_3 分离性公理的空间也称为**正则空间**, 满足 T_4 分离性公理的空间也称为**正规**(normal)**空间**.

T_0 空间的概念是由 Kolmogorov(1935) 引入的, T_1 空间的概念是由 Riesz(1907) 引入的, T_2 空间的概念是 Hausdorff 在 1914 年的论文中引入的, 正则空间的概念是由 Vietoris(1921) 引入的, 正规空间的概念则是由 Urysohn(1925) 引入的.

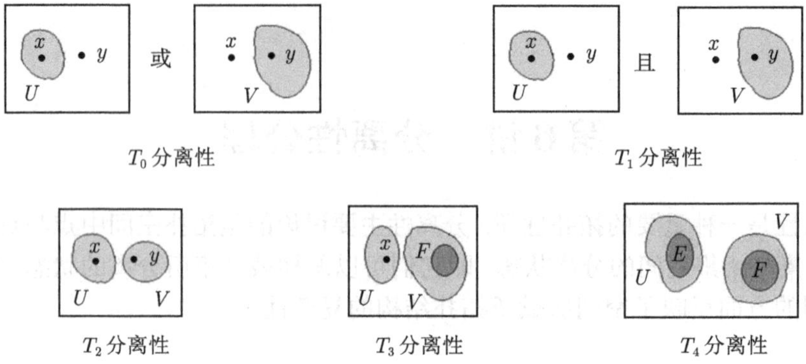

图 6-1

例 6.1.1 (1) 多于两个点的离散空间显然满足上面提到的所有分离性公理.

(2) 欧氏空间 $\mathbb{R}^n$ 满足所有分离性公理, 这里我们只验证它满足 T_2 和 T_4 分离性公理. 对于$\mathbb{R}^n$ 中不同的两个点 x, y, 设 $\|x-y\|=\delta$, 则 $\delta>0$, 于是 $\mathbb{R}^n$ 中的两个开球 $B\left(x, \dfrac{1}{2}\delta\right)$ 和 $B\left(y, \dfrac{1}{2}\delta\right)$ 正是 x, y 两点的不相交的邻域, 因此 $\mathbb{R}^n$ 满足 T_2 分离性公理. 又对于 $\mathbb{R}^n$ 中不相交的两个闭集 A, B, 设两者的距离为 ε, 则 $\varepsilon>0$, 于是 $\mathbb{R}^n$ 中的两个开集 $U=\left\{z \in \mathbb{R}^n \,\middle|\, d(z, A)<\dfrac{1}{2}\varepsilon\right\}$ 和 $V=\left\{z \in \mathbb{R}^n \,\middle|\, d(z, B)<\dfrac{1}{2}\varepsilon\right\}$正是 A, B 两个闭集的不相交的邻域, 因此 $\mathbb{R}^n$ 满足 T_4 分离性公理.

(3) Sierpinski 空间满足 T_0 分离性公理, 但是不满足 T_1, T_2 和 T_3 分离性公理. 因为在 Sierpinski 空间 $X=\{0,1\}$ 中只有两个点 0 和 1, $\{0\}$ 是开集, 且 $1 \notin\{0\} \in \mathscr{N}(0)$, 因此 X 满足 T_0 分离性公理. $\{1\}$ 是闭集, 且包含 $\{1\}$ 的开集只有 X 本身. 因此 X 不满足 T_1, T_2 和 T_3 分离性公理. □

例 6.1.2 设 X 是一个无限集合, 则带有限余拓扑的空间 $(X, \Im_f)$ 中任意两个非空开集都相交, 并且每个单点集的余集都是开集, 因此它满足 T_1 分离性公理, 而不满足 T_2 分离性公理. 由于在 $(X, \Im_f)$ 中有限集都是闭集, 因此不难看出, 两个不相交的非空的有限集不可能有不相交的邻域, 因此 $(X, \Im_f)$ 也不满足 T_3 和 T_4 分离性公理. □

下面对 T_1, T_2, T_3 和 T_4 分离性公理, 分别给出几个等价的刻画, 以期对这些公理有更好的了解.

定理 6.1.1 拓扑空间 X 是 T_0 空间的充分必要条件是: 对 X 中任意两个不同的点 x, y 都有

$$\overline{\{x\}} \neq \overline{\{y\}}.$$

证明 必要性. 设 X 是 T_0 空间, x, y 是 X 中任意两个不同的点. 不妨设存在

$U \in \mathscr{N}(x)$ 使得 $y \notin U$. 这表明 $U \cap \{y\} = \varnothing$, 因此 $x \notin \overline{\{y\}}$. 可见确实有 $\overline{\{x\}} \neq \overline{\{y\}}$.

充分性. 设 x, y 是 X 中任意两个不同的点. 由假设, 有 $\overline{\{x\}} \neq \overline{\{y\}}$. 因此或者 $x \notin \overline{\{y\}}$, 或者 $y \notin \overline{\{x\}}$. 如果 $x \notin \overline{\{y\}}$, 则 $U = (\overline{\{y\}})^{\mathrm{c}} \in \mathscr{N}(x)$, 且 $y \notin U$; 如果 $y \notin \overline{\{x\}}$, 则 $V = (\overline{\{x\}})^{\mathrm{c}} \in \mathscr{N}(y)$, 且 $x \notin V$. 这表明 x, y 中至少有一点有邻域不含另一点. 因此 X 是 T_0 空间. □

定理 6.1.2 拓扑空间 X 满足 T_1 分离性公理的充分必要条件是: X 中的每个单点集是闭集.

证明 必要性. 设空间 X 满足 T_1 分离性公理, 对任一 $x \in X$, 若 $y \in X, y \neq x$, 则存在 $V \in \mathscr{N}(y)$ 使得 $x \notin V$, 因此 $V \cap \{x\} = \varnothing$, 故 $y \notin \overline{\{x\}}$. 可见 $\overline{\{x\}} = \{x\}$, 即 $\{x\}$ 是闭集.

充分性. 设 X 的每个单点集都是闭集, 则对于任意两个不同的点 $x, y \in X$, 必有 $X - \{y\} \in \mathscr{N}(x)$, 且 $X - \{x\} \in \mathscr{N}(y)$. 显然 $x \notin X - \{x\}, y \in X - \{y\}$. 因此 X 满足 T_1 分离性公理. □

定理 6.1.3 对任一拓扑空间 X, 下列三个条件相互等价:

(1) X 满足 T_2 分离性公理;

(2) 对任一 $x \in X$, 都有 $\{x\} = \bigcap \{\overline{U} \,|\, U \in \mathscr{N}(x)\}$;

(3) 对角线 $\Delta = \{(x,x) | x \in X\}$ 是积空间 $X \times X$ 的闭子集.

证明 (1) 蕴涵 (2). 显然, 对任一 $x \in X$, 都有 $\{x\} \subset \bigcap \{\overline{U} \,|\, U \in \mathscr{N}(x)\}$.

反过来, 若 $\bigcap \{\overline{U} \,|\, U \in \mathscr{N}(x)\} - \{x\} \neq \varnothing$, 则存在一个点 $y \in \bigcap \{\overline{U} \,|\, U \in \mathscr{N}(x)\} - \{x\}$, 显然 $x \neq y$, 由假设 (1), 存在 $U \in \mathscr{N}(x), V \in \mathscr{N}(y)$ 使得 $U \cap V \neq \varnothing$. 从而 $y \notin \overline{U}$, 而这与 y 的取法矛盾! 因此也有 $\bigcap \{\overline{U} \,|\, U \in \mathscr{N}(x)\} \subset \{x\}$. 所以 $\{x\} - \bigcap \{\overline{U} \,|\, U \in \mathscr{N}(x)\}$.

(2) 蕴涵 (1). 对任意两个不同的 $x, y \in X$, 由假设 (2) 知, $y \notin \bigcap \{\overline{U} \,|\, U \in \mathscr{N}(x)\}$, 因此存在一个 $U \in \mathscr{N}(x)$ 使 $y \notin \overline{U}$. 令 $V = X - \overline{U}$, 则 $V \in \mathscr{N}(y)$, 且 $U \cap V = \varnothing$. 因此, X 满足 T_2 分离性公理.

(1) 蕴涵 (3). 设 $(x, y) \in X \times X - \Delta$, 则 $x \neq y$, 由假设 (1), 存在 $U \in \mathscr{N}(x), V \in \mathscr{N}(y)$, 使得 $U \cap V = \varnothing$. 于是有 $(U \times V) \cap \Delta = \varnothing$, 即有 $U \times V \subset X \times X - \Delta$. 然而, $U \times V \in \mathscr{N}((x, y))$, 故 (x, y) 为 $X \times X - \Delta$ 的内点. 因此 $X \times X - \Delta$ 是开集, 从而 Δ 是积空间 $X \times X$ 的闭子集.

(3) 蕴涵 (1). 对任意两个不同的 $x, y \in X$, 有 $(x, y) \in \Delta^{\mathrm{c}}$. 由假设 (3), Δ 是闭子集, 故 Δ^{c} 是开集. 因此存在邻域 $U \in \mathscr{N}(x)$ 及 $V \in \mathscr{N}(y)$ 使得 $U \times V \subset \Delta^{\mathrm{c}}$, 从而有 $U \cap V = \varnothing$. 故 X 满足 T_2 分离性公理. □

定理 6.1.4 拓扑空间 X 满足 T_3 分离性公理的充分必要条件是: 对任一 $x \in X$ 及 $U \in \mathscr{N}(x)$, 都存在 $V \in \mathscr{N}(x)$ 使得 $x \in V \subset \overline{V} \subset U$.

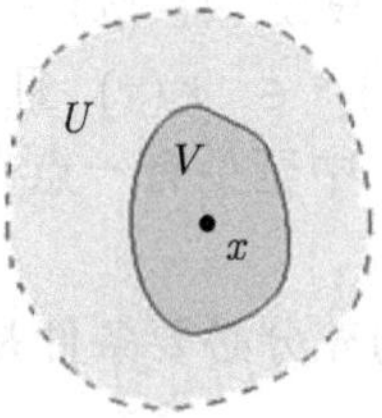

图 6-2

证明　必要性. 设空间 X 满足 T_3 分离性公理, 则对任一 $x \in X$ 及 $U \in \mathscr{N}(x)$, 不妨设 U 为开集, 因此 U^c 是不含 x 的闭集, 于是存在 $V \in \mathscr{N}(x), W \in \mathscr{N}(U^c)$ 使得 $V \cap W = \varnothing$. 从而 $\overline{V} \cap W = \varnothing$, 并且容易看出, $x \in V \subset \overline{V} \subset W^c \subset U$ (图 6-2).

充分性. 对任一 $x \in X$ 及不含 x 的闭集 F, 有 $F^c \in \mathscr{N}(x)$. 因此由假设知, 存在一个 $V \in \mathscr{N}(x)$ 使得 $\overline{V} \subset F^c$. 从而 $F \subset \overline{V}^c$. 这样一来, $V \in \mathscr{N}(x), \overline{V}^c \in \mathscr{N}(F)$, 并且 $V \cap \overline{V}^c = \varnothing$. 因此, X 满足 T_3 分离性公理. □

定理 6.1.5　对任意拓扑空间 X, 下列几个条件相互等价:

(1) 拓扑空间 X 满足 T_4 分离性公理;

(2) 对任一闭集 $F \subset X$ 及 $U \in \mathscr{N}(F)$, 均 $\exists V \in \mathscr{N}(F)$ 使得 $F \subset V \subset \overline{V} \subset U$;

(3) 若 U_1, U_2 是 X 的两个开集, $U_1 \cup U_2 = X$, 则存在两个闭集 F_1, F_2 使得 $F_1 \subset U_1, F_2 \subset U_2$, 并且 $F_1 \cup F_2 = X$;

(4) 若 A 是 X 的闭集, $W \in \mathscr{N}(A)$, 则存在可数开集族 $\{U_n | n \in \mathbb{N}\}$ 使得 $A \subset \bigcup_{n \in \mathbb{N}} U_n$, 并且对任一 $n \in \mathbb{N}$, 都有 $\overline{U_n} \subset W$.

证明　(1) 蕴涵 (2). 设空间 X 满足 T_4 分离性公理. 对任一闭集 $F \subset X$ 及 $U \in \mathscr{N}(F)$, F 与 U^c 是两个不相交的闭集, 因而存在开集 $V \in \mathscr{N}(F), W \in \mathscr{N}(U^c)$ 使得 $V \cap W = \varnothing$. 从而也有 $\overline{V} \cap W = \varnothing$. 由此不难看出, $F \subset V \subset \overline{V} \subset W^c \subset U$ (图 6-3).

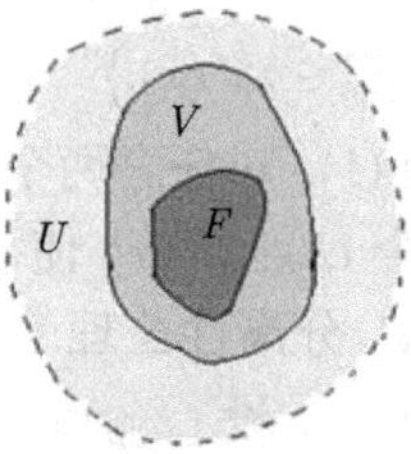

图 6-3

(2) 蕴涵 (3). 设 U_1, U_2 是 X 的两个开集, 且 $U_1 \cup U_2 = X$, 则 U_1^c 为闭集, 且 $U_2 \in \mathscr{N}(U_1^c)$. 由假设 (2) 可知, 存在开集 $V \in \mathscr{N}(U_1^c)$ 使得 $U_1^c \subset V \subset \overline{V} \subset U_2$. 令 $F_1 = V^c, F_2 = \overline{V}$, 则 F_1, F_2 都是闭集, 并且显然有 $F_1 \subset U_1, F_2 \subset U_2$ 且 $F_1 \cup F_2 = X$.

(3) 蕴涵 (2). 对任一闭集 $F \subset X$ 及 $U \in \mathscr{N}(F)$, 有 $U \cup F^c = X$. 由假设 (3), 存在两个闭集 F_1, F_2 使得 $F_1 \subset U, F_2 \subset F^c$ 且 $F_1 \cup F_1 = X$. 令 $V = F_2^c$, 则易见 $V \in \mathscr{N}(F)$, 并且显然地有 $F \subset V \subset \overline{V} \subset U$.

(2) 蕴涵 (4). 这是显然的.

(4) 蕴涵 (1). 设 E, F 是 X 的任意两个不交的闭集, 则 $F^c \in \mathscr{N}(E)$. 由假设 (4) 知, 存在可数开集族 $\{U_n | n \in \mathbb{N}\}$ 使得 $E \subset \bigcup_{n=1}^{\infty} U_n$, 并且 $\forall n \in \mathbb{N}, \overline{U}_n \subset F^c$; 同样地, 有 $E^c \in \mathscr{N}(F)$, 从而也存在可数开集族 $\{V_n | n \in \mathbb{N}\}$ 使得 $F \subset \bigcup_{n=1}^{\infty} V_n$, 并且 $\forall n \in \mathbb{N}, \overline{V_n} \subset E^c$. 现在, 对每个自然数 n, 令

$$G_n = U_n - \bigcup_{i \leqslant n} \overline{V_i}, \quad H_n = V_n - \bigcup_{i \leqslant n} \overline{U_i},$$

则 G_n, H_n 均为开集. 再令 $G = \bigcup_{n \in \mathbb{N}} G_n, H = \bigcup_{n \in \mathbb{N}} H_n$, 则 G, H 也均为开集, 并且不难验证,

$$E \subset G, \quad F \subset H \quad 且\ G \cap H = \varnothing.$$

因此空间 X 满足 T_4 分离性公理. □

6.2 各种分离性的基本性质

我们首先考虑这些分离性是否对子空间可遗传, 也就是说, 如果一个空间具有某种分离性质, 那么它的每个子空间是否也都具有这种性质?

定理 6.2.1 (1) 满足 T_0, T_1, T_2 和 T_3 分离性公理的空间的子空间也满足相应的分离性公理;

(2) 正规空间的闭子空间是正规的.

证明 (1) 我们只证明 T_3 分离性公理情形, 其他几种证明方法类似, 由读者自行完成. 设 X 是一个 T_3 空间, A 是其一个子空间. 若 F 是 A 中的一个闭子集, $x \in A - F$. 则存在 X 中一个闭集 E 使得 $F = E \cap A$. 显然 $x \in X - E$. 由于 X 是一个 T_3 空间, 故存在 X 中的邻域 $U \in \mathscr{N}(x), V \in \mathscr{N}(E)$ 使得 $U \cap V = \varnothing$. 如果令 $U^* = U \cap A, V^* = V \cap A$, 则有 $U^* \in \mathscr{N}_A(x), V^* \in \mathscr{N}_A(F)$, 并且 $U^* \cap V^* = \varnothing$. 可见, A 也是一个 T_3 空间.

(2) 设 X 是一个正规空间, F 为它的一个非空的闭子空间. 对于 F 的任一闭子集 A 及它在 F 中的任一开邻域 U, 存在 X 中的开集 V 使得 $U = F \cap V$. 注意到 A 也是 X 中的闭子集, 并且 $A \subset V$, 由 X 的正规性, 存在 A 在 X 中的邻域 W 使得 $\overline{W} \subset V$. 令 $G = F \cap W$, 则 G 为 A 在 F 中的邻域, 且有

$$A \subset G \subset \overline{G}_F = \overline{(F \cap W)}_F = F \cap \overline{F \cap W} \subset F \cap \overline{W} \subset F \cap V = U.$$

可见 F 是一个正规子空间. □

例 6.2.1　满足 T_4 分离性公理的空间的子空间未必满足 T_4 分离性公理.

设 Γ 是任一序数, 在 $[0,\Gamma]$ 上所有形如 $(\alpha,\Gamma]=\{x|x>\alpha\}$ 和 $[0,\beta)=\{x|x<\beta\}$ 的集合构成一个子基, 它生成一个拓扑, 对应的拓扑空间 $[0,\Gamma]$ 称为**序数空间**. 容易看出, $[0,\Gamma]$ 中所有形如

$$(\alpha,\beta]=\{x|x>\alpha\}\cap\{x|x<\beta+1\}$$

的集合构成该拓扑的一个基. 注意, 集合 $[\alpha,\beta)$ 是开集当且仅当 $\alpha=0$, 或者 α 有一个直接前元. 记 Ω 和 ω 分别表示第一不可数序数和第一无限序数, 直接验证可知 $[0,\Omega]\times[0,\omega]$ 是正规空间 (此处略去). 下面我们证明, 子空间 $X=[0,\Omega]\times[0,\omega]-\{(\Omega,\omega)\}$ 不是正规的. 考察两个子集

$$A=\{(\Omega,n)|0\leqslant n<\omega\},\quad B=\{(\xi,\omega)|0\leqslant\xi<\Omega\}.$$

容易看出, 这是两个不相交的闭集. 设 U 是 A 的任一邻域, 则对每个固定的 $n,(\Omega,n)\in U$, 故存在一个序数 $\alpha_n<\Omega$ 使得 $(\alpha_n,\Omega]\times n\subset U$. 于是可数集 $\{\alpha_n|n\in\mathbb{N}\}$ 有一个上界 $\alpha_0<\Omega$ 使得管状邻域

$$(\alpha_0,\Omega]\times[0,\omega)\subset U.$$

这导致点 $(\alpha_0,\omega)\in B$ 的任何邻域必定含有 U 中的点, 从而 U 和每个 $V\in\mathscr{N}(B)$ 都相交. 因此 X 不是正规的. □

由于离散空间满足所有的分离性, 并且离散空间到任一拓扑空间的任何一个映射都是连续的, 因此可以看出, 分离性都不被连续映射所保持. 但是我们有如下的定理.

定理 6.2.2　(1) T_1 分离性被闭映射所保持;

(2) T_4 分离性被连续的闭映射所保持.

证明　(1) 设 X 满足 T_1 分离性, $f:X\to Y$ 是一个闭的满映射, 则对任一 $y\in Y$, 存在 $x\in X$ 使得 $f(x)=y$. 由于 X 满足 T_1 分离性, 故单点集 $\{x\}$ 是闭集, 再由 $f:X\to Y$ 是闭映射知, $\{y\}=f(\{x\})$ 是闭集. 因此由定理 6.1.2 知, Y 也满足 T_1 分离性.

(2) 设 X 满足 T_4 分离性, $f:X\to Y$ 是一个闭的连续满映射, 对于 Y 的任一二元开覆盖 $\{V_1,V_2\}$, 由 f 的连续性可知, $\{f^{-1}(V_1),f^{-1}(V_2)\}$ 是 X 的二元开覆盖. 由于 X 满足 T_4 分离性, 由定理 6.1.5 知, X 有二元闭覆盖 $\{E_1,E_2\}$ 使得 $E_1\subset f^{-1}(V_1),E_2\subset f^{-1}(V_2)$. 又由 f 为闭的满映射知, $\{f(E_1),f(E_2)\}$ 为 Y 的二元闭覆盖, 并且

$$f(E_1)\subset f(f^{-1}(V_1))\subset V_1,\quad f(E_2)\subset f(f^{-1}(V_2))\subset V_2.$$

故由定理 6.1.5 知, Y 也满足 T_4 分离性. □

接下来我们证明两个与分离性公理相关的可乘性定理.

定理 6.2.3　积空间 $X=\prod_{\lambda\in\Lambda}X_\lambda$ 是 T_2 空间的充分必要条件是: 每个因子空间 X_λ 都是 T_2 空间.

证明　必要性. 设 X 是 T_2 空间, $\lambda\in\Lambda$. 由于 T_2 分离性是对子空间可遗传的拓扑性质, 因此由定理 5.2.4 可知每个 X_λ 都是 T_2 的.

充分性. 设 $x=(x_\lambda)_{\lambda\in\Lambda}, y=(y_\lambda)_{\lambda\in\Lambda}$ 是积空间 X 中任意两个不同点, 则 $\exists\lambda_0\in\Lambda, x_{\lambda_0}\neq y_{\lambda_0}$. 由 X_{λ_0} 的 T_2 分离性可知, 存在 $U\in\mathscr{N}(x_{\lambda_0}), V\in\mathscr{N}(y_{\lambda_0})$ 使得 $U\cap V=\varnothing$. 由 π_{λ_0} 的连续性可知, $\pi_{\lambda_0}^{-1}(U)\in\mathscr{N}(x)$, $\pi_{\lambda_0}^{-1}(V)\in\mathscr{N}(y)$, 并且

$$\pi_{\lambda_0}^{-1}(U)\cap\pi_{\lambda_0}^{-1}(V)=\pi_{\lambda_0}^{-1}(U\cap V)=\varnothing.$$

可见 X 也是 T_2 空间. □

定理 6.2.4　积空间 $X=\prod_{\lambda\in\Lambda}X_\lambda$ 是 T_3 空间的充分必要条件是: 每个因子空间 X_λ 都是 T_3 空间.

证明　必要性. 由定理 5.2.4 可知.

充分性. 假设每个因子空间 X_λ 都是 T_3 空间, 则对任一 $x=(x_\lambda)_{\lambda\in\Lambda}\in X$ 及 $U\in\mathscr{N}(x)$, 有一个标准基元素 $\bigcup_{i=1}^{n}\pi_{\lambda_i}^{-1}(U_{\lambda_i})$(其中 U_{λ_i} 为因子空间 X_{λ_i} 中的开集, $1\leqslant i\leqslant n$) 使得

$$x\in\bigcup_{i=1}^{n}\pi_{\lambda_i}^{-1}(U_{\lambda_i})\subset U.$$

从而对每个 $i\leqslant n, x_{\lambda_i}\in U_{\lambda_i}$. 由假设, 对每个 $i\leqslant n$, 存在 $V_{\lambda_i}\in\mathscr{N}(x_{\lambda_i})$ 使得 $\overline{V_{\lambda_i}}\subset U_{\lambda_i}$. 令 $V=\bigcap_{i=1}^{n}\pi_{\lambda_i}^{-1}(V_{\lambda_i})$, 则不难验证, $x\in V\subset\overline{V}\subset U$. 于是由定理 6.1.4 知, X 是 T_3 空间. □

不过满足 T_4 分离性公理的空间的积空间却不一定是满足 T_4 分离性公理的, 甚至两个满足 T_4 分离性公理的空间的积空间都可能不是满足 T_4 分离性公理的空间, 具体见后面的例 6.3.2.

下面再介绍几个重要的相关定理.

定理 6.2.5　在 Hausdorff 空间中, 收敛序列的极限是唯一的.

证明　设 X 是一个 Hausdorff 空间, $\langle x_n\rangle$ 是其一个收敛序列. 若它同时收敛于两个不同的点 x,y, 则由 T_2 分离性, 存在 $U\in\mathscr{N}(x), V\in\mathscr{N}(y)$ 使得 $U\cap V=\varnothing$. 另一方面, 由于收敛性, 可知, 存在自然数 N_1 使得当 $n\geqslant N_1$ 时, $x_n\in U$; 又存

在自然数 N_2 使得当 $n \geqslant N_2$ 时, $x_n \in V$. 于是一旦 $n \geqslant \max\{N_1, N_2\}$ 时, 就有 $x_n \in U \cap V = \varnothing$, 矛盾! 因此收敛序列 $\langle x_n \rangle$ 的极限是唯一的. □

定理 6.2.6 度量空间满足所有分离性公理 $T_i(i = 0, 1, 2, 3, 4)$.

证明 设 (X, d) 是任一度量空间. 对任意两个不同的点 $x, y \in X$, 有 $d(x, y) = \delta > 0$. 令

$$U = B\left(x, \frac{1}{2}\delta\right), \quad V = B\left(y, \frac{1}{2}\delta\right),$$

则 $U \in \mathscr{N}(x), V \in \mathscr{N}(y)$, 且 $U \cap V = \varnothing$. 可见 (X, d) 满足 T_0, T_1, T_2 三条公理. 从而单点集都是闭集.

现在设 E, F 是 (X, d) 的任意两个不交闭集. 则对任一 $x \in X$, $d(x, E) + d(x, F) > 0$. 定义

$$f : X \to \mathbb{R}^1, \quad f(x) = \frac{d(x, E)}{d(x, E) + d(x, F)}.$$

易知 f 是连续的, 且当 $x \in E$ 时, $f(x) = 0$; 当 $x \in F$ 时, $f(x) = 1$. 因此如果令 $U = f^{-1}\left(\left(-\infty, \frac{1}{2}\right)\right)$, $V = f^{-1}\left(\left(\frac{1}{2}, +\infty\right)\right)$, 则 $U \in \mathscr{N}(E), V \in \mathscr{N}(F)$, 且 $U \cap V = \varnothing$. 可见 (X, d) 也满足 T_3, T_4 两条公理. □

定理 6.2.7(Lindelöf) 第二可数的正则空间是正规空间.

证明 设 Ω 是第二可数的正则空间 X 的可数基. F, F' 是 X 的两个不交闭集. 对任一 $x \in F$, 显然有 $x \notin F'$. 由正则性, 存在 $B \in \Omega$ 使得 $x \in B \subset \overline{B} \subset X - F'$, 因此 $\overline{B} \cap F' = \varnothing$. 记 $\{B_1, B_2, \cdots\}$ 表示 Ω 中所有其闭包与 F' 不相交的成员. 同样地, $\{B_1', B_2', \cdots\}$ 表示 Ω 中所有其闭包与 F 不相交的成员. 则易见有

$$F \subset \bigcup_{n=1}^{\infty} B_n, \quad F' \subset \bigcup_{n=1}^{\infty} B_n'.$$

对任意自然数 n, 令

$$U_n = B_n - \bigcup_{i=1}^{n} \overline{B_i'}, \quad V_n = B_n' - \bigcup_{i=1}^{n} \overline{B_i},$$

则 U_n, V_n 均为开集, 且对任意两个不同的自然数 m, n, 都有 $U_m \cap V_n = \varnothing$. 再令 $U = \bigcup_{n=1}^{\infty} U_n, V = \bigcup_{n=1}^{\infty} V_n$, 则 U 与 V 均为开集. 并且易见,$F \subset U, F' \subset V, U \cap V = \varnothing$, 故 X 是正规空间. □

6.3 各种分离性之间的关系

首先, 从定义容易看出, 满足 T_1 分离性公理的空间必然满足 T_0 分离性公理, 满足 T_2 分离性公理的空间必然满足 T_1 分离性公理. 此外, 容易证明下述命题.

命题 6.3.1 在满足 T_1 分离性公理的假设下, 分离公理有如下蕴涵关系:

$$T_4 \Rightarrow T_3 \Rightarrow T_2,$$

并且每一个蕴涵关系都不可逆. □

该命题的证明, 我们建议读者自己完成. 同时, 如果有兴趣, 读者可以考虑这样一个问题: 如果没有满足 T_1 分离性公理的假设, 是否仍然有蕴涵关系 $T_4 \Rightarrow T_3 \Rightarrow T_2$ 成立?

例 6.1.1 提供了一个满足 T_0 分离性公理而不满足 T_1 分离性公理的例子, 例 6.1.2 提供了一个满足 T_1 分离性公理而不满足 T_2 分离性公理的例子. 下面我们再给出几个反例, 具体地说明命题 6.3.1 的后一结论.

例 6.3.1 满足 T_2 分离性而不满足 T_3 分离性的空间:

记 $A = \left\{\pm\frac{1}{n}\middle| n \in \mathbb{N}\right\}$, 对任一 $x \in \mathbb{R}, i \in \mathbb{N}$, 记 $U_i(x) = \left(x - \frac{1}{i}, x + \frac{1}{i}\right)$, 再令

$$\Re_x = \begin{cases} \{U_i(0) - A | i = 1, 2, \cdots\}, & x = 0, \\ \{U_i(x) | i = 1, 2, \cdots\}, & x \in \mathbb{R} - \{0\}, \end{cases}$$

则可以验证 $\bigcup\{\Re_x | x \in \mathbb{R}\} = \Omega$ 是 $\mathbb{R}$ 上的一个拓扑基. 它生成的拓扑记为 τ, 则 τ 显然是满足 T_2 分离性公理的. 下面用反证法证明它不是正则的. 若 $(\mathbb{R}, \tau)$ 是正则的, 由于 A 是闭集, 并且 $0 \notin A$, 故存在 $U \in \mathscr{N}(A)$ 及 $V \in \mathscr{N}(0)$ 使得 $U \cap V = \varnothing$. 因此存在 $i \in \mathbb{N}$ 使得 $U_i(0) - A \subset V$.

另一方面, 由于 $\frac{1}{i+1} \in A \subset U$, 故存在一个 $j \in \mathbb{N}$ 使得 $U_j\left(\frac{1}{i+1}\right) \subset U$. 取一个充分大的自然数 j 使得 $\frac{1}{i+1} + \frac{1}{j} < \frac{1}{i}$, 则

$$U \cap V \supset U_j\left(\frac{1}{i+1}\right) \cap (U_i(0) - A) \neq \varnothing.$$

矛盾! 故空间 $(\mathbb{R}, \tau)$ 不是正则的. □

例 6.3.2 T_1 正则而非正规的空间: 两条 Sorgenfrey 直线的积空间 $K \times K$ 是 T_1 正则而非正规的空间.

(1) Sorgenfrey 直线 K 是 T_1 正规的: K 满足 T_1 分离性是显然的. 设 A_1, A_2 是 K 的两个不交闭集, 令

$$G_i = K - A_i, \quad F_i = \{x \in G_i |\ x \text{ 不属于任何含在 } G_i \text{ 中的开区间}\}\ (i = 1, 2).$$

由于 A_i 是闭的, 因而 G_i 是开的. 故对任一 $x \in F_i$, 存在一个区间 $[x, y) \subset G_i$, 而从 F_i 的定义可知, 对应于 F_i 中不同的点 x, x' 的区间 $[x, y), [x', y')$ 应是不相交的. 因而 $F = F_1 \cup F_2$ 是一个可数集. 由于有理数集合也是可数的, 并且在实直线上是稠密的, 若记

$$\Re = \{(r_1, r_2)|r_1, r_2 \in \mathbb{Q}\} \cup \{[x, r)|x \in F, r \in \mathbb{Q}\}\ (\text{此处约定对应处 } x < r).$$

则 $\Re$ 构成一个拓扑基. 令 K_0 表示 $\mathbb{R}$ 带上由 $\Re$ 生成的拓扑所成的拓扑空间. 容易看出 K_0 是一个正则空间, 且由于 $|\Re| \leqslant \aleph_0$, 因而由定理 6.2.7 可知 K_0 是正规空间. 注意到 A_1, A_2 也是 K_0 的两个闭子集, 因此 K_0 中有开集 U_1, U_2 使 $A_1 \subset U_1, A_2 \subset U_2$ 且 $U_1 \cap U_2 = \varnothing$. 而显然 K_0 的拓扑粗于 K 的拓扑, 因此 U_1, U_2 也是 K 中的开集, 因此 K 是正规的.

(2) $K \times K$ 不是正规的:

首先, 令 $A = \{(x, y)|x = -y, x, y \in K\}$, 则对任一 $(x, -x) \in A$, 有

$$\{(x, -x)\} = [x, x+1) \times [-x, -x+1) \cap A.$$

因此, A 是 $K \times K$ 的一个同胚于离散空间 $D(c)$(这里 $D(c)$ 表示基数为 c 的离散空间) 的子集. 对每个 $(x, y) \in A^c$, 若 $y > -x$, 则有 $U_1 = [x, x+1) \times [y, y+1) \subset A^c$; 若 $y < -x$, 取 $\varepsilon = \dfrac{1}{2}|x + y|$, 则有 $U_\varepsilon = [x, x+\varepsilon) \times [y, y+\varepsilon) \subset A^c$(图 6-4).

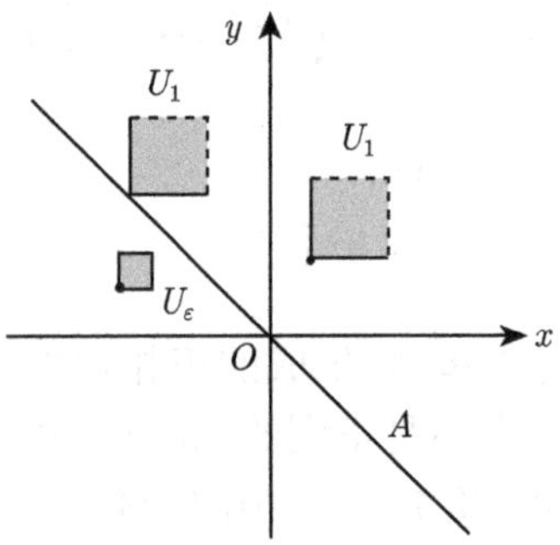

图 6-4

因此 A 是 $K \times K$ 的闭子集. 同时 $K \times K$ 有一个可数的稠密子集 $B = \{(r_1, r_2)|r_1, r_2 \in \mathbb{Q}\}$. A 是 $K \times K$ 的离散闭子空间. 对于 A 的任何一个非空子集 M, M 与 $A - M$ 是 $K \times K$ 的不相交的闭子集. 若 $K \times K$ 正规, 则存在 $U_M \in \mathscr{N}(M), V_M \in \mathscr{N}(A - M)$ 使得 $U_M \cap V_M = \varnothing$. 于是 $\overline{U_M} \cap V_M = \varnothing$.

另一方面, 由于 $U_M \neq \varnothing$, 且 B 稠密, 故 $B_M = B \cap U_M \neq \varnothing$. 我们定义一个映射

$$f : 2^A - \{\varnothing\} \to 2^B, \quad M \to B_M.$$

设 A_1, A_2 是 A 的两个非空子集, $A_1 \neq A_2$. 由对称性, 不妨设 A_1 不包含在 A_2 内, 则

$$\varnothing \neq A_1 \cap A_2^c = A_1 \cap (A - A_2) \subset \overline{U_{A_1}} \cap V_{A_2}.$$

由于 $\overline{U_{A_2}} \cap V_{A_2} = \varnothing$, 故 $\overline{U_{A_1}} \neq \overline{U_{A_2}}$. 因为 B 稠密, 故可得 $\overline{B_{A_1}} = \overline{B \cap U_{A_1}} = \overline{U_{A_1}} \neq \overline{B_{A_2}}$. 于是

$$f(A_1) = B_{A_1} \neq B_{A_2} = f(A_2).$$

这说明 f 是单射. 因此 $2^c = \left|2^A - \{\varnothing\}\right| \leqslant \left|2^B\right| = 2^{\aleph_0} = c$. 矛盾! 故 $K \times K$ 不是正规的.

(3) 由 (1) 的证明易见 K 是正则的 T_1 空间. 由于正则性和 T_1 分离性都是可乘的拓扑性质, 故 $K \times K$ 是 T_1 正则而非正规的空间. 同时, 对于任一 $x \in K$, 显然 $\left\{\left[x, x + \frac{1}{n}\right) \middle| n \in \mathbb{N}\right\}$ 构成 x 在 K 中的可数邻域基, 因此 K 是第一可数的. 由定理 5.3.1 知, $K \times K$ 也是第一可数的. 这表明, 定理 6.2.7 中的第二可数性不能改为第一可数性, 即第一可数的正则空间可以不是正规空间. □

例 6.3.3 不满足 T_0 分离性的正则且正规的空间.

设 $X = \{a, b, c\}$, 令 $\Im = \{\varnothing, \{a\}, \{b, c\}, \{a, b, c\}\}$, 则容易看出, $\Im$ 是 X 上的一个拓扑. 由于 b, c 两点有完全一样的邻域, 因此 $\Im$ 不满足 T_0 分离性. 下面证明, $(X, \Im)$ 是正则且正规的.

事实上, 非空闭集 $F \subset X$ 与不属于 F 的点 $x \in X$ 构成的序对 (x, F) 只有如下三个: $(a, \{b, c\}), (b, \{a\})$ 和 $(c, \{a\})$. 对这三个序对, 都有开邻域 $U \in \mathscr{N}(x), V \in \mathscr{N}(F)$ 使得 $U \cap V = \varnothing$. 具体如下:

对序对 $(a, \{b, c\})$ 而言, 取 $U = \{a\}, V = \{b, c\}$ 即可;

对序对 $(b, \{a\})$ 而言, 取 $U = \{b, c\}, V = \{a\}$ 即可;

对序对 $(c, \{a\})$ 而言, 取 $U = \{b, c\}, V = \{a\}$ 即可.

因此, $(X, \Im)$ 是正则的.

此外, X 中不相交的非空闭集只有两个, 即 $\{a\}$ 和 $\{b, c\}$. 由于它们都是开集, 因此它们本身就是不相交的邻域. 可见, $(X, \Im)$ 也是正规的. □

最后, 我们给出定理 5.3.3 的证明. 为此, 先证明一个引理.

引理 6.3.1 设 $f: X \to Y$ 是一个连续的满映射, 则

(1) 若 A 是 X 的稠密子集, 则 $f(A)$ 是 Y 的稠密子集;

(2) 若 X 是可分空间, 则 Y 也是可分空间.

证明 (1) 若 A 是 X 的稠密子集, 则 $\overline{A} = X$. 于是由 f 的连续性, 有

$$Y = f(X) = f(\overline{A}) \subset \overline{f(A)} \subset Y.$$

可见, $\overline{f(A)} = Y$, 因此 $f(A)$ 是 Y 的稠密子集.

(2) 设 X 是可分空间, 则有可数稠密子集 A, 由 (1) 知, $f(A)$ 是 Y 的稠密子集. 而由

$$|f(A)| \leqslant |A| \leqslant \aleph_0$$

可知, $f(A)$ 也是可数的. 因此 Y 也是可分空间. □

定理 5.3.3 的证明　我们分两步来完成证明.

(1) 设对任一正整数 $n, Y_n = \{0,1\}$ 表示离散空间, 记$Y = \prod_{n\in\mathbb{N}} Y_n$ 表示积空间. 则由定理 6.2.1 知, Y 是 T_2 空间, 且 $|Y| = 2^{\aleph_0} = c \geqslant |\Lambda|$. 因此不妨假设 $\Lambda \subset Y$, 且作为 Y 的一个子空间. 我们先证明, 积空间 $Z = \prod_{\lambda\in\Lambda} \mathbb{N}_\lambda$(其中对每个 $\lambda \in \Lambda, \mathbb{N}_\lambda = \mathbb{N}$ 带离散拓扑) 是可分的.

首先, 容易看出, Y 的标准基是可数的, 因此子空间 Λ 有一个可数基 $\mathscr{B}$. 令

$$\mathscr{A} = \left\{\{U_i\}_{i\leqslant k} \middle| \text{对每个 } i \leqslant k, U_i \in \mathscr{B} \wedge (i \neq j \Rightarrow U_i \cap U_j = \varnothing) \wedge (k \in \mathbb{N})\right\},$$

则显然 $|\mathscr{A}| \leqslant \aleph_0$. 再令

$$A = \left\{ f \in Z \,\middle|\, \text{存在 } \{U_i | i \leqslant k\} \in \mathscr{A}, \text{使得 } f \text{ 在每个 } U_i \text{ 及} \Lambda - \bigcup_{i\leqslant k} U_i \text{上取常值} \right\},$$

则 $|A| \leqslant \aleph_0 \cdot \aleph_0 = \aleph_0$. 因此只需再证明 A 在 Z 中稠密即可. 设 $z = (z_\lambda)_{\lambda\in\Lambda} \in Z$, 且 $\bigcap_{i=1}^{k} \pi_{\lambda_i}^{-1}(G_i)$ 是 Z 中含有点 z 的任一标准基元素, 其中 G_i 是 $\mathbb{N}$ 中的开集 $(1 \leqslant i \leqslant n)$. 则对每个 $i \leqslant k, z_{\lambda_i} \in G_i$. 不妨设当 $i \neq j$ 时, $\lambda_i \neq \lambda_j$. 由于 Λ 是 T_2 空间, 故存在 $\{U_i | i \leqslant k\} \in \mathscr{A}$ 使得 $\lambda_i \in U_i (1 \leqslant i \leqslant k)$. 定义 $z' \in Z$ 使满足

$$z'_\lambda = \begin{cases} z_{\lambda_i}, & \text{存在 } i \leqslant k \text{ 使得 } \lambda \in U_i, \\ z_{\lambda_1}, & \lambda \in \Lambda - \bigcup_{i\leqslant k} U_i. \end{cases}$$

则不难看出, $z' \in A \cap \bigcap_{i=1}^{n} \pi_{\lambda_i}^{-1}(G_i)$, 可见 $z \in \overline{A}$.

(2) 不妨设对每个 $\lambda \in \Lambda$, $X_\lambda \neq \varnothing$. 由假设, X_λ 有可数稠密集 A, 因此存在满射 $f_\lambda : \mathbb{N} \to A_\lambda$. 由于 $\mathbb{N}$ 带离散拓扑, 故每个 f_λ 都连续. 因此积映射

$$f = \prod_{\lambda\in\Lambda} f_\lambda : Z \to \prod_{\lambda\in\Lambda} A_\lambda$$

是连续的满射. 由引理 6.3.1 知, $\prod_{\lambda\in\Lambda} A_\lambda$ 是可分的. 设 D 是它的可数稠密子集, 则 $\overline{D}\cap\prod_{\lambda\in\Lambda} A_\lambda=\prod_{\lambda\in\Lambda} A_\lambda$(此处闭包是在 X 内取的). 因此 $\prod_{\lambda\in\Lambda} A_\lambda\subset\overline{D}$. 于是有 $X=\prod_{\lambda\in\Lambda}\bar{A}_\lambda=\overline{\prod_{\lambda\in\Lambda} A_\lambda}\subset\bar{D}\subset X$. 即 D 是 X 的可数稠密子集. 故 X 是可分的. □

习　题

6.1　设空间 X 满足 T_1 分离性公理, 证明: X 中任一子集的导集是闭集. 试说明一下, 在 T_0 空间中, 这一结论还成立吗?

6.2　设 X 是 Hausdorff 空间, $A\subset X$, 试证明:

(1) A' 是闭集;　(2)$(A')'\subset A'$;　(3)$(\overline{A})'=A'$.

6.3　设 X 是 Hausdorff 空间, $f:X\to X$ 为一连续映射, 试证明其**不动点集**

$$\mathrm{Fix}\, f:=\{x\in X|f(x)=x\}$$

是一个闭集.

6.4　设 Y 是 Hausdorff 空间, $f:X\to Y$ 为一连续映射. 证明: f 的图像

$$G_f:=\{(x,f(x))|x\in X\}$$

是 $X\times Y$ 的闭子集.

6.5　证明: (1) Hausdorff 空间的子空间也是 Hausdorff 空间;

(2) 如果 $f:X\to Y$ 是一个闭的双射 (即一一映射), 而 X 为 Hausdorff 空间, 则 Y 也是 Hausdorff 空间;

(3) 如果 $f:X\to Y$ 是一个连续的单射, Y 为 Hausdorff 空间, 则 X 也是 Hausdorff 空间.

6.6　证明: (1) 正则空间的子空间也是正则空间;

(2) 如果 X 是正则空间, A 是 X 的闭子集, 则 $A=\bigcap\{U\,|U\in\mathscr{N}(A)\}$.

6.7　设 X 是 Hausdorff 空间, 如果每个点 $x\in X$ 都有一个邻域 $V\in\mathscr{N}(x)$ 使得 $\overline{V}$ 是正则的, 则 X 是正则空间.

6.8　证明: 如果 X 是正则 T_1 空间, 则对任意不同的两个点 $x,y\in X$, 存在 $U\in\mathscr{N}(x),V\in\mathscr{N}(y)$ 使得 $\overline{U}\cap\overline{V}=\varnothing$.

6.9　证明: 如果 X 是正规空间, 则对任意不相交的两个闭集 $A,B\subset X$, 存在 $U\in\mathscr{N}(A),V\in\mathscr{N}(B)$ 使得 $\overline{U}\cap\overline{V}=\varnothing$.

6.10　证明: 每个线性序拓扑空间都是正规空间 (Hopf(1940)).

6.11　证明: Sorgenfrey 直线 K 是 Lindelöf 空间.

6.12　如果拓扑空间 X 的每个子空间都是正规空间, 则称 X 为**遗传正规空间**. 证明:

(1) 空间 X 为遗传正规空间当且仅当它的每个开子空间都是正规的.

(2) 空间 X 为遗传正规空间当且仅当对于 X 的任意两个子集 A, B, 如果 $A\cap\overline{B} = B\cap\overline{A} = \varnothing$(此时通常称两个子集 A, B 是隔离的), 则存在 $U \in \mathscr{N}(A), V \in \mathscr{N}(B)$ 使得 $U \cap V = \varnothing$.

满足条件 (2) 的空间也称为**完全正规**(completely normal)**空间**. 因此该结论表明, 完全正规与遗传正规实际上是等价的.

(3) 单位区间 $I = [0,1]$ 是完全正规的.

6.13 设 X 是正规空间, 对任一 $n \in \mathbb{N}, A_n$ 都是 X 的闭子集, 则 $A = \bigcup\limits_{n\in\mathbb{N}} A_n$ 是 X 的正规子空间.

6.14 如果正规空间 X 的每个闭子集都是 G_δ-集, 则称 X 为**完满正规**(perfectly normal)**空间**. 证明：完满正规空间都是完全正规的.

6.15 证明：可数的正则空间是正规的.

6.16 证明：正则的 Lindelöf 空间必定是正规的空间.

6.17 设 X 满足 T_4 分离性公理, $f: X \to Y$ 为一满连续闭映射, 则 Y 也满足 T_4 分离性公理.

6.18 X 的一个子集族 $\{A_\lambda|\lambda \in \Lambda\}$ 称为**点有限的**, 如果对每个 $x \in X$, x 都只含在 $\{A_\lambda|\lambda \in \Lambda\}$ 的有限个元中. 证明下列两个条件是等价的：

(1) 空间 X 是正规空间;

(2) 如果 $\{U_\lambda|\lambda \in \Lambda\}$ 是 X 的点有限的开覆盖, 则存在一个开覆盖 $\{V_\lambda|\lambda \in \Lambda\}$ 使得任一 $\lambda \in \Lambda$, 都有 $\overline{V_\lambda} \subset U_\lambda$, 并且只要 $U_\lambda \neq \varnothing$, 就也有 $V_\lambda \neq \varnothing$.

6.19 证明：Niemytzki 平面不是正规空间.

6.20 试证明: 第一可数性和第二可数性都是可数可乘性质.

6.21 设 P 表示全体无理数的集合. 在实数集 $\mathbb{R}$ 上定义集族

$$\tau = \left\{U - A | U \text{ 是 } \mathbb{R}^1 \text{ 的开集}, A \subset P\right\}.$$

(1) 验证 τ 是 $\mathbb{R}$ 上的拓扑;

(2) 验证 $(\mathbb{R}, \tau)$ 满足 T_2 分离性公理, 但不满足 T_3 分离性公理;

(3) 证明 $(\mathbb{R}, \tau)$ 是满足第一可数性公理的可分空间;

(4) 证明 τ 在 P 上诱导的子空间拓扑 τ_P 是离散拓扑, 从而 (P, τ_P) 是不可分的;

(5) 说明 $(\mathbb{R}, \tau)$ 不满足第二可数性公理.

6.22 设 X 是一个无限集合, 任取一点 $x_0 \in X$, 定义

$$\Im = \left\{U \subset X \,\middle|\, x_0 \notin U \text{或者} \, |X - U| < \aleph_0 \right\}.$$

(1) 试验证 $\Im$ 是 X 上的一个拓扑, 并且 x_0 是 $(X, \Im)$ 的唯一一个聚点. 通常把 x_0 称为 $(X, \Im)$ 的指定点.

(2) 当 $|X| = \aleph_0$ 时, 空间 $(X, \Im)$ 记为 $A(\aleph_0)$. 证明：$A(\aleph_0)$ 是第二可数的 Hausdorff 空间.

(3) 当 $|X| = c$(连续统基数) 时, 空间 $(X, \Im)$ 记为 $A(c)$. 证明：$A(c)$ 是非第一可数的 Hausdorff 空间.

(4*) 积空间 $A(\aleph_0)\times A(c)$ 是正规空间, 但其子空间 $X-\{(x_0,y_0)\}$ 却不是正规的. 因此正规性不是可遗传的拓扑性质. 这里 x_0 和 y_0 分别表示 $A(\aleph_0)$ 和 $A(c)$ 的聚点.

6.23　设 $f: X\to Y$ 是一个开的、连续的满映射, X 是第二可数空间, 则 Y 也是第二可数空间.

6.24　证明: 每个第二可数空间都是 Lindelöf 空间.

6.25　证明: Lindelöf 空间在连续映射下的像还是 Lindelöf 空间.

6.26　证明: 如果正则空间 X 的每个开子空间都是 Lindelöf 空间, 则 X 是完满正规空间.

6.27　令 $X=\{(x,y)\in\mathbb{R}^2|y\geqslant 0\}$, 又令

$$\Re=\{B((x,y),\varepsilon)|0<\varepsilon<y,(x,y)\in X\}\cup\{B((x,y),y)\cup\{(x,0)\}|(x,y)\in X\},$$

试证明: (1)$\Re$ 是 X 上某个拓扑 $\Im$ 的基;

(2) 拓扑空间 $(X,\Im)$ 是 Hausdorff 空间;

(3) 证明 $A=\{(x,0)|x\in\mathbb{Q}\}, B=\{(x,0)|x\in\mathbb{R}-\mathbb{Q}\}$ 都是 $(X,\Im)$ 的闭子集;

(4) 证明拓扑空间 $(X,\Im)$ 不是正规的.

6.28　设 X 是一个拓扑空间, $C(X,I)$ 表示所有连续映射 $f: X\to I$ 的集合. 对任一映射 $f\in C(X,I)$, 记 $B_f=\{x\in X|f(x)\neq 0\}$. 试证明: X 是完全正则空间当且仅当 $\Re=\{B_f|f\in C(X,I)\}$ 是 X 的拓扑的基.

6.29　设 X 是一个正规空间, $F_1,F_2,\cdots,F_n$ 是其 n 个两两互不相交的闭集. 证明: 存在两两互不相交的开集 $U_1,U_2,\cdots,U_n$ 使得 $F_i\subset U_i(i=1,2,\cdots,n)$.

6.30　设 X 是一个正规空间, $\{U_1,U_2,\cdots,U_n\}$ 是其一个开覆盖. 证明: 存在 X 的闭覆盖 $\{F_1,F_2,\cdots,F_n\}$ 使得对任一 $1\leqslant i\leqslant n$, 都有 $F_i\subset U_i$.

6.31　证明命题 6.3.1.

第 7 讲 Urysohn 引理与完全正则空间

7.1 Urysohn 引理

这一讲我们主要介绍 Urysohn ①在拓扑学方面的一个非常重要的成果——Urysohn 引理以及相关的一些知识.

定理 7.1.1(Urysohn 引理, 1925) 设 X 是一个 T_4 空间, 则对 X 中任何两个不相交的闭集 A, B, 都存在 X 上的连续函数 $f: X \to [0,1]$ 使得 $f(A) \subset \{0\}, f(B) \subset \{1\}$.

证明 设 A, B 是正规空间 X 中任意两个不相交的闭集. 让 $\mathbb{Q}_I$ 表示 $I=[0,1]$ 内一切有理数的集合, 记 $\mathbb{Q}_I=\{r_1=0, r_2=1, r_3, r_4, \cdots\}$. 先用归纳法来构造 X 的开集族 $\{U_r \,|r \in \mathbb{Q}_I\}$ 使其满足

(1) 若 $r<r'$ 则 $\overline{U_r} \subset U_{r'}$;

(2) 对任一 $r \in \mathbb{Q}_I$, 都有 $A \subset U_r \subset B^{\rm c}$.

实际上, 令 $U_{r_2}=B^{\rm c} \supset A$, 由 X 的正规性知, 存在 $U \in \mathscr{N}(A)$ 使得 $\overline{U} \subset U_{r_2}$. 令 $U_{r_1}=U$, 由 $r_1=0<1=r_2$, 开集族 $\{U_{r_1}, U_{r_2}\}$ 满足条件 (1) 和 (2). 现在假设 $n \geqslant 2$ 时已构造出满足 (1) 和 (2) 的开集族 $\{U_{r_i} | i \leqslant n\}$. 令

$$r_m=\min\{r_i | r_i>r_{n+1}, i \leqslant n\}, \quad r_k=\max\{r_i | r_i<r_{n+1}, i \leqslant n\},$$

则 $r_k<r_m, k, m \leqslant n$. 由归纳假设 (1), $\overline{U_{r_k}} \subset U_{r_m}$(图 7-1). 再由 X 的正规性知, 存在开集 V 使得

$$\overline{U_{r_k}} \subset V \subset \overline{V} \subset U_{r_m}.$$

令 $U_{r_{n+1}}=V$, 则开集族 $\{U_{r_i} | i \leqslant n+1\}$ 满足条件 (1) 和 (2), 归纳法完成. 定义

---

① P. Urysohn(乌雷松, 1898—1924), 1915 年带着对物理学研究的兴趣进入莫斯科大学学习. 但不久, 受 Egorov(叶戈罗夫, 1869—1931) 和 N.N. Luzin(卢津, 1883—1950) 的演讲和个人魅力的影响而转到数学系师从这两位大数学家学习数学. 1921 年他取得莫斯科大学博士学位, 做博士论文时, Egorov 给他推荐了两个题目: 一个是把直线或曲线概念进行推广, 使得在平面情形与 Cantor 的定义 (无处稠密的连续统) 等价; 另一个是给出一个 (可适当地看作曲面的) 包含广泛的集类的内在的拓扑定义. 他出色地解决了这两个延续近一个世纪的难题. 他是那个时代最有希望的苏联数学家之一, 在三年左右的时间里, 他在拓扑学、维数论、分析等领域做出了非常大的贡献. 遗憾的是, 1924 年 8 月 17 日, 他在法国海边游泳时不幸身亡.

$f: X \to I$ 使得

$$f(x)=\begin{cases}\inf\{r\in\mathbb{Q}_I \mid x\in U_r\}, & x\in U_{r_2},\\ 1, & x\in X-U_{r_2},\end{cases}$$

则对任一 $x\in A$, 据 (2) 可知 $f(x)=\inf\mathbb{Q}_I=0$; 又对任一 $x\in B=X-U_{r_2}, f(x)=1$. 因此只需再证明映射 $f: X\to I$ 连续即可.

考虑 I 的子基元, 它们具有形式 $[0,\alpha), 0<\alpha\leqslant 1$ 或 $(\beta,1], 0\leqslant\beta<1$. 于是只需证明

(3) 对任一 $0<\alpha\leqslant 1$, 都有

$$f^{-1}([0,\alpha))=\bigcup_{r<\alpha}U_r.$$

(4) 对任一 $0\leqslant\beta<1$, 都有

$$f^{-1}((\beta,1])=\bigcup_{r>\beta}(X-\overline{U_r}).$$

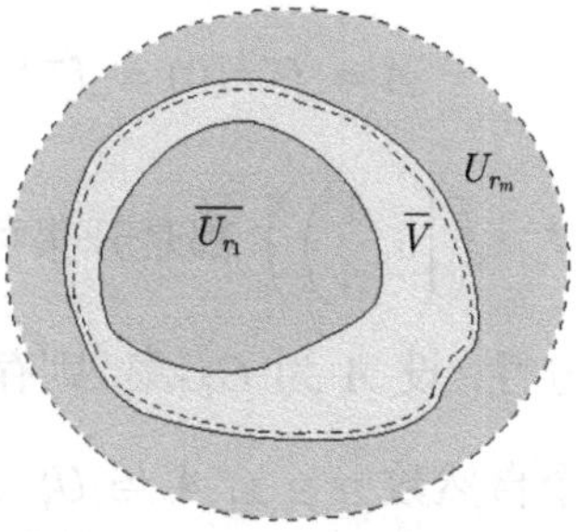

图 7-1

从而可知 $f^{-1}([0,\alpha))$ 与 $f^{-1}((\beta,1])$ 均为开集. 因而 $f: X\to I$ 连续.

实际上, 由 $f: X\to I$ 的定义, 不难看出 (3) 是成立的. 下面证明 (4) 也成立. 设 $0\leqslant\beta<1$, 且 $x\in f^{-1}((\beta,1])$, 则有 $f(x)>\beta$. 若 $x\in U_{r_2}^c$, 任取 $r\in\mathbb{Q}_I$ 使 $\beta<r<1=r_2$. 由 (1) 可知, 有 $x\in X-\overline{U_r}$; 若 $X\in U_{r_2}$, 则由定义可知, 存在一个 $r'>\beta$, 使得 $x\notin U'_r$. 任取一个 $r_0\in\mathbb{Q}_I$ 使得 $r'>r_0>\beta$. 则由 (1) 可知, $x\in X-\overline{U_{r_0}}$. 因此总有

$$f^{-1}((\beta,1])\subset\bigcup_{r>\beta}(X-\overline{U_r}).$$

反之, 如果存在一个 $r_0>\beta$ 使得 $x\in X-\overline{U_{r_0}}$, 则若 $x\in U_r$, 必有 $r\geqslant r_0>\beta$, 从而 $x\in f^{-1}((\beta,1])$; 否则必有 $f(x)=1$, 此时也有 $x\in f^{-1}((\beta,1])$. 故

$$f^{-1}((\beta,1])\supset\bigcup_{r>\beta}(X-\overline{U_r}),$$

因此 (4) 式真. 从而 $f: X\to I$ 连续, 且显然 $f(A)\subset\{0\}, f(B)\subset\{1\}$. □

注 该引理的逆命题也是成立的. 因为如果对 X 中任何两个不相交的闭集 A,B 都存在 X 上的连续函数 $f: X\to[0,1]$ 使得 $f(A)\subset\{0\}, f(B)\subset\{1\}$, 则 $f^{-1}\left(\left[0,\frac{1}{3}\right)\right)$ 与 $f^{-1}\left(\left(\frac{2}{3},1\right]\right)$ 即为 A 与 B 的不相交的邻域. 因而 X 是正规的.

简单推广可知, 把区间 $[0,1]$ 改为一般的闭区间 $[a,b]$, 结论改为 $f(A)\subset\{a\}$, $f(B)\subset\{b\}$, 定理当然还是成立的. 我们以后将经常这样使用.

该定理中的函数通常称为 Urysohn **函数**. 应该注意的是, 定理断言了包含关系 $A\subset f^{-1}(0)$ 的成立, 但并不一定会有等式 $A=f^{-1}(0)$ 成立. 实际上我们有如下推论.

推论 7.1.1 设 X 为正规空间, A 为其一个闭子集. 则存在满足 $A=f^{-1}(0)$ 的 Urysohn 函数 $f:X\to I$ 的充分必要条件是 A 为 G_δ-集.

证明 必要性. 设存在 Urysohn 函数 $f:X\to I$ 使得 $A=f^{-1}(0)$, 则由

$$A=f^{-1}(0)=f^{-1}\left(\bigcap_{n=1}^{\infty}\left[0,\frac{1}{n}\right)\right)=\bigcap_{n=1}^{\infty}f^{-1}\left(\left[0,\frac{1}{n}\right)\right)$$

及每个 $f^{-1}\left(\left[0,\frac{1}{n}\right)\right)$ 都是开集可知, A 为 G_δ-集.

充分性. 设 A 为 G_δ-集, 则存在一列开集 $U_1,U_2,\cdots,U_n,\cdots$ 使得 $A=\bigcap\limits_{n=1}^{\infty}U_n$. 对于每个自然数 $n\geqslant 1$, A 与 U_n^{c} 是一对互不相交的闭集, 因此由 Urysohn 引理, 存在一个连续函数 $f_n:X\to I$ 使得 $A\subset f_n^{-1}(0)$, $U_n^{\mathrm{c}}\subset f_n^{-1}(1)$. 定义

$$f:X\to I,\quad f(x)=\sum_{n=1}^{\infty}\frac{f_n(x)}{2^n}\quad (x\in X).$$

由于级数 $\sum\limits_{n=1}^{\infty}\frac{f_n(x)}{2^n}$ 一致收敛, 且每个 f_n 都连续, 故 f 是一个连续函数, 并且对每个 $x\in A$ 及每个 $n\geqslant 1$ 都有 $f_n(x)=0$, 因此 $f(x)=\sum\limits_{n=1}^{\infty}\frac{f_n(x)}{2^n}=0$, 可见 $A\subset f^{-1}(0)$. 同时, 若 $x\in A^{\mathrm{c}}=\bigcup\limits_{n=1}^{\infty}U_n^{\mathrm{c}}$, 则存在 $n\in\mathbb{N}$ 使得 $x\in U_n^{\mathrm{c}}$, 从而 $f_n(x)=1$, 因此 $f(x)\neq 0$, 从而 $x\notin f^{-1}(0)$. 故又有 $A\supset f^{-1}(0)$. 因此 $A=f^{-1}(0)$. □

进一步可得如下的推论.

推论 7.1.2 设 X 为正规空间, A,B 为其两个不相交的闭子集. 则存在满足 $A=f^{-1}(0)$ 及 $B=f^{-1}(1)$ 的 Urysohn 函数 $f:X\to I$ 的充分必要条件是: A,B 均为 G_δ-集.

证明 必要性. 这是显然的, 因为对连续函数 $f:X\to I$ 而言, $f^{-1}(0)$ 与 $f^{-1}(1)$ 都是 G_δ-集.

充分性. 若 A,B 为正规空间 X 中的两个不相交的闭 G_δ-集, 由推论 7.1.1 知, 存在 Urysohn 函数 $h:X\to I$ 和 $g:X\to I$ 使得 $A=h^{-1}(0)$, $B=g^{-1}(0)$. 令

$$f:X\to I,\quad f(x)=\frac{h(x)}{h(x)+g(x)},\quad \forall x\in X.$$

则 f 是一个连续函数, 并且 $A = f^{-1}(0)$ 及 $B = f^{-1}(1)$. 因此 f 就是一个满足条件的 Urysohn 函数. □

定义 7.1.1 对于拓扑空间 X 的一个子集 A, 如果存在一个连续函数 $f: X \to I$ 使得 $A = f^{-1}(0)$, 则称 A 是一个**函数闭集**. 函数闭集的余集称为**函数开集**.

推论 7.1.3 每个度量空间都是正规的.

证明 设 A, B 为度量空间 (X, d) 中任何两个不相交的闭集. 则对任一 $x \in X$, x 不可能同时属于 A 和 B, 因此有 $d(x, A) + d(x, B) > 0$, 从而由

$$f(x) = \frac{d(x, A)}{d(x, A) + d(x, B)}, \quad x \in X$$

定义的函数 $f: X \to I$ 连续, 并且显然地有 $f(A) \subset \{0\}, f(B) \subset \{1\}$. 故由 Urysohn 引理知 X 是正规的. □

7.2 Tietze 扩张引理

定义 7.2.1 设 X 是一个拓扑空间, $f, f_n (n \in \mathbb{N})$ 都是空间 X 到实直线 $\mathbb{R}^1$ 的函数.

(1) 如果对任一正数 ε, 都存在自然数 k, 使得当 $n \geqslant k$ 时, 对一切 $x \in X$, 恒有

$$|f(x) - f_n(x)| < \varepsilon,$$

则称函数序列 $\langle f_n \rangle$ 一致收敛于 f.

(2) 对每个自然数 n, 令

$$g_n(x) = \sum_{i=1}^{n} f_i(x), \quad x \in X.$$

如果函数序列 $\langle g_n \rangle$ 一致收敛于 f, 则称函数项级数 $\sum\limits_{n=1}^{\infty} f_n(x)$ 一致收敛于f.

引理 7.2.1 设 $f, f_n (n \in \mathbb{N})$ 都是空间 X 到实直线 $\mathbb{R}^1$ 的函数.

(1) 若对每个 $n \in \mathbb{N}, f_n$ 都连续, 且函数列 $\langle f_n \rangle$ 一致收敛于 f, 则 f 也连续.

(2) 若对每个 $n \in \mathbb{N}, f_n$ 都连续, 且级数 $\sum\limits_{n=1}^{\infty} f_n(x)$ 一致收敛于 f, 则 f 也连续.

证明 (1) 只需证明 f 在每一点 $x \in X$ 处连续. 对任一 $\varepsilon > 0$, 由于 $\langle f_n \rangle$ 一致收敛于 f, 故存在 $k \in \mathbb{N}$, 使当 $n \geqslant k$ 时, 对一切 $t \in X$, $|f(t) - f_n(t)| < \dfrac{\varepsilon}{4}$. 而对任意 $i \leqslant k$, f_i 在 $x \in X$ 处连续, 故存在 $U_i \in \mathscr{N}(x)$ 使得对任意 $t \in U_i$, $|f_i(t) - f_i(x)| < \dfrac{\varepsilon}{2}$.

令 $U=\bigcap_{i=1}^{k}U_i$, 则 $U\in\mathscr{N}(x)$, 且当 $t\in U$ 时,

$$\begin{aligned}|f(t)-f(x)|&\leqslant|f(t)-f_k(t)|+|f_k(t)-f_k(x)|+|f_k(x)-f(x)|\\&<\frac{\varepsilon}{4}+\frac{\varepsilon}{2}+\frac{\varepsilon}{4}=\varepsilon.\end{aligned}$$

可见 f 在点 $x\in X$ 处连续.

(2) 由 (1) 可知. □

定理 7.2.1(Tietze 扩张引理) 设 Y 表示实直线 $\mathbb{R}^1$ 或其子空间 I, 则一个拓扑空间 X 是正规的充分必要条件是: 对 X 中任何一个闭集 F, 若 $f:F\to Y$ 连续, 则存在连续函数 $f^*:X\to Y$ 使得 $f^*|_F=f$.

证明 (Ⅰ) 当 $Y=I$ 时, 由于 I 与 $J=[-1,1]$ 同胚, 不妨把 $f:F\to Y$ 看作$f:F\to Y$ 与含入映射 $i:I\to J$ 的复合映射, 记为 $f:F\to J$. 把 J 等分成三个闭区间$\left[-1,-\dfrac{1}{3}\right]$, $\left[-\dfrac{1}{3},\dfrac{1}{3}\right]$ 和 $\left[\dfrac{1}{3},1\right]$. 则由 f 的连续性, $A=f^{-1}\left(\left[\dfrac{1}{3},1\right]\right)$ 与 $B=f^{-1}\left(\left[-1,-\dfrac{1}{3}\right]\right)$ 是 F 中两个不相交的闭集. 由于 F 是闭集, 故A与B也是 X 中两个不相交的闭集. 由 X 的正规性及 Urysohn 引理知, 存在连续函数 $\varphi_1:X\to\left[-\dfrac{1}{3},\dfrac{1}{3}\right]$ 使得

$$\varphi_1(A)\subset\left\{\frac{1}{3}\right\},\quad \varphi_1(B)\subset\left\{-\frac{1}{3}\right\}.$$

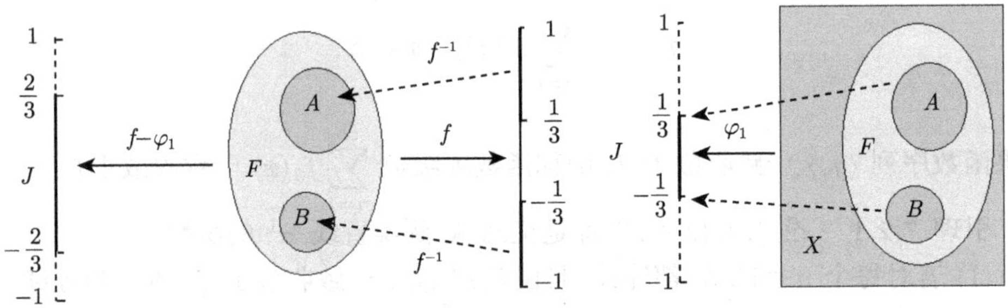

图 7-2

然后令$f_1=f-\varphi_1:F\to J$, 则显然 f_1 连续, 并且容易看出 $f_1(F)\subset\left[-\dfrac{2}{3},\dfrac{2}{3}\right]$ (图 7-2). 用 f_1 取代 f, 并用 $\left[-\dfrac{2}{3},\dfrac{2}{3}\right]$ 取代 J, 重复以上过程, 可构造出 X 上的连

续函数 φ_2, 使得 $\varphi_2(X) \subset \left[-\frac{2}{9}, \frac{2}{9}\right]$. 然后令$f_2 = f_1 - \varphi_2 = f - \varphi_2 - \varphi_2 : F \to J$. 则 f_2 也连续, 并且有 $f_2(F) \subset \left[-\frac{4}{9}, \frac{4}{9}\right]$. 如此继续, 利用归纳法, 可以归纳地作出 X 上的连续函数序列 $\langle \varphi_n \rangle$ 使其满足

(1) 对任一 $n \in \mathbb{N}$, 都有 $\varphi_n(X) \subset \left[-\frac{2^{n-1}}{3^n}, \frac{2^{n-1}}{3^n}\right]$;

(2) 对任一 $x \in F$, 都有 $\left|f(x) - \sum_{i=1}^{n} \varphi_i(x)\right| \leqslant \frac{2^n}{3^n}$.

根据 (1) 及引理 7.2.1 可知, 函数$f^* := \sum_{n=1}^{\infty} \varphi_n$ 有意义、连续且容易证得它满足条件: 对一切 $x \in X$ 都有 $|f^*(x)| \leqslant 1$. 并且由 (2) 可知, 对任一 $x \in F$, 都有 $f^*(x) = f(x)$. 因此 f^* 是 f 的连续扩张.

(Ⅱ) 当 $Y = \mathbb{R}^1$ 时, 设 $f : F \to \mathbb{R}^1$ 连续. 定义

$$h : \mathbb{R}^1 \to (-1, 1), \quad 使得\ h(x) = \frac{x}{1 + |x|}.$$

则 h 是一个同胚, 因此 $h \circ f : F \to J$ 连续. 由 (Ⅰ), 存在连续函数 $f_1 : X \to J$ 使得 $f_1|_F = h \circ f$. 于是由于 $E = f_1^{-1}(\{-1, 1\})$ 是 X 的闭集, 且与闭集 F 不相交. 因而由 Urysohn 引理知, 存在连续函数 $k : X \to I$ 使得 $k(E) \subset \{0\}, k(F) \subset \{1\}$. 记 $f_2 = f_1 \cdot k : X \to J$, 则 f_2 显然连续, 并且有 $f_2|_F = h \circ f$, $f_2(X) \subset (-1, 1)$. 因此 $f^* = (h^{-1}|_{f_2(X)}) \circ f_2 : X \to \mathbb{R}^1$ 是一个连续映射, 并且易见 f^* 是 f 的扩张.

以上的 (Ⅰ) 和 (Ⅱ) 完成了定理 "必要性" 部分的证明. 至于 "充分性" 部分的证明, 是容易的. 设 A, B 是 X 中两个不相交的闭集, 在闭集 $F = A \cup B$ 上定义函数

$$f : F \to I\ 使得对任一\ x \in F, \quad f(x) = \begin{cases} \frac{1}{4}, & x \in A, \\ \frac{3}{4}, & x \in B, \end{cases}$$

则 f 显然连续. 于是由假设, f 有扩张 $g : X \to I$. 令

$$U = g^{-1}\left(\left(0, \frac{1}{2}\right)\right), \quad V = g^{-1}\left(\left(\frac{1}{2}, 1\right)\right),$$

则 $U \in \mathscr{N}(A), V \in \mathscr{N}(B)$, 且 $U \cap V = \varnothing$. 故 X 是正规的. □

通常, 把可以用来代替 Tietze 扩张引理中的 $\mathbb{R}^1$ 的空间称为**正规空间的一个绝对收缩核**(absolute retract), 简记为 AR(normal). 也就是说, 空间 Y 是一

个 AR(normal), 是指对每个正规空间 X 和闭子集 $A\subset X$ 以及每一连续映射 $f:A\to Y$, 都会有一个连续扩张 $F:X\to Y$.

推论 7.2.1　设 $\{Y_\lambda|\lambda\in\Lambda\}$ 是任意一族拓扑空间, 那么 $\prod\limits_{\lambda\in\Lambda}Y_\lambda$ 是一个 AR (normal) 当且仅当每个 Y_λ 都是一个 AR(normal). 特别地, $\mathbb{R}^n, I^n, I^\infty$ 都是 AR(normal).

证明　任给正规空间 X 和它的一个闭子集 $A\subset X$. 假设每个 Y_λ 都是一个 AR(normal), 并且映射 $f:A\to\prod\limits_{\lambda\in\Lambda}Y_\lambda$ 连续, 则对任一 $\lambda\in\Lambda, \pi_\lambda\circ f:A\to Y_\lambda$ 也是连续映射, 因此有一个连续扩张 $F_\lambda:X\to Y_\lambda$. 定义

$$F:X\to\prod_{\lambda\in\Lambda}Y_\lambda,\quad F(x)=(F_\lambda(x))_{\lambda\in\Lambda}\quad(x\in X).$$

则由于每个分量都连续, 故 F 是连续的. 并且显然, F 是 f 的扩张.

反过来, 假设 $\prod\limits_{\lambda\in\Lambda}Y_\lambda$ 是一个 AR(normal), 且对任一 $\lambda\in\Lambda$, $f:A\to Y_\lambda$ 是一个给定的连续映射. 对任一 $\mu\in\Lambda-\{\lambda\}$, 取定一点 $y_\mu^*\in Y_\mu$. 则映射 $p_\lambda:Y_\lambda\to\prod\limits_{\kappa\in\Lambda}Y_\kappa$, $p_\lambda(y_\lambda)=(y_\kappa^*)_{\kappa\in\Lambda}$(其中 $y_\lambda^*=y_\lambda$) 显然是一个嵌入. 因此 $p_\lambda\circ f:A\to\prod\limits_{\kappa\in\Lambda}Y_\kappa$ 有连续扩张 $F:X\to\prod\limits_{\kappa\in\Lambda}Y_\kappa$, 再注意到 $\pi_\lambda\circ p_\lambda=\mathrm{id}_{Y_\lambda}$, 容易看出 $\pi_\lambda\circ F$ 是 f 的连续扩张. 故 Y_λ 都是一个 AR(normal). □

值得注意的是, 如果用 n 维球面 S^n 取代 $\mathbb{R}^n$, 将得到看起来不太一样的结论.

推论 7.2.2　设 X 是正规空间, 闭集 $A\subset X$, $f:A\to S^n$ 是一个连续映射. 则存在一个邻域 $U\in\mathscr{N}(A)$(U 取决于 f) 使得 f 可以连续扩张到 U 上.

证明　由 $f:A\to S^n\subset\mathbb{R}^{n+1}$ 及推论 7.2.1, f 有一个连续扩张 $F:X\to\mathbb{R}^{n+1}$. 如果记

$$U=\{x\in X\,|F(x)\neq 0\},$$

则容易知道, U 是包含 A 的开集. 定义

$$F^*:U\to S^n,\quad F^*(x)=\frac{F(x)}{|F(x)|}\quad(x\in U).$$

则不难看出, F^* 是 f 在 U 上的连续扩张. □

但是, $S^n(n\geqslant 1)$ 并不是 AR(normal). 我们通过下面这个例子即可知道：比如, S^n 是 $(n+1)$ 维球 D^{n+1} 的边界, 且是 D^{n+1} 中的闭子集, 又 D^{n+1} 是正规空间. 恒同映射 $\mathrm{id}:S^n\to S^n$ 是连续映射. 但是由 Brouwer 不动点定理容易看出, id 不能扩张成连续映射 $(\mathrm{id})^*:D^{n+1}\to S^n$. 因此 S^n 不是 AR(normal). 当然, $S^0=\{-1,1\}$ 也不是 AR(normal).

7.3 完全正则空间

定义 7.3.1 一个 Hausdorff 空间 X 如果满足: 对任一闭子集 $F \subset X$ 及点 $x \in X - F$, 都存在连续函数 $f: X \to I$ 使得 $f(x) = 0, f(F) \subset \{1\}$, 则称其为一个完全正则 (completely regular) 空间, 也称为 Tychonoff 空间.

命题 7.3.1 完全正则空间的子空间也是完全正则的.

证明 设 X 是完全正则的, A 是其任一子空间. 对任一相对闭集 $F \subset A$ 及点 $x \in A - F$, 存在 X 中的闭集 E 使得 $F = E \cap A$. 显然 $x \in X - E$. 因此由 X 的完全正则性, 存在连续函数 $f: X \to I$ 使得 $f(x) = 0, f(E) \subset \{1\}$. 令 $g = f_A: A \to I$ 表示限制映射, 则 g 是连续的, 且显然 $g(x) = 0, g(F) \subset \{1\}$. 可见 A 也是完全正则的. □

命题 7.3.2 完全正则空间是正则的.

证明 设 X 是完全正则的, 对任一闭子集 $F \subset X$ 及点 $x \in X - F$, 由定义知, 存在连续函数 $f: X \to I$ 使得 $f(x) = 0, f(F) \subset \{1\}$. 令 $U = f^{-1}\left(\left[0, \frac{1}{2}\right)\right), V = f^{-1}\left(\left(\frac{1}{2}, 1\right]\right)$, 则 $U \in \mathscr{N}(x), V \in \mathscr{N}(F)$, 并且易见 $U \cap V = \varnothing$. 因此, X 是正则的. □

命题 7.3.3 正规的 T_1 空间是完全正则的.

证明 设 X 是正规的 T_1 空间, 则由命题 6.1.2 知, 每个单点集都是闭集. 对任一闭子集 $F \subset X$ 及点 $x \in X - F$, 闭集 $\{x\}$ 与 F 不相交, 因此由正规性及 Urysohn 引理知, 存在连续函数 $f: X \to I$ 使得 $f(\{x\}) \subset 0, f(F) \subset \{1\}$. 因此 $f(x) = 0, f(F) \subset \{1\}$. 可见, X 是完全正则的. □

命题 7.3.4 设 X 是一个拓扑空间, $\mathfrak{R}$ 是其一个子基, 则下列三个条件是等价的:

(1) X 是完全正则的;

(2) 对任一 $x \in X$ 及 $U \in \mathscr{N}(x)$, 存在连续函数 $f: X \to I$ 使得 $f(\{x\}) \subset 0$, $f(U^c) \subset \{1\}$;

(3) 对任一 $x \in X$ 及 $U \in \mathfrak{R}$, 若 $x \in U$, 则存在连续函数 $f: X \to I$ 使得 $f(\{x\}) \subset 0, f(U^c) \subset \{1\}$.

证明 (1) 蕴涵 (2). 设 X 是完全正则的, 对任一 $x \in X$ 及 $U \in \mathscr{N}(x)$, 存在开集 V 使得 $x \in V \subset U$. 于是得到一个不含有点 x 的闭集 V^c. 由完全正则性, 存在连续函数 $f: X \to I$ 使得 $f(x) = 0, f(V^c) \subset \{1\}$. 从而 $f(U^c) \subset f(V^c) \subset \{1\}$.

(2) 蕴涵 (3). 显然成立, 因为 $\mathfrak{R}$ 中的元素都是开集, 当 $x \in U \in \mathfrak{R}$ 时, 有 $U \in \mathscr{N}(x)$.

(3) 蕴涵 (1). 设闭集 $F\subset X$, 点 $x\in X-F$, 则 $F^{\mathrm{c}}\in\mathscr{N}(x)$. 于是存在 $\Re$ 中有限个元素 $B_1,B_2,\cdots,B_n$ 使得 $x\in B_1\cap B_2\cap\cdots\cap B_n\subset F^{\mathrm{c}}$. 由假设, 对每个 $1\leqslant i\leqslant n$, 存在连续函数 $f_i:X\to I$ 使得 $f_i(x)=0$, 且 $f_i(B_i^{\mathrm{c}})\subset\{1\}$. 令 $f=\max\{f_1,f_2,\cdots,f_n\}$, 则映射 $f:X\to I$ 连续, 且显然, $f(\{x\})=0$. 此外, 对任一 $y\in F$, 由于

$$F\subset(B_1\cap B_2\cap\cdots\cap B_n)^{\mathrm{c}}=B_1^{\mathrm{c}}\cup B_2^{\mathrm{c}}\cup\cdots\cup B_n^{\mathrm{c}},$$

因此存在 $i\leqslant n$ 使得 $y\in B_i^{\mathrm{c}}$, 从而 $f_i(y)=1$. 故

$$f(y)=\max\{f_1(y),f_2(y),\cdots,f_n(y)\}=1.$$

可见, $f(F)\subset\{1\}$. 因此 X 是完全正则的. □

命题 7.3.5　设$\{(X_\lambda,\tau_\lambda)|\lambda\in\Lambda\}$ 是一族拓扑空间, 则积空间 $X=\prod\limits_{\lambda\in\Lambda}X_\lambda$ 是完全正则空间的充分必要条件是: 每个因子空间 $X_\lambda(\lambda\in\Lambda)$ 都是完全正则空间.

证明　首先, 由命题 7.3.1 和定理 5.2.4 可知, 必要性成立.

下面证明充分性. 设每个子空间 $X_\lambda(\lambda\in\Lambda)$ 都是完全正则的, 现在要证积空间 $X=\prod\limits_{\lambda\in\Lambda}X_\lambda$ 是完全正则的. 由命题 7.3.4, 只需证明对任一 $\lambda_0\in\Lambda$, $U_{\lambda_0}\in\tau_{\lambda_0}$ 及 $x=(x_\lambda)_{\lambda\in\Lambda}\in\pi_{\lambda_0}^{-1}(U_{\lambda_0})$, 有连续函数 $f:X\to I$ 使得 $f(x)=0, f((\pi_{\lambda_0}^{-1}(U_{\lambda_0}))^{\mathrm{c}})\subset\{1\}$.

事实上, 由于 $x_{\lambda_0}\in U_{\lambda_0}$ 及 X_{λ_0} 的完全正则性, 有连续函数 $g:X_{\lambda_0}\to I$ 使得 $g(x_{\lambda_0})=0, g(U_{\lambda_0}^{\mathrm{c}})\subset\{1\}$. 定义 $f:=g\circ\pi_{\lambda_0}:X\to I$, 则 f 连续, 且 $f(x)=g(x_{\lambda_0})=0$. 此外, 对任一 $y=(y_\lambda)_{\lambda\in\Lambda}\in(\pi_{\lambda_0}^{-1}(U_{\lambda_0}))^{\mathrm{c}}$, 有 $y_{\lambda_0}\in U_{\lambda_0}^{\mathrm{c}}$, 从而 $f(y)=g(y_{\lambda_0})=1$. 因此 $f(x)=0$, 且 $f((\pi_{\lambda_0}^{-1}(U_{\lambda_0}))^{\mathrm{c}})\subset\{1\}$. 可见 $X=\prod\limits_{\lambda\in\Lambda}X_\lambda$ 是完全正则的. □

例 7.3.1　存在正则而非完全正则的拓扑空间. 下面我们介绍由 R.Arens 提供的这样一个例子. 记

$$A=\left\{(x,y)\in(0,1)\times(0,1)\subset\mathbb{R}^2\,\middle|\,x,y\in\mathbb{Q}\right\},$$

$$B=\left\{\left(\frac{1}{2},r\sqrt{3}\right)\,\middle|\,r\in\mathbb{Q},0<r\sqrt{3}<1\right\},$$

$$C=\left\{\left(\frac{1}{4},r\sqrt{2}\right)\,\middle|\,r\in\mathbb{Q},0<r\sqrt{2}<1\right\},$$

$$D=\left\{\left(\frac{3}{4},r\sqrt{5}\right)\,\middle|\,r\in\mathbb{Q},0<r\sqrt{5}<1\right\},$$

又记 $a=(0,0),b=(1,0)$ 是 $\mathbb{R}^2$ 中的两个点. 记 $X=A\cup B\cup C\cup D\cup\{a,b\}$. 我们先对 X 中的点给定邻域基:

对于点 $(x,y)\in A\cup C\cup D$, 规定 $\mathscr{B}((x,y))=\{B((x,y),\varepsilon)\cap X|\varepsilon>0\}$;

$$\mathscr{B}(a)=\left\{U_n(a)=X\cap\left(\left[0,\frac{1}{4}\right)\times\left[0,\frac{1}{n}\right)\right)\middle|n=1,2,\cdots\right\};$$

$$\mathscr{B}(b)=\left\{U_n(b)=X\cap\left(\left(\frac{3}{4},1\right]\times\left[0,\frac{1}{n}\right)\right)\middle|n=1,2,\cdots\right\};$$

$$\mathscr{B}\left(\left(\frac{1}{2},r\sqrt{3}\right)\right)=\left\{U_n\left(\left(\frac{1}{2},r\sqrt{3}\right)\right)=X\cap\left(\left(\frac{1}{4},\frac{3}{4}\right)\right.\right.$$
$$\left.\left.\times\left(r\sqrt{3}-\frac{1}{n},r\sqrt{3}+\frac{1}{n}\right)\right)\middle|n=1,2,\cdots\right\}.$$

记这些$\mathscr{B}((x,y)),\mathscr{B}(a),\mathscr{B}(b),\mathscr{B}\left(\left(\frac{1}{2},r\sqrt{3}\right)\right)$ 的并集为 $\mathscr{B}$, 则耐心地验证可以发现, 它们满足命题 4.2.1 中的三个条件, 因此 $\mathscr{B}$ 是 X 上的一个拓扑基, 且对任一 $z\in X,\mathscr{B}(z)$ 正是点 z 的邻域基. 利用定理 6.1.3 容易验证, 带有该拓扑的空间 X 是正则的 (只需对邻域基中的那些邻域验证就可以了!). 下面我们证明, 带有该拓扑的空间 X 并不是完全正则的.

首先, 不难验证, 在该空间 X 中, 集合 $\{a\},\{b\}$ 都是闭集. 若 X 是完全正则的, 则存在一个连续函数 $f:X\to I$ 使得 $f(a)=0,f(b)=1$. 于是存在邻域 $U_n(a)\in\mathscr{N}(a),U_m(b)\in\mathscr{N}(b)$ 使得只要 $z\in U_n(a)$, 就有 $f(z)\leqslant\frac{1}{4}$; 同时, 只要 $z\in U_m(b)$, 就有 $f(z)\geqslant\frac{3}{4}$. 选择一个正有理数 r_0 使得 $r_0\sqrt{3}<\min\left\{\frac{1}{n},\frac{1}{m}\right\}$, 再令 $z_0=\left(\frac{1}{2},r_0\sqrt{3}\right)$, 并令 $f(z_0)=t_0$. 则有一个邻域 $U_k(z_0)=\left(\frac{1}{4},\frac{3}{4}\right)\times\left(r_0\sqrt{3}-\frac{1}{k},r_0\sqrt{3}+\frac{1}{k}\right)$ 使得只要 $z\in U_k(z_0)$, 就有 $|f(z)-f(z_0)|\leqslant\frac{1}{8}$. 然而, 由于 $\overline{U_k(z_0)}\cap\overline{U_n(a)}\neq\varnothing$, 且 $\overline{U_k(z_0)}\cap\overline{U_m(b)}\neq\varnothing$, 因此存在$z_1\in\overline{U_k(z_0)}\cap\overline{U_n(a)}$, $z_2\in\overline{U_k(z_0)}\cap\overline{U_m(b)}$. 于是有 $\left|\frac{1}{4}-t_0\right|\leqslant\frac{1}{8}$, 且$\left|\frac{3}{4}-t_0\right|\leqslant\frac{1}{8}$. 这显然是不可能的. 因此 X 不是完全正则的. □

例 7.3.2 存在完全正则但非正规的空间. 在例 6.3.2 中, 我们已经知道, Sorgenfrey 直线 K 是正规的 Hausdorff 空间, 因此由命题 7.3.3 知是完全正则的. 再由命题 7.3.5 知, 积空间 $K\times K$ 是完全正则的. 但是例 6.3.2 中已经证明, $K\times K$ 不是正规的.

下面我们再介绍一个完全正则而非正规的空间, 这就是例 4.2.4 中介绍的 Niemytzki 平面 N. 显然, 由定义不难看出, N 是 Hausdorff 空间. 下面先证明 N 是完全正则的. 设 $(x,y)\in N$, 且 $U_n((x,y))$ 是 (x,y) 的任一邻域基元素. 对任一

$(x',y')\in U_n((x,y))-\{(x,y)\}$, 我们用 $L(x',y')$ 表示以 (x,y) 为起点, 经过点 (x',y') 的射线, 其与 $U_n((x,y))$ 的边界的交点记为 (x'^*,y'^*). 定义

$$f:N\to I,\quad f((x',y'))=\begin{cases}0, & (x',y')=(x,y),\\ 1, & (x',y')\in N-U_n((x,y)),\\ \dfrac{\sqrt{(x-x')^2+(y-y')^2}}{\sqrt{(x-x'^*)^2+(y-y'^*)^2}}, & (x',y')\in U((x,y))-\{(x,y)\}.\end{cases}$$

则容易看出, f 是连续函数, 且由定义直接可知, $f((x,y))=0, f((U_n((x,y)))^c)\subset\{1\}$. 因此 N 是完全正则的 (图 7-3).

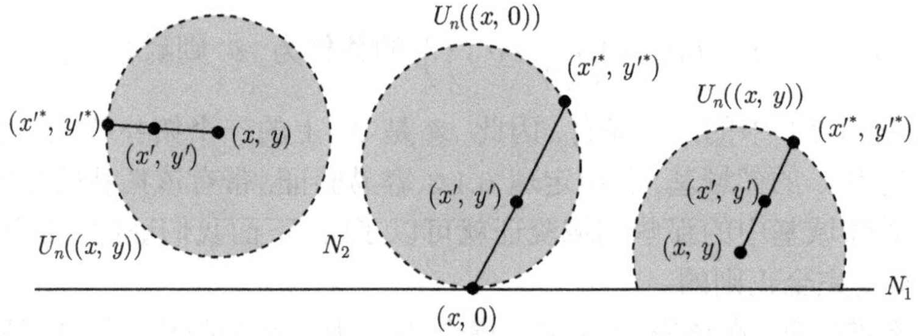

图 7-3

最后, 我们证明 N 不是正规的. 由于 N_1 是 N 的闭的离散子空间, 因此 N_1 的每个子集都是 N 的闭子集. 如果 N 是正规的, 则对任意 $A\subset N_1$, 有 A, N_1-A 是 N 中的两个不交闭集, 因此有不相交的邻域 $U_A\in\mathscr{N}(A), V_A\in\mathscr{N}(N_1-A)$. 因此有 $\overline{U_A}\cap V_A=\varnothing$. 由于 N 有可数稠密子集 $D=N_2\cap(\mathbb{Q}\times\mathbb{Q})$, 故对任意 $A\in\mathscr{P}(N_1)-\{\varnothing\}$, $D_A=D\cap U_A\neq\varnothing$. 现在定义如下一个映射

$$f:\mathscr{P}(N_1)-\{\varnothing\}\to\mathscr{P}(D),\quad f(A)=D_A.$$

若 A,B 是 N_1 的两个不同的非空子集, 不妨设 $A-B\neq\varnothing$, 则由 $\varnothing\neq A-B=A\cap(N_1-B)\subset\overline{U_A}\cap V_B$ 可知, $\overline{U_A}\neq\overline{U_B}$, 从而 $U_A\neq U_B$. 这表明 f 是个单射. 因此 $2^c=|\mathscr{P}(N_1)-\{\varnothing\}|\leqslant|\mathscr{P}(D)|=2^{\aleph_0}=c$, 矛盾! 可见 N 不是正规的. □

下面我们介绍一个重要定理——Tychonoff 嵌入定理.

定义 7.3.2　设对任一 $\lambda\in\Lambda$, $f_\lambda:X\to Y_\lambda$ 都是映射, 记 $\mathscr{F}=\{f_\lambda|\lambda\in\Lambda\}$.

(1) 如果对任意两个不同的 $x_1,x_2\in X$, 都存在 $\lambda\in\Lambda$ 使得 $f_\lambda(x_1)\neq f_\lambda(x_2)$, 则称 $\mathscr{F}$ **分离点**.

(2) 若对任一闭集 $F\subset X$ 及点 $x\in X-F$, 都存在 $\lambda\in\Lambda$ 使得 $f_\lambda(x)\notin\overline{f_\lambda(F)}$, 则称 $\mathscr{F}$ **分离点和闭集**.

命题 7.3.6 如果 X 是一个 T_0 空间, 且 $\mathscr{F}=\{f_\lambda: X\to Y_\lambda\,|\,\lambda\in\Lambda\}$ 分离点和闭集, 则 $\mathscr{F}$ 也分离点.

证明 设 $x_1,x_2\in X, x_1\neq x_2$, 则由 X 是一个 T_0 空间, 不妨设存在开邻域 $U\in\mathscr{N}(x_1)$ 使得 $x_2\notin U$. 显然, U^c 是闭集, 且 $x_1\notin U^c$. 因此由 $\mathscr{F}$ 分离点和闭集知, 存在 $\lambda\in\Lambda$ 使得 $f_\lambda(x_1)\notin\overline{f_\lambda(U^c)}$. 由于 $f_\lambda(x_2)\in f_\lambda(U^c)\subset\overline{f_\lambda(U^c)}$, 故 $f_\lambda(x_1)\neq f_\lambda(x_2)$. 因此 $\mathscr{F}$ 分离点. □

引理 7.3.1(嵌入引理) 设 X 和 $Y_\lambda(\lambda\in\Lambda)$ 都是拓扑空间, $\mathscr{F}=\{f_\lambda: X\to Y_\lambda|\,\lambda\in\Lambda\}$ 是一族连续映射, $f=\underset{\lambda\in\Lambda}{\Delta}f_\lambda: X\to\prod\limits_{\lambda\in\Lambda}Y_\lambda$ 表示映射族 $\mathscr{F}$ 的对角线, 则

(1) 若 $\mathscr{F}$ 分离点, 则 f 是单射;

(2) 若 $\mathscr{F}$ 分离点且分离点和闭集, 则 f 是嵌入映射;

(3) 若存在 $\lambda\in\Lambda$ 使得 f_λ 是嵌入映射, 则 f 也是嵌入映射.

证明 首先, 对任一 $\lambda_0\in\Lambda$, 让 $\pi_{\lambda_0}:\prod\limits_{\lambda\in\Lambda}Y_\lambda\to Y_{\lambda_0}$ 表示第 λ_0 个投射.

(1) 设 $x_1,x_2\in X, x_1\neq x_2$, 由于 $\mathscr{F}$ 分离点, 故存在 $\lambda\in\Lambda$ 使得 $f_\lambda(x_1)\neq f_\lambda(x_2)$. 因此 $f(x_1)$ 与 $f(x_2)$ 的第 λ 个坐标不相同, 可见 $f(x_1)\neq f(x_2)$. 因此 f 是单射.

(2) 设 $\mathscr{F}$ 分离点且分离点和闭集. 由 (1) 知, f 是单射. 又由定理 5.2.5 知, f 是连续的. 为证明 f 是嵌入, 只需再证明限制映射 $f: X\to f(X)$ 是闭映射即可. 设 F 为 X 的任一闭子集, $x\in X-F$, 则由 $\mathscr{F}$ 分离点和闭集可知, 存在 $\lambda_0\in\Lambda$ 使得 $f_{\lambda_0}(x)\notin\overline{f_{\lambda_0}(F)}$. 由于投射 π_{λ_0} 是连续映射, 故由习题 3.1 可知, 有

$$\pi_{\lambda_0}(\overline{f(F)})\subset\overline{\pi_{\lambda_0}(f(F))}\subset\overline{\pi_{\lambda_0}\left(\prod_{\lambda\in\Lambda}f_\lambda(F)\right)}=\overline{f_{\lambda_0}(F)}.$$

由此可知, $f_{\lambda_0}(x)\notin\pi_{\lambda_0}(\overline{f(F)})$. 从而 $f(x)\notin\overline{f(F)}$. 这表明, $f(F)\supset f(X)\cap\overline{f(F)}$. 另一方面, 显然又有 $f(F)\subset f(X)\cap\overline{f(F)}$. 因此 $f(F)=f(X)\cap\overline{f(F)}$. 可见限制映射 $f: X\to f(X)$ 是个闭映射.

(3) 设 $\lambda_0\in\Lambda$, 且 $f_{\lambda_0}: X\to Y_{\lambda_0}$ 是嵌入映射. 则对任意两个不同的 $x_1,x_2\in X$, 有 $f_{\lambda_0}(x_1)\neq f_{\lambda_0}(x_2)$. 从而有 $f(x_1)\neq f(x_2)$. 因此 $\mathscr{F}$ 分离点. 其次, 若 F 为 X 的任一闭子集, $x\in X-F$, 由假设, $f_{\lambda_0}(F)$ 是 $f_{\lambda_0}(X)$ 中的相对闭集, 即有 $\overline{f_{\lambda_0}(F)}\cap f_{\lambda_0}(X)=f_{\lambda_0}(F)$. 因嵌入映射都是单射, 故 $f_{\lambda_0}(x)\notin\overline{f_{\lambda_0}(F)}$. 可见 $\mathscr{F}$ 也分离点和闭集. 故由 (2) 知, f 是嵌入映射. □

定义 7.3.3 设对每个 $\lambda\in\Lambda, X_\lambda$ 都是单位区间 I(作为 $\mathbb{R}^1$ 的子空间), 则称积空间 $\prod\limits_{\lambda\in\Lambda}X_\lambda$ 为一个 Tychonoff 方体, 简记为 ${}^\Lambda I$. 若 $|\Lambda|=\kappa$, 也把 ${}^\Lambda I$ 记为 I^κ. 特别地, $I^{\aleph_0}$ 也称为 Hilbert 方体.

定理 7.3.1(Tychonoff 嵌入定理) T_1 空间 X 是完全正则空间当且仅当 X 可以嵌入某个 Tychonoff 方体 ${}^{\Lambda}I$.

证明 充分性. 显然 I 是完全正则的, 因此由命题 7.3.5 可知, ${}^{\Lambda}I$ 也是完全正则的. 再由命题 7.3.1 即知充分性成立.

必要性. 设 T_1 空间 X 是完全正则的, $\mathscr{B}=\{B_\alpha|\alpha\in\Omega\}$ 是其一个拓扑基. 对任意两个 $\alpha,\beta\in\Omega$, 若存在一个连续函数 $f:X\to I$ 使得 $f(B_\alpha)\subset\left[0,\dfrac{1}{2}\right)$, 且 $f(X-B_\beta)\subset\{1\}$, 则把这个映射 f 记为 $f_{(\alpha,\beta)}$. 记所有可能的 $f_{(\alpha,\beta)}$ 的集合为 $\mathscr{F}$, 即

$$\mathscr{F}=\left\{f_{(\alpha,\beta)}\middle|\alpha,\beta\in\Omega,f_{(\alpha,\beta)}:X\to I\text{ 连续, 且}f_{(\alpha,\beta)}(B_\alpha)\subset\left[0,\frac{1}{2}\right),\right.$$
$$\left.f_{(\alpha,\beta)}(X-B_\beta)\subset\{1\}\right\}.$$

再记 $\Lambda=\left\{(\alpha,\beta)|f_{(\alpha,\beta)}\in\mathscr{F}\right\}$. 下面我们证明, X 可以嵌入 ${}^{\Lambda}I$. 由引理 7.3.1, 如果证明了 $\mathscr{F}$ 分离点且分离点和闭集, 则 $\underset{(\alpha,\beta)\in\Lambda}{\Delta}f_{(\alpha,\beta)}:X\to{}^{\Lambda}I$ 就是嵌入映射. 由于 X 是 T_1 空间, 因此由命题 7.3.6, 只需证明 $\mathscr{F}$ 分离点和闭集.

设 F 为 X 的任一闭子集, $x\in X-F$, 则存在 $\beta\in\Omega$ 使得 $x\in B_\beta\subset X-F$. 由完全正则性, 存在连续函数 $f:X\to I$ 使得 $f(x)=0\in\left[0,\dfrac{1}{2}\right)$, $f(X-B_\beta)\subset\{1\}$. 注意到 $f^{-1}\left(\left[0,\dfrac{1}{2}\right)\right)\in\mathscr{N}(x)$, 因此存在一个 $\alpha\in\Omega$ 使得 $x\in B_\alpha\subset f^{-1}\left(\left[0,\dfrac{1}{2}\right)\right)$. 因此 $f(B_\alpha)\subset\left[0,\dfrac{1}{2}\right)$. 令 $f_{(\alpha,\beta)}=f$, 则 $f_{(\alpha,\beta)}\in\mathscr{F}$, 且由 $F\subset X-B_\beta$ 知, $f_{(\alpha,\beta)}(F)\subset\{1\}$, 从而 $\overline{f_{(\alpha,\beta)}(F)}\subset\{1\}$. 而 $f_{(\alpha,\beta)}(x)=f(x)=0$, 因此 $f_{(\alpha,\beta)}(x)\notin\overline{f_{(\alpha,\beta)}(F)}$. 这表明, $\mathscr{F}$ 分离点和闭集. □

7.4 Urysohn 度量化定理

定义 7.4.1 给定一个拓扑空间 (X,τ), 如果存在 X 上的一个度量 ρ 使得其所诱导的拓扑 τ_ρ 就是原拓扑 τ, 则称 (X,τ) 是可度量空间.

当拓扑空间 X 可度量时, 我们就有了距离这个概念, 也有球形邻域的概念, 处理相关的问题时, 我们会感觉到如分析数学那么自然. 但是, 并不是所有的拓扑空间都是可度量的. 什么样的空间是可度量的, 很长一段时间里是众多拓扑学家的研究课题. 我们不打算在这一节介绍相关的主要定理, 这里只介绍 Urysohn 的一个定理, 它也是最早的度量化定理之一.

定理 7.4.1(Urysohn 度量化定理) 如果拓扑空间 X 满足 T_1,T_4 分离性公理和第二可数性公理, 则 X 可以嵌入 Hilbert 空间 (H,ρ) 中, 因而可以度量化.

证明 由于 X 满足第二可数性公理, 故可取定 X 的一个可数拓扑基 $\mathfrak{R}$. $\mathfrak{R}$ 中的两个成员 B 和 $\widetilde{B}$ 如果满足 $\overline{B}\subset\widetilde{B}$, 就称 $(B,\widetilde{B})$ 是一个典型对. 由于 $\mathfrak{R}\times\mathfrak{R}$ 可数, 故 $\mathfrak{R}$ 的全体典型对构成的是一个可数集, 记其所有元素为 $\pi_1,\pi_2,\cdots,\pi_n,\cdots$, 其中 $\pi_n=(B_n,\widetilde{B}_n)$. 由于 X 满足 T_4 分离性公理, 故对每一个自然数 n, 由 Urysohn 引理, 存在连续函数 $f_n:X\to I$ 使得 $f_n(\overline{B_n})=\{0\},f_n(B_n^{\mathrm{c}})=\{1\}$ (如果典型对只有 k 个, 则当 $n>k$ 时, 规定 $f_n=0$). 再定义 $f:X\to(H,\rho)$ 使得对任意 $x\in X$,

$$f(x)=\left(f_1(x),\frac{1}{2}f_2(x),\cdots,\frac{1}{n}f_n(x),\cdots\right).$$

(1) f 是良定义的. 因为对任意 $x\in X$, 由 $0\leqslant\left(\frac{1}{n}f_n(x)\right)^2\leqslant\frac{1}{n^2}$ 可知, 级数 $\sum\limits_{n=1}^{\infty}\left(\frac{1}{n}f_n(x)\right)^2$ 收敛, 因此 $f(x)=\left(f_1(x),\frac{1}{2}f_2(x),\cdots,\frac{1}{n}f_n(x),\cdots\right)\in(H,\rho)$.

(2) f 是单射. 对任意两个不同的 $x,y\in X$, 由于 X 满足 T_1 分离性公理, 故有 $\widetilde{B}\in\mathfrak{R}$ 使得 $x\in\widetilde{B}$ 而 $y\notin\widetilde{B}$. 再由 X 满足 T_4 分离性公理知, 存在 $B\in\mathfrak{R}$ 使 $x\in B\subset\overline{B}\subset\widetilde{B}$. 因此 $(B,\widetilde{B})$ 是个典型对, 不妨设 $(B,\widetilde{B})=\pi_n$, 则 $f_n(x)=0,f_n(y)=1$. 因此 $f(x)\neq f(y)$.

(3) f 是连续函数. 由于 X 是第一可数的, 设 $\langle x_n\rangle$ 是 X 中收敛于 x 的点列. 首先, 对任一正数 ε, 取充分大的 N 使得 $\sum\limits_{n=N+1}^{\infty}\frac{1}{n^2}<\frac{1}{2}\varepsilon^2$. 由于 $f_1,f_2,\cdots,f_N$ 都是连续的, 故存在充分大的 $K\in\mathbb{N}$ 使得当 $k>K$ 时, 对每一 $i\leqslant N$, 都有 $|f_i(x_k)-f_i(x)|<\frac{\varepsilon i}{\sqrt{2N}}$, 于是 $k>K$ 时,

$$\begin{aligned}\rho(f(x_k),f(x))&=\sqrt{\sum_{n=1}^{N}\left(\frac{f_n(x_k)}{n}-\frac{f_n(x)}{n}\right)^2+\sum_{n=N+1}^{\infty}\left(\frac{f_n(x_k)}{n}-\frac{f_n(x)}{n}\right)^2}\\&<\sqrt{\frac{\varepsilon^2}{2N}\cdot N+\frac{\varepsilon^2}{2}}=\varepsilon.\end{aligned}$$

因此 $f(x_k)\to f(x)$. 这说明 f 连续.

(4) 逆映射 $f^{-1}:f(X)\to X$ 连续. 由于 (H,ρ) 也是第一可数的空间, 故只需证明: 对 X 中的点列 $\langle x_n\rangle$ 及点 x, 若 $f(x_n)$ 收敛于 $f(x)$, 则 x_n 必收敛于 x. 我们采用反证法来证明. 假设 x_n 不收敛于 x, 那么存在 $\widetilde{B}\in\mathfrak{R}\cap\mathscr{N}(x)$, 使得有无穷多个 k 满足 $x_k\notin\widetilde{B}$. 由 X 满足 T_1,T_4 分离性公理可知, 存在 $B\in\mathfrak{R},x\in B$ 且使得 $(B,\widetilde{B})$ 是一个典型对. 不妨记 $\pi_n=(B,\widetilde{B})$, 则对无穷多个 k, 有 $f_n(x_k)-f_n(x)=1$, 从而对无穷多个 k 有 $\rho(f(x_k),f(x))\geqslant\frac{1}{n}$, 因此 $f(x_n)$ 不收敛于 $f(x)$. 矛盾!

(1)~(4) 意味着 $f:X\to(H,\rho)$ 是嵌入映射. □

由于正则的 Lindelöf 空间是正规空间, 而第二可数空间当然是 Lindelöf 空间, 因此 T_1 正则的第二可数空间是可度量空间.

习　题

7.1　证明: 若 X 是正规空间, 则它的每个 F_σ-集都是正规的子空间.

7.2　一个 Hausdorff 空间 X 称为完全正规的, 如果每对满足 $\overline{A}\cap B = A\cap\overline{B} = \varnothing$ 的子集 A, B, 都存在 $U\in\mathscr{N}(A), V\in\mathscr{N}(B)$ 使得 $U\cap V=\varnothing$. 而每个闭子集都是 G_δ-集的正规空间称为完满正规空间. 试证明: 每个完满正规空间都是完全正规的.

7.3　设 X 为完全正则空间, 对任一给定的 $x\in X$ 及 $U\in\mathscr{N}(x)$. 证明: 存在连续映射 $f: X\to I$ 使得 $f^{-1}(1)=x, f(U^c)=\{0\}$ 的充分必要条件是 $\{x\}$ 为 G_δ-集.

7.4　设 X 是正规空间, $F_1, F_2, \cdots, F_n$ 是闭子集, 满足 $\bigcap\limits_{i=1}^{n} F_i=\varnothing$. 试证明: 存在 $U_i\in\mathscr{N}(F_i)(1\leqslant i\leqslant n)$ 使得 $\bigcap\limits_{i=1}^{n}\overline{U_i}=\varnothing$.

7.5　证明: X 是正规空间当且仅当对 X 的每个有限开覆盖 $U_1, U_2, \cdots, U_n$, 存在 n 个连续函数 $f_i: X\to I$, 使得对任一 $x\in X$, 都有 $\sum\limits_{i=1}^{n} f_i(x)\equiv 1$, 并且对任一 $y\in X-U_i$, 都有 $f_i(y)=0$.

7.6　设 X 是完全正则空间, $C(X)$ 表示 X 上所有有界连续的实函数构成的集合. 对每一个 $x\in X$, $f\in C(X)$ 以及正数 ε, 令 $U(x,f,\varepsilon)=\{y\in X\mid |f(x)-f(y)|<\varepsilon\}$, 试证明:

$$\{U(x,f,\varepsilon)|x\in X, f\in C(X), \varepsilon>0\}$$

是拓扑空间 X 的一个子基.

*7.7　设 X 是完全正则空间, 映射 $f: X\to\mathbb{R}^1$ 下半连续. 证明: 存在 X 上的一个连续函数族 $\{f_\lambda: X\to\mathbb{R}^1\,|\lambda\in\Lambda\}$ 使得 $f=\sup\{f_\lambda|\lambda\in\Lambda\}$. 反过来, 再证明: 如果 X 是这样一个空间, 其每个下半连续函数都是某个连续函数族的上确界, 则 X 是完全正则空间.

7.8　设 X 是正规空间, $A\subset X$ 是闭集, $U\in\mathscr{N}(A)$. 试证明: 存在开的 F_σ-集 V 使得 $A\subset V\subset U$.

7.9　设 X 是一个给定的集合, $\Re=\{A_\lambda|\lambda\in\Lambda\}$ 是 X 的一个子集族, 每个 A_λ 上都带有一个拓扑 τ_λ. 假设对每对 $(\lambda,\mu)\in\Lambda\times\Lambda$, 下面两个条件成立:

(a) A_λ 上的拓扑 τ_λ 与 A_μ 上的拓扑 τ_μ 在 $A_\lambda\cap A_\mu$ 上诱导的子空间拓扑是一致的;

(b) 或者每个 $A_\lambda\cap A_\mu$ 既是 A_λ 的开集也是 A_μ 的开集, 或者每个 $A_\lambda\cap A_\mu$ 既是 A_λ 的闭集也是 A_μ 的闭集.

那么集族

$$\tau(\Re)=\{U\subset X|\text{对任一}\lambda\in\Lambda, \text{都有} U\cap A_\lambda\in\tau_\lambda\}$$

为 X 上的一个拓扑, 称为由 $\Re$ 确定 (诱导) 的**弱拓扑**.

(1) 验证: $\tau(\Re)$ 确实是 X 上的一个拓扑, 并且 $B\subset X$ 是 $(X,\tau(\Re))$ 的闭集当且仅当对每个 $\lambda\in\Lambda$, $B\cap A_\lambda$ 是 A_λ 的闭集;

(2) 证明：如果 $\Re=\{A_\lambda|\lambda\in\Lambda\}$ 是拓扑空间 X 的开覆盖，或者是局部有限的闭覆盖，则 X 上的由 $\Re$ 诱导的弱拓扑正是原拓扑；

(3) 设 X 是一个拓扑空间，带有由闭覆盖 $\Re=\{A_\lambda|\lambda\in\Lambda\}$ 诱导的弱拓扑. 证明：如果每个 A_λ 都是正规的，那么 X 也是正规的.

7.10　设 $\Re=\{U_\lambda|\lambda\in\Lambda\}$ 是正规空间 X 的一个局部有限的开覆盖. 对每对 $(\lambda,\mu)\in\Lambda\times\Lambda$，以及 $x\in U_\lambda\cap U_\mu$，令 $V_{\lambda,\mu}(x)\subset U_\lambda\cap U_\mu$ 是 x 的一个邻域. 证明：对每个 $x\in X$ 可以指定一个邻域 $V(x)$ 使得它满足：

(1) $x\in U_\lambda\cap U_\mu\Rightarrow V(x)\subset V_{\lambda,\mu}(x)$；

(2) 如果 $V(x)\cap V(y)\neq\varnothing$，则存在一个 $\lambda\in\Lambda$ 使得 $V(x)\cap V(y)\subset U_\lambda$.

7.11　一个正规空间 X 具有**性质** Q 是指：只要 Y 是正规空间，并且 $X\subset Y$ 是闭的，就有一个连续映射 $f:Y\to X$ 使得 $f|_X=\mathrm{id}_X$. 试证明：正规空间 X 具有性质 Q 当且仅当 X 是一个 AR(normal).

7.12　对 T_1 空间 X 而言，下列条件是相互等价的：

(1) 空间 X 是完满正规的；

(2) X 的开子集都是函数开集；

(3) X 的闭子集都是函数闭集；

(4) 对 X 的每对不相交的闭子集 A,B，都存在连续函数 $f:X\to I$ 使得 $A=f^{-1}(0),B=f^{-1}(1)$.

7.13　设 X 是一个完满正规空间，$f:X\to Y$ 是满的连续闭映射，则 X 也是一个完满正规空间.

7.14　T_1 空间 X 是完满正规的当且仅当对 X 的每个开子集 U，都存在 X 的一列开集 $V_1,V_2,\cdots,V_n,\cdots$ 使得

$$U=\bigcup\{V_n|n\in\mathbb{N}\},\quad \text{并且对每个}n,\overline{V_n}\subset U.$$

7.15　设 X 是一个拓扑空间，$C(X,I)$ 表示所有连续映射 $f:X\to I$ 的集合. 对任一映射 $f\in C(X,I)$，记 $B_f=\{x\in X|f(x)\neq 0\}$. 试证明：$X$ 是完全正则空间当且仅当 $\Re=\{B_f|f\in C(X,I)\}$ 是 X 的拓扑的基.

7.16　证明：正则且正规的空间是完全正则的.

7.17　设 $f:X\to Y$ 是个连续单射. 若单个映射的映射族 $\{f\}$ 分离点和闭集，则 f 是嵌入映射.

7.18　设 (H,ρ) 表示 Hilbert 空间，$A=\prod_{n=1}^{\infty}\left[0,\frac{1}{n}\right]$，则 $A\subset H$，且子空间 (A,ρ) 与 Hilbert 方体 $I^{\aleph_0}$ 同胚.

7.19　设 X 是一个至少含有两个点的连通的 T_1 空间. 试证明：若 X 完全正则，则 $|X|>\aleph_0$.

第 8 讲　点网与滤子

这一讲我们讲讲收敛概念的扩张, 主要介绍一下点网和滤子这两个概念及相关知识. 点网是序列概念的推广形式, 点网的收敛性是序列收敛性概念的推广. 而滤子则是与点网相伴的概念, 虽然在概念产生之初并不很清楚两者之间的相依关系, 可是后来人们发现, 用点网和滤子来刻画收敛性其实是等价的.

点网的概念是 E. H. Moore 和 H. L. Smith 于 1922 年建立的, 而滤子的概念则是 1937 年由 H. Cartan 首创的. 用点网给出收敛性的精确描述是 Kelley 在 1950 年完成的, 而用滤子的概念来刻画收敛性则是 1940 年由 N. Bourbaki 完成的. 这两种刻画的等价性是 1955 年由 R. G. Bartle, G. Bruns 和 J. Schmidt 三人分别发现的.

8.1　点　　网

定义 8.1.1　(1) 设 $\leqslant$ 是非空集合 D 上一个满足自反性和传递性的二元关系. 如果对 D 中的任何元素 α, β, 都存在 D 中的元素 γ 使得 $\alpha \leqslant \gamma, \beta \leqslant \gamma$, 则称 $(D, \leqslant)$ 为**有向集**, 也叫**定向集**.

(2) 由定向集 $(D, \leqslant)$ 到拓扑空间 X 的一个映射 $f: D \to X$ 称为 X 上的一个**点网**. 若记 $x_\alpha = f(\alpha)$, 则点网通常记作 $(x_\alpha \,|\alpha \in D)$ 或者 $(x_\alpha)_{\alpha \in D}$. 如果点网 f 的值域是 A 的子集, 也称 f 是 A 内的网.

(3) 一个网 g 称为点网 f 的**子网**的充要条件是下列两条件成立:

(a) 存在映射 $h: D(g) \to D(f)$ 使得 $g = f \circ h$, 其中 $D(f)$ 和 $D(g)$ 分别表示 f 和 g 的定义集.

(b) 对任一 $x \in D(f)$, 存在 $y_x \in D(g)$ 使得对任一 $y \in D(g)$, 若 $y \geqslant y_x$, 则 $h(y) \geqslant x$.

例 8.1.1　在自然数集 $\mathbb{N}$ 中, 若 $\leqslant$ 表示通常的小于或等于关系, 则 $(\mathbb{N}, \leqslant)$ 是一个定向集. 因此所有序列都自然是定义在 $\mathbb{N}$ 上的点网, 而子序列即为子网. 因此容易看出, 点网与子网的概念实际上是序列与子序列概念的推广. □

例 8.1.2　设 X 是一个拓扑空间, 则对任意的点 $x \in X, (\mathscr{N}(x), \supset)$ 是一个定向集, 其定向是这样规定的:

$$\text{对任意两个} U, V \in \mathscr{N}(x), U \leqslant V \text{ 当且仅当 } U \supset V.$$

其中 $\mathscr{N}(x)$ 是点 x 的邻域系. 对每个 $U\in\mathscr{N}(x)$, 任取定一点 $x_U\in U^\circ$, 则 $(x_U)_{U\in\mathscr{N}(x)}$ 是一个点网. □

例 8.1.3 设 X 是一个拓扑空间, 在 X 的所有开覆盖构成的集合 Ω 上, 我们可以给一个定向: 对任意两个开覆盖 $\Re_\lambda$ 和 $\Re_\mu$, 规定 $\Re_\lambda\leqslant\Re_\mu$ 当且仅当 $\Re_\mu$ 是 $\Re_\lambda$ 的加细. 则 $(\Omega,\leqslant)$ 成为定向集. 因为对任意给定的两个开覆盖 $\Re_\lambda$ 和 $\Re_\mu$, 开集族 $\Re=\{U\cap V|U\in\Re_\lambda,V\in\Re_\mu\}$ 显然同时为 $\Re_\lambda$ 和 $\Re_\mu$ 的开加细, 因此同时有 $\Re_\lambda\leqslant\Re$ 和 $\Re_\mu\leqslant\Re$ 成立. □

定义 8.1.2 设 f 是拓扑空间 $(X,\Im)$ 内的任一网, $A\subseteq X$.

(1) 若存在一个 $\alpha\in D(f)$ 使得对任一 $\beta\in D(f)$, 只要 $\beta\geqslant\alpha$, 就有 $f(\beta)\in A$, 则称 f **终在** A 内;

若对任一 $\alpha\in D(f)$, 都存在一个 $\beta\in D(f)$ 使得 $\beta\geqslant\alpha$ 且 $f(\beta)\in A$, 则称 f **常在** A 内.

(2) 若对任一 $U\in\mathscr{N}(x)$, f 都终在 U 内, 则称 $x\in X$ 是 f 的一个 $\Im$-**极限**, 简称极限. 我们用 $\lim f$ 来表示 f 的一切 $\Im$-极限的集合, 称为 f 的**极限集**. 若 $\lim f\neq\varnothing$, 则称 f 收敛; 若 $\lim f=\varnothing$, 则称 f 不收敛, 或称 f 发散. 若 $x\in\lim f$, 则称 f 收敛于 x, 记作 $f\to x$.

(3) 若对任一 $U\in\mathscr{N}(x)$, f 都常在 U 内, 则称 $x\in X$ 是 f 的一个 $\Im$-**聚点**. f 的一切 $\Im$-聚点的集合记为 $\operatorname{adh} f$, 称为 f 的**附贴集**. 显然, 有包含关系式 $\lim f\subset\operatorname{adh} f$.

例 8.1.4 考虑 $\mathbb{R}^2$ 中点 $(0,0)$ 的去心 δ 邻域 $\mathring{U}((0,0),\delta)$, 对于其中任意两个点 $(x,y),(x',y')$, 如果 $\sqrt{x^2+y^2}\geqslant\sqrt{x'^2+y'^2}$, 则称 $(x,y)\leqslant(x',y')$, 那么 $(\mathring{U}((0,0),\delta),\leqslant)$ 是一个定向集, 而定义在 $\mathring{U}((0,0),\delta)$ 上的任一函数 $f(x,y)$ 都是 $(\mathring{U}((0,0),\delta),\leqslant)$ 上的一个点网. 如果 $\lim\limits_{(x,y)\to(0,0)}f(x,y)=A$, 则 $A\in\lim f$. □

定理 8.1.1 一个拓扑空间是 Hausdorff 空间的充分必要条件是: 它的每个网至多有一个极限.

证明 必要性. 设 X 是 Hausdorff 空间. 若 X 内有一个网 f 收敛于两个不同的点 x 和 y. 由 T_2 分离性, 存在 $U\in\mathscr{N}(x),V\in\mathscr{N}(y)$ 使得 $U\cap V=\varnothing$. 而由收敛性可知, f 既终在 U 内, 又终在 V 内, 从而终在 $U\cap V$ 内, 矛盾! 故 X 的每个网至多有一个极限.

充分性. 设 X 的每个网至多有一个极限. 若 X 不是 Hausdorff 空间, 则存在 $x,y\in X$, $x\neq y$, 但是 x 与 y 的每对邻域都相交. 于是对任意的 $U\in\mathscr{N}(x),V\in\mathscr{N}(y)$, 都有点 $f(U,V)\in U\cap V$ 存在. 我们在 $A=\mathscr{N}(x)\times\mathscr{N}(y)$ 上定义一个关系 $\leqslant$ 如下:

$$(U',V')\leqslant(U,V)\text{ 当且仅当 }U\subset U'\text{ 且 }V\subset V'.$$

则容易看出 $(A,\leqslant)$ 是一个定向集, 且 $(f(U,V)\,|(U,V)\in A)$ 为 X 内的一个同时收

敛于两个不同的点 x 和 y 的网. 矛盾! 故 X 是 Hausdorff 空间. □

定理 8.1.2　设 X 是一个拓扑空间, $A \subset X$, 则

(1) $x \in A'$ 当且仅当 $A-\{x\}$ 中有收敛于 x 的点网;

(2) $x \in \overline{A}$ 当且仅当 A 中有收敛于 x 的点网;

(3) 对 X 的任一网 f, $x \in \operatorname{adh} f$ 当且仅当 f 有一个子网 g 收敛于 x;

(4) A 是 X 的闭子集当且仅当对 A 内的任一网 f, 都有 $\lim f \subset A$.

证明　(1) 设 $x \in A'$. 记 $\mathscr{N}(x)$ 表示点 x 处的邻域基, 则 $(\mathscr{N}(x), \supset)$ 是一个定向集. 对任意一个 $U \in \mathscr{N}(x)$, 任取一个点 $x_U \in U \cap (A-\{x\})$, 则容易看出 $(x_U\,|U \in \mathscr{N}(x))$ 即为一个收敛于 x 的点网. 反之, 若 $A-\{x\}$ 中有收敛于 x 的点网 $(x_\alpha)_{\alpha\in D}$, 则对任一 $U \in \mathscr{N}(x)$, $(x_\alpha)_{\alpha\in D}$ 都终在 U 中, 因而 $U \cap (A-\{x\}) \neq \varnothing$. 由此可知, $x \in A'$.

(2) 由于 $\overline{A} = A \cup A'$. 设 $x \in \overline{A}$, 若 $x \in A$, 则 A 内的点网 $(x_n \equiv x)_{n\in\mathbb{N}}$ 显然收敛于 x. 否则, $x \in A'$, 于是由 (1) 可知, A 中有收敛于 x 的点网. 反之, 设 A 中有收敛于 x 的点网 $(x_\alpha)_{\alpha\in D}$, 则对于任一 $U \in \mathscr{N}(x)$, 存在 $\alpha \in D$, 使得当 $\beta \in D$, 且 $\beta > \alpha$ 时, 都有 $x_\beta \in U$, 因此 $x_\beta \in U \cap A$. 可见 $U \cap A \neq \varnothing$. 故 $x \in \overline{A}$.

(3) 设 $x \in \operatorname{adh} f$, 则对任一 $U \in \mathscr{N}(x)$, 任一 $\sigma \in D(f)$, 都存在 $\rho \in D(f)$ 使得 $\rho \geqslant \sigma$, 且 $f(\rho) \in U$. 令

$$E = \{(\sigma, U)\,|\sigma \in D(f), U \in \mathscr{N}(x), f(\sigma) \in U\}.$$

显然 $E \neq \varnothing$. 在 E 上定义一个关系 $\leqslant$ 如下:

$$(\rho, V) \leqslant (\sigma, U) \text{ 当且仅当 } \rho \leqslant \sigma, \quad \text{且 } U \subset V.$$

则容易验证 $(E, \leqslant)$ 是一个定向集. 定义 $k: E \to D(f), k((\sigma, U)) = \sigma$, 则不难看出, $g = f \circ k$ 是 f 的一个子网. 对任一 $U \in \mathscr{N}(x)$, 存在 $\sigma \in D(f)$, 使得 $f(\sigma) \in U$, 即 $(\sigma, U) \in E$, 且 $g((\sigma, U)) = f(\sigma) \in U$. 对任一 $(\rho, V) \in E$, 若 $(\rho, V) \geqslant (\sigma, U)$, 则 $g((\rho, V)) = f(\rho) \in V \subset U$. 这说明 g 终在 $\mathscr{N}(x)$ 的每一个元内, 因此 $g \to x$. 可见, f 有一个子网 g 收敛于 x.

反之, 设 f 有一个子网 $g = f \circ k$ 收敛于 x. 对任一 $U \in \mathscr{N}(x)$ 及 $\sigma \in D(f)$, 存在 $\lambda_\sigma \in D(g)$ 使得如果 $\lambda \geqslant \lambda_\sigma$, 则有 $k(\lambda) \geqslant \sigma$. 另一方面, 由于 $g \to x$, 对上述 U, 存在 $\lambda_0 \in D(g)$, 当 $\lambda \geqslant \lambda_0$ 时, $g(\lambda) \in U$. 取 $\lambda^* \in D(g)$ 使得 $\lambda^* \geqslant \lambda_\sigma$ 且 $\lambda^* \geqslant \lambda_0$, 则 $\rho = k(\lambda^*) \geqslant \sigma$, 并且 $f(\rho) = g(\lambda^*) \in U$. 因此 $x \in \operatorname{adh} f$.

(4) 设 A 是 X 的闭子集, f 是 A 内的点网. 若 $\lim f \subset A$ 不成立, 则存在 $x \in \lim f - A$. 由于 $A^c \in \mathscr{N}(x)$, 故存在 σ_0 使得当 $\sigma \geqslant \sigma_0$ 时, $f(\sigma) \in A^c$. 矛盾! 故 $\lim f \subset A$.

反之, 设对 A 内的任一网 f, 均有 $\lim f \subset A$. 若 A 不是 X 的闭子集, 则存在 $x \in \overline{A} - A$. 据 (2), A 内有点网 f 收敛于 x. 故 $\lim f \subset A$ 不成立. 矛盾! 因此 A 是 X 的闭子集. □

定理 8.1.3　设 X, Y 是任意两个拓扑空间. 则映射 $f: X \to Y$ 连续当且仅当对 X 内的任一网 g, 都有 $f(\lim g) \subset \lim(f \circ g)$.

证明　必要性. 设 $f: X \to Y$ 连续, 且 $x \in \lim g$. 首先由连续性, 对任一 $V \in \mathscr{N}(f(x))$, 都存在一个 $U \in \mathscr{N}(x)$ 使得 $f(U) \subset V$. 由 $x \in \lim g$ 知, 有 σ_0 使得当 $\sigma \geqslant \sigma_0$ 时, 都有 $g(\sigma) \in U$, 从而 $f \circ g(\sigma) \in V$, 可见 $f(x) \in \lim(f \circ g)$. 因此 $f(\lim g) \subset \lim(f \circ g)$.

充分性. 用反证法. 若 $f: X \to Y$ 在某点 $x \in X$ 不连续, 则存在一个 $V \in \mathscr{N}(f(x))$, 使得对任意的 $U \in \mathscr{N}(x)$, $f(U)$ 均不包含在 V 内. 考虑定向集 $(\mathscr{N}(x), \supset)$. 对任一 $U \in \mathscr{N}(x)$, 由于 $f(U) - V$ 非空, 可取其中一点, 记为 $h(U)$, 即 $h(U) \in f(U) - V$. 则有 $g(U) \in U$ 使 $h(U) = f(g(U))$. 容易看出, 网 $(g(U) | U \in \mathscr{N}(x))$ 收敛于 x. 但网 $f \circ g = h$ 却不收敛于 $f(x)$. 这与假设矛盾! □

引理 8.1.1　设拓扑空间 (X, τ) 有拓扑子基 φ, 则 X 中的一个点网 f 收敛于点 $x \in X$ 当且仅当对每个 $V \in \varphi \cap \mathscr{N}(x)$, f 都终在 V 内.

证明　必要性是显然的, 下面只证明充分性. 假设对每个 $V \in \varphi \cap \mathscr{N}(x)$, f 都终在 V 内. 对 x 的任一邻域 U, 存在 φ 中有限个元素 $V_1, V_2, \cdots, V_n$ 使得 $x \in V_1 \cap V_2 \cap \cdots \cap V_n \subset U$. 对每个 $1 \leqslant i \leqslant n$, 由于 $V_i \in \varphi \cap \mathscr{N}(x)$, 故由假设, f 终在 V_i 中. 因此存在 $\lambda_i \in D(f)$, 使得对任一 $\lambda \in D(f)$, 只要 $\lambda \geqslant \lambda_i$, 就有 $f(\lambda) \in V_i$. 由定向集的定义不难看出, 存在 $\lambda_0 \in D(f)$ 使得 $\lambda_0 \geqslant \lambda_i (i = 1, 2, \cdots, n)$. 于是, 对任一 $\lambda \in D(f)$, 只要 $\lambda \geqslant \lambda_0$, 就有 $f(\lambda) \in V_1 \cap V_2 \cap \cdots \cap V_n \subset U$. 因此, 点网 f 收敛于点 x. □

定理 8.1.4　设 f 是积空间 $X = \prod\limits_{\lambda \in \Lambda} X_\lambda$ 内任一网, 对任一 $\lambda \in \Lambda$, $\pi_\lambda: X \to X_\lambda$ 表示投射, 则

$$\lim f = \prod_{\lambda \in \Lambda} \lim(\pi_\lambda \circ f).$$

证明　设 $x = (x_\lambda)_{\lambda \in \Lambda} \in \lim f$. 则对任一 $\lambda \in \Lambda$, 由于投射 π_λ 连续, 故由定理 8.1.3 可知, 有 $x_\lambda = \pi_\lambda(x) \in \lim(\pi_\lambda \circ f)$. 因此 $x \in \prod\limits_{\lambda \in \Lambda} \lim(\pi_\lambda \circ f)$. 反之, 设 $x = (x_\lambda)_{\lambda \in \Lambda} \in \prod\limits_{\lambda \in \Lambda} \lim(\pi_\lambda \circ f)$. 则对任一 $\lambda \in \Lambda$, 都有 $x_\lambda \in \lim(\pi_\lambda \circ f)$. 由引理 8.1.1 可知, 为完成证明, 只需证明 f 终在点 x 的每个标准子基形的邻域中. 为此, 假设 $\pi_\lambda^{-1}(U)$ 是 X 的含有点 x 的任一标准子基元, 其中 U 为 X_λ 的开集. 则 $x_\lambda \in U$. 从而由极限点的定义知, 存在 σ_0, 使当 $\sigma \geqslant \sigma_0$ 时, $\pi_\lambda \circ f(\sigma) \in U$. 故 $f(\sigma) \in \pi_\lambda^{-1}(U)$.

可见 $x \in \lim f$. □

定义 8.1.3　设 f 是集合 X 内的一个网. 如果对任一子集 $A \subset X$, f 要么终在 A 内, 要么终在 $X - A$ 内, 则称 f 为 X 内的一个**超网**.

例 8.1.5　集合 X 内的每个常值网 f 显然是超网. □

例 8.1.6　对非空集合 X, 取定一个点 $x_0 \in X$, 令 $E = \{(x, A) \mid \{x, x_0\} \subset A \subset X\}$. 则 $(x_0, X) \in E$, 因此 $E \neq \varnothing$. 再在 E 上定义一个关系 $\leqslant$ 如下:

$$(x, A) \leqslant (y, B) \text{ 当且仅当 } B \subset A.$$

则对于任意两个 $(x, A), (y, B) \in E$, 记 $C = A \cap B$, 则 $(x, A) \leqslant (x_0, C), (y, B) \leqslant (x_0, C)$. 因此, $(E, \leqslant)$ 是一个定向集. 定义一个网

$$f : E \to X, \quad f((x, A)) = x, \quad (x, A) \in E.$$

则 f 是一个超网. 因为对任一 $A \subset X$, 若 $x_0 \in A$, 则 f 终在 A 内; 否则, $x_0 \in A^{\mathrm{c}}$, 则 f 终在 $X - A$ 内. □

定理 8.1.5　设 f 是拓扑空间 X 内的一个超网, 则

(1) $\lim f = \operatorname{adh} f$;

(2) 设 $g : X \to Y$ 为任一映射, 则 $g \circ f$ 为空间 Y 内的一个超网.

证明　(1) 只需证明 $\operatorname{adh} f \subset \lim f$. 设 $x \in \operatorname{adh} f$, 则对任一 $U \in \mathscr{N}(x)$, f 常在 U 中, 因此不会终在 $X - U$ 中. 由于 f 是超网, 故 f 终在 U 中. 可见, $x \in \lim f$. 因此 $\operatorname{adh} f \subset \lim f$.

(2) 对于任一 $B \subset Y$, 若 $g \circ f$ 不终在 B 中, 则 f 不终在 $g^{-1}(B)$ 中. 由于 f 是超网, 故 f 终在 $X - g^{-1}(B) = g^{-1}(Y - B)$ 中. 因此 $g \circ f$ 终在 $g \circ g^{-1}(Y - B) \subset Y - B$ 中. 可见, $g \circ f$ 也是超网. □

引理 8.1.2　对于集合 X 内的每个网 f, 存在集族 $\mathscr{B} \subset 2^X$ 满足下列三个条件:

(1) $\mathscr{B} \neq \varnothing$, 且 f 常在 $\mathscr{B}$ 的每个元中;

(2) $\mathscr{B}$ 内任意两个元素之交仍属于 $\mathscr{B}$;

(3) 对任一 $A \subset X$, 或者 $A \in \mathscr{B}$, 或者 $A^{\mathrm{c}} = X - A \in \mathscr{B}$.

证明　令

$$\mathscr{A} = \left\{ \Re \subset 2^X \,\middle|\, \Re \text{ 满足条件 } (1), (2) \right\}.$$

则 $\{X\} \in \mathscr{A}$, 因此 $\mathscr{A}$ 非空. 设 $\{\Re_\lambda | \lambda \in \Lambda\}$ 是偏序集 $(\mathscr{A}, \subset)$ 内的任一全序子集. 则显然 $\bigcup\limits_{\lambda \in \Lambda} \Re_\lambda \in \mathscr{A}$. 于是根据 Zorn 引理, $(\mathscr{A}, \subset)$ 有一个极大元 $\mathscr{B}$. $\mathscr{B}$ 显然满足 (1), (2), 下面我们来证明它还满足 (3).

为此, 我们先证明

(*) 若 $U \subset X$ 使得对任一 $B \in \mathscr{B}$, f 都常在 $B \cap U$ 内, 则 $U \in \mathscr{B}$.

事实上, 令 $\mathscr{F} = \mathscr{B} \cup \{U\} \cup \{B \cap U \,|B \in \mathscr{B}\}$. 则容易验证 $\mathscr{F} \in \mathscr{A}$, 且显然 $\mathscr{B} \subset \mathscr{F}$. 由 $\mathscr{B}$ 的极大性知, 应有 $\mathscr{B} = \mathscr{F}$, 从而 $U \in \mathscr{F} = \mathscr{B}$.

现在设 $A \subset X$. 若 $A \notin \mathscr{B}$, 我们要证 $A^c \in \mathscr{B}$. 事实上, 由 (*) 知, 存在 $B_0 \in \mathscr{B}$, 使得 f 不常在 $B_0 \cap A$ 内, 从而终在 $(B_0 \cap A)^c = B_0^c \cup A^c$ 内. 于是对任一 $B \in \mathscr{B}$, 由 (1), f 必常在 $B \cap (B_0^c \cup A^c)$ 内. 进而由 (*) 可知, $B_0^c \cup A^c \in \mathscr{B}$. 再由 (2) 则可得

$$B_0 \cap (B_0^c \cup A^c) = B_0 \cap A^c \in \mathscr{B}.$$

于是对任一 $B \in \mathscr{B}$, $B \cap (B_0 \cap A^c) \in \mathscr{B}$. 故 f 常在 $B \cap (B_0 \cap A^c) \subset B \cap A^c$ 内. 因而由 (*) 知, $A^c \in \mathscr{B}$, 可见 $\mathscr{B}$ 满足 (3). □

引理 8.1.3 对于集合 X 内的每个网 f, 集族 $\mathscr{B} \subset 2^X$, 若满足下列条件:

(1) $\mathscr{B} \neq \varnothing$ 且 f 常在 $\mathscr{B}$ 的每个元中;

(2) $\mathscr{B}$ 内任意两个元之交包含 $\mathscr{B}$ 的一个元,

则 f 有一个子网 g 终在 $\mathscr{B}$ 的每个元中.

证明 令

$$E = \{(\sigma, U) \in D(f) \times \mathscr{B} | f(\sigma) \in U\}.$$

由 (1) 知, $E \neq \varnothing$. 在 E 上定义一个二元关系 $\leqslant$ 如下:

$$(\rho, V) \leqslant (\sigma, U) \text{ 当且仅当 } \sigma \geqslant \rho \text{ 且 } U \subset V,$$

则容易验证 $(E, \leqslant)$ 是一个定向集. 定义 $h : E \to D(f)$, 使得 $h((\sigma, U)) = \sigma$. 则 $g = f \circ h$ 是 f 的一个子网, 并且对 $\forall U \in \mathscr{B}$, 存在 $\sigma \in D(f)$ 使得 $f(\sigma) \in U$. 因此 $(\sigma, U) \in E$. 对于任一 $(\rho, V) \in E$, 若 $(\rho, V) \geqslant (\sigma, U)$, 则 $\rho \geqslant \sigma$, 且 $V \subset U$. 因此

$$g((\rho, V)) = f \circ h((\rho, V)) = f(\rho) \in V \subset U.$$

可见, g 终在 $\mathscr{B}$ 的每个元中. □

定理 8.1.6 集 X 的每个网都有一个超子网.

证明 设 f 是 X 内任一网. 由上述引理 8.1.2 知, 存在集族 $\mathscr{B} \subset 2^X$ 满足引理中的条件 (1)~(3). 而由引理 8.1.3, f 有一个子网 g 终在 $\mathscr{B}$ 的每个元中. 对任一 $A \subset X$, 由引理 8.1.2(3), $A \in \mathscr{B}$, 或 $A^c \in \mathscr{B}$. 故 g 终在 A 内或终在 A^c 内. 可见 g 是一个超网. □

8.2 滤 子

定义 8.2.1 设 $\mathscr{F}$ 是 X 的非空子集族, 满足

(1) 对任一 $F \in \mathscr{F}$, $F \neq \varnothing$;

(2) 若 $F_1, F_2 \in \mathscr{F}$, 则 $F_1 \cap F_2 \in \mathscr{F}$;

(3) 若 $F \in \mathscr{F}$, 且 $F \subset G \subset X$, 则 $G \in \mathscr{F}$,

则称 $\mathscr{F}$ 为一个**滤子**(filter).

定义 8.2.2　设 $\mathscr{B}$ 为 X 的非空子集族. 若它满足

(FB_1) 对任一 $B \in \mathscr{B}$, $B \neq \varnothing$;

(FB_2) 若 $B_1, B_2 \in \mathscr{B}$, 则存在 $B_3 \in \mathscr{B}$ 使得 $B_3 \subset B_1 \cap B_2$,

则称 $\mathscr{B}$ 为 X 的一个**滤子基**.

例 8.2.1　设 $f: D \to X$ 是一个点网, 对任一 $\alpha \in D$, 令

$$A_\alpha = \{\beta \in D \,|\, \alpha \leqslant \beta\}, \quad B_\alpha = f(A_\alpha) = \{f(\beta) \,|\, \beta \in A_\alpha\}.$$

则 $\mathscr{B} = \{B_\alpha | \alpha \in D\}$ 是一个滤子基. 事实上, 对于任意两个 B_α, B_β, 由于 D 是定向集, 故存在一个 $\gamma \in D$ 使得 $\alpha \leqslant \gamma, \beta \leqslant \gamma$. 则容易看出, 有 $B_\gamma \subset B_\alpha \cap B_\beta$. 同时, 每个 B_α 显然非空. 因此 $\mathscr{B}$ 是一个滤子基. 这里的集合 A_α 通常称为由 α 确定的**终止集**, 而 $\mathscr{B}$ 则称为由 f 确定的滤子基. □

下面这个定理证明并不难, 我们把它留作习题.

定理 8.2.1　设 $\mathscr{E} = \{E_\lambda | \lambda \in \Lambda\}$ 和 $\mathscr{F} = \{F_\gamma | \gamma \in \Gamma\}$ 是空间 X 的两个滤子基, 则

(1) $\mathscr{E} \cup \mathscr{F} = \{E_\lambda \cup F_\gamma | (\lambda, \gamma) \in \Lambda \times \Gamma\}$ 也是一个滤子基;

(2) 如果每个 $E_\lambda \cap F_\gamma \neq \varnothing$, 则 $\mathscr{E} \cap \mathscr{F} = \{E_\lambda \cap F_\gamma | (\lambda, \gamma) \in \Lambda \times \Gamma\}$ 也是一个滤子基;

(3) 对每个有限子集族 $\{E_{\lambda_1}, E_{\lambda_2}, \cdots, E_{\lambda_n}\} \subset \mathscr{E}$, 存在一个 $E_\lambda \in \mathscr{E}$ 使得

$$E_\lambda \subset E_{\lambda_1} \cap E_{\lambda_2} \cap \cdots \cap E_{\lambda_n}.$$

特别地, 一个滤子基中的有限个元素的交都是非空的. □

定义 8.2.3　若 $\mathscr{B}$ 为 X 的滤子基, 则容易看出

$$\mathscr{F} = \left\{F \,\middle|\, \text{存在 } B \in \mathscr{B} \text{ 使得} B \subset F \subset X\right\}$$

是一个滤子, 称为由 $\mathscr{B}$ 生成的滤子. 而 $\mathscr{B}$ 也称为 $\mathscr{F}$ 的滤子基.

定义 8.2.4　设 $\mathscr{F}$ 为拓扑空间 X 的一个滤子, $x \in X$. 如果对任一 $U \in \mathscr{N}(x)$ 及任一 $F \in \mathscr{F}$, 都有 $U \cap F \neq \varnothing$, 则称 x 为 $\mathscr{F}$ 的**聚点**. 滤子 $\mathscr{F}$ 的聚点全体构成的集合记作 $\operatorname{adh} \mathscr{F}$. 如果对于任意的 $U \in \mathscr{N}(x)$, 都存在 $F \in \mathscr{F}$ 使得 $F \subset U$, 则称 x 为 $\mathscr{F}$ 的**极限**, 此时也称 $\mathscr{F}$ 在 X 中收敛于点 x. $\mathscr{F}$ 在 X 中的全体极限构成的集合记作 $\lim \mathscr{F}$. 显然 $\lim \mathscr{F} \subset \operatorname{adh} \mathscr{F}$.

例 8.2.2　(1) 设 A 是拓扑空间 X 的一个非空子集, 则 $\mathscr{B}=\{A\}$ 显然是一个滤子基, 记其生成的滤子为 $\mathscr{F}$. 则对任一 $x\in\overline{A}$ 及任一 $U\in\mathscr{N}(x)$, 都有 $U\cap A\neq\varnothing$. 因此 x 是 $\mathscr{F}$ 的聚点. 特别地, 如果 $A=\{a\}$, 则 $\mathscr{F}$ 在 X 中收敛于 a.

(2) 不难验证, 拓扑空间 X 中点 x 的邻域系 $\mathscr{N}(x)$ 是一个滤子, 称为邻域滤子, 它当然收敛于 x, 同时也以 x 作为聚点. □

定理 8.2.2　设 $\mathscr{F}$ 为拓扑空间 X 的一个滤子, 则 $\operatorname{adh}\mathscr{F}=\bigcap\{\overline{F}\,|F\in\mathscr{F}\}$.

证明　设 $x\in\operatorname{adh}\mathscr{F}$, 则对任一 $U\in\mathscr{N}(x)$ 及 $F\in\mathscr{F}$, 都有 $U\cap F\neq\varnothing$. 可见对任一 $F\in\mathscr{F}$, 都有 $x\in\overline{F}$. 因此 $x\in\bigcap\{\overline{F}\,|F\in\mathscr{F}\}$. 反之, 若 $x\in\bigcap\{\overline{F}\,|F\in\mathscr{F}\}$, 则对任一 $U\in\mathscr{N}(x)$ 及 $F\in\mathscr{F}$, 由于 $x\in\overline{F}$, 故 $U\cap F\neq\varnothing$. 因而 $x\in\operatorname{adh}\mathscr{F}$. 故 $\operatorname{adh}\mathscr{F}=\bigcap\{\overline{F}\,|F\in\mathscr{F}\}$. □

定理 8.2.3　设 $\mathscr{F}$ 为拓扑空间 X 的一个滤子, 则 $x\in\lim\mathscr{F}\Leftrightarrow\mathscr{N}(x)\subset\mathscr{F}$. □

这一点从 $\lim\mathscr{F}$ 的定义即可看出, 因此这里不再给出证明.

定理 8.2.4　如果 $\mathscr{F}$ 为 Hausdorff 空间 X 的一个收敛滤子, 则 $\operatorname{adh}\mathscr{F}$ 是单点集, 且有关系式

$$\operatorname{adh}\mathscr{F}=\lim\mathscr{F}.$$

证明　设 X 是 Hausdorff 空间, 滤子 $\mathscr{F}$ 收敛于 $x\in X$. 则对于任一不同于 x 的 $y\in X$, 存在 $U\in\mathscr{N}(x)$ 及 $V\in\mathscr{N}(y)$ 使得 $U\cap V=\varnothing$. 对这个 U, 存在 $F\in\mathscr{F}$ 使得 $F\subset U$. 从而 $F\cap V=\varnothing$. 由于 V 是开集, 故又有 $\overline{F}\cap V=\varnothing$. 因此 $y\notin\bigcap\{\overline{F}\,|F\in\mathscr{F}\}=\operatorname{adh}\mathscr{F}$. 显然有 $x\in\operatorname{adh}\mathscr{F}$, 故 $\operatorname{adh}\mathscr{F}=\{x\}$. 又由于 $\lim\mathscr{F}\subset\operatorname{adh}\mathscr{F}$, 故 $\operatorname{adh}\mathscr{F}=\lim\mathscr{F}=\{x\}$. □

例 8.2.3　考虑 Sierpinski 空间 $X=\{0,1\}$, $\mathscr{F}=\{\{0\},X\}$ 是一个滤子. 不难验证, $\mathscr{F}$ 既收敛于 0, 也收敛于 1. □

下面这个定理建立了点网和滤子之间的关系.

定理 8.2.5　(1) 设 $\mathscr{F}$ 为拓扑空间 X 的一个滤子, 则存在 X 中的点网 f 使得

$$\operatorname{adh}\mathscr{F}=\operatorname{adh}f,\quad 且\lim\mathscr{F}=\lim f.$$

(2) 设 f 是 X 中的任一点网, 则存在 X 的一个滤子 $\mathscr{F}$ 使得

$$\operatorname{adh}\mathscr{F}=\operatorname{adh}f,\quad 且\lim\mathscr{F}=\lim f.$$

证明　(1) 设 $\mathscr{F}$ 为拓扑空间 X 的一个滤子, 不妨记 $\mathscr{F}=\{F_\lambda|\lambda\in\Lambda\}$. 令

$$D=\{\alpha\,|\alpha=(x_\lambda,F_\lambda),x_\lambda\in F_\lambda,\lambda\in\Lambda\}.$$

再在 D 上定义二元关系 “$\leqslant$” 如下:

$$\text{对任意的 } \alpha=(x_\lambda,F_\lambda),\beta=(x_\mu,F_\mu)\in D, \alpha\leqslant\beta \text{ 当且仅当 } F_\lambda\supset F_\mu.$$

由 $\mathscr{F}$ 为滤子, 不难验证 $(D,\leqslant)$ 为定向集. 再定义 $f:D\to X$ 使 $f(\alpha)=f((x_\lambda,F_\lambda))=x_\lambda$, 则 f 是 X 中的一个点网. 下面证明它满足定理的要求.

若 $x\in\lim\mathscr{F}$, 则对任一 $U\in\mathscr{N}(x)$, 存在 $\lambda\in\Lambda$, 使得 $F_\lambda\subset U$. 记 $\alpha=(x_\lambda,F_\lambda)$, 则有

$$f(\alpha)=x_\lambda\in F_\lambda\subset U.$$

并且对于任意的 $\beta=(x_\mu,F_\mu)\in D$, 若 $\alpha\leqslant\beta$, 则 $f(\beta)\in F_\mu\subset F_\lambda\subset U$. 可见 $x\in\lim f$.

反过来, 若 $x\in\lim f$, 则对任一 $U\in\mathscr{N}(x)$, 存在 $\alpha=(x_\lambda,F_\lambda)\in D$ 使得对任一 $\beta=(x_\mu,F_\mu)\in D$, 只要 $\beta\geqslant\alpha$, 就有 $f(\beta)=x_\mu\in U$. 故对任一 $x_\mu\in F_\mu$ 均有 $x_\mu\in U$. 可见 $F_\mu\subset U$. 因而 $x\in\lim\mathscr{F}$.

故 $\lim\mathscr{F}=\lim f$.

类似地, 可以证明 $\operatorname{adh}\mathscr{F}=\operatorname{adh}f$. (作为习题, 建议读者自己完成)

(2) 设 f 是 X 中的任一点网, 其定义集 $(D(f),\leqslant)$ 是一个定向集. 对任一 $\alpha\in D(f)$, 记

$$B_\alpha=\{f(\beta)|\beta\geqslant\alpha\},\quad \text{且}\mathscr{B}=\{B_\alpha|\alpha\in D(f)\}.$$

则易知 $\mathscr{B}$ 是一个滤子基, 从而可生成一个滤子 $\mathscr{F}$. 只需证明 $\mathscr{F}$ 满足定理要求即可.

若 $x\in\operatorname{adh}\mathscr{F}$, 则对任一 $U\in\mathscr{N}(x)$ 及 $F\in\mathscr{F}$, 都有 $U\cap F\neq\varnothing$. 因而对任一 $\alpha\in D(f)$, 都有 $B_\alpha\cap U\neq\varnothing$. 故存在 $\beta\geqslant\alpha$ 使得 $f(\beta)\in U$. 可见 f 常在 U 中, 因此 $x\in\operatorname{adh}f$.

反之, 若 $x\in\operatorname{adh}f$, 则对任一 $U\in\mathscr{N}(x)$, 以及任一 $\alpha\in D(f)$, 存在 $\beta\in D(f)$ 使得 $\beta\geqslant\alpha$ 且 $f(\beta)\in U$. 即对任一 $\alpha\in D(f)$, 都有 $B_\alpha\cap U\neq\varnothing$. 可见, 对任一 $F\in\mathscr{F}$, 都有 $F\cap U\neq\varnothing$. 故也有 $x\in\operatorname{adh}\mathscr{F}$.

因此 $\operatorname{adh}\mathscr{F}=\operatorname{adh}f$.

类似地, 可以证明 $\lim\mathscr{F}=\lim f$. (建议读者自己完成) □

这个定理表明, 在描述收敛性方面, 点网与滤子有着相似的作用. 但是, 对于一个给定的情形, 往往其中一种描述会优于另一种描述, 或者说, 其中一种描述会比另一种描述更为方便.

定义 8.2.5　(1) 设 $\mathscr{C}$ 和 $\mathscr{F}$ 是拓扑空间 X 的两个滤子. 若 $\mathscr{C}\subset\mathscr{F}$, 则称 $\mathscr{C}$ 比 $\mathscr{F}$ 小 (粗, 或弱), 或者 $\mathscr{F}$ 比 $\mathscr{C}$ 大 (细, 或强).

(2) 对给定的两个滤子基 $\mathscr{C}$ 和 $\mathscr{F}$, 若对任一 $F\in\mathscr{F}$, 都存在一个 $C\in\mathscr{C}$ 使得 $C\subset F$, 则称 $\mathscr{C}$ 从属于 $\mathscr{F}$, 记为 $\mathscr{C}\vdash\mathscr{F}$.

下面这个命题的证明不难, 留作习题.

命题 8.2.1　滤子基的从属关系具有如下性质:

(1) 若 $\mathscr{C}$ 和 $\mathscr{F}$ 是两个滤子基, 且 $\mathscr{F} \subset \mathscr{C}$, 则 $\mathscr{C} \vdash \mathscr{F}$;

(2) 若 $\mathscr{C}$ 和 $\mathscr{F}$ 是两个滤子基, 且 $\mathscr{C} \vdash \mathscr{F}$, 则 $\mathscr{F}$ 中的元素与 $\mathscr{C}$ 中的每个元素都相交;

(3) $x_0 \in \lim \mathscr{F}$ 当且仅当 $\mathscr{F} \vdash \mathscr{N}(x_0)$. □

例 8.2.4 下面这个例子表明, 拓扑空间 X 中的滤子之间的从属关系 $\vdash$ 未必是个偏序. 事实上, 设 X 是正整数集, 对任一 $n \in X$, 记 $B_n = \{m \in X \,|m \geqslant n\}$, 则不难看出, $\mathscr{B} = \{B_n \,|n \in X\}$ 与 $\mathscr{B}' = \{B_{2n} \,|n \in X\}$ 都是滤子基, 并且有 $\mathscr{B} \vdash \mathscr{B}'$, 也有 $\mathscr{B}' \vdash \mathscr{B}$. □

由定理 8.2.5, 容易得到下面两个定理, 其证明较为简单, 故此略去而留作习题.

定理 8.2.6 设 $\mathscr{F}$ 为拓扑空间 X 的一个滤子, 则 $x \in \operatorname{adh} \mathscr{F}$ 的充分必要条件是: X 中有一个比 $\mathscr{F}$ 更粗的滤子 $\mathscr{C}$ 收敛于 x. □

定理 8.2.7 拓扑空间 X 是 Hausdorff 空间的充分必要条件是: X 中的收敛滤子只有一个极限. □

习　题

8.1 设 f 是空间 X 内的任意一个网, 对任一 $\sigma \in D(f)$, 令 $A_\sigma = \{f_\alpha | \alpha \in D(f), \alpha \geqslant \sigma\}$, 试证明:

$$\operatorname{adh} f = \bigcap \{\overline{A}_\sigma | \sigma \in D(f)\}.$$

8.2 设 $\Re_1 = \{U_\lambda | \lambda \in \Lambda\}, \Re_2 = \{V_\gamma | \gamma \in \Gamma\}$ 是 X 中的两个滤子基, 则

(1) $\Re_1 \cup \Re_2 = \{U_\lambda \cup V_\gamma | (\lambda, \gamma) \in \Lambda \times \Gamma\}$ 也是 X 中的一个滤子基;

(2) 如果每个 $U_\lambda \cap V_\gamma \neq \varnothing$, 则 $\Re_1 \cap \Re_2 = \{U_\lambda \cap V_\gamma | (\lambda, \gamma) \in \Lambda \times \Gamma\}$ 也是 X 中的一个滤子基;

(3) 对每个有限族 $\{U_{\lambda_1}, U_{\lambda_2}, \cdots, U_{\lambda_n}\} \subset \Re_1$, 存在一个 $U_{\lambda_0} \in \Re_1$ 使得 $U_{\lambda_0} \subset U_{\lambda_1} \cap U_{\lambda_2} \cap \cdots \cap U_{\lambda_n}$. 特别地, 滤子中的任意有限个元素的交都是非空的.

8.3 给定函数 $f : [a, b] \to \mathbb{R}^1$, 令 $\Re$ 表示区间 $[a, b]$ 的所有分割构成的定向集 (定向是这样给出的: 如果分割 U 加细分割 V, 就称 $V < U$). 对于每个分割 U, 令 $a = x_0 < x_1 < x_2 < \cdots < x_n = b$ 是其所有分点, 又记

$$\Omega_U = \left\{ \sum_{i=1}^{n} f(\xi_i)(x_i - x_{i-1}) | \xi_i \in [x_{i-1}, x_i] \right\}.$$

定义 $W_U = \bigcup \{\Omega_V | U < V\}$, 则 $\Im = \{W_U | U \in \Re\}$ 是 $\mathbb{R}^1$ 中的一个滤子基. 证明: 函数 f 是 Riemann 可积的当且仅当由 $\Im$ 生成的滤子收敛.

8.4 在布尔代数 $\mathscr{P}(X)$ 中, 子集族 $\mathscr{F}$ 如果满足条件

(1) 若 $A, B \in \mathscr{F}$, 则 $A \cap B \in \mathscr{F}$;

(2) 若 $A \in \mathscr{F}$, 且 $A \subset B$, 则 $B \in \mathscr{F}$,

则称 $\mathscr{F}$ 为一个**对偶理想**(dual ideal). 如果还满足条件

(3) $\varnothing \notin \mathscr{F}$,

则称 $\mathscr{F}$ 为一个**真对偶理想**(proper dual ideal). 证明: 一个集族 $\{A_\lambda|\lambda \in \Lambda\}$ 含于一个真对偶理想中当且仅当它是一个滤子基.

8.5　证明: 映射 $f: X \to Y$ 在点 $x_0 \in X$ 处连续当且仅当滤子基 $\{f(U)|U \in \mathscr{N}(x_0)\}$ 收敛于 x_0.

8.6　设 $f: X \to Y$ 是一个映射, $\mathscr{B}$ 是 Y 的一个滤子基. 证明: $f^{-1}(\mathscr{B}) = \{f^{-1}(B)|B \in \mathscr{B}\}$ 是 X 的滤子基当且仅当对任一 $B \in \mathscr{B}$, 都有 $f^{-1}(B) \neq \varnothing$.

8.7　证明: $A \subset X$ 是闭的当且仅当 A 上的每个收敛滤子基都收敛于 A 中的点.

8.8　设 D 是 X 的一个稠密子集, Y 是正则的 T_1 空间, $f: D \to Y$ 是一个连续映射. 则 f 有一个连续扩张 $F: X \to Y$ 当且仅当对每个 $x \in X$, 滤子基 $f(D \cap \mathscr{N}(x)) = \{f(D \cap U)|U \in \mathscr{N}(x)\}$ 收敛.

8.9　设 $f: X \to Y$ 是一个开的连续满映射. 证明: 对每个 $x \in X$ 及收敛于 $f(x)$ 的滤子基 $\mathfrak{R}$, 存在一个收敛于 x 滤子基 $\mathfrak{R}'$ 使得 $f(\mathfrak{R}') \mapsto \mathfrak{R}$ 且 $\mathfrak{R} \mapsto f(\mathfrak{R}')$.

8.10　空间 X 中的一个滤子基 $\mathscr{F}$ 称为极大的 (也称为超滤子基), 是指没有真从属于它的滤子基, 也就是说, 对任一滤子 $\mathscr{C}$, 若 $\mathscr{C} \vdash \mathscr{F}$, 则也有 $\mathscr{F} \vdash \mathscr{C}$. 由超滤子基生成的滤子称为超滤. 试证明:

(1) $\mathscr{F}$ 是空间 X 的一个超滤子当且仅当对任一 $A \subset X$, 要么 $A \in \mathscr{F}$, 要么 $A^c \in \mathscr{F}$;

(2) 对空间 X 中的任一滤子基 $\mathscr{F}$, 存在一个超滤子基 $\mathscr{C}$ 使得 $\mathscr{C} \vdash \mathscr{F}$;

(3) 对空间 X 中的任一超滤子基 $\mathscr{F}$ 及 $x \in X$, x 是 $\mathscr{F}$ 的聚点当且仅当 x 是 $\mathscr{F}$ 的极限.

8.11　(1) 证明定理 8.2.5(1) 中的 $\operatorname{adh} \mathscr{F} = \operatorname{adh} f$.

(2) 证明定理 8.2.5(2) 中的 $\lim \mathscr{F} = \lim f$.

8.12　证明命题 8.2.1.

8.13　证明定理 8.2.6 和定理 8.2.7.

第 9 讲　拓扑空间的紧致性

9.1　紧致性概念

定义 9.1.1　设 X 是一个拓扑空间. 若 X 的每个开覆盖都有有限的子覆盖, 则称 X 为**紧致空间**, 简称紧空间. 拓扑空间 X 的子空间 A 若是紧致的, 则称 A 是 X 的**紧致子集**, 又称为**紧致子空间**.

例 9.1.1　实数集 $\mathbb{R}$ 带上有限补拓扑 $\Im_f$ 所成的拓扑空间 $(\mathbb{R},\Im_f)$ 是紧空间.

事实上, 若 $\mathscr{U}=\{U_\lambda\,|\lambda\in\Lambda\}$ 是 $(\mathbb{R},\Im_f)$ 的任一开覆盖, 则存在一个 $\lambda_0\in\Lambda$ 使得 $0\in U_{\lambda_0}$. 由有限补拓扑的定义知, $U_{\lambda_0}^{\rm c}$ 为有限集. 不妨设 $U_{\lambda_0}^{\rm c}=\{x_1,x_2,\cdots,x_n\}$, 则存在 $\lambda_i\in\Lambda(i=1,2,\cdots,n)$ 使得 $x_i\in U_{\lambda_i}(i=1,2,\cdots,n)$. 容易看出, $\{U_{\lambda_0},U_{\lambda_1},\cdots,U_{\lambda_n}\}$ 是 $\mathscr{U}$ 的有限子覆盖. 因此 $(\mathbb{R},\Im_f)$ 是紧空间.

但是, 实直线 $\mathbb{R}^1$ 却不是紧空间, 因为其开覆盖 $\{(-n,n)\,|n=1,2,3,\cdots\}$ 显然没有有限的子覆盖. 然而, 实直线的子空间 $I=[0,1]$ 却是紧的, 这由 Borel 有限覆盖定理可知. □

例 9.1.2　例 2.3.3 中所定义的拓扑空间 X 都是紧空间. 事实上, 若 $\mathscr{U}=\{U_\lambda\,|\lambda\in\Lambda\}$ 是拓扑空间 X 的任一开覆盖, 则存在一个 $\lambda_0\in\Lambda$ 使得 $x_0\in U_{\lambda_0}$(其中 x_0 为指定点). 由定义知, $U_{\lambda_0}^{\rm c}$ 为有限集. 不妨设 $U_{\lambda_0}^{\rm c}=\{x_1,x_2,\cdots,x_n\}$, 则存在 $\lambda_i\in\Lambda(i=1,2,\cdots,n)$ 使得 $x_i\in U_{\lambda_i}(i=1,2,\cdots,n)$. 显然 $\{U_{\lambda_0},U_{\lambda_1},\cdots,U_{\lambda_n}\}$ 是 $\mathscr{U}$ 的有限子覆盖. 因此 X 是紧空间. □

例 9.1.3　带平凡拓扑的空间都是紧空间. 离散空间 X 是紧空间当且仅当 X 是有限的. □

命题 9.1.1　设 Y 是 X 的一个子空间, 则 Y 是紧致空间的充分必要条件是: 由 X 的开集族所构成的 Y 的每一个覆盖都有有限子族能覆盖 Y.

证明　必要性. 设 Y 是紧致子空间, $\{U_\lambda\,|\lambda\in\Lambda\}$ 是 X 的开集族, 且使得 $Y\subset\bigcup\{U_\lambda|\lambda\in\Lambda\}$, 则 $\{Y\cap U_\lambda\,|\lambda\in\Lambda\}$ 是子空间 Y 的一个开覆盖. 由 Y 的紧致性可知, 存在有限多个 $\lambda_1,\lambda_2,\cdots,\lambda_n\in\Lambda$ 使得 $Y=\bigcup\limits_{i=1}^{n}(Y\cap U_{\lambda_i})$. 因此有 $Y\subset\bigcup\{U_{\lambda_i}\,|i=1,2,\cdots,n\}$.

充分性. 设 $\{V_\lambda\,|\lambda\in\Lambda\}$ 是子空间 Y 的一个开覆盖, 则对任一 $\lambda\in\Lambda$, 存在 X 中的开集 U_λ 使得 $V_\lambda=Y\cap U_\lambda$. 于是得到 X 的开集族 $\{U_\lambda\,|\lambda\in\Lambda\}$, 它覆盖了 Y. 由假设, 存在有限多个 $\lambda_1,\lambda_2,\cdots,\lambda_n\in\Lambda$ 使得 $Y\subset\bigcup\{U_{\lambda_i}\,|i=1,2,\cdots,n\}$. 从而

$Y=\bigcup\{V_{\lambda_i}\,|i=1,2,\cdots,n\}$, 即 $\{V_{\lambda_i}\,|i=1,2,\cdots,n\}$ 为 $\{V_\lambda\,|\lambda\in\Lambda\}$ 的有限子覆盖. 因此 Y 是紧致的. □

定义 9.1.2 设 $\mathscr{A}$ 是拓扑空间 X 的一个子集族. 如果 $\mathscr{A}$ 的每个非空有限子族都有非空的交, 即对任意有限个 $A_1,A_2,\cdots,A_n\in\mathscr{A}(n\geqslant 1)$, 都有 $\bigcap_{i=1}^{n}A_i\neq\varnothing$, 则称 $\mathscr{A}$ 具有有限交性质.

定理 9.1.1 设 (X,τ) 是一个拓扑空间, $\mathscr{B}$ 是 τ 的一个拓扑基, $\mathscr{C}$ 是 τ 的一个拓扑子基, 则下列七个条件相互等价:

(1) 拓扑空间 (X,τ) 是紧致空间;

(2) (X,τ) 的由 $\mathscr{B}$ 中元素构成的开覆盖都有有限子覆盖;

(3) (X,τ) 的由 $\mathscr{C}$ 中元素构成的开覆盖都有有限子覆盖;

(4) (X,τ) 的每个超网收敛;

(5) (X,τ) 的每个网都有一个收敛的子网;

(6) (X,τ) 的每个网都有一个聚点;

(7) (X,τ) 的每个具有有限交性质的闭集族都有非空的交.

证明 (1) 蕴涵 (2). 显然成立, 因为 $\mathscr{B}$ 中的元素都是开集.

(2) 蕴涵 (3). 显然成立, 因为 $\mathscr{C}\subset\mathscr{B}$.

(3) 蕴涵 (4). 反证. 若 X 有一个超网 f 不收敛, 则对任一 $x\in X$, 都有 $x\notin\lim f$. 从而存在一个 $U\in\mathscr{N}(x)$, 使得 f 不终在 U 内. 另一方面, 存在 $V_1,V_2,\cdots,V_n\in\mathscr{C}$ 使得 $x\in V_1\cap V_2\cap\cdots\cap V_n\subset U$. 因此必存在某个 $i(x)\leqslant n$, 使得 f 不终在 $V_{i(x)}$ 内. 由于 f 是超网, 故 f 终在 $V_{i(x)}^{\mathrm{c}}$ 内. 由于 X 的子族 $\{V_{i(x)}\,|x\in X\}$ 覆盖 X, 由假设 (3), 存在 $x_1,x_2,\cdots,x_k\in X$ 使得 $X=\bigcup_{j=1}^{k}V_{i(x_j)}$. 这样一来, f 终在 $\bigcap_{j=1}^{k}V_{i(x_j)}^{\mathrm{c}}=\varnothing$ 内, 矛盾! 故 f 收敛.

(4) 蕴涵 (5). 设 f 是 X 的任一网. 由定理 8.1.6, f 有一个超子网 g. 由假设 (4) 知 g 收敛.

(5) 蕴涵 (6). 由定理 8.1.2(3) 知.

(6) 蕴涵 (7). 设 $\mathscr{F}$ 是 X 内的任一具有有限交性质的非空闭集族, 要证明 $\bigcap\mathscr{F}\neq\varnothing$. 为此, 我们记

$$D=\{A_1\cap A_2\cap\cdots\cap A_k\,|\forall i\leqslant k,A_i\in\mathscr{F},k\in\mathbb{N}\}.$$

则显然 $D\neq\varnothing$. 在 D 上定义一个二元关系 $\leqslant$ 如下:

对任意两个 $\alpha,\beta\in D,\beta\leqslant\alpha$ 当且仅当 $\alpha\subset\beta$.

则容易看出, $(D, \geqslant)$ 是一个定向集. 对任一 $\alpha \in D$, 由于 $\alpha \neq \varnothing$, 任取一点 $x_\alpha \in \alpha$, 则 $f = (x_\alpha \,|\, \alpha \in D)$ 是一个网. 由假设, 存在 $x^* \in \operatorname{adh} f$. 只需再证明 $x^* \in \bigcap \mathscr{F}$ 即可.

事实上, 若不然, 则存在 $A \in \mathscr{F}$ 使得 $x^* \notin A$. 从而 $A^c \in \mathscr{N}(x^*)$, 并且 $A \in D$. 故存在 $\beta \in D$, 使得 $\beta \geqslant A$, 并且 $x_\beta \in A^c$. 但是 $x_\beta \in \beta \subset A$. 矛盾! 由此, 必有 $x^* \in \bigcap \mathscr{F}$.

(7) 蕴涵 (1). 设 $\mathscr{U} = \{U_\lambda \,|\, \lambda \in \Lambda\}$ 是空间 (X, τ) 的任一开覆盖, 对任一 $\lambda \in \Lambda$, 令 $F_\lambda = X - U_\lambda$. 则得到一个闭集族 $\mathscr{F} = \{F_\lambda \,|\, \lambda \in \Lambda\}$. 由于 $\bigcup \mathscr{U} = X$, 故 $\bigcap \mathscr{F} = X - \bigcup \mathscr{U} = \varnothing$. 若 $\mathscr{U}$ 没有有限子覆盖, 即对任意有限个 $\lambda_1, \lambda_2, \cdots, \lambda_n \in \Lambda$, 都有 $\bigcup\limits_{i=1}^{n} U_{\lambda_i} \neq X$, 从而 $\bigcap\limits_{i=1}^{n} F_{\lambda_i} = X - \bigcup\limits_{i=1}^{n} U_{\lambda_i} \neq \varnothing$. 即 $\mathscr{F}$ 具有有限交性质. 依据假设, 将有 $\bigcap \mathscr{F} \neq \varnothing$. 矛盾! 因此 $\mathscr{U}$ 有有限子覆盖. 即空间 (X, τ) 是紧致的. □

由上述定理及定理 8.2.5, 自然有如下的定理.

定理 9.1.2 拓扑空间 X 是紧致的当且仅当它的每个滤子都有一个聚点. □

9.2 紧致空间的基本性质

紧致性并不是可遗传的性质. 比如紧致空间 $[0,1] \subset \mathbb{R}^1$ 的子空间 $(0,1]$ 就不是紧致的. 但是, 紧致性对闭子空间却是可遗传的, 即有下面的命题.

命题 9.2.1 紧致空间的每个闭子空间都是紧致的.

证明 设 $\{V_\lambda \,|\, \lambda \in \Lambda\}$ 是紧致空间 X 的闭子空间 Y 的一个开覆盖, 则对任一 $\lambda \in \Lambda$, 存在 X 中的开集 U_λ 使得 $V_\lambda = Y \cap U_\lambda$. 于是得到 X 的开覆盖 $\{U_\lambda \,|\, \lambda \in \Lambda\} \cup \{Y^c\}$. 由于 X 的紧致性, 存在有限个元素 $\lambda_1, \lambda_2, \cdots, \lambda_n \in \Lambda$ 使得 $X = \bigcup \{U_{\lambda_i} \,|\, i = 1, 2, \cdots, n\} \cup \{Y^c\}$. 显然, 有 $Y = \bigcup \{V_{\lambda_i} \,|\, i = 1, 2, \cdots, n\}$. 可见, 子空间 Y 也是紧致的. □

命题 9.2.2 紧致空间在连续映射下的像是紧致的.

证明 设 $f: X \to Y$ 是一个连续映射, 而 X 是一个紧致空间. 对于子空间 $f(X) \subset Y$ 的任一开覆盖 $\mathscr{W} = \{W_\lambda \,|\, \lambda \in \Lambda\}$, 对每个 $\lambda \in \Lambda$, 有 Y 中的开集 V_λ 使得 $W_\lambda = V_\lambda \cap Y$. 于是开集族 $\{f^{-1}(V_\lambda) \,|\, \lambda \in \Lambda\}$ 是 X 的一个覆盖. 由于 X 是紧的, 因此有有限子覆盖 $\{f^{-1}(V_{\lambda_i}) \,|\, i = 1, 2, \cdots, n\}$, 即有

$$\bigcup \{f^{-1}(V_{\lambda_i}) \,|\, i = 1, 2, \cdots, n\} = X.$$

于是由

$$f(X) = f\left(\bigcup \{f^{-1}(V_{\lambda_i}) \,|\, i = 1, 2, \cdots, n\}\right) = \bigcup \{f \circ f^{-1}(V_{\lambda_i}) \,|\, i = 1, 2, \cdots, n\}$$

$$\subset \bigcup \{V_{\lambda_i} \,|\, i = 1, 2, \cdots, n\}$$

可知, $\{W_{\lambda_1}, W_{\lambda_2}, \cdots, W_{\lambda_n}\}$ 是 $\mathscr{W}$ 的有限子覆盖. 从而 $f(X)$ 是紧致子空间. □

这个命题表明, 紧致性被连续映射所保持, 自然也就被同胚映射所保持. 因此紧致性是一种拓扑性质. 然而, 下面例 9.2.1 表明, 即使映射 $f: X \to Y$ 是连续的满映射, 且 Y 是紧的, 也不能保证 X 是紧的. 也就是说, 紧致性并不是被连续映射逆保持的一种拓扑性质.

例 9.2.1 从例 9.1.1 我们知道, $\mathbb{R}^1$ 不是紧空间. 但是 Borel 有限覆盖定理告诉我们, $\mathbb{R}^1$ 的子空间 $[-1, 1]$ 却是紧的. 同时映射 $f: \mathbb{R}^1 \to [-1, 1], f(x) = \sin x$ 是连续满射. 由此可知, 紧空间在连续映射下的逆像未必是紧空间. □

然而, 如果连续映射 $f: X \to Y$ 的纤维有所限制, 情形就可能不一样了.

定义 9.2.1 若映射 $f: X \to Y$ 是连续的、闭的满映射, 且 $\forall y \in Y, f^{-1}(y)$ 都是 X 的紧子集, 则称 f 为**完备映射**.

命题 9.2.3 若 $f: X \to Y$ 是完备映射, 且 Y 是紧的, 则 X 也是紧的.

证明 设 $\mathscr{U} = \{U_\lambda \,|\, \lambda \in \Lambda\}$ 是 X 的任一开覆盖. 对任一 $y \in Y$, 由 $f^{-1}(y)$ 的紧性, 存在 $\mathscr{U}$ 中有限个元素 $U_{\lambda_1(y)}, U_{\lambda_2(y)}, \cdots, U_{\lambda_{n(y)}(y)}$, 它们构成 $f^{-1}(y)$ 的覆盖. 由于 f 是闭映射, 故由定理 3.2.2 知, 存在开邻域 $V_y \in \mathscr{N}(y)$ 使得 $f^{-1}(V_y) \subset U_{\lambda_1(y)} \cup U_{\lambda_2(y)} \cup \cdots \cup U_{\lambda_{n(y)}(y)}$. 于是得到 Y 的一个开覆盖 $\{V_y \,|\, y \in Y\}$. 由于 Y 的紧性, 存在有限个 $y_1, y_2, \cdots, y_k \in Y$ 使得 $Y = V_{y_1} \cup V_{y_2} \cup \cdots \cup V_{y_k}$. 于是有

$$\begin{aligned} X = f^{-1}(Y) &= f^{-1}(V_{y_1}) \cup f^{-1}(V_{y_2}) \cup \cdots \cup f^{-1}(V_{y_k}) \\ &\subset \bigcup_{i=1}^{k} \left[U_{\lambda_1(y_i)} \cup U_{\lambda_2(y_i)} \cup \cdots \cup U_{\lambda_{n(y_i)}(y_i)} \right] \subset X. \end{aligned}$$

可见, $\{U_{\lambda_j(y_i)} \,|\, 1 \leqslant i \leqslant k, 1 \leqslant j \leqslant n(y_i)\}$ 是 $\mathscr{U}$ 的有限子覆盖. 因此 X 也是紧的. □

命题 9.2.4 (1) 设 A, B 是 Hausdorff 空间 X 的任意两个不相交的紧致子集, 则存在邻域 $U \in \mathscr{N}(A)$ 和 $V \in \mathscr{N}(B)$, 使得 $U \cap V = \varnothing$.

(2) Hausdorff 空间的紧子集都是闭集.

证明 (1) 设 A, B 是 Hausdorff 空间 X 的任意两个不相交的紧子集. 对于给定的 $x \in A$, 对任一 $y \in B$, 存在 $U(x, y) \in \mathscr{N}(x), V(x, y) \in \mathscr{N}(y)$ 使得 $U(x, y) \cap V(x, y) = \varnothing$. 这样我们得到紧子集 B 的一个开覆盖 $\{V(x, y) | y \in B\}$. 由 B 的紧性, 该覆盖有有限子覆盖

$$\{V(x, y_1), V(x, y_2), \cdots, V(x, y_n) | y_i \in B, 1 \leqslant i \leqslant n\}.$$

现在令

$$U(x) = \bigcap_{i=1}^{n} U(x, y_i), \quad V(x) = \bigcup_{i=1}^{n} V(x, y_i),$$

则 $U(x), V(x)$ 都是开集, 并且不难看出, $U(x) \in \mathscr{N}(x), V(x) \in \mathscr{N}(B), U(x) \cap V(x) = \varnothing$. 同时, 集族 $\{U(x) | x \in A\}$ 构成 A 的开覆盖, 从而由 A 的紧致性, 它也有有限的子覆盖 $\{U(x_1), U(x_2), \cdots, U(x_n)\}$. 再令

$$U = \bigcup_{i=1}^{n} U(x_i), \quad V = \bigcap_{i=1}^{n} V(x_i).$$

则不难验证, $U \in \mathscr{N}(A), V \in \mathscr{N}(B)$, 且 $U \cap V = \varnothing$.

(2) 设 A 是 Hausdorff 空间 X 的任一紧子集. 对任一 $x \in X - A$, $\{x\}$ 与 A 是两个不相交的紧子集. 由 (1) 知, 存在 $U \in \mathscr{N}(x), V \in \mathscr{N}(A)$, 使得 $U \cap V = \varnothing$. 故 $x \in U \subset V^c \subset A^c$. 这表明, x 是 A 的内点. 可见 A^c 是开集, 从而 A 是一个闭集. □

由命题 9.2.1 和命题 9.2.4 可得如下的推论.

推论 9.2.1 每个紧致的 Hausdorff 空间都是正规空间. □

命题 9.2.5 正则的紧空间是正规空间, 也是完全正则的.

证明 设 X 是一个正则的紧空间. 我们先证明, X 是正规空间. 设 A, B 是 X 的两个不相交的闭集. 对任一 $x \in A$, 有 $x \notin B$. 由正则性, 存在 $U_x \in \mathscr{N}(x), V_x \in \mathscr{N}(B)$ 使得 $U_x \cap V_x = \varnothing$. 这样得到 A 的一个开覆盖 $\{U_x | x \in A\}$. 由于 X 是紧的, 故由命题 9.2.1 知, A 是紧致的. 再由命题 9.1.1 知, 存在 A 中的有限个点 $x_1, x_2, \cdots, x_n$ 使得 $A \subset \bigcup_{i=1}^{n} U_{x_i}$. 令 $U = \bigcup_{i=1}^{n} U_{x_i}, V = \bigcap_{i=1}^{n} V_{x_i}$, 则

$$U \in \mathscr{N}(A), \quad V \in \mathscr{N}(B), \quad 且 U \cap V = \varnothing.$$

可见, X 是正规的.

下面再证明 X 是完全正则的. 设 $x \in X - F$, 其中 F 是 X 的一个闭子集. 则由正则性, 存在 $U \in \mathscr{N}(x)$ 使得 $x \in U \subset \overline{U} \subset X - F$. 这样得到两个不相交的闭集 $\overline{U}$ 和 F. 由正规性及 Urysohn 引理, 存在一个连续函数 $f: X \to I$ 使得 $f(\overline{U}) \subset \{0\}, f(F) \subset \{1\}$. 显然 $f(x) = 0$. 故 X 是完全正则的. □

命题 9.2.6 设 $f: X \to Y$ 是连续的一一对应, 其中 X 是紧致的, Y 是 T_2 空间. 那么 $f: X \to Y$ 是同胚.

证明 只需证明 $f^{-1}: Y \to X$ 也连续. 对于 X 的任一闭子集 F, 由 X 是紧致的可知, F 是 X 的紧致子集. 而由 $f: X \to Y$ 是连续的又可知, $(f^{-1})^{-1}(F) = f(F)$ 是紧致的. 因为 Y 是 T_2 空间, 故 $f(F)$ 是闭集, 也即 $(f^{-1})^{-1}(F)$ 是闭集. 可见 $f^{-1}: Y \to X$ 连续. □

定理 9.2.1 (Tychonoff 定理) 拓扑空间族 $\{X_\lambda | \lambda \in \Lambda\}$ 的积空间 $X = \prod_{\lambda \in \Lambda} X_\lambda$ 是紧致的当且仅当每个因子空间 X_λ 都是紧致的.

证明　充分性. 假设每个因子空间 X_λ 都是紧致的, Σ_0 为 X 的任一具有有限交性质的非空闭集族, 且对任一 $F\in\Sigma_0, F\neq\varnothing$. 记

$$\Gamma=\left\{\Sigma' \mid \Sigma' \text{ 是 } X \text{ 中具有有限交性质的子集族, 且 } \Sigma_0\subset\Sigma'\right\}.$$

则显然 $\Sigma_0\in\Gamma$. 我们在 Γ 上定义一个偏序 $\leqslant$ 如下:

$$\text{对任意两个 } \Sigma_1,\Sigma_2\in\Gamma, \Sigma_1\leqslant\Sigma_2 \text{ 当且仅当 } \Sigma_1\subset\Sigma_2.$$

则 $(\Gamma,\leqslant)$ 是一个偏序集, 并且对于 $(\Gamma,\leqslant)$ 的任意一个全序子族 Γ_1, 易见 $\bigcup\Gamma_1$ 即为 Γ_1 的上界. 因此根据 Kuratowski-Zorn 引理可知, $(\Gamma,\leqslant)$ 有一个极大的全序子族 Γ_0 使得 $\Sigma_0\in\Gamma_0$.

记 $\Sigma=\bigcup\{\Sigma'|\Sigma'\in\Gamma_0\}$, 则 $\Sigma_0\subset\Sigma$, 且 Σ 满足如下条件:

(1) Σ 具有有限交性质, 并且对有限交运算封闭;

(2) 若 $A\subset X$, 且对每一 $F\in\Sigma$, 都有 $F\cap A\neq\varnothing$, 则 $A\in\Sigma$.

事实上, 任取有限个 $A_1,A_2,\cdots,A_n\in\Sigma$, 则对每个 $i\leqslant n$, 存在 $\Sigma_i\in\Gamma_0$ 使得 $A_i\in\Sigma_j$. 由于 Γ_0 为全序集, 因此可设 $\Sigma_i\leqslant\Sigma_2\leqslant\cdots\leqslant\Sigma_n$. 从而 $A_1,A_2,\cdots,A_n\in\Sigma_n$. 由于 Σ_n 具有有限交性质, 故 $\bigcap\limits_{i=1}^{n}A_i\neq\varnothing$. 因此 Σ 具有有限交性质. 下面再证明 $\bigcap\limits_{i=1}^{n}A_i\in\Sigma$. 若不然, 记 $\Sigma^*=\Sigma\cup\left\{\bigcap\limits_{i=1}^{n}A_i\right\}$. 则 Σ 真包含于 Σ^*. 但由于 $\Sigma_0\subset\Sigma^*$, 并且容易看出 Σ^* 也具有有限交性质, 故 $\Sigma^*\in\Gamma$, 并且 $\Gamma_0\cup\{\Sigma^*\}$ 是全序集 (其中 Σ^* 为最大元), 且 $\Sigma_0\in\Gamma_0\cup\{\Sigma^*\}$. 这与 Γ_0 的极大性相矛盾. 因此 Σ 对有限交运算封闭. (1) 真.

其次, 设 $A\subset X$, 且对每一 $F\in\Sigma$, 都有 $F\cap A\neq\varnothing$. 若记 $\hat{\Sigma}=\Sigma\cup\{A\}$, 则易见 $\Sigma_0\subset\hat{\Sigma}$. 而由 (1) 可知, $\hat{\Sigma}$ 也具有有限交性质. 因此 $\hat{\Sigma}\in\Gamma$. 由 Γ_0 的极大性可知, $\Gamma_0\cup\{\hat{\Sigma}\}=\Gamma_0$, 即有 $\hat{\Sigma}\in\Gamma_0$. 因此 $A\in\Sigma$. (2) 真.

为了完成证明, 只需证明 $\bigcap\Sigma_0\neq\varnothing$. 由于 $\Sigma_0\subset\Sigma$, 且 Σ_0 为闭集族, 故只需再证明: 存在点 $x\in X$ 使得对任一 $F\in\Sigma$, 都有 $x\in\overline{F}$. 为此, 只需证明对任一 $U\in\mathscr{N}(x)$, 任一 $F\in\Sigma$, 都有 $U\cap F\neq\varnothing$.

注意到 Σ 具有有限交性质, 且对任一 $\lambda\in\Lambda, \pi_\lambda: X\to X_\lambda$ 是连续满射, 故对任意 $\Sigma'\subset\Sigma$, 有

$$\begin{aligned}\bigcap\left\{\overline{\pi_\lambda(F)}\,|F\in\Sigma'\right\}&\supset\bigcap\left\{\pi_\lambda(\overline{F})\,|F\in\Sigma'\right\}\\&\supset\pi_\lambda\left(\bigcap\{\overline{F}\,|F\in\Sigma'\}\right)\supset\pi_\lambda\left(\bigcap\{F\,|F\in\Sigma'\}\right).\end{aligned}$$

因此 $\left\{\overline{\pi_\lambda(F)}\,|F\in\Sigma\right\}$ 也具有有限交性质. 又因为 X_λ 是紧致空间, 故存在 $x_\lambda\in\bigcap\left\{\overline{\pi_\lambda(F)}\,|F\in\Sigma\right\}$. 记 $x=(x_\lambda)_{\lambda\in\Lambda}$. 则 $x\in X$, 且对任一 $U\in\mathscr{N}(x)$, 存在 $\lambda_1,\lambda_2,$

$\cdots,\lambda_n\in\Lambda$ 使得

$$x\in\pi_{\lambda_1}^{-1}(U_1)\cap\pi_{\lambda_2}^{-1}(U_2)\cap\cdots\cap\pi_{\lambda_n}^{-1}(U_n)\subset U,$$

其中 U_i 为 X_{λ_i} 中的开集 $(1\leqslant i\leqslant n)$. 对任一 $F\in\Sigma$, 由于 $x_{\lambda_i}\in\overline{\pi_{\lambda_i}(F)}$, 故 $U_i\cap\pi_{\lambda_i}(F)\neq\varnothing$. 从而

$$\pi_{\lambda_i}^{-1}(U_i)\cap F\neq\varnothing,\quad i=1,2,\cdots,n.$$

因此由 (2) 知, $\pi_{\lambda_i}^{-1}(U_i)\in\Sigma$. 又由 (1) 知 $\pi_{\lambda_1}^{-1}(U_1)\cap\pi_{\lambda_2}^{-1}(U_2)\cap\cdots\cap\pi_{\lambda_n}^{-1}(U_n)\in\Sigma$. 因而有 $U\cap F\neq\varnothing$. 可见 $x\in\overline{F}$. 于是

$$x\in\bigcap\{\overline{F}|F\in\Sigma\}\subset\bigcap\{\overline{F}|F\in\Sigma_0\}=\bigcap\{F|F\in\Sigma_0\}.$$

因此 $\bigcap\Sigma_0\neq\varnothing$. 故 X 是紧致空间.

必要性. 由于每个投射 $\pi_\lambda:\prod X_\lambda\to X_\lambda$ 是连续的、开的、满映射, 由命题 9.2.2 可知, 当积空间 $\prod\limits_{\lambda\in\Lambda}X_\lambda$ 紧致时, 每个因子空间 X_λ 也是紧致的. □

注 下面用网收敛方法给出 Tychonoff 定理中的 "充分性" 部分的另一个很简短的证明.

设 $X=\prod\limits_{\lambda\in\Lambda}X_\lambda$, 其中每个 X_λ 都是紧空间. 设 $\pi_\lambda:X\to X_\lambda$ 为投射, 它是连续的、开的满映射. 又设 f 是 X 的任一超网. 由定理 8.1.5 知, 对任一 $\lambda\in\Lambda$, 复合映射 $\pi_\lambda\circ f$ 是紧空间 X_λ 内的一个超网. 而据定理 9.1.1(4), $\pi_\lambda\circ f$ 收敛, 不妨设 $\pi_\lambda\circ f$ 收敛于 $x_\lambda\in X_\lambda$. 则由定理 8.1.4, f 收敛于 $x=(x_\lambda)_{\lambda\in\Lambda}\in X$. 再由定理 9.1.1 知, X 是紧空间.

Tychonoff 定理表明, 紧致性是一种可乘的拓扑性质.

定理 9.2.2 (Wallace) 设 A,B 分别是拓扑空间 X 和 Y 的任意两个非空的紧子集. 则对 $A\times B$ 的任一邻域 W, 存在 $U\in\mathscr{N}(A),V\in\mathscr{N}(B)$ 使得 $U\times V\subset W$.

证明 对于固定的一个 $y\in B$, 对任一 $x\in A$, 也有 $W\in\mathscr{N}((x,y))$. 故存在开集 $G(x,y)\in\mathscr{N}(x)$ 和 $H(x,y)\in\mathscr{N}(y)$ 使得 $G(x,y)\times H(x,y)\subset W$. 开集族 $\{G(x,y)\,|x\in A\}$ 是紧子集 A 的开覆盖, 因此有一个有限的子覆盖, 即存在 $x_1,x_2,\cdots,x_m\in A$ 使得 $A\subset\bigcup\{G(x_i,y)\,|1\leqslant i\leqslant m\}$. 令

$$G(y)=\bigcup_{i=1}^m G(x_i,y),\quad H(y)=\bigcap_{i=1}^m H(x_i,y).$$

则不难看出, $G(y),H(y)$ 都是开集, $G(y)\in\mathscr{N}(A),H(y)\in\mathscr{N}(y)$, 且 $G(y)\times H(y)\subset W$.

开集族 $\{H(y)\,|y \in B\}$ 又是紧子集 B 的开覆盖, 因此也有一个有限的子覆盖, 即存在 $y_1, y_2, \cdots, y_n \in B$ 使得 $B \subset \bigcup \{H(y_j)\,|1 \leqslant j \leqslant n\}$. 再令

$$V = \bigcup_{j=1}^{n} H(y_j), \quad U = \bigcap_{j=1}^{n} G(y_j).$$

则容易验证, $U \in \mathscr{N}(A), V \in \mathscr{N}(B), U \times V \in \mathscr{N}(A \times B)$, 并且 $U \times V \subset W$. □

这个定理包含如下的管状引理作为特例.

推论 9.2.2 (管状引理)　在积空间 $X \times Y$ 中, 若 Y 是紧空间, $x_0 \in X, W \in \mathscr{N}(\{x_0\} \times Y)$, 则 W 中必包含着含有 $\{x_0\} \times Y$ 的一根管子 $U \times Y$, 其中 $U \in \mathscr{N}(x_0)$. □

Wallace 定理被 Z. Frolik 和 Y. F. Lin(1960) 两人独立地推广成如下更一般的形式.

定理 9.2.3　设对任一 $\lambda \in \Lambda, A_\lambda$ 是空间 X_λ 的非空紧子集, $A = \prod\limits_{\lambda \in \Lambda} A_\lambda$. 那么对于 A 的每一个邻域 W 及任一 $\lambda \in \Lambda$, 存在 $U_\lambda \in \mathscr{N}(A_\lambda)$ 使得 $\prod\limits_{\lambda \in \Lambda} U_\lambda \in \mathscr{N}(A)$, 且 $\prod\limits_{\lambda \in \Lambda} U_\lambda \subset W$.

证明　首先, 由归纳法容易证得, 当 Λ 是有限集时, 定理是成立的.

下面设 Λ 是无限集, W 是 A 的任一邻域, 则对每个 $x \in A$, 也有 $W \in \mathscr{N}(x)$. 因此有积空间 $X = \prod\limits_{\lambda \in \Lambda} X_\lambda$ 的一个标准基元 V_x 使得 $x \in V_x \subset W$. 由定理 9.2.1 知, $A = \prod\limits_{\lambda \in \Lambda} A_\lambda$ 是紧的, 故其开覆盖 $\{V_x\,|x \in A\}$ 有有限的子覆盖, 即存在 $x_1, x_2, \cdots, x_m \in A$ 使得 $A \subset \bigcup\limits_{i=1}^{m} V_{x_i}$. 不妨记 $V_{x_i} = \prod\limits_{\lambda \in \Lambda} V_\lambda^i (1 \leqslant i \leqslant m)$, 则有有限集 Λ_i 使得对任一 $\lambda \in \Lambda - \Lambda_i$, 都有 $V_\lambda^i = X_\lambda$.

为方便起见, 记 $\Lambda_0 = \Lambda_1 \cup \Lambda_2 \cup \cdots \cup \Lambda_m$, 则对任一 $\lambda \in \Lambda - \Lambda_0, 1 \leqslant i \leqslant m$, 有 $V_\lambda^i = X_\lambda$.

令

$$V' = \bigcup_{i=1}^{m} \prod_{\lambda \in \Lambda_0} V_\lambda^i, \quad V'' = \prod_{\lambda \in \Lambda - \Lambda_0} X_\lambda, \quad B = \prod_{\lambda \in \Lambda - \Lambda_0} A_\lambda.$$

则

$$\left(\prod_{\lambda \in \Lambda_0} A_\lambda\right) \times B = A \subset \bigcup_{i=1}^{m} V_{x_i} = V' \times V'' \subset W, \quad 且 V' \in \mathscr{N}\left(\prod_{\lambda \in \Lambda_0} A_\lambda\right).$$

对任一 $\lambda \in \Lambda_0$, 存在 $U_\lambda \in \mathscr{N}(A_\lambda)$ 使得 $\prod_{\lambda\in\Lambda_0} U_\lambda \subset V''$; 而对于 $\lambda \in \Lambda - \Lambda_0$, 令 $U_\lambda = X_\lambda$. 则不难看出, 对每个 $\lambda \in \Lambda$, 都有 $U_\lambda \in \mathscr{N}(A_\lambda)$, 且 $\prod_{\lambda\in\Lambda} U_\lambda \in \mathscr{N}(A)$, $\prod_{\lambda\in\Lambda} U_\lambda \subset V' \times V'' \subset W$. □

形如 $\prod_{\lambda\in\Lambda} U_\lambda$ 的邻域通常称为**管状邻域**. 当各个 A_λ 不都是紧子集时, 上述定理一般是不成立的, 下面这个例子说明了这一点.

例 9.2.2 在实平面 $\mathbb{R}^2$ 中, 我们观察子集 $\mathbb{R}^1 \times \{0\}$, 也就是 $\mathbb{R}^2$ 中的 x 轴. 令 $W = \{(x,y) \,|\, |y| < \mathrm{e}^{-|x|}\}$, 则不难看出, W 是个开集, 并且 $W \in \mathscr{N}(\mathbb{R}^1 \times \{0\})$ (如图 9-1 所示). 但是由于 $\lim\limits_{x\to\infty} \mathrm{e}^{-|x|} = 0$, 因此不存在 $\varepsilon > 0$ 使得 $\mathbb{R}^1 \times (-\varepsilon, \varepsilon) \subset W$. 因此, $\mathbb{R}^1 \times \{0\}$ 没有管状邻域 $U \times V$ 能够满足 $U \times V \subset W$. □

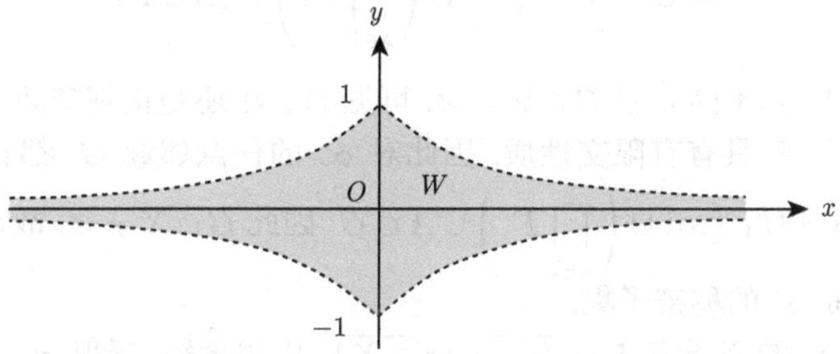

图 9-1

定理 9.2.4 (Kuratowski) 设 X 是一个 Hausdorff 空间, 则下列三个条件等价:

(1) X 是紧致的;

(2) 对每个拓扑空间 Y, 投射 $\pi_Y : X \times Y \to Y$ 是闭映射;

(3) 对每个正规空间 Y, 投射 $\pi_Y : X \times Y \to Y$ 是闭映射.

证明 (1) 蕴涵 (2). 设 X 是一个紧 Hausdorff 空间, F 是积空间 $X \times Y$ 的任一闭子集. 若 $y \notin \pi_Y(F)$, 则 $X \times \{y\} \subset X \times Y - F$. 由于 $X \times Y - F$ 是开集, 因此由 Wallace 定理知, 存在 $V \in \mathscr{N}(y)$ 使得 $X \times \{y\} \subset X \times V \subset X \times Y - F$. 由此可知, $V \cap \pi_Y(F) = \varnothing$. 因此 $\pi_Y(F)$ 是闭集. 可见 π_Y 是闭映射.

(2) 蕴涵 (3). 显然.

(3) 蕴涵 (1). 设 (X, τ) 是一个 Hausdorff 空间, 且对每个正规空间 Y, 投射 $\pi_Y : X \times Y \to Y$ 都是闭映射. 若存在 X 的一个具有有限交性质的非空闭集族 $\mathscr{F} = \{F_\lambda \,|\, \lambda \in \Lambda\}$ 使得 $\bigcap \mathscr{F} = \varnothing$, 我们将得到一个矛盾! 事实上, 设 $\infty \notin X$, 令

$Y = X \cup \{\infty\}$, 并令

$$\Im = 2^X \cup \left\{ \{\infty\} \cup \left(\bigcap_{\lambda \in \Gamma} F_\lambda \right) \cup A \middle| \Gamma \subset \Lambda, 0 < |\Gamma| < \aleph_0, A \subset X \right\}.$$

则不难验证, $\Im$ 是 Y 上的一个拓扑. 由于 $X \in \Im$, 故 $\{\infty\}$ 是 Y 的闭子集. 又由 $\bigcap \mathscr{F} = \varnothing$, 对任一 $x \in X$, 存在 $\lambda \in \Lambda$ 使得 $x \notin F_\lambda$. 于是 $Y - \{x\} = \{\infty\} \cup F_\lambda \cup (X - F_\lambda - \{x\}) \in \Im$, 故 $\{x\}$ 也是 Y 的闭子集. 这说明 $(Y, \Im)$ 是 T_1 空间. 又由于 Y 中不含 ∞ 的子集都是开集, 故对 Y 中任意两个不相交的闭集 E, F, 若 E, F 都不含 ∞, 则 $E \in \mathscr{N}(E), F \in \mathscr{N}(F)$, 且 $E \cap F = \varnothing$; 否则, 设 $\infty \in F$, 则由 $E^c \in \mathscr{N}(\infty)$ 知, 存在 $\Gamma \subset \Lambda, 0 < |\Gamma| < \aleph_0, A \subset X$ 使得 $\{\infty\} \cup \left(\bigcap_{\lambda \in \Gamma} F_\lambda \right) \cup A \subset E^c$. 记

$$U = E, \quad V = \{\infty\} \cup \left(\bigcap_{\lambda \in \Gamma} F_\lambda \right) \cup (A \cup F),$$

则 $U \in \mathscr{N}(E), V \in \mathscr{N}(F)$, 且 $U \cap V = \varnothing$. 可见 $(Y, \Im)$ 还是正规空间.

此外, 由于 $\mathscr{F}$ 具有有限交性质, 因此对 ∞ 的任意邻域 G, 都有 $\Gamma \subset \Lambda, 0 < |\Gamma| < \aleph_0, A \subset X$ 使得 $\{\infty\} \cup \left(\bigcap_{\lambda \in \Gamma} F_\lambda \right) \cup A \subset G$, 因此 $G \cap X \neq \varnothing$. 故在 $(Y, \Im)$ 中有 $\overline{X} = Y$, 即 X 是 Y 的稠密子集.

考虑 $X \times Y$ 的闭子集 $F = \overline{\{(x, x) \,|\, x \in X\}}$, 由假设知, 投射 $\pi_Y : X \times Y \to Y$ 是闭映射, 因此 $\pi_Y(F)$ 是 Y 的闭子集. 由于有 $X \subset \pi_Y(F)$, 故 $\pi_Y(F) = Y$. 这说明 $\infty \in \pi_Y(F)$. 因此存在一个 $x_0 \in X$ 使得 $(x_0, \infty) \in F$. 于是对任一 $U \in \mathscr{N}(x_0)$ 及任一 $\lambda \in \Lambda$, 由于 $U \times (\{\infty\} \cup \{F_\lambda\}) \in \mathscr{N}(x_0, \infty)$, 故

$$(U \times (\{\infty\} \cup \{F_\lambda\})) \cap \{(x, x) \,|\, x \in X\} \neq \varnothing.$$

从而 $U \cap F_\lambda \neq \varnothing$. 由于 F_λ 为闭集, 故 $x_0 \in F_\lambda$. 由 λ 的任意性知, $x_0 \in \bigcap_{\lambda \in \Lambda} F_\lambda$. 矛盾!

这说明, X 的任一具有有限交性质的非空闭集族 $\mathscr{F} = \{F_\lambda \,|\, \lambda \in \Lambda\}$ 必有 $\bigcap \mathscr{F} \neq \varnothing$, 因此 X 是紧致空间. □

9.3　度量空间中的紧致性

定理 9.3.1　度量空间中的紧致子集都是有界闭集.

证明　设 A 是度量空间 (X, d) 的紧致子集. 由于度量空间都是 Hausdorff 空间, 因此由命题 9.2.4 知, A 是闭集. 下面证明 A 是有界的. 任取一点 $x \in A$, 则

$\{B_d(x,n)\,|n\in\mathbb{N}\}$ 是 X 的一个开集族, 且显然构成 A 的覆盖. 由 A 的紧致性, 存在一个 $n\in\mathbb{N}$ 使得 $A\subset B_d(x,n)$. 这表明 A 是有界的. □

但是, 必须注意, 该命题的逆命题并不真. 见下面这个例子.

例 9.3.1 在实数集 $\mathbb{R}$ 上定义一个度量 $d:\mathbb{R}\times\mathbb{R}\to\mathbb{R}^1$ 使得

$$d(x,y)=\begin{cases}0, & x=y,\\ 1, & x\neq y.\end{cases}$$

则在度量空间 $(\mathbb{R},d)$ 中, $\mathbb{R}$ 是有界闭子集, 但是其开覆盖 $\mathscr{B}=\left\{B_d\left(x,\frac{1}{2}\right)\middle|x\in\mathbb{R}\right\}$ 没有有限子覆盖, 因此 $(\mathbb{R},d)$ 并不是紧致的. □

定理 9.3.2 设 (X,d) 是一个紧致度量空间, $\mathscr{U}=\{U_\lambda\,|\lambda\in\Lambda\}$ 是其一个开覆盖. 则存在一个正数 $L_{\mathscr{U}}$ 使得对任一正数 $\rho<L_{\mathscr{U}}$ 及任一点 $x\in X$, 必有 $\lambda\in\Lambda$ 使得 $B_d(x,\rho)\subset U_\lambda$.

证明 对任一 $x\in X$, 由于 $\mathscr{U}$ 是覆盖, 存在一个 $\lambda_x\in\Lambda$ 使得 $x\in U_{\lambda_x}$. 由于 U_{λ_x} 是开集, 故存在一个正数 δ_x 使得 $B_d(x,\delta_x)\subset U_{\lambda_x}$. 由于 (X,d) 是一个紧致度量空间, 故其开覆盖 $\left\{B_d\left(x,\frac{1}{2}\delta_x\right)\middle|x\in X\right\}$ 有有限子覆盖, 即存在 $x_1,x_2,\cdots,x_n\in X$ 使得 $X=\bigcup\limits_{i=1}^{n}B_d\left(x_i,\frac{1}{2}\delta_{x_i}\right)$. 记 $L_{\mathscr{U}}=\min\left\{\frac{1}{2}\delta_{x_i}\middle|i=1,2,\cdots,n\right\}$, 下面我们证明这个 $L_{\mathscr{U}}$ 即满足要求.

事实上, 若 $0<\rho<L_{\mathscr{U}}$, $x\in X$, 则存在 $1\leqslant i\leqslant n$ 使得 $x\in B_d\left(x_i,\frac{1}{2}\delta_{x_i}\right)$. 于是对任意 $y\in B_d(x,\rho)$, 由三角不等式可得

$$d(y,x_i)\leqslant d(y,x)+d(x,x_i)<\rho+\frac{1}{2}\delta_{x_i}\leqslant\delta_{x_i}.$$

可见, $y\in B_d(x_i,\delta_{x_i})$. 因此由 y 的任意性, $B_d(x,\rho)\subset B_d(x_i,\delta_{x_i})\subset U_{\lambda_{x_i}}$. □

定理中的正数 $L_{\mathscr{U}}$ 称为覆盖 $\mathscr{U}$ 的 Lebesgue 数.

定义 9.3.1 设 $(X,d),(Y,\rho)$ 是两个度量空间, $f:(X,d)\to(Y,\rho)$ 是一个映射. 如果对任意给定的正数 ε, 都存在正数 δ, 使得对任意 $x_1,x_2\in X$, 只要 $d(x_1,x_2)<\delta$, 就有 $\rho(f(x_1),f(x_2))<\varepsilon$. 则称映射 f **一致连续**.

定理 9.3.3 设 $(X,d),(Y,\rho)$ 是两个度量空间, $f:(X,d)\to(Y,\rho)$ 是一个连续映射. 若 (X,d) 是紧致的, 则 f 是一致连续的.

证明 对任意给定的正数 ε, $\left\{B_\rho\left(y,\frac{1}{2}\varepsilon\right)\middle|y\in Y\right\}$ 是 Y 的一个开覆盖, 由于 f 是一个连续映射, 故 $\left\{f^{-1}\left(B_\rho\left(y,\frac{1}{2}\varepsilon\right)\right)\middle|y\in Y\right\}$ 是 X 的一个开覆盖. 因为 X 是紧的, 由定理 9.3.2 知, 该覆盖有 Lebesgue 数 δ. 于是对任意两个 $x_1,x_2\in X$,

如果 $d(x_1,x_2)<\delta$, 则 $x_2\in B_d(x_1,\delta)$. 从而由 Lebesgue 数的性质, 有 $y\in Y$ 使得 $B_d(x_1,\delta)\subset f^{-1}\left(B_\rho\left(y,\dfrac{1}{2}\varepsilon\right)\right)$. 故 $f(x_1),f(x_2)\in B_\rho\left(y,\dfrac{1}{2}\varepsilon\right)$. 从而

$$\rho(f(x_1),f(x_2))\leqslant\rho(f(x_1),y)+\rho(y,f(x_2))<\frac{1}{2}\varepsilon+\frac{1}{2}\varepsilon=\varepsilon.$$

可见, f 是一致连续的. □

定理 9.3.4　n 维欧氏空间 $\mathbb{R}^n$ 的子集 A 是紧的当且仅当 A 是有界闭集.

证明　必要性由定理 9.3.1 可知, 因此下面只证明充分性. 设 A 是 $\mathbb{R}^n=\mathbb{R}^1\times\mathbb{R}^1\times\cdots\times\mathbb{R}^1$($n$ 个 $\mathbb{R}^1$ 的积空间) 的有界闭集, $\mathscr{U}=\{U_\lambda|\lambda\in\Lambda\}$ 是其任一开覆盖. 由 A 有界可知, 存在闭区间 $I_i=[a_i,b_i](a_i<b_i;i=1,2,\cdots,n)$ 使得 $A\subset\prod\limits_{i=1}^n I_i$. 由于闭区间 I_i 都是 $\mathbb{R}^1$ 中的紧子集, 故由定理 9.2.1 知 $\prod\limits_{i=1}^n I_i$ 是紧的. 而 A 也是 $\prod\limits_{i=1}^n I_i$ 的闭子集, 因此由命题 9.2.1 知, A 也是紧的. □

定理 9.3.5　度量空间 (X,d) 是紧的当且仅当每个连续函数 $f:X\to\mathbb{R}$ 都是有界的.

证明　设 (X,d) 是紧的, $f:X\to\mathbb{R}^1$ 是一个连续函数, 则由命题 9.2.2 知, $f(X)$ 是 $\mathbb{R}^1$ 的紧致子集. 而由定理 9.3.4 知, $f(X)$ 是有界闭集, 因此 $f:X\to\mathbb{R}^1$ 是有界的.

反之, 设所有连续函数 $f:X\to\mathbb{R}^1$ 都是有界的, 我们要证明 (X,d) 是紧的. 为此, 我们先证明

(*) 若 $\mathscr{U}$ 是 (X,d) 的一个局部有限的开覆盖, 则 $\mathscr{U}$ 必定是有限覆盖.

若不然, 则可选取 $\mathscr{U}$ 的一个可数无限的子族 $\{U_n|n\in\mathbb{N}\}$. 对每个 $n\in\mathbb{N}$, 任取一点 $x_n\in U_n$, 由于 (X,d) 是完全正则空间, 故存在一个连续函数 $f_n:X\to[0,n]$ 使得 $f_n(x_n)=n,f_n(X-U_n)\subset\{0\}$. 定义

$$f:X\to\mathbb{R}^1,\quad f(x)=\sum_{n=1}^{\infty}f_n(x)\quad(\forall x\in X).$$

则对任一 $x\in X$, 由于 $\mathscr{U}$ 局部有限, 故存在 $U\in\mathscr{N}(x)$ 使得 U 最多只与有限个 U_n 相交, 因此最多只有有限个 $f_n(x)\neq 0$. 因此 f 是良定义的, 且取正整数值的一个实函数. 同时, 由 f 的定义即知, f 是无界的. 下面我们证明 f 是连续函数.

对任一 $x\in X$, 取一个 $V_0\in\mathscr{N}(x)$ 使得 V_0 只与 $U_{n_1},U_{n_2},\cdots,U_{n_k}$ 相交, 而当 $n\in\mathbb{N}-\{n_1,n_2,\cdots,n_k\}$ 时, 都有 $V_0\cap U_n=\varnothing$, 从而 $f_n(x)=0$. 设 $f(x)=m$, 对任一 $0<\varepsilon<\dfrac{1}{2k}$ 及 $1\leqslant i\leqslant k$, 由 f_{n_i} 的连续性可知, 存在一个 $V_i\in\mathscr{N}(x)$ 使得

$f(V_i) \subset \left(f_{n_i}(x) - \dfrac{\varepsilon}{k}, f_{n_i}(x) + \dfrac{\varepsilon}{k}\right)$. 令 $V = \bigcap_{i=0}^{k} V_i$, 则 $V \in \mathscr{N}(x)$ 且对任一 $y \in V$, 有

$$|f(x) - f(y)| = \left|\sum_{i=1}^{k} f_{n_i}(x) - \sum_{i=1}^{k} f_{n_i}(y)\right| \leqslant \sum_{i=1}^{k} |f_{n_i}(x) - f_{n_i}(y)| < \varepsilon.$$

可见, f 是连续函数. 而这与假设条件矛盾! 因此 (*) 真.

现在设 $\mathscr{W}$ 是 (X, d) 的任一开覆盖, 则由 A. H. Stone 定理 (详见后面的定理 12.1.1) 可知, $\mathscr{W}$ 有局部有限的开加细 $\mathscr{U}$. 而根据 (*), $\mathscr{U}$ 是有限的. 设 $\mathscr{U} = \{U_1, U_2, \cdots, U_n\}$, 则对每一 $1 \leqslant i \leqslant n$, 存在 $W_i \in \mathscr{W}$ 使得 $U_i \subset W_i$. 显然, $\{W_1, W_2, \cdots, W_n\}$ 就是 $\mathscr{W}$ 的有限子覆盖. 因此, (X, d) 是紧的. □

习　题

9.1　证明: Hilbert 空间 H(定义见第 2 讲) 不是紧空间.

9.2　设 X, Y, Z 都是紧空间, 而 $f: X \times Y \to Z$ 是连续映射. 又设 $A \subset X, B \subset Y$ 都是紧子集, $W \subset Z$ 是满足 $f(A \times B) \subset W$ 的开子集. 证明: 存在 $U \in \mathscr{N}(A), V \in \mathscr{N}(B)$ 使得 $f(U \times V) \subset W$.

9.3　设 X是紧空间, $f: X \to X$ 是连续映射. 证明: 存在非空闭集 $A \subset X$ 使得 $A = f(A)$.

9.4　设 X, Y 都是 Hausdorff 空间, 并且 X 是紧空间, $f: X \to Y$ 是连续映射, 则对任一 $A \subset X, \overline{f(A)} = f(\overline{A})$.

9.5　设 X 是紧 Hausdorff 空间, Y 是 Hausdorff 空间, 则投射

$$p: X \times Y \to Y, \quad p(x, y) = y \quad (x \in X, y \in Y)$$

是闭映射.

9.6　设 Y 是紧 Hausdorff 空间, X 是 Hausdorff 空间, 则映射 $f: X \to Y$ 连续当且仅当图 $G(f) = \{(x, f(x)) | x \in X\}$ 是积空间 $X \times Y$ 的闭子集.

9.7　试证明: 紧致空间的无穷子集必有聚点 (Bolzano-Weierstrass**性质**).

9.8　设 X 是完全正则空间, C 是它的一个紧子集, U 为 C 的一个开邻域. 证明: 存在一个连续函数 $f: X \to I$ 使得

$$\text{对任一 } x \in C, \text{ 都有 } f(x) = 0, \quad \text{且对任一 } x \in X - U, \text{ 都有 } f(x) = 1.$$

9.9　证明定理 9.1.2.

9.10　若 $f: X \to Y$ 为**完备映射**, 试证明:

(1) 紧致空间在完备映射下的逆像是紧致空间;

(2) Lindelöf 空间在完备映射下的逆像也是 Lindelöf 空间;

(3) Hausdorff 空间在完备映射下的像是 Hausdorff 空间;

(4) 正则空间在完备映射下的像是正则空间;

(5) 度量空间在完备映射下的像是可度量空间;

(6) 第二可数空间在完备映射下的像是第二可数空间.

9.11　证明: 不存在从圆周 S^1 到 $\mathbb{R}^1$ 的任一子集上的连续双射, 也不存在从 S^1 到 $\mathbb{R}^1$ 的连续满射.

9.12　设 $f: X \to Y$ 是连续映射, $\{F_n|n \in \mathbb{N}\}$ 是 Hausdorff 空间 X 的紧子集构成的递降序列, 即该紧子集列满足

$$F_1 \supset F_2 \supset \cdots \supset F_n \supset \cdots.$$

试证明: $f\left(\bigcap\limits_{n\in\mathbb{N}} F_n\right) = \bigcap\limits_{n\in\mathbb{N}} f(F_n)$.

9.13　设 (X, d) 是紧度量空间, $f: X \to X$ 是连续映射, 且满足: 对任意的 $x, y \in X$, 都有 $d(x, y) = d(f(x), f(y))$. 试证明: f 是满射. (提示: 用反证法. 若 f 不是满射, 取 $x \in X - f(X)$, 考察序列 $x, f(x), f(f(x)), \cdots$.)

9.14　设 X 是紧度量空间, Y 是 Hausdorff 空间, 如果映射 $f: X \to Y$ 是连续的满射, 则 Y 是可度量空间.

9.15　设 X 是紧空间, $\{f_n\}$ 是 X 上的连续实值函数序列, 满足: 对任一 $x \in X$ 及任一 $n \in \mathbb{N}$, 都有 $f_n(x) \leqslant f_{n+1}(x)$. 假设有一个连续函数 $g: X \to \mathbb{R}^1$ 使得对每个 $x \in X, f_n(x) \to g(x)$. 证明: f_n 一致地收敛于 g.

9.16　设 X 是 Hausdorff 紧空间, 证明: X 可度量化当且仅当对角线 $\Delta \subset X \times X$ 是一个 G_δ-集. (提示: 令 $\Delta = \bigcap\limits_{n=1}^{\infty} U_n$, 对每个 n, 寻找有限多个开集 $V_{1n}, V_{2n}, \cdots, V_{j_n n}$ 使得 $\Delta \subset V_{1n} \times V_{1n} \cup V_{2n} \times V_{2n} \cup \cdots \cup V_{j_n n} \times V_{j_n n} \subset U_n$, 然后证明 $\{V_{mn}|m \leqslant j_n, n \in \mathbb{N}\}$ 是 X 的一个基.)

9.17　设 Ω 表示满足下列条件

$$|f(s) - f(t)| \leqslant |s - t| \quad (\text{对任意的} s, t \in I)$$

的连续函数 $f: I \to I$ 全体构成的集合, 定义

$$d(f, g) = \max\{|f(t) - g(t)|\,|0 \leqslant t \leqslant 1\},$$

则 d 是 Ω 上一个度量, 并且度量空间 (Ω, d) 是紧空间.

9.18　设 X 是紧度量空间, Y 是任意一个度量空间, $f: X \to Y$ 是连续映射, 则对任意 $\varepsilon > 0$, 存在一个仅依赖于 ε 的正数 δ, 使得对每个 $x \in X$, 都有 $f(B(x, \delta)) \subset B(f(x), \varepsilon)$, 即 $f: X \to Y$ 是一致连续映射.

9.19　设 (X, d) 是一个紧度量空间, $\mathbf{B}(X)$ 表示所有非空闭集的集合带上 Hausdorff 度量 h 所得的空间, 试证明:

(1) 对每个 $E \subset X$, 集合 $\{A \in \mathbf{B}(X)|E \subset A\}$ 是闭集.

现在, 对每个 $E \subset X$, 令

$$I(E)=\{A\in \mathbf{B}(X)|A\subset E\},\quad J(E)=\{A\in \mathbf{B}(X)|A\cap E\neq\varnothing\},$$

试证明

(2) 如果 E 是 X 的开 (闭) 子集, 则 $I(E)$ 和 $J(E)$ 都是 $\mathbf{B}(X)$ 的开 (闭) 子集;

(3) 用 $\delta(A)$ 表示 $A\subset X$ 在 (X,d) 中的直径, 则映射 $\varphi:\mathbf{B}(X)\to\mathbb{R}^1, \varphi(A)=\delta(A)$ 是连续映射;

(4) $d(A,B)$ 是 $\mathbf{B}(X)\times\mathbf{B}(X)$ 上的连续函数;

(5) $\mathbf{B}(X)$ 是紧度量空间.

第 10 讲　列紧性、可数紧性与伪紧性

这一讲我们介绍另外三种紧性, 它们与紧致性有所不同, 又有一定的联系, 在适当条件下, 它们是一致的. 比如, 在度量空间中, 它们是等价的.

10.1　列　紧　性

定义 10.1.1　设 X 是一个拓扑空间, 若其每个序列都有收敛的子序列, 则称 X 是列紧的 (sequentially compact), 并称 X 是一个列紧空间.

例 10.1.1　由 Bolzano-Weierstrass 定理可知, 每个闭区间 $[a,b]$ 作为 $\mathbb{R}^1$ 的子空间都是列紧的. 一般地, 欧氏空间 $\mathbb{R}^n$ 的子空间是列紧的当且仅当它是有界闭集 (这个结论我们作为习题, 请读者自己完成其证明). □

例 10.1.2　有限补拓扑空间 $(\mathbb{R},\Im_f)$ 是列紧的. 设 $\langle x_n\rangle$ 是其任一点列, 如果该点列只有有限项两两互不相同, 则显然可取得一个常值子列, 而常值子列当然是收敛的. 而当 $\langle x_n\rangle$ 有无限多项两两互不相同时, 一定可选出一个各项两两不同的子序列. 因此为证 $(\mathbb{R},\Im_f)$ 是列紧的, 只需再证明: 若 $\langle x_n\rangle$ 中的项两两不同, 则序列 $\langle x_n\rangle$ 必定收敛. 实际上, 此时对任一 $x\in\mathbb{R}$ 及任一 $U\in\mathscr{N}(x)$, 集合 $\mathbb{R}-U$ 是有限集. 因此存在 $N\in\mathbb{N}$ 使得当 $n>N$ 时, 都有 $x_n\notin\mathbb{R}-U$, 从而 $x_n\in U$. 这就表明了 $x_n\to x$. 因此此时 $\langle x_n\rangle$ 不但收敛, 而且收敛于任一点 $x\in\mathbb{R}$. □

下面我们先介绍列紧空间的一些性质.

命题 10.1.1　列紧空间在连续映射下的像是列紧的.

证明　设 $f:X\to Y$ 是一个连续的映射, X 是一个列紧空间. 对于 $f(X)$ 中的任一点列 $\langle y_n\rangle$ 及任一 $n\in\mathbb{N}$, 由于 $f^{-1}(y_n)\neq\varnothing$, 可任取一点 $x_n\in f^{-1}(y_n)$. 则由 X 是列紧空间可知, X 中的点列 $\langle x_n\rangle$ 有收敛子列 $\langle x_{n_k}\rangle$. 不妨设 $\langle x_{n_k}\rangle$ 收敛于 x^*, 则由 f 的连续性知, $\langle y_n\rangle$ 的子列 $\langle y_{n_k}\rangle$ 收敛于 $y^*=f(x^*)$. 因此 $f(X)$ 是列紧的. □

命题 10.1.2　列紧空间的闭子空间也是列紧的.

证明　设 X 是列紧空间, A 为其一个闭子空间. 对于 A 中的任一点列 $\langle x_n\rangle$, 它也是 X 中的点列, 因此有一个收敛子列 $\langle x_{n_k}\rangle$, 收敛到某一点 $x^*\in X$. 由于每个 $x_{n_k}\in A$, 且 A 为 X 的一个闭子空间, 故 $x^*\in A$. 这说明 A 中点列 $\langle x_n\rangle$ 有一个收敛子列 $\langle x_{n_k}\rangle$ 收敛于 $x^*\in A$. 可见, A 也是列紧的. □

命题 10.1.3　设 X 是列紧空间, 映射 $f:X\to\mathbb{R}^1$ 连续, 则 $f:X\to\mathbb{R}^1$ 有界, 且可取得最大与最小值.

证明 设 X 是列紧的, $f: X \to \mathbb{R}^1$ 连续, 则由命题 10.1.1 知, $f(X)$ 是 $\mathbb{R}^1$ 的列紧的子空间. 若 $f(X)$ 无界, 则存在点列 $x_n \in X$ 使得对任一 $n \in \mathbb{N}, |f(x_n)| > n$. 显然数列 $\langle f(x_n) \rangle$ 不会有收敛子列, 这与 $f(X)$ 列紧矛盾! 因此 $f(X)$ 有界. 若 $f(X)$ 不是闭集, 则存在 $y \in (f(X))' - f(X)$. 从而有 $f(X)$ 中的数列 $\langle y_n \rangle$ 使得 $\lim\limits_{n\to\infty} y_n = y$. 对每个 $n \in \mathbb{N}$, 取点 $x_n \in X$ 使得 $f(x_n) = y_n$, 则得到 X 中一个点列 $\langle x_n \rangle$. 由于 X 列紧, 故有收敛子列 $\langle x_{n_k} \rangle$ 及点 $x^* \in X$ 使得 $\lim\limits_{k\to\infty} x_{n_k} = x^*$. 由 f 的连续性, 有 $\lim\limits_{k\to\infty} f(x_{n_k}) = f(x^*)$. 但是由于 $f(x_{n_k}) = y_{n_k}$, 故 $f(x^*) = y$, 因此又有 $y \in f(X)$, 矛盾! 故 $f(X)$ 必为闭集. 因此 $f(X)$ 是有界闭集, 从而有最大元和最小元, 即 f 有界, 且可取得最大值与最小值. □

命题 10.1.4 第一可数的紧致空间是列紧的.

证明 设 X 是第一可数的紧致空间. $\langle x_n \rangle$ 是 X 的任一点列. 我们分两步来证明.

(1) 存在 $x \in X$, 使得对于任一 $U \in \mathscr{N}(x), U$ 都含有 $\langle x_n \rangle$ 的无限多项.

(反证法) 若不然, 则对任一 $x \in X$, 都存在 $U(x) \in \mathscr{N}(x)$ 使得 $U(x)$ 只含有 $\langle x_n \rangle$ 的有限多项. 由于 $\{U(x) \,|\, x \in X\}$ 是 X 的开覆盖及 X 的紧致性, 存在 $x'_1, x'_2, \cdots, x'_m \in X$ 使得

$$U(x'_1) \cup U(x'_2) \cup \cdots \cup U(x'_m) = X$$

成立. 从而 $\langle x_n \rangle$ 只有有限多项. 这与它是序列矛盾.

(2) 设 x 满足 (1) 的点. 由于 X 是第一可数的, 故 x 有可数邻域基 $\{U_n \,|\, n \in \mathbb{N}\}$ 使得 $m < n$ 时, $U_n \subset U_m$. 由于每个 U_n 都含有 $\langle x_n \rangle$ 的无限多项, 因此容易取出一个子列 $\langle x_{n_k} \rangle$ 使得 $x_{n_k} \in U_k$, 且满足 $n_{k+1} > n_k$. 容易看出, 子列 $\langle x_{n_k} \rangle$ 收敛于 x. 从而 X 是列紧的. □

由于度量空间都是第一可数的, 因此自然有如下的推论.

推论 10.1.1 紧致度量空间是列紧的. □

定义 10.1.2 对给定的实数 $\delta > 0$, 度量空间 (X, d) 的子集 A 称为 X 的一个 δ-网, 是指它满足如下条件:

$$\text{对任一 } x \in X, \text{ 都存在 } a \in A \text{ 使得 } d(x, a) < \delta, \text{ 即 } \bigcup_{a\in A} B(a, \delta) = X.$$

命题 10.1.5 任给正数 $\delta > 0$, 列紧的度量空间 (X, d) 都存在有限的 δ-网.

证明 (反证法) 假设存在 $\delta_0 > 0$, 使得某个列紧的度量空间 (X, d) 没有有限的 δ_0-网. 任取一个 $x_1 \in X$, 则 $\{x_1\}$ 不是 δ_0-网. 于是存在 $x_2 \in X$, 使 $d(x_1, x_2) \geqslant \delta_0$, 且 $\{x_1, x_2\}$ 也不是 δ_0-网. 于是又存在 $x_3 \in X$, 使 $d(x_1, x_2) \geqslant \delta_0$, $d(x_2, x_3) \geqslant \delta_0$, 且 $\{x_1, x_2, x_3\}$ 也不是 δ_0-网. 如此继续, 用归纳法, 可以得到一个点列 $\langle x_n \rangle$, 它满足

$$\text{对每对 } i,j\in\mathbb{N}, i\neq j, \text{ 都有} d(x_i,x_j)\geqslant\delta_0.$$

显然, $\langle x_n\rangle$ 不会有收敛的子序列. 这与 (X,d) 的列紧性矛盾! □

命题 10.1.6　列紧的度量空间也是紧致的.

证明　设 (X,d) 是一个列紧的度量空间. $\mathfrak{R}$ 是它的一个开覆盖, 不妨设 $X\notin\mathfrak{R}$. 定义

$$\varphi_{\mathfrak{R}}:X\to\mathbb{R}^1,\quad \varphi_{\mathfrak{R}}(x)=\sup\{d(x,U^{\mathrm{c}})\,|U\in\mathfrak{R}\}\quad(x\in X).$$

那么由命题 10.1.5 可知, d 是 X 的有界度量. 故有正数 M 使 $d(x,y)\leqslant M$(对任意 $x,y\in X$). 因此当 $x\in X$ 时, $d(x,U^{\mathrm{c}})\leqslant M$ 故 $\varphi_{\mathfrak{R}}(x)$ 是有意义的. 并且由于 $\mathfrak{R}$ 是一个开覆盖, 故对任一 $x\in X$, 存在 $U\in\mathfrak{R}$ 使得 $x\in U$. 从而有 $\varphi_{\mathfrak{R}}(x)\geqslant d(x,U^{\mathrm{c}})>0$.

下面证明 $\varphi_{\mathfrak{R}}$ 还是连续函数. 事实上, 对于任意的 $x,y\in X,U\in\mathfrak{R}$, 由定义可知

$$d(y,U^{\mathrm{c}})=\inf\{d(y,a)\,|a\in U^{\mathrm{c}}\}\leqslant\inf\{d(x,y)+d(x,a)\,|a\in U^{\mathrm{c}}\}=d(x,y)+d(x,U^{\mathrm{c}}).$$

因此 $\varphi_{\mathfrak{R}}(y)\leqslant d(x,y)+\varphi_{\mathfrak{R}}(x)$. 对称地, 也有 $\varphi_{\mathfrak{R}}(x)\leqslant d(x,y)+\varphi_{\mathfrak{R}}(y)$. 故有

$$|\varphi_{\mathfrak{R}}(x)-\varphi_{\mathfrak{R}}(y)|\leqslant d(x,y).$$

由于 d 是连续的, 因此 $\varphi_{\mathfrak{R}}$ 也是连续函数.

由于 (X,d) 是列紧的, 故由命题 10.1.3 知, $\varphi_{\mathfrak{R}}$ 可取得最小值 δ, 且 $\delta>0$. 再由命题 10.1.5 知, (X,d) 有有限的 $\dfrac{1}{2}\delta$-网 $\{x_1,x_2,\cdots,x_n\}$. 对任一 $1\leqslant i\leqslant n$, 由于 $\varphi_{\mathfrak{R}}(x_i)>\dfrac{1}{2}\delta$, 故存在 $U_i\in\mathfrak{R}$ 使得 $d(x_i,U_i^{\mathrm{c}})>\dfrac{1}{2}\delta$. 这表明 $B\left(x_i,\dfrac{1}{2}\delta\right)\subset U_i$. 由于 $X=\bigcup\limits_{i=1}^{n}B\left(x_i,\dfrac{1}{2}\delta\right)$, 因此 $\{U_1,U_2,\cdots,U_n\}$ 就是 $\mathfrak{R}$ 的有限子覆盖. 故 (X,d) 是紧的. □

可以看出, 该定理证明中的正数 δ 实际上就是开覆盖 $\mathfrak{R}$ 的一个 Lebesgue 数.

定理 10.1.1　可数多个列紧空间的积空间是列紧的.

证明　设对每个 $n\in\mathbb{N},X_n$ 都是列紧空间, $X=\prod\limits_{n\in\mathbb{N}}X_n$ 表示它们的积空间. 设 $\langle x_k\rangle$ 是 X 中的任一点列, 其中 $x_k=(a_n^k)_{n\in\mathbb{N}},k=1,2,3,\cdots$. 首先, 由于 $a_1^1,a_1^2,\cdots,a_1^k,\cdots$ 是 X_1 中的点列, 且 X_1 是列紧的, 因此有收敛子序列 $a_1^{k_1^1},a_1^{k_2^1},\cdots,a_1^{k_n^1},\cdots$, 不妨设其收敛于 a_1^*. 由于 $a_2^{k_1^1},a_2^{k_2^1},\cdots,a_2^{k_n^1},\cdots$ 是列紧空间 X_2 中的点列, 故其有收敛于 $a_2^*\in X_2$ 的子序列 $a_2^{k_1^2},a_2^{k_2^2},\cdots,a_2^{k_n^2},\cdots$. 归纳地, 对每个 $i=3,4,\cdots$, 都可以取得 $a_i^{k_1^{i-1}},a_i^{k_2^{i-1}},\cdots,a_i^{k_n^{i-1}},\cdots$ 的一个收敛于 $a_i^*\in X_i$ 的子序列 $a_i^{k_1^i},a_i^{k_2^i},\cdots,a_i^{k_n^i},\cdots$.

下面我们证明, $\langle x_k \rangle$ 的子序列 $x_{k_1^1}, x_{k_2^2}, \cdots, x_{k_n^n}, \cdots$ 收敛于点 $x^* = (a_n^*)_{n\in\mathbb{N}} \in X$. 事实上, 对 x^* 的任一标准子基邻域 $\pi_n^{-1}(U)$(其中 $n \in \mathbb{N}$, U 是 X_n 中的开集), 由于 $U \in \mathscr{N}(a_n^*)$, 故由 $a_n^{k_1^n}, a_n^{k_2^n}, a_n^{k_3^n}, \cdots$ 收敛于 a_n^* 可知, 存在一个 $m \in \mathbb{N}$ 使得当 $i > m$ 时, 都有 $a_n^{k_i^n} \in U$. 从而当 $i > m$ 时, $x_{k_i^i} \in \pi_n^{-1}(U)$. 因此由命题 4.1.7 可知, $\langle x_k \rangle$ 的子序列 $x_{k_1^1}, x_{k_2^2}, \cdots, x_{k_n^n}, \cdots$ 收敛于点 x^*.

这表明, 积空间 X 是列紧的. □

10.2 可数紧性

定义 10.2.1 设 X 是一个拓扑空间, 若其每个可数开覆盖都有有限的子覆盖, 则称其为可数紧的 (countably compact), 并称其为一个可数紧空间. 如果 X 的子集 A 作为子空间是可数紧的, 则称 A 为 X 的可数紧子集.

由定义 10.2.1 不难看出, 紧空间必定是可数紧的. 可数紧空间却未必是紧的, 见例 10.2.1.

下面这个定理是显然的.

定理 10.2.1 空间 X 是紧的当且仅当它是可数紧的 Lindelöf 空间. □

为了给出可数紧性的一些其他刻画方式, 我们先定义一个概念.

定义 10.2.2 设 A 是拓扑空间 X 的一个子集. 如果点 $x \in X$ 的每个邻域都含有 A 中无限多个点, 则称 x 是 A 的一个 ω-聚点.

定理 10.2.2 对任一拓扑空间 X, 下列各条件相互等价:

(1) X 是可数紧的;

(2) X 的每个可数无限子集都有一个 ω-聚点;

(3) X 的每个序列 ξ 都有一个聚点, 即 $\operatorname{adh}\xi \neq \varnothing$;

(4) X 的每个由非空闭集构成的递降序列 $F_1 \supset F_2 \supset \cdots \supset F_n \supset \cdots$ 都有非空的交, 即 $\bigcap\limits_{n=1}^{\infty} F_n \neq \varnothing$.

证明 (1) 蕴涵 (2). 若 X 有一个可数无限子集 A 没有 ω-聚点, 则对任一 $x \in X$, x 不是 A 的 ω-聚点, 因此存在 $U_x \in \mathscr{N}(x)$ 使得 $U_x \cap A$ 是有限集. 记 $\mathscr{F} = \{F \,|\, F\text{是}A\text{的有限子集}\}$, 则 $\mathscr{F}$ 是可数的. 对任一 $F \in \mathscr{F}$, 令 $U_F = \bigcup\{U_x | U_x \cap A = F\}$. 则 $\{U_F | F \in \mathscr{F}\}$ 是 X 的一个可数开覆盖. 由于 X 是可数紧的, 故有有限子覆盖, 即存在 $F_1, F_2, \cdots, F_n \in \mathscr{F}$ 使得 $\bigcup\limits_{i=1}^{n} U_{F_i} = X$. 从而

$$A = A \cap X = A \cap \left(\bigcup_{i=1}^{n} U_{F_i}\right) = \bigcup_{i=1}^{n} (A \cap U_{F_i}) = \bigcup_{i=1}^{n} F_i.$$

这表明 A 是有限集. 矛盾! 故 X 的每个可数无限子集都有一个 ω-聚点.

(2) 蕴涵 (3). 对 X 中的任一序列 $\xi = \langle x_n \rangle$, 若 $\{x_n | n \in \mathbb{N}\}$ 是有限集, 则存在 $n_0 \in \mathbb{N}$ 及自然数序列的一个子序列 $\langle n_i \rangle$ 使得对任一 $i \in \mathbb{N}$, 都有 $x_{n_i} = x_{n_0}$. 此时显然 $x_{n_0} \in \operatorname{adh} \xi$. 若 $\{x_n | n \in \mathbb{N}\}$ 是无限集, 则它有一个 ω-聚点 x, 容易看出, $x \in \operatorname{adh} \xi$.

(3) 蕴涵 (4). 设 $F_1 \supset F_2 \supset \cdots \supset F_n \supset \cdots$ 是 X 的一个由非空闭集构成的递降序列. 对每个 $n \in \mathbb{N}$, 任取一点 $x_n \in F_n$, 则得到一个序列 $\xi = \langle x_n \rangle$. 由假设, 存在 $x \in \operatorname{adh} \xi$. 由序列聚点的定义, 对任一 $n \in \mathbb{N}$, 任一 $U \in \mathscr{N}(x)$, 存在一个 $k \in \mathbb{N}$ 使得 $k \geqslant n$, 且 $x_k \in U$. 从而由递降性知, $x_k \in U \cap F_k \subset U \cap F_n$. 因此 $x \in \overline{F_n} = F_n$. 由 n 的任意性, $x \in \bigcap\limits_{n=1}^{\infty} F_n$.

(4) 蕴涵 (1). 设 $\{U_n | n \in \mathbb{N}\}$ 是 X 的任意一个开覆盖, 对每个 $n \in \mathbb{N}$, 令 $F_n = X - \bigcup\limits_{i \leqslant n} U_i$. 则得到一个递降的闭集列 $F_1 \supset F_2 \supset \cdots \supset F_n \supset \cdots$. 若 $\{U_n | n \in \mathbb{N}\}$ 没有有限子覆盖, 则每个 F_n 都是非空的. 于是由假设, 存在 $x \in \bigcap\limits_{n=1}^{\infty} F_n$. 但是 $\bigcap\limits_{n=1}^{\infty} F_n = X - \bigcup\limits_{n=1}^{\infty} U_n = \varnothing$. 矛盾! 因此 $\{U_n | n \in \mathbb{N}\}$ 有限子覆盖. 故 X 是可数紧的.

□

定理 10.2.3 设 X 是一个 T_1 空间, 则下列条件相互等价:

(1) X 是可数紧的;

(2) X 的每个局部有限子集族是有限的;

(3) X 的每个局部有限的单元集族是有限的;

(4) X 的每个可数无限子集有一个聚点.

证明 (1) 蕴涵 (2). 设 X 是可数紧的, 若它有一个局部有限子集族 $\mathscr{A} = \{A_\lambda | \lambda \in \Lambda\}$ 不是有限的, 则不难看出, 存在可数无限个 $\lambda_i \in \Lambda (i \in \mathbb{N})$ 使得各个 A_{λ_i} 是两两互不相同的非空子集. 对每个 $n \in \mathbb{N}$, 令 $F_n = \bigcup\limits_{i \geqslant n} \overline{A_{\lambda_i}}$. 则由 $\mathscr{A}$ 的局部有限性可知, F_n 是非空闭集, 且显然 $F_{\lambda_1} \supset F_{\lambda_2} \supset \cdots \supset F_{\lambda_n} \supset \cdots$, 因此由定理 10.2.2 知, 存在 $x \in \bigcap\limits_{n=1}^{\infty} F_n$. 然而, 由于 $\mathscr{A}$ 是局部有限的, 故存在 $U \in \mathscr{N}(x)$ 及 $n_0 \in \mathbb{N}$ 使得当 $i > n_0$ 时, 恒有 $U \cap A_{\lambda_i} = \varnothing$. 从而也有 $U \cap \overline{A_{\lambda_i}} = \varnothing$. 这样就有 $x \notin F_{n_0+1}$, 矛盾! 故 X 的每个局部有限子集族必是有限的.

(2) 蕴涵 (3). 显然.

(3) 蕴涵 (4). 设 $A \subset X$ 是一个无限子集. 若 A 没有聚点, 则对任一 $x \in X$, 由于 $x \notin A'$, 故存在一个 $U \in \mathscr{N}(x)$ 使得 $U \cap (A - \{x\}) = \varnothing$. 由此可知, 单元集族 $\{\{x\} | x \in A\}$ 是局部有限的. 由假设, 该集族应该是有限的, 矛盾! 故 A 必有聚点.

(4) 蕴涵 (1). 设 A 是 X 的任一可数无限子集, 由定理 10.2.2 知, 只需证明 A 有一个 ω-聚点即可. 由假设 (4), A 有一个聚点 x. 我们证明 x 就是 A 的一个 ω-聚点. 若不然, 则存在一个 $U \in \mathscr{N}(x)$ 使得 $U \cap (A - \{x\})$ 是非空有限集. 不妨设 $U \cap (A - \{x\}) = \{x_1, x_2, \cdots, x_n\}$. 则由于 X 是一个 T_1 空间, 故每个单点集都是闭集. 令 $V = U - \{x_1, x_2, \cdots, x_n\}$, 则 $V \in \mathscr{N}(x)$, 且 $V \cap (A - \{x\}) = \varnothing$. 这与 x 是 A 的聚点矛盾! □

例 10.2.1 记 $\mathbb{R}^* = \mathbb{R} \cup \{\infty\}, \infty \notin \mathbb{R}$. 据良序原理, $\mathbb{R} - (\mathbb{N} \cup \{0\})$ 上有一个良序 $\prec$. 我们在 $\mathbb{R}^*$ 上按如下方式定义一个良序 $\prec^*$:

(1) 对于 $\mathbb{N} \cup \{0\}$ 中的元, 规定 $\prec^*$ 就是通常的 "小于或等于" 关系;

(2) 对于 $\mathbb{R} - (\mathbb{N} \cup \{0\})$ 中的元 α, β, 规定 $\alpha \prec^* \beta$ 当且仅当 $\alpha \prec \beta$;

(3) 对于任一 $\alpha \in \mathbb{R}^*$, 规定 $\alpha \prec^* \infty$;

(4) 对于任意的 $n \in \mathbb{N} \cup \{0\}, \alpha \in \mathbb{R}^* - (\mathbb{N} \cup \{0\})$, 规定 $n \prec^* \alpha$,

则容易验证, $(\mathbb{R}^*, \prec^*)$ 是一个良序集. $(\mathbb{R}^*, \prec^*)$ 中的每个元素称为一个序数. $(\mathbb{R}^*, \prec^*)$ 有最小元 0 和最大元 ∞.

我们把非空子集 $\mathbb{R}^* - (\mathbb{N} \cup \{0\})$ 的最小元记为 ω, 称为**第一无限序数**. 对于任一 $\alpha \in \mathbb{R}^*$, 记

$$\Gamma_\alpha = \{\beta \in \mathbb{R} \,|\, \beta \prec^* \alpha, \text{且} \beta \neq \alpha\}, \quad E = \{\alpha \in \mathbb{R}^* \,|\, |\Gamma_\alpha| > \aleph_0\}.$$

由 $|\Gamma_\infty| = |\mathbb{R}| > \aleph_0$ 知 $\infty \in E$, 因此 E 非空, 从而有最小元. 我们把 E 的最小元记为 Ω, 称为**第一不可数序数**. 再记 W_0 为在 Γ_Ω 上赋予线性序拓扑而得到的空间, W 为 $\Gamma_\Omega \cup \{\Omega\}$ 上赋予线性序拓扑而得到的空间.

(5) 空间 W_0 不是紧的. 我们先证明, W_0 不是 Lindelöf 空间. 事实上, 由于开集族 $\mathscr{U} = \{\Gamma_\alpha | \alpha \in W_0\}$ 是 W_0 的开覆盖, 只需证明它没有可数子覆盖就可以了. 若 $\{\Gamma_{\alpha_i} | i \in \mathbb{N}\}$ 是 $\mathscr{U}$ 的一个可数子族, 则对任一 $i \in \mathbb{N}$, 都有 $\alpha_i < \Omega$, 因此 Γ_{α_i} 是可数集, 从而 $\bigcup\{\Gamma_{\alpha_i} | i \in \mathbb{N}\}$ 也是可数集. 但是 W_0 是不可数的, 因此 $\{\Gamma_{\alpha_i} | i \in \mathbb{N}\}$ 不可能覆盖 W_0. 这表明 $\mathscr{U}$ 不可能有可数子覆盖. 因此 W_0 不是 Lindelöf 空间. 于是由定理 10.2.1 可知, W_0 不是紧空间.

(6) W 是紧空间. 考虑由子基元素构成的任一开覆盖 $\mathscr{U} = \{[0, \alpha) | \alpha \in A\} \cup \{(\beta, \Omega] | \beta \in B\}$ (这里的 $A \subset \mathbb{R}^*, B \subset \mathbb{R}^*$). 则 $A \neq \varnothing, B \neq \varnothing$. 因此 $\inf B \prec^* \sup A$. 取 $\alpha \in A, \beta \in B$ 使得

$$\inf B \preceq^* \beta \prec^* \alpha \preceq^* \sup A.$$

则 $\{[0, \alpha), (\beta, \Omega]\}$ 就是 $\mathscr{U}$ 的有限子覆盖. 因此由定理 9.1.1 知, W 是紧空间.

(7) W 是一个 T_2 空间. 对于 W 中的任意两点 α, β, 不妨设 $\alpha \prec^* \beta$, 若存在一个 $\gamma \in \mathbb{R}^*$ 使得 $\alpha \prec^* \gamma \prec^* \beta$, 则 $[0, \gamma) \in \mathscr{N}(\alpha), (\gamma, \Omega] \in \mathscr{N}(\beta)$, 且 $[0, \gamma) \cap (\gamma, \Omega] = \varnothing$; 否

则 β 是 α 的直接后继元, 此时有 $[0,\beta)\in\mathscr{N}(\alpha),(\alpha,\Omega]\in\mathscr{N}(\beta)$, 且 $[0,\beta)\cap(\alpha,\Omega]=\varnothing$. 可见 W 是一个 T_2 空间.

(8) W_0 是可数紧的. 由定理 10.2.3, 只需证明 W_0 的每个可数无限子集都有聚点. 设 A 是 W_0 的任一可数无限子集, 则 $\alpha=\sup A\prec^*\Omega$, 因此 $A\subset[0,\alpha]\subset W_0$. 由于 W 是紧的, 而 $[0,\alpha]$ 是 W 的闭子空间, 因此 $[0,\alpha]$ 也是紧的, 当然也是可数紧的. 故 A 在 $[0,\alpha]$ 中有聚点 β. 显然, 这个 β 也是 A 在 W_0 中的聚点. 故 W_0 是可数紧的. □

定理 10.2.4　可数紧空间的闭子空间也是可数紧的.

证明　设 X 是一个可数紧空间, A 是其一个闭子空间. 给定 A 的任一可数开覆盖 $\mathscr{U}=\{U_n|n\in\mathbb{N}\}$, 对每个 $n\in\mathbb{N}$, 有 X 中的开集 V_n 使得 $U_n=A\cap V_n$. 于是得到 X 的一个可数开覆盖 $\{V_n|n\in\mathbb{N}\}\cup\{A^{\mathrm{c}}\}$. 由于 X 是可数紧的, 故存在 $n_1,n_2,\cdots,n_k\in\mathbb{N}$ 使得 $V_{n_1}\cup V_{n_2}\cup\cdots\cup V_{n_k}\cup A^{\mathrm{c}}=X$. 由此可得

$$\begin{aligned}A&=A\cap(V_{n_1}\cup V_{n_2}\cup\cdots\cup V_{n_k}\cup A^{\mathrm{c}})=(A\cap V_{n_1})\cup(A\cap V_{n_2})\cup\cdots\cup(A\cap V_{n_k})\\&=U_{n_1}\cup U_{n_2}\cup\cdots\cup U_{n_k}.\end{aligned}$$

即 $\{U_{n_1},U_{n_2},\cdots,U_{n_k}\}$ 是 $\mathscr{U}$ 的有限子覆盖. 故 A 也是可数紧的. □

但是, 可数紧性并不是可遗传的拓扑性质. 比如单位区间 I 作为实直线 $\mathbb{R}^1$ 的子空间是可数紧的 (证明可模仿例 10.2.1(6)), 但是其子空间 $(0,1]$ 就不是可数紧的. 因为其可数开覆盖 $\left\{\left(\dfrac{1}{n},1\right]\middle|n=2,3,4,\cdots\right\}$ 显然没有有限子覆盖.

定理 10.2.5　可数紧空间的连续像还是可数紧的.

证明　设 X 是个可数紧空间, $f:X\to Y$ 是连续映射. 设 $\mathscr{U}=\{U_n|n\in\mathbb{N}\}$ 是 $f(X)$ 的任一可数开覆盖, 对任一 $n\in\mathbb{N}$, 存在 Y 中开集 V_n 使得 $U_n=V_n\cap f(X)$. 集族 $\{f^{-1}(V_n)|n\in\mathbb{N}\}$ 是 X 的一个可数开覆盖. 由假设, 存在 $n_1,n_2,\cdots,n_k\in\mathbb{N}$ 使得 $X=\bigcup\limits_{i=1}^{k}f^{-1}(V_{n_i})$. 于是

$$f(X)=f\left(\bigcup_{i=1}^{k}f^{-1}(V_{n_i})\right)=\bigcup_{i=1}^{k}f\circ f^{-1}(V_{n_i})\subset\bigcup_{i=1}^{k}V_{n_i}.$$

从而

$$f(X)=f(X)\cap\bigcup_{i=1}^{k}V_{n_i}=\bigcup_{i=1}^{k}(f(X)\cap V_{n_i})=\bigcup_{i=1}^{k}U_{n_i}.$$

可见, $\{U_{n_1},U_{n_2},\cdots,U_{n_k}\}$ 是 $\mathscr{U}$ 的有限子覆盖. 故 $f(X)$ 也是可数紧的. □

定理 10.2.6　定义在可数紧空间上的连续实函数必定有界, 且可以取得最大值和最小值.

证明 设 X 是一个可数紧空间, $f: X \to \mathbb{R}^1$ 是一个连续函数, 则由定理 10.2.5 知, $f(X)$ 是 $\mathbb{R}^1$ 的可数紧子集, 从而也是紧子集, 故 $f(X)$ 是有界闭集. 可见 f 是有界函数, 且可以取得最大值和最小值. □

定理 10.2.7 列紧空间都是可数紧的.

证明 设 X 是一个列紧空间, $\xi = \langle x_n \rangle$ 是 X 中的任一无限序列, 则由列紧性, 该序列有一个收敛的子序列 $\xi^* = \langle x_{n_k} \rangle$. 设 $\xi^* \to x$, 则 $x \in \operatorname{adh} \xi$. 因此由定理 10.2.2 知, X 是可数紧的. □

定理 10.2.8 可数紧空间在完备映射下的逆像是可数紧的.

证明 设 Y 是一个可数紧空间, $f: X \to Y$ 是一个完备映射. 又设 $F_1 \supset F_2 \supset \cdots \supset F_n \supset \cdots$ 是 X 的任一非空递降闭集列. 由于完备映射是闭映射, 故 $f(F_1) \supset f(F_2) \supset \cdots \supset f(F_n) \supset \cdots$ 是 Y 的一个非空递降闭集列. 由 Y 是可数紧的, 存在 $y \in \bigcap_{n=1}^{\infty} f(F_n)$. 对每个 $n \in \mathbb{N}$, 由 $y \in f(F_n)$ 知, $f^{-1}(y) \cap F_n \neq \varnothing$. 由此可知, $f^{-1}(y) \cap F_1 \supset f^{-1}(y) \cap F_2 \supset \cdots \supset f^{-1}(y) \cap F_n \supset \cdots$ 是紧集 $f^{-1}(y)$ 中的非空递降闭集列, 故存在 $x \in \bigcap_{n=1}^{\infty} (f^{-1}(y) \cap F_n)$. 显然也有 $x \in \bigcap_{n=1}^{\infty} F_n$. 于是由定理 10.2.2 知, X 是可数紧的. □

注 从证明不难看出, 把上述 "$f: X \to Y$ 是一个完备映射" 改为 "$f: X \to Y$ 是一个连续的闭映射, 且对任一 $y \in Y$, $f^{-1}(y)$ 都是非空的可数紧子集", 则定理一样成立.

定理 10.2.9 可数紧空间与紧空间的积空间是可数紧的.

证明 设 X 是可数紧空间, Y 是紧空间, $\{(x_n, y_n) \,|\, n \in \mathbb{N}\}$ 是积空间 $X \times Y$ 中的一个可数无限子集.

(1) 若 $A = \{x_n \,|\, n \in \mathbb{N}\}$ 是可数无限子集, 则由于 X 是可数紧的, 故由定理 10.2.2 知, A 有一个 ω-聚点 x^*. 下面我们证明, 存在一个 $y^* \in Y$ 使得 (x^*, y^*) 为 $\{(x_n, y_n) \,|\, n \in \mathbb{N}\}$ 的 ω-聚点. 若不然, 则对任一 $y \in Y$, (x^*, y) 都不是 $\{(x_n, y_n) \,|\, n \in \mathbb{N}\}$ 的 ω-聚点, 因此存在 $W_y \in \mathscr{N}(x^*, y)$ 使得 W_y 中只含有有限个 (x_n, y_n). 取开集 $U_y \in \mathscr{N}(x^*)$, $V_y \in \mathscr{N}(y)$ 使得 $U_y \times V_y \subset W(y)$, 则 $U_y \times V_y$ 中也只含有有限个 (x_n, y_n). 由于 Y 是紧空间, 故其开覆盖 $\{V_y \,|\, y \in Y\}$ 有有限子覆盖, 即存在 $y_1, y_2, \cdots, y_m \in Y$ 使得

$$Y = V_{y_1} \cup V_{y_2} \cup \cdots \cup V_{y_m}.$$

令 $U = \bigcap_{i=1}^{m} U_{y_i}$, 则 $U \in \mathscr{N}(x^*)$, 且

$$U \times Y = U \times (V_{y_1} \cup V_{y_2} \cup \cdots \cup V_{y_m}) = \bigcup_{i=1}^{m} (U \times V_{y_i})$$

只含有有限个点 (x_n, y_n). 但是由于 x^* 是 A 的 ω-聚点, 故 U 中含有无限多个 $x_{n_k}(k=1,2,3,\cdots)$, 从而 $(x_{n_k}, y_{n_k}) \in U \times Y(k=1,2,3,\cdots)$. 矛盾! 因此, 存在一个 $y^* \in Y$ 使得 (x^*, y^*) 为 $\{(x_n, y_n)\,|n \in \mathbb{N}\}$ 的 ω-聚点. 由定理 10.2.2 知, $X \times Y$ 是可数紧的.

(2) 若 $A = \{x_n\,|n \in \mathbb{N}\}$ 是有限子集, 则存在一个子序列 $n_1, n_2, n_3, \cdots$ 使得 $x_{n_k} \equiv x_{n_1}(k=1,2,3,\cdots)$, 并且序列 $y_{n_1}, y_{n_2}, y_{n_3}, \cdots$ 中的项两两不同! 由与 (1) 类似的证明可知, 此时必有 $y^* \in Y$ 使得 (x_{n_1}, y^*) 为 $\{(x_{n_k}, y_{n_k})\,|k \in \mathbb{N}\}$ 的 ω-聚点, 从而也是 $\{(x_n, y_n)\,|n \in \mathbb{N}\}$ 的 ω-聚点. 再由定理 10.2.2 知, $X \times Y$ 是可数紧的. □

但是, 有例子表明, 两个可数紧空间的积空间可以不是可数紧的 (可参考文献 (Engelking, 1977) 的例 3.10.19).

定理 10.2.10　可数紧空间 X 和列紧空间 Y 的积空间 $X \times Y$ 是可数紧的.

证明　设 $A = \{z_1, z_2, \cdots\}$ 是积空间 $X \times Y$ 的任一可数无限子集, 其中 $z_n = (x_n, y_n)(n=1,2,3,\cdots)$, 且当 $m \neq n$ 时, $z_m \neq z_n$. 由于 Y 是列紧的, 故序列 $y_1, y_2, \cdots, y_n, \cdots$ 有一个收敛子序列 $y_{k_1}, y_{k_2}, \cdots, y_{k_i}, \cdots$, 不妨设它收敛于 $y \in Y$. 如果集合 $\{x_{k_i}|i \in \mathbb{N}\}$ 是有限集, 则存在一个点 $x \in X$ 及序列 $k_1, k_2, \cdots, k_i, \cdots$ 的一个子序列 $k_{n_1}, k_{n_2}, \cdots, k_{n_j}, \cdots$ 使得 $x_{k_{n_j}} \equiv x$(对每一$j \in \mathbb{N}$). 此时 $(x, y) \in X \times Y$ 显然是 A 的 ω-聚点; 若 $\{x_{k_i}|i \in \mathbb{N}\}$ 是无限集, 则由 X 可数紧可知, 它有一个 ω-聚点 $x \in X$. 容易看出, 此时 $(x, y) \in X \times Y$ 也是 A 的 ω-聚点. 因此积空间 $X \times Y$ 的任一可数无限子集都有 ω-聚点. 故由定理 10.2.2 知, $X \times Y$ 是可数紧的. □

10.3　伪　紧　性

定义 10.3.1　设 X 是一个拓扑空间, 如果定义在 X 上的每个连续实函数 $f: X \to \mathbb{R}^1$ 都是有界的, 则称 X 是伪紧的(pseudo-compact).

由定理 10.2.7 可知, 有下面的定理.

定理 10.3.1　每个可数紧空间都是伪紧的. □

这个定理的逆命题并不真.

例 10.3.1　设 $\mathbb{Q}_I$ 表示单位区间 I 中所有有理数的集合, 对每个 $x \in I, \varepsilon > 0$, 令

$$U_{x,\varepsilon} = \{x\} \cup ((x-\varepsilon, x+\varepsilon) \cap \mathbb{Q}_I).$$

再令 $\mathscr{B}(x) = \{U_{x,\varepsilon}|\varepsilon > 0\}$. 则不难看出, $\mathscr{B} = \{\mathscr{B}(x)|x \in I\}$ 满足命题 4.2.1 中的条件, 因而成为 I 上的一个拓扑基, 其所诱导的拓扑记为 τ, 则 (I, τ) 是一个伪紧空间, 而非可数紧空间 (证明略去, 留作习题, 请读者自己完成). □

但是, 我们也有下面的定理.

定理 10.3.2 T_1 正规的伪紧空间是可数紧的.

证明 设 X 是一个 T_1 正规的伪紧空间. 若 X 不是可数紧的, 则由定理 10.2.2 知, X 有一个可数无限子集 $A=\{x_1,x_2,\cdots,x_n,\cdots\}$ 没有 ω-聚点. 对任一 $x\in X$, 由于 x 不是 A 的 ω-聚点, 故存在一个邻域 $U\in\mathscr{N}(x)$ 使得 $U\cap A$ 为有限集, 不妨设 $U\cap A=\{x_{n_1},x_{n_2},\cdots,x_{n_k}\}$, 由于 X 是 T_1 空间, 故每个单点集都是闭集, 因此 $V=(U-\{x_{n_1},x_{n_2},\cdots,x_{n_k}\})\cup\{x\}\in\mathscr{N}(x)$, 且 $V\cap(A-\{x\})=\varnothing$. 这说明 x 不是 A 的聚点, 因此 A 是闭集. 同样地, 对每个 $n\in\mathbb{N}$, 存在 $V\in\mathscr{N}(x_n)$ 使得 $V\cap A=\{x_n\}$. 这说明 A 是 X 的一个离散的闭子空间. 因此映射 $f:A\to\mathbb{R}^1, f(x_n)=n$ 是连续的. 因为 X 是正规的, 由 Tietze 扩张定理知, f 有一个连续扩张 $f^*:X\to\mathbb{R}^1$. 而 f^* 显然是无界的. 这与 X 是伪紧的矛盾! 故 X 是可数紧的. □

定理 10.3.3 对 Tychonoff 空间 X 而言, 下列四个条件相互等价:

(1) 空间 X 是伪紧的;

(2) X 的非空开集的局部有限族都是有限的;

(3) X 的非空开集构成的局部有限覆盖都是有限的;

(4) X 的局部有限开覆盖都有有限子覆盖.

证明 (1) 蕴涵 (2). 设 X 是伪紧的 Tychonoff 空间. 若 (2) 不成立, 则有由非空开集构成的局部有限族 $\{U_n\,|n\in\mathbb{N}\}$. 对每个 $n\in\mathbb{N}$, 任取一点 $x_n\in U_n$, 则由 X 是 Tychonoff 空间可知, 存在一个连续函数 $f_n:X\to[0,n]$ 使得 $f(x_n)=n, f(U_n^{\mathrm{c}})\subset\{0\}$. 定义

$$f:X\to\mathbb{R}^1,\quad f(x)=\sum_{n=1}^{\infty}f_n(x).$$

由于 $\{U_n\,|n\subset\mathbb{N}\}$ 局部有限, 因此容易看出 f 是个连续函数, 且显然也是无界的, 这与 X 的伪紧性矛盾! 因此 (2) 成立.

(2) 蕴涵 (3) 与 (3) 蕴涵 (4) 都是显然的.

(4) 蕴涵 (1). 设 X 满足条件 (4), $f:X\to\mathbb{R}^1$ 是一个连续映射. 则 $\{f^{-1}((n-1,n+1))|n\in\mathbb{Z}\}$ 是 X 的一个局部有限的开覆盖. 因此由假设, 它有有限子覆盖, 因此存在 $n_1,n_2,\cdots,n_k\in\mathbb{Z}$ 使得

$$X=\bigcup_{i=1}^{k}f^{-1}((n_i-1,n_i+1)).$$

因此, $f:X\to\mathbb{R}^1$ 是有界的. 可见, X 是伪紧的. □

定理 10.3.4 对 Tychonoff 空间 X 而言, 下列三个条件相互等价:

(1) 空间 X 是伪紧的;

(2) 对 X 的任一由非空开集构成的递降序列 $U_1 \supset U_2 \supset \cdots \supset U_n \supset \cdots$, 都有 $\bigcap_{n=1}^{\infty} \overline{U_n} \neq \varnothing$;

(3) 对 X 的任一具有有限交性质的可数开集族 $\{V_n \mid n \in \mathbb{N}\}$, 都有 $\bigcap_{n=1}^{\infty} \overline{V_n} \neq \varnothing$.

证明　(1) 蕴涵 (2). 设 X 是伪紧的 Tychonoff 空间, $U_1 \supset U_2 \supset \cdots \supset U_n \supset \cdots$ 是其一个非空开集构成的递降序列. 若存在某一 n_0 使得当 $n > n_0$ 时恒有 $U_n = U_{n_0}$, 则显然 $\bigcap_{n=1}^{\infty} \overline{U_n} = \overline{U_{n_0}} \neq \varnothing$. 否则 $\{U_n \mid n \in \mathbb{N}\}$ 是一个无限集, 因此由定理 10.3.3 知, $\{U_n \mid n \in \mathbb{N}\}$ 不是局部有限的. 因此存在一个点 $x \in X$ 使得其任一邻域 $W \in \mathscr{N}(x)$ 都与 $\{U_n \mid n \in \mathbb{N}\}$ 中无穷多个元素相交, 自然也就与每个 U_n 相交, 从而对每个 n, 都有 $x \in \overline{U_n}$. 因此 $x \in \bigcap_{n=1}^{\infty} \overline{U_n}$.

(2) 蕴涵 (3). 设 $\{V_n \mid n \in \mathbb{N}\}$ 是 X 的任一具有有限交性质的可数开集族, 对每个 $n \in \mathbb{N}$, 令 $U_n = \bigcap_{i=1}^{n} V_i$, 则 $U_1 \supset U_2 \supset \cdots \supset U_n \supset \cdots$ 是 X 的一个非空开集构成的递降序列, 因此由假设 (2), $\bigcap_{n=1}^{\infty} \overline{U_n} \neq \varnothing$. 但显然有 $\bigcap_{n=1}^{\infty} \overline{U_n} \subset \bigcap_{n=1}^{\infty} \overline{V_n}$, 因此也有 $\bigcap_{n=1}^{\infty} \overline{V_n} \neq \varnothing$.

(3) 蕴涵 (1). 若 X 不是伪紧的, 则存在一个无界的连续函数 $f : X \to \mathbb{R}^1$. 对每个 $n \in \mathbb{N}$, 令

$$V_n = \{x \in X \mid |f(x)| > n\}.$$

则 V_n 是非空开集, 且 $\{V_n \mid n \in \mathbb{N}\}$ 显然具有有限交性质, 且是递降的. 于是由假设 (3), 存在 $x^* \in \bigcap_{n=1}^{\infty} \overline{V_n}$. 这将导致对每个 $n \in \mathbb{N}, |f(x^*)| \geqslant n$. 而这是不可能的. 因此 X 是伪紧的. □

定理 10.3.5　若 X 是个度量空间, 则下列四个条件等价:

(1) X 是紧的;

(2) X 是列紧的;

(3) X 是可数紧的;

(4) X 是伪紧的.

证明　由推论 10.1.1 和命题 10.1.6 可知, (1) 与 (2) 等价. (2) 蕴涵 (3) 由定理 10.2.7 可知. (3) 与 (4) 等价由定理 10.3.1 和定理 10.3.2 可知. 下面只需再证明 (3) 蕴涵 (2).

设度量空间 (X,d) 是可数紧的, $\langle x_n\rangle$ 是其任一序列. 若 $\{x_n\,|n\in\mathbb{N}\}$ 是有限集, 则 $\langle x_n\rangle$ 有常值子序列 $\langle x_{n_k}\rangle$, 它显然是收敛的. 因此以下假设 $\{x_n\,|n\in\mathbb{N}\}$ 是无限集, 则由定理 10.2.2 知, $\{x_n\,|n\in\mathbb{N}\}$ 有一个 ω-聚点 x^*. 利用归纳法, 可在$B_d\left(x^*,\dfrac{1}{k}\right)\cap\{x_n\,|n\in\mathbb{N}\}$ 取点 x_{n_k} 使其满足 $n_1<n_2<n_3<\cdots$, 这样得到 $\langle x_n\rangle$ 的一个子序列 $\langle x_{n_k}\rangle$, 显然 $\langle x_{n_k}\rangle$ 收敛于 x^*. 因此 (X,d) 是列紧的. □

不难看出, 上述最后一步的证明稍作修改, 即可成为 "第一可数的可数紧空间为列紧空间" 的证明.

习 题

10.1 一个 Hausdorff 空间 X 是可数紧的当且仅当它的每个闭的可数子空间都是紧的.

10.2 一个空间 X 是可数紧的当且仅当它的每个具有有限交性质的非空闭集族具有非空的交.

10.3 一个正则空间 X 是可数紧的当且仅当它的每个点有限的开覆盖具有有限子覆盖.

10.4 设 X 是可数紧的, Y 是第一可数的, 则连续双射 $f:X\to Y$ 是同胚.

10.5 每个第一可数的可数紧空间都是正则空间.

10.6 在第一可数空间中, 可数紧子集都是闭集.

10.7 设 X 为可数紧空间, Y 是第一可数的, 则投射 $\pi_Y:X\times Y\to Y$ 是闭映射.

10.8 若对任一 $n\in\mathbb{N},X_n$ 都是第一可数的, 则紧空间 $\prod\limits_{n\in\mathbb{N}}X_n$ 是可数紧的当且仅当每个 X_n 都是可数紧的.

10.9 设 X 为第一可数的可数紧空间, 则 X 中的序列 $\langle x_n\rangle$ 收敛当且仅当它有唯一的聚点.

10.10 直接证明 $\mathbb{R}^1$ 中的可数紧子集都是紧子集.

10.11 拓扑空间 X 是紧的当且仅当它是一个满足 Lindelöf 性质的可数紧的空间.

10.12 证明: Hausdorff 空间 X 是伪紧的当且仅当每个连续函数 $f:X\to\mathbb{R}^1$ 都能取得最大值和最小值.

10.13 度量空间是紧致的当且仅当它是伪紧的.

10.14 一个完全正则空间 X 是伪紧的当且仅当每个局部有限的可数开覆盖都有一个有限的子覆盖.

10.15 一个伪紧空间 X 和一个紧空间 Y 的积空间 $X\times Y$ 还是伪紧的.

10.16 设 X 是一个完全正则空间, 如果 X 本身及其所有闭子空间都是伪紧的, 则 X 是可数紧的空间.

10.17 对拓扑空间 X 而言, 证明下列四个条件相互等价:

(1) X 是完全正规的 Lindelöf 空间;

(2) X 是 Lindelöf 空间, 且其每一开子空间都是 Lindelöf 空间;

(3) 对于 X 的任一开集族 $\mathscr{U}$, 都存在一个可数子族 $\mathscr{U}'\subset\mathscr{U}$ 使得 $\bigcup\mathscr{U}'=\bigcup\mathscr{U}$;

(4) X 是 Lindelöf 空间, 且其每一子空间都是 Lindelöf 空间.

10.18　欧氏空间 $\mathbb{R}^n$ 的子空间是列紧的当且仅当它是有界闭集.

10.19　第一可数的可数紧空间都是列紧的.

10.20　试完成例 10.3.1 的证明.

10.21　试举例说明, 伪紧空间的闭子空间未必是伪紧的.

第11讲　局部紧性与 Baire 空间

11.1　局部紧性

定义 11.1.1　如果拓扑空间 X 的每一个点都有紧致的邻域, 则称 X 为**局部紧致的** (简称**局部紧的**, locally compact). 如果 X 的子集 A 作为子空间是局部紧的, 则称 A 为局部紧子集.

例 11.1.1　(1) $\mathbb{R}^n$ 是局部紧的, 因为每个闭球都是其内点的紧的邻域. 但 $\mathbb{R}^n$ 显然不是紧致的. 因此局部紧空间未必是紧的. 但是显然, 每个紧致的空间都是局部紧致的, 因为整个空间是其每个点的紧邻域.

(2) 离散的空间都是局部紧的, 因为每个单点集就是该点的一个紧邻域. 而当离散空间中点的个数无限时, 显然不是紧的, 因为此时由全体单点集构成的开覆盖没有有限子覆盖. □

关于局部紧性, 下面介绍几个比较重要的定理.

定理 11.1.1　设 X 是一个局部紧致的 Hausdorff 空间, 则对任一 $x \in X$ 及任一 $U \in \mathscr{N}(x)$, 都存在一个连续函数 $f: X \to I$ 使得 $f(x) = 0, f(U^c) \subset \{1\}$. 因此 X 是完全正则的.

证明　对任一 $x \in X$ 及任一 $U \in \mathscr{N}(x)$ (这里不妨设 U 是开的), 首先由局部紧性, 有紧邻域 K 使得 $x \in K^\circ$. 显然 K 是闭集, 且作为子空间是正规的, 也是完全正则的. 令 $D = (K - K^\circ) \cup (K - U)$, 则 D 是 K 的闭子集, 从而也是 X 的闭子集, 且 $x \in K - D$ (图 11-1). 故存在一个连续函数 $g: K \to I$ 使得 $g(x) = 0$, $g(D) \subset \{1\}$. 定义

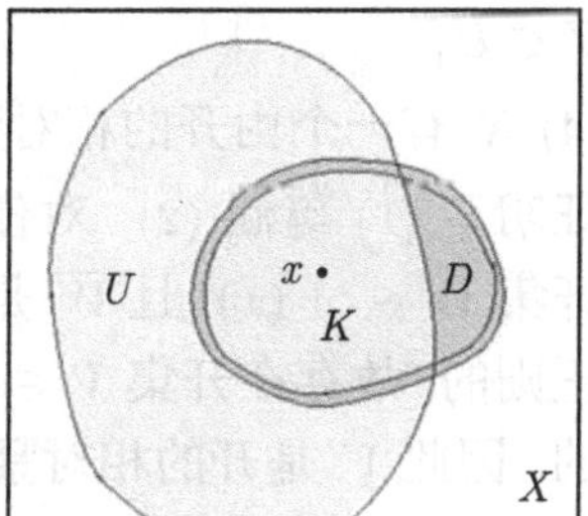

图 11-1

$$f: X \to I, \quad f(t) = \begin{cases} g(t), & t \in K, \\ 1, & t \in X - K^\circ. \end{cases}$$

则由粘接引理知, f 是连续的. 由于 $x \in K$, 故 $f(x) = g(x) = 0$; 而对于任一 $t \in U^c$, 如果 $t \in K$, 则有 $f(t) = g(t) = 1$; 否则, $t \in X - K^\circ$, 也有 $f(t) = 1$. 因此只要 $t \in U^c$, 总有 $f(U^c) \subset \{1\}$. 故 X 是完全正则的. □

定理 11.1.2　局部紧致的正则空间也是完全正则的.

证明　设 X 是一个局部紧致的正则空间, F 是其一个闭子集, $x \in X - F$. 由于 X 局部紧, 故点 x 有紧邻域 K, 再由 X 的正则性, 存在开集 U 使得 $x \in U \subset \overline{U} \subset K$. 由命题 9.2.1 知, $\overline{U}$ 也是紧的. X 的正则性蕴涵 $\overline{U}$ 的正则性, 因此由命题 9.2.5 知, $\overline{U}$ 是完全正则的. 记 $D = (\overline{U} - \overline{U}^{\circ}) \cup (\overline{U} \cap F)$, 则 D 是 $\overline{U}$ 的闭子集, 且 $x \in \overline{U} - D$. 于是存在连续映射 $g : \overline{U} \to I$ 使得 $g(x) = 0, g(D) \subset \{1\}$. 定义

$$f : X \to I, \quad f(t) = \begin{cases} g(t), & t \in \overline{U}, \\ 1, & t \in X - \overline{U}^{\circ}. \end{cases}$$

则由粘接引理知, f 是连续映射. 且由 $x \in \overline{U}$ 知, $f(x) = g(x) = 0$. 而当 $t \in F$ 时, 若 $t \in \overline{U}$, 则 $f(t) = g(t) = 1$; 否则, $t \in X - \overline{U} \subset X - \overline{U}^{\circ}$, 也有 $f(t) = 1$. 因此 X 是完全正则的. □

定义 11.1.2　如果 X 的一个子集 A 的闭包是紧集, 则称 A 为**相对紧** (relative compact) **集**.

定理 11.1.3　设 X 是 Hausdorff 空间, 则下列条件相互等价:

(1) X 是局部紧致的;

(2) 对任一 $x \in X$ 及任一 $U \in \mathscr{N}(x)$, 存在一个开的相对紧集 V 使得 $x \in V \subset \overline{V} \subset U$;

(3) 对每个紧集 C 及任一 $U \in \mathscr{N}(C)$, 都有一个开的相对紧集 V 使得 $C \subset V \subset \overline{V} \subset U$;

(4) X 有一个由开的相对紧集构成的拓扑基.

证明　(1) 蕴涵 (2). 对任一 $x \in X$ 及任一 $U \in \mathscr{N}(x)$, 首先由局部紧致性知, 存在开集 $W \in \mathscr{N}(x)$, 且 $\overline{W}$ 是紧的. 又由定理 11.1.1 可知, X 是完全正则的, 因而也是正则的, 故存在开集 $V \in \mathscr{N}(x)$ 使得 $x \in V \subset \overline{V} \subset U \cap W$. 由于 $\overline{V} \subset \overline{W}$, 故 $\overline{V}$ 是紧的. 因此 V 是开的相对紧集.

(2) 蕴涵 (3). 对每个 $c \in C$, 由 (2), 有一个相对紧的开邻域 $V(c) \in \mathscr{N}(c)$ 使得 $\overline{V(c)} \subset U$; 由于 C 是紧的, 因此存在 $c_1, c_2, \cdots, c_n \in C$ 使得 $C \subset \bigcup\limits_{i=1}^{n} V(c_i)$. 令 $V = \bigcup\limits_{i=1}^{n} V(c_i)$, 则容易看出, $\overline{V}$ 是紧的, 即 V 是开的相对紧集, 且 $C \subset V \subset \overline{V} \subset U$.

(3) 蕴涵 (4). 令 $\Re$ 表示 X 的所有开的相对紧集构成的集族, 对任一 $x \in X$ 及任一 $U \in \mathscr{N}(x)$, 由于 $\{x\}$ 是紧集, 故由 (3), 存在 $V \in \Re$ 使得 $\{x\} \subset V \subset \overline{V} \subset U$. 由此可知 $\Re$ 是 X 的拓扑基.

(4) 蕴涵 (1). 这是显然的. □

定理 11.1.4 设 X 是局部紧空间, $f: X \to Y$ 是一个连续开映射, 则 $f(X)$ 也是局部紧的.

证明 对任意一点 $y \in f(X)$, 取一点 $x \in X$ 使得 $f(x) = y$. 由于 X 是局部紧空间, 点 x 有一个紧邻域 K 使得 $x \in K^\circ$. 而由 f 为开映射可知, $f(K^\circ) \in \mathscr{N}(y)$; 又由 f 连续, 可知 $f(K)$ 是紧的. 可见 $f(K)$ 是点 y 的一个紧邻域. 故 $f(X)$ 也是局部紧的. □

因此, 局部紧性是一个拓扑性质.

引理 11.1.1 若 $f: X \to Y$ 是完备映射, B 是 Y 的紧子集, 则 $f^{-1}(B)$ 是 X 的紧子集.

证明 设 $\mathscr{U}$ 是 X 中覆盖 $f^{-1}(B)$ 的任一开集族, 则对任一 $y \in B$, $\mathscr{U}$ 也是 $f^{-1}(y)$ 的开覆盖. 由 $f^{-1}(y)$ 的紧性, 存在 $\mathscr{U}$ 的有限子族 $\mathscr{U}_y$ 使得 $f^{-1}(y) \subset \bigcup \mathscr{U}_y$. 记 $U_y = \bigcup \mathscr{U}_y$, 由于 f 是闭映射, 故存在开集 $V_y \in \mathscr{N}(y)$ 使得 $f^{-1}(V_y) \subset U_y$. 由于 B 是 Y 的紧子集, 故其开覆盖 $\{V_y \,|y \in B\}$ 有有限子覆盖, 即存在有限个 $y_1, y_2, \cdots, y_n \in B$ 使得 $B \subset \bigcup\limits_{i=1}^{n} V_{y_i}$. 不难看出, $\mathscr{U}_{y_1} \cup \mathscr{U}_{y_2} \cup \cdots \cup \mathscr{U}_{y_n}$ 就是 $f^{-1}(B)$ 的一个有限子覆盖. 因此 $f^{-1}(B)$ 是紧的. □

定理 11.1.5 设 $f: X \to Y$ 是完备映射, 则 X 是局部紧的当且仅当 Y 是局部紧的.

证明 设 X 是局部紧的, 对任一 $y \in Y$, 以及每个 $x \in f^{-1}(y)$, 取一个紧邻域 K_x 使得 $K_x^\circ \in \mathscr{N}(x)$. 于是得到紧子集 $f^{-1}(y)$ 的一个开覆盖 $\left\{K_x^\circ \,\middle|\, x \in f^{-1}(y)\right\}$. 故存在有限个 $x_1, x_2, \cdots, x_n \in f^{-1}(y)$ 使得

$$f^{-1}(y) \subset K_{x_1}^\circ \cup K_{x_2}^\circ \cup \cdots \cup K_{x_n}^\circ.$$

记 $U = K_{x_1} \cup K_{x_2} \cup \cdots \cup K_{x_n}$, 则 U 是紧的, 且 $U \in \mathscr{N}(f^{-1}(y))$. 由于完备映射都是满连续闭映射, 故存在开集 $V \in \mathscr{N}(y)$ 使得 $f^{-1}(V) \subset U$. 由于 $V = f \circ f^{-1}(V) \subset f(U)$, 故 $f(U) \in \mathscr{N}(y)$. 又 $f(U)$ 是紧的, 因此 $f(U)$ 就是 y 的紧邻域. 因此 Y 是局部紧的.

反之, 设 Y 是局部紧的. 则对于任一 $x \in X$, 取一个紧邻域 $V \in \mathscr{N}(f(x))$. 则由 $f: X \to Y$ 是完备映射及引理 11.1.1 可知, $f^{-1}(V)$ 是紧集, 且 $f^{-1}(V) \in \mathscr{N}(x)$, 因此 $f^{-1}(V)$ 就是 x 的紧邻域. 可见 X 是局部紧的. □

定理 11.1.6 积空间 $\prod\limits_{\lambda \in \Lambda} X_\lambda$ 是局部紧的当且仅当每个因子空间 X_λ 都是局部紧的, 并且最多只有有限多个因子空间不是紧的.

证明 必要性. 设积空间 $\prod\limits_{\lambda \in \Lambda} X_\lambda$ 是局部紧的, 由于对每个 $\lambda_0 \in \Lambda$, 投射

$\pi_{\lambda_0}: \prod_{\lambda\in\Lambda} X_\lambda \to X_{\lambda_0}$ 是连续的开的满映射, 故由定理 11.1.4 知, X_{λ_0} 是局部紧的. 此外, 任意选取 $\prod_{\lambda\in\Lambda} X_\lambda$ 中一个具有非空内部的紧子集 V, 则对任一 $\lambda\in\Lambda, \pi_\lambda(V)$ 都是 X_λ 的紧子集. 同时存在有限个 $\lambda_1,\lambda_2,\cdots,\lambda_n\in\Lambda$ 及开集 $U_i\in\tau_{\lambda_i}$ (其中 τ_{λ_i} 为 X_{λ_i} 所带的拓扑, $i=1,2,\cdots,n$.) 使得 $\bigcap_{i=1}^{n}\pi_{\lambda_i}^{-1}(U_i)\subset V^\circ\subset V$, 故当 $\lambda\in\Lambda-\{\lambda_1,\lambda_2,\cdots,\lambda_n\}$ 时, 恒有 $\pi_\lambda(V)=X_\lambda$. 因此 X_λ 是紧的. 可见, 最多只有有限多个因子空间 $X_{\lambda_1},X_{\lambda_2},\cdots,X_{\lambda_n}$ 可能不是紧的.

充分性. 假设每个因子空间 X_λ 都是局部紧的, 并且存在 $\Lambda_0=\{\lambda_1,\lambda_2,\cdots,\lambda_n\}\subset\Lambda$, 对于每个 $\lambda\in\Lambda-\{\lambda_1,\lambda_2,\cdots,\lambda_n\}$, X_λ 都是紧的. 则对于任一 $(x_\lambda)_{\lambda\in\Lambda}\in\prod_{\lambda\in\Lambda}X_\lambda$, 对每个 $\lambda_i(1\leqslant i\leqslant n)$, 存在 X_{λ_i} 中的紧的邻域 $V_i\in\mathscr{N}(x_{\lambda_i})$, 则易见 $V_1\times V_2\times\cdots\times V_n\times\prod_{\lambda\in\Lambda-\Lambda_0}X_\lambda$ 即为点 $(x_\lambda)_{\lambda\in\Lambda}$ 的一个紧邻域. 因此, 积空间 $\prod_{\lambda\in\Lambda}X_\lambda$ 也是局部紧的. □

11.2　非紧的完全正则空间的紧致化

由于紧空间具有良好的拓扑性质, 而一个完全正则空间却未必是紧致的. 那么, 一个完全正则空间是否可以成为某个紧空间的稠密子空间呢? 这就是所谓紧致化问题.

定义 11.2.1　所谓空间 X 的**紧致化**是指由一个紧空间 $\widetilde{X}$ 和一个从 X 到 $\widetilde{X}$ 的某个稠密子集上的同胚 h 构成的偶对 $(\widetilde{X},h)$. 我们常常把 X 与 $h(X)$ 等同起来, 在不必强调同胚 h 时, 直接称 $\widetilde{X}$ 为 X 的一个紧致化.

下面我们介绍两种重要的紧致化方法.

11.2.1　局部紧致而非紧致的 Hausdorff 空间的 Alexandroff 单点紧致化

设 (X,τ) 是一个局部紧致而非紧致的 Hausdorff 空间. 任取一点 $\infty\notin X$, 并记 $\sigma X=X\cup\{\infty\}$. 令

$$\Im=\tau\cup\{U\,|(X,\tau)\text{ 中有紧子集 }F\text{ 使得 }U=\{\infty\}\cup(X-F)\},$$

则有以下结论.

(1) $\Im$ 成为 σX 上的一个拓扑.

(a) 显然, $\varnothing\in\tau\subset\Im$, 且由空集 $\varnothing$ 是紧的可知, $\sigma X=\{\infty\}\cup(X-\varnothing)\in\Im$.

(b) 设 $\Re$ 是 $\Im$ 的任一子族, 不妨记 $\Re=\Re_1\cup\Re_2$, 其中 $\Re_1\subset\tau$, 而 $\Re_2\cap\tau=\varnothing$. 设 $\Re_2=\{U_\lambda|\lambda\in\Lambda\}$. 若 $\Re_2=\varnothing$, 则由 τ 为拓扑可知, $\bigcup\Re=\bigcup\Re_1\in\tau\subset\Im$.

若 $\Re_2 \neq \varnothing$, 则对任一 $\lambda \in \Lambda$, 存在 X 中的紧子集 F_λ(注意, 它也是闭集!) 使得 $U_\lambda = \{\infty\} \cup (X - F_\lambda)$. 记 $U = \bigcup \Re_1, F = \bigcap \{F_\lambda | \lambda \in \Lambda\}$, 则 $U \in \tau$, F 为 X 的紧闭集, 从而 $F \cap (X - U)$ 也是 X 的紧闭集, 于是

$$\begin{aligned}\bigcup \Re &= \left(\bigcup \Re_1\right) \bigcup \left(\bigcup \Re_2\right) = \left(\bigcup \Re_1\right) \cup \{\infty\} \cup \left(\bigcup \{X - F_\lambda | \lambda \in \Lambda\}\right) \\ &= \{\infty\} \cup (X - F \cap (X - U)) \in \Im.\end{aligned}$$

(c) 对任意两个 $U, V \in \Im$. 若 $U, V \in \tau$, 则 $U \cap V \in \tau \subset \Im$; 若 $U \in \tau, V \notin \tau$, 则存在 X 中的紧子集 F 使得 $V = \{\infty\} \cup (X - F)$. 于是 $U \cap V = U \cap (X - F) \in \tau \subset \Im$; 否则 $U \notin \tau, V \notin \tau$, 则存在 X 中的紧子集 E, F 使得 $U = \{\infty\} \cup (X - E), V = \{\infty\} \cup (X - F)$. 于是 $U \cap V = \{\infty\} \cup (X - E \cap F) \in \Im$. 因此, 不管哪种情况, 总有 $U \cap V \in \Im$.

可见, $\Im$ 成为 σX 上的一个拓扑.

(2) $(\sigma X, \Im)$ 是一个紧致的 Hausdorff 空间.

事实上, 由于 $\tau \subset \Im$, 且 (X, τ) 是 Hausdorff 空间, 故为验证 $(\sigma X, \Im)$ 是 Hausdorff 空间, 只需验证对任一 $x \in X, x$ 与 ∞ 都有不相交的邻域即可. 由于 (X, τ) 是局部紧的, 故有 (X, τ) 中的紧集 F 使得 $x \in F^\circ$, 从而 $\infty \in \{\infty\} \cup (X - F) \in \Im$, 且 $F^\circ \cap (\{\infty\} \cup (X - F)) = \varnothing$. 可见, x 与 ∞ 有不相交的邻域.

此外, 对于 $(\sigma X, \Im)$ 的任一开覆盖 $\{U_\lambda | \lambda \in \Lambda\}$, 首先存在 $\lambda_0 \in \Lambda$ 使得 $\infty \in U_{\lambda_0}$. 因此有 (X, τ) 中的紧集 F 使得 $U_{\lambda_0} = \{\infty\} \cup (X - F)$. 注意到 $\{F \cap U_\lambda | \lambda \in \Lambda\}$ 构成 (X, τ) 中紧集 F 的一个开覆盖, 因此存在 $\lambda_1, \lambda_2, \cdots, \lambda_n \in \Lambda$ 使得 $F \subset \bigcup \{F \cap U_{\lambda_i} | i = 1, 2, \cdots, n\}$. 不难看出, $\{U_{\lambda_0}, U_{\lambda_1}, U_{\lambda_2}, \cdots, U_{\lambda_n}\}$ 就是 $\{U_\lambda | \lambda \in \Lambda\}$ 的一个有限子覆盖. 因此 $(\sigma X, \Im)$ 是紧的.

(3) (X, τ) 作为空间 $(\sigma X, \Im)$ 的子空间是稠密的.

显然, 只需验证 $\infty \in \overline{X}$. 对于任一 $U \in \mathscr{N}(\infty)$, 存在 (X, τ) 中的紧集 F 使得 $\{\infty\} \cup (X - F) \subset U$. 由于 (X, τ) 不是紧的, 故 $X - F \neq \varnothing$, 可见 $X \cap U \supset X - F \neq \varnothing$. 因此确实有 $\infty \in \overline{X}$.

(1)、(2) 和 (3) 表明, $(\sigma X, \Im)$ 为 (X, τ) 的一个紧致化. 习惯上, 把 $(\sigma X, \Im)$ 称为 X, τ 的 Alexandroff **紧致化** (又称为**单点紧致化**).

不难证明, 从同胚角度来看, (X, τ) 的单点紧致化是唯一确定的.

例 11.2.1 当 (X, τ) 是通常拓扑空间 $\mathbb{R}^2$ 时, 其 Alexandroff 紧致化就是 2 维球面 S^2, 其中 ∞ 就是球面 S^2 上的北极点 $N(0,0,1)$ (图 11-2), 把 P 映成 P' 的映射就是 h. 同样地, $\mathbb{R}^1$ 的单点紧致化是单位圆周 S^1. 一般地, $\mathbb{R}^n$ 的 Alexandroff 紧致化可视为 n 维球面 S^n. □

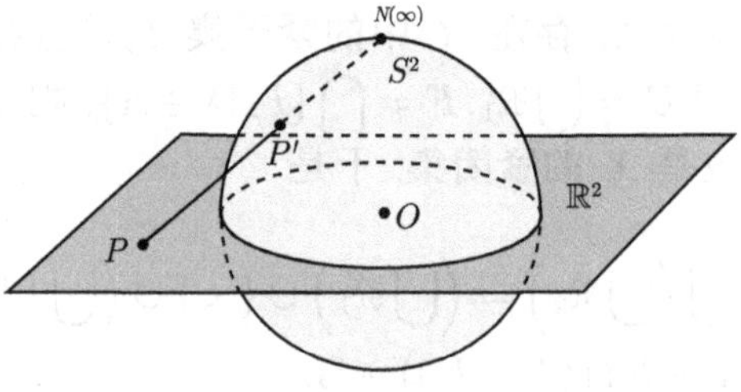

图 11-2

11.2.2 Stone-Cech 紧致化简介

我们先介绍如下引理.

引理 11.2.1 设映射 $f: X \to Y$ 是连续单射. 如果单元集 $\{f\}$ 能分离点和闭集, 则 $f: X \to Y$ 是嵌入映射.

证明 由假设可知, 限制映射 $f: X \to f(X)$ 是连续的一一对应, 因此只需证明其逆映射 $f^{-1}: f(X) \to X$ 是连续的, 即可知 $f: X \to Y$ 为嵌入映射. 而要证明这一点, 只需证明限制映射 $f: X \to f(X)$ 是闭映射就可以了. 为此, 设 F 为 X 的任一闭集, 则显然有 $f(F) \subset f(X) \cap \overline{f(F)}$; 另一方面, 若 $y \in f(X) \cap \overline{f(F)}$, 则存在 $x \in X$ 使得 $f(x) = y$. 若 $x \notin F$, 则由于 $\{f\}$ 能分离点和闭集, 故 $f(x) \notin \overline{f(F)}$, 即 $y \notin \overline{f(F)}$, 矛盾! 故 $x \in F$, 从而 $y \in f(F)$. 故也有 $f(F) \supset f(X) \cap \overline{f(F)}$. 因此, $f(F) = f(X) \cap \overline{f(F)}$. 故 $f: X \to f(X)$ 是闭映射. □

现在设 X 是一个满足 T_1 分离性公理的完全正则空间 (注意: 局部紧致的 Hausdorff 空间满足此条件). 记 $F(X) = \{f | f: X \to I \text{ 是连续映射}\}$, 则 $F(X)$ 是函数空间 ${}^X I$ (即积空间 $\prod\limits_{x \in X} I_x$, 其中对每个 $x \in X$, 都有 $I_x = I$) 的一个子空间. 定义

$$\beta: X \to {}^{F(X)}I, \quad \beta(x) = (f(x))_{f \in F(X)} \quad (x \in X).$$

则由定理 5.2.3 知, $\beta: X \to {}^{F(X)}I$ 是一个连续映射. 又设 B 是 X 的任一闭集, 且 $x \in X - B$. 由 X 的完全正则性, 存在 $f \in F(X)$ 使得 $f(x) = 0, f(B) \subset \{1\}$. 因此 $f(x) \notin \overline{f(B)}$. 可见 $F(X)$ 能分离点和闭集. 同时由于 X 是 T_1 空间, 故 $F(X)$ 也能分离点. 从而由引理 7.3.1 知, 映射 $\beta: X \to {}^{F(X)}I$ 是嵌入映射. 令 $\beta X = \overline{\beta(X)} \subset {}^{F(X)}I$. 由 Tychonoff 定理可知, ${}^{F(X)}I$ 是 T_2 紧致的, 故 βX 也是 T_2 紧致的. 又 $\beta(X)$ 在 βX 中稠密, 故 βX 是 X 的 T_2 紧致化. 紧致化 βX 称为 X 的 Stone-Cech **紧致化**.

关于 Stone-Cech 紧致化, 我们这里只列出下面几个相关的重要结论而不予证明.

定理 11.2.1 (M. Stone; E. Cech) (1) 对每个紧空间 Y 及每个连续映射 $f: X \to Y$, 存在唯一一个连续映射 $F: \beta X \to Y$ 使得 $f = F \circ \beta$.

(2) (唯一性) 局部紧而非紧的空间 X 的任一紧化 $(\widetilde{X},h)$ 如果满足: 对每个紧空间 Y 及每个连续映射 $f:X\to Y$, 存在唯一一个连续映射 $F:\widetilde{X}\to Y$ 使得 $f=F\circ h$, 那么 $(\widetilde{X},h)$ 必同胚于 βX. 实际上存在一个在 X 上为恒同的同胚 $k:\widetilde{X}\to\beta X$.

(3) βX 是 X 的"最大"紧致化, 即: 如果 $\widetilde{X}$ 为 X 的任一紧致化, 则 $\widetilde{X}$ 必为 βX 的商空间 (定义见第 13 讲). □

11.3 Baire 空间

定义 11.3.1 若拓扑空间 X 中任意可数个稠密开集的交集仍然是稠密的, 则称 X 为一个 Baire 空间.

定理 11.3.1(R. Baire) 局部紧的 Hausdorff 空间是 Baire 空间.

证明 设 X 是一个局部紧的 Hausdorff 空间, $U_1,U_2,\cdots,U_n,\cdots$ 是其一列稠密开集, 记 $A=\bigcap\limits_{n=1}^{\infty}U_n$, 要证明 A 仍然是个稠密子集. 为此, 只需证明对每个非空开集 U, 都有 $U\cap A\neq\varnothing$.

设 U 是任一非空开集, 由于 U_1 是稠密开集, 故 $U\cap U_1\neq\varnothing$, 从而存在 $x_1\in U\cap U_1$. 由定理 11.1.3 可知, 存在相对紧的开集 V_1 使得 $x_1\in V_1\subset\overline{V_1}\subset U\cap U_1$; 再由 U_2 是稠密开集, 故存在 $x_2\in V_1\cap U_2$, 又有相对紧的开集 V_2 使得 $x_2\in V_2\subset\overline{V_2}\subset V_1\cap U_2$; 如此继续, 可以归纳地得到一个非空的相对紧的开集列 $V_1,V_2,\cdots,V_n,\cdots$, 其满足条件

$$\overline{V_{n+1}}\subset V_n\cap U_{n+1},\quad n=1,2,\cdots,n,\cdots.$$

由于 $\overline{V_1},\overline{V_2},\cdots,\overline{V_n},\cdots$ 是一列递降的非空紧集, 故有非空的交, 即有 $\bigcap\limits_{n=1}^{\infty}\overline{V_n}\neq\varnothing$. 但由 $V_1,V_2,\cdots,V_n,\cdots$ 的定义可知,

$$\bigcap_{n=1}^{\infty}\overline{V_n}\subset U\cap\bigcap_{n=1}^{\infty}U_n=U\cap A,$$

因此也有 $U\cap A\neq\varnothing$. □

定理 11.3.2(R. Baire) 设 X 是个 Baire 空间. 若 $\{F_n\,|n\in\mathbb{N}\}$ 是 X 的一个闭覆盖, 则至少存在一个 $n\in\mathbb{N}$ 使得 $F_n^{\circ}\neq\varnothing$.

证明 由于 $X=\bigcup\limits_{n=1}^{\infty}F_n$, 故 $\bigcap\limits_{n=1}^{\infty}F_n^{c}=\varnothing$. 由于 X 是个 Baire 空间, 故不可能每个 F_n^{c} 都是稠密的, 即存在 $n\in\mathbb{N}$ 使得 F_n^{c} 不是稠密的. 因此有非空开集 U 使得 $U\cap F_n^{c}=\varnothing$. 从而 $F_n^{\circ}\supset U\neq\varnothing$. □

这个定理给出了 Baire 空间的一个重要结论：Baire 空间不可能分解成可数多个具有空的内部的闭集之并！特别地，联系定理 11.3.1 及 $\mathbb{R}^n$ 的局部紧性可知，$\mathbb{R}^n$ 不可能分解成可数多个具有空的内部的闭集之并！

定义 11.3.2 设 X 是一个拓扑空间,

(1) 若子集 $A \subset X$ 满足 $(\overline{A})^\circ = \varnothing$, 则称其为无处稠密子集;

(2) 可以表示为可数个无处稠密子集的并集的集合都称为第一范畴子集; 不是第一范畴子集的集合统称为第二范畴子集.

若 A 是个无处稠密子集, 则 $(\overline{A})^\circ = \varnothing$, 从而 $(A^\circ)^c \supset \left((\overline{A})^\circ\right)^c = X$, 可见必有 $(A^\circ)^c = X$. 但是由命题 2.3.5 可知, $(A^\circ)^c = \overline{A^c}$, 因此 $\overline{A^c} = X$. 也就是说, 无处稠密集的余集必定是稠密的.

定理 11.3.3 在 Baire 空间 X 中, 所有第一范畴子集的内部都为空集.

证明 设 A 是 Baire 空间 X 中的任一第一范畴子集, 则存在可数个无处稠密子集 $B_1, B_2, B_3, \cdots$ 使得 $A = \bigcup\limits_{n=1}^{\infty} B_n$. 若 $A^\circ \neq \varnothing$, 则有非空开集 U 使得 $U \subset A$. 由 $U \subset \bigcup\limits_{n=1}^{\infty} B_n$ 可得, $\bigcap\limits_{n=1}^{\infty} B_n^c \subset U^c$. 由于 B_n 是无处稠密的, 故 B_n^c 是稠密的, 因此由 X 为 Baire 空间可知, $\bigcap\limits_{n=1}^{\infty} B_n^c$ 也是稠密的, 因此有

$$\varnothing \neq U \cap \bigcap_{n=1}^{\infty} B_n^c \subset U \cap U^c = \varnothing.$$

矛盾! 故必有 $A^\circ = \varnothing$. □

例 11.3.1 在实直线 $\mathbb{R}^1$ 中, 单点集都是无处稠密的, 自然数集也是无处稠密的. 有理数集 $\mathbb{Q}$ 是可数个单点集的并集, 因此是第一范畴子集, 但 $\mathbb{Q}$ 却是 $\mathbb{R}^1$ 的稠密子集. 由于 $\mathbb{R}^1$ 是局部紧的 Hausdorff 空间, 因此由定理 11.3.1 知, $\mathbb{R}^1$ 是 Baire 空间, 因此由定理 11.3.3 知, $\mathbb{Q}$ 的内部为空集. □

定理 11.3.4 设 X 是个 Baire 空间, 映射 $f: X \to Y$ 是满的连续开映射, 则 Y 也是 Baire 空间.

证明 设 $V_1, V_2, V_3, \cdots$ 是 Y 中任意一列非空稠密开集, 则由 f 的连续性知, 对任一 $n \in \mathbb{N}, f^{-1}(V_n)$ 都是 X 中的开集, 且

$$\overline{f^{-1}(V_n)} \subset f^{-1}\left(\overline{V_n}\right) = f^{-1}(Y) = X.$$

又由于 f 为开映射, 故又有

$$X = f^{-1}(Y) = f^{-1}\left(\overline{V_n}\right) \subset \overline{f^{-1}(V_n)}.$$

可见对任一 $n \in \mathbb{N}$, 都有 $\overline{f^{-1}(V_n)} = X$, 即 $f^{-1}(V_n)$ 都是 X 中的稠密开集. 又由 X 为 Baire 空间可知, $f^{-1}\left(\bigcap_{n=1}^{\infty} V_n\right) = \bigcap_{n=1}^{\infty} f^{-1}(V_n)$ 是 X 的稠密子集. 若 $\bigcap_{n=1}^{\infty} V_n$ 不稠密, 则存在非空开集 $V \subset Y$ 使得 $V \cap \bigcap_{n=1}^{\infty} V_n = \varnothing$. 由 f 为满射, $f^{-1}(V) \neq \varnothing$. 因此由 $\bigcap_{n=1}^{\infty} f^{-1}(V_n)$ 稠密知, 有

$$\varnothing \neq f^{-1}(V) \cap \bigcap_{n=1}^{\infty} f^{-1}(V_n) = f^{-1}\left(V \cap \bigcap_{n=1}^{\infty} V_n\right).$$

这与 $V \cap \bigcap_{n=1}^{\infty} V_n = \varnothing$ 矛盾! 因此 $\bigcap_{n=1}^{\infty} V_n$ 必是稠密的. 可见, Y 也是 Baire 空间. □

习　题

11.1 试证明: $\mathbb{R}^n$ 的单点紧致化 (即 Alexanderoff 单点紧致化) 同胚于 S^n.

11.2 设 X 是 Hausdorff 空间, Y 是局部紧的 Hausdorff 空间, 证明: 映射 $f: X \to Y$ 是完全映射当且仅当对每个紧集 $C \subset Y$, $f^{-1}(C)$ 是 X 的紧集.

11.3 证明: Baire 空间的开子空间仍是 Baire 空间.

11.4 一个局部紧空间 X 如果可以表示为最多可数个紧空间的并, 则称之为 σ-紧的.

(1) 证明 $\mathbb{R}^n$ 是 σ-紧的;

(2) 试举例说明: 可数多个紧空间的并未必是 σ-紧的.

11.5 证明下列三条是等价的:

(1) 空间 X 是 σ-紧的;

(2) 空间 X 可以表示成 $X = \bigcup_{n=1}^{\infty} U_n$, 其中每个 U_n 都是相对紧的开集, 并且 $\forall n \in \mathbb{N}, \overline{U_n} \subset U_{n+1}$;

(3) 空间 X 是局部紧的 Lindelöf 空间.

11.6 设 X 是 Hausdorff 空间, G 是 X 的局部紧致的稠密子集, 则 G 是开集.

11.7 (1) 如果空间 X 可以表示成一个由局部紧的闭子空间构成的局部有限族的并, 则 X 是局部紧的.

(2) 如果 Hausdorff 空间 X 可以表示成一个由局部紧的开子空间构成的集族的并, 则 X 是局部紧的.

(3) 试举例说明, 存在一个 T_1 空间 X, 它可以表示成两个开的紧子空间的并, 但是它并不是局部紧的, 因此也不是 T_2 空间.

11.8 证明: 对每个局部紧空间 X, 都存在一个紧空间 Y 及一对一的连续映射 $f: X \to Y$.

11.9 (1) 证明: Hausdorff 空间 X 的局部紧子集具有形式 $U \cap F$, 其中 U 和 F 分别为 X 中的开集和闭集;

(2) 证明：局部紧的 Hausdorff 空间 X 的一个子空间是局部紧的当且仅当它具有形式 $U \cap F$, 其中 U 和 F 分别为 X 中的开集和闭集.

11.10　设 X 是局部紧的 Hausdorff 空间, $f: X \to Y$ 是一个连续的、开的满映射. 证明：对每个紧子集 $K \subset Y$, 存在一个紧子集 $C \subset X$ 使得 $f(C) = K$.

11.11　举例说明, 在 Baire 空间中, 第二范畴集的余集未必是第一范畴的.

11.12　若空间 X 的每个点都有一个邻域是 Baire 空间, 则 X 也是 Baire 空间.

11.13　证明：完全正则的伪紧空间是 Baire 空间.

11.14　空间 X 的一个开覆盖 $\{U_\lambda \,|\, \lambda \in \Lambda\}$ 称为星形有限的, 是指每个 U_λ 最多与有限个其他成员 $U_\mu (\mu \in \Lambda)$ 相交. 试证明：如果 Hausdorff 空间 X 是 σ-紧的, 则它的每个开覆盖都有一个星形有限的开加细.

11.15　设 X 是个拓扑空间, (Y, d) 是个度量空间. 对任一 $n \in \mathbb{N}, f_n : X \to Y$ 都是连续映射, 且对任一 $x \in X$, 有 $\lim\limits_{n\to\infty} f_n(x) = f(x)$, 其中 $f: X \to Y$. 试证明：若 X 是 Baire 空间, 则存在 X 的一个稠密子集 A 使得限制映射 $f|_A : A \to Y$ 是连续的.

第 12 讲　仿　紧　性

仿紧性 (paracompactness) 概念是 Dieudonnė 在 1944 年引入的, 它同时推广了紧致性和可度量性. 虽然概念的引入远晚于紧致性和可度量性, 但仿紧性很快就成为拓扑学家和分析学家的最爱, 仿紧空间也被认为是最重要的拓扑空间之一. 由于仿紧性的引入, 拓扑学和分析方面的许多定理得以推广, 证明得以简化. 同时, 局部有限性及相关概念也自然地成为拓扑学研究的重要而有效的工具.

12.1　仿紧空间的概念

定义 12.1.1　如果空间 X 的每个开覆盖都有局部有限的开加细, 则称 X 为**仿紧的**(paracompact).

例 12.1.1　由定义容易看出:

(1) 紧致空间显然都是仿紧的;

(2) 所有离散空间也都是仿紧的, 并且有无限多个点的离散空间是仿紧而非紧的空间. □

定义 12.1.2　(1) 拓扑空间 X 的子集族 $\mathscr{A}=\{A_\lambda\,|\lambda\in\Lambda\}$ 称为**离散的**, 是指它满足: 对任一 $x\in X$, 都存在一个 $U\in\mathscr{N}(x)$ 使得 U 最多与 $\mathscr{A}$ 中的一个元素相交;

(2) 如果拓扑空间 X 的子集族 $\mathscr{A}$ 能够表示为可数个局部有限 (离散) 的子集族的并 $\mathscr{A}=\bigcup\limits_{n=1}^{\infty}\mathscr{A}_n$, 其中每个 $\mathscr{A}_n$ 都是局部有限的 (离散的), 则称子集族 $\mathscr{A}$ 是 **σ-局部有限的**(**σ-离散的**).

定理 12.1.1 (A. H. Stone)　度量空间的每个开覆盖都有一个既是局部有限, 又是 σ-离散的开加细.

证明　设 $\mathscr{U}=\{U_\lambda|\lambda\in\Lambda\}$ 是度量空间 (X,ρ) 的任一给定的开覆盖. 由良序公理, 在指标集 Λ 上存在一个良序 $<$, 对每个 $\lambda\in\Lambda$, 记

$$U_\lambda^*=U_\lambda-\bigcup\{U_\mu\,|\mu<\lambda\}.$$

首先, 我们归纳地定义一列子集族 $\mathscr{V}_n=\{V_{\lambda,n}\,|\lambda\in\Lambda\}\,(n=1,2,3,\cdots)$, 使得对每个 $n\in\mathbb{N}$, $\mathscr{V}_n$ 具有如下性质:

(1) $\mathscr{V}_n = \{V_\lambda^*(n) \,|\, \lambda \in \Lambda\}$, 而 $V_\lambda^*(n) = \bigcup\left\{B_\rho\left(x, \dfrac{1}{2^n}\right) \middle| x \in V_{\lambda,n}\right\}$;

(2) $V_{\lambda,n} = \left\{x \in U_\lambda^* \middle| \text{对任一 } m < n \text{ 及任一 } \mu \in \Lambda, \text{都有 } x \notin V_\mu^*(m)\right\}$;

(3) 对任一 $x \in V_{\lambda,n}$, 都有 $B_\rho\left(x, \dfrac{3}{2^n}\right) \subset U_\lambda$.

事实上, 对任一 $\lambda \in \Lambda$, 令 $V_{\lambda,1} = \left\{x \in U_\lambda^* \middle| B_\rho\left(x, \dfrac{3}{2}\right) \subset U_\lambda\right\}$(它有可能是空集), 再令

$$V_\lambda^*(1) = \bigcup\left\{B_\rho\left(x, \frac{1}{2}\right) \middle| x \in V_{\lambda,1}\right\}.$$

若对每个 $m < n$, 满足条件 (1)~(3) 的 $\mathscr{V}_m$ 已经构造好, 则对任一 $\lambda \in \Lambda$, 令

$$V_{\lambda,n} = \left\{x \in U_\lambda^* \middle| B_\rho\left(x, \frac{3}{2^n}\right) \subset U_\lambda, \text{且对任一 } m < n \text{ 及 } \mu \in \Lambda, \text{都有 } x \notin V_\mu^*(m)\right\},$$

再令

$$V_\lambda^*(n) = \bigcup\left\{B_\rho\left(x, \frac{1}{2^n}\right) \middle| x \in V_{\lambda,n}\right\}, \quad \mathscr{V}_n = \{V_\lambda^*(n) \,|\, \lambda \in \Lambda\}.$$

则显然 $\mathscr{V}_n$ 也满足条件 (1)~(3). 归纳构造完成.

(Ⅰ) $\mathscr{V} = \bigcup\limits_{n=1}^{\infty} \mathscr{V}_n$ 是 $\mathscr{U}$ 的开加细.

首先, 由条件 (1)~(3) 很容易看出, 对任一 $\lambda \in \Lambda$ 及 $n \in \mathbb{N}$, $V_\lambda^*(n)$ 都是开集, 且 $V_\lambda^*(n) \subset U_\lambda$. 因此只需说明 $\mathscr{V}$ 是 X 的覆盖即可. 对任一 $x \in X$, 存在一个最小的 $\lambda \in \Lambda$ 使得 $x \in U_\lambda$, 由于 U_λ 是开集, 从而存在一个自然数 n 使得 $B_\rho\left(x, \dfrac{3}{2^n}\right) \subset U_\lambda$. 于是要么存在一个自然数 $m < n$ 及 $\mu \in \Lambda$ 使得 $x \in V_\mu^*(m)$, 要么就有 $x \in V_{\lambda,n}$, 且 $x \in V_\lambda^*(n)$. 可见 $\mathscr{V}$ 确实是 X 的覆盖.

(Ⅱ) 对任一 $n \in \mathbb{N}, \mathscr{V}_n$ 都是离散的.

为此, 只需证明

(4) 对任一 $n \in \mathbb{N}$ 及 $\lambda, \mu \in \Lambda$, 若 $\lambda < \mu$, 则对任意的 $x \in V_\lambda^*(n), y \in V_\mu^*(n)$, 都有 $\rho(x, y) > \dfrac{1}{2^n}$.

因为这样一来, 对任一 $x \in X, B_\rho\left(x, \dfrac{1}{2^{n+1}}\right)$ 将最多与 $\mathscr{V}_n$ 中的一个元素相交, 所以 $\mathscr{V}_n$ 是离散的.

对任一 $n \in \mathbb{N}$, 设 $\lambda, \mu \in \Lambda$, 若 $\lambda < \mu$, 且 $x \in V_\lambda^*(n), y \in V_\mu^*(n)$, 则由定义, 存在

满足条件 (1)~(3) 的两个点 $x_1 \in V_{\lambda,n}, y_1 \in V_{\mu,n}$ 使得

$$x \in B_\rho\left(x_1, \frac{1}{2^n}\right) \subset V_\lambda^*(n), \quad y \in B_\rho\left(y_1, \frac{1}{2^n}\right) \subset V_\mu^*(n).$$

由条件 (3) 知, $B_\rho\left(x_1, \frac{3}{2^n}\right) \subset U_\lambda$, 而 (2) 则意味着 $y_1 \notin U_\lambda$. 因此 $\rho(x_1, y_1) > \frac{3}{2^n}$. 从而

$$\rho(x,y) \geqslant \rho(x_1,y_1) - \rho(x_1,x) - \rho(y_1,y) > \frac{3}{2^n} - \frac{1}{2^n} - \frac{1}{2^n} = \frac{1}{2^n}.$$

(III) $\mathscr{V}$ 还是局部有限的.

为证明这一点, 只需证明下面的结论.

(5) 对任一 $\lambda \in \Lambda$ 及 $m, n \in \mathbb{N}$, 对任一 $x \in X$, 若 $B_\rho\left(x, \frac{1}{2^n}\right) \subset V_\lambda^*(m)$, 则对一切 $i \geqslant m+n$ 及 $\mu \in \Lambda$, 都有

$$B\left(x, \frac{1}{2^{m+n}}\right) \cap V_\mu^*(i) = \varnothing.$$

因为这样一来, 结合 (4) 即可知, $B\left(x, \frac{1}{2^{m+n}}\right)$ 最多与 $\mathscr{V}_1, \mathscr{V}_2, \cdots, \mathscr{V}_{n+m-1}$ 中各一个元相交, 而与 $\mathscr{V}_i (i \geqslant n+m)$ 中的任何元素都不相交. 从而 $\mathscr{V}$ 是局部有限的.

事实上, 由条件 (2) 可知, 当 $i \geqslant m+n$ 时, 对任一 $\mu \in \Lambda$ 及任一 $y \in V_{\mu,i}$, 必有 $y \notin V_\lambda^*(m)$. 因此, 如果 $B_\rho\left(x, \frac{1}{2^n}\right) \subset V_\lambda^*(m)$, 则必有 $\rho(x,y) > \frac{1}{2^n}$. 于是若 $B\left(x, \frac{1}{2^{m+n}}\right) \cap V_\mu^*(i) \neq \varnothing$, 则存在 $y \in V_{\mu,i}$ 使得 $B\left(x, \frac{1}{2^{m+n}}\right) \cap B_\rho\left(y, \frac{1}{2^i}\right) \neq \varnothing$. 从而存在 $z \in B\left(x, \frac{1}{2^{m+n}}\right) \cap B_\rho\left(y, \frac{1}{2^i}\right)$, 于是

$$\rho(x,y) \leqslant \rho(x,z) + \rho(z,y) < \frac{1}{2^{m+n}} + \frac{1}{2^i} \leqslant \frac{1}{2^{1+n}} + \frac{1}{2^{n+1}} = \frac{1}{2^n}.$$

矛盾! 因此, $B\left(x, \frac{1}{2^{m+n}}\right) \cap V_\mu^*(i) = \varnothing$. 可见 (5) 成立. □

由此, 显然可得下面这个推论.

推论 12.1.1 度量空间都是仿紧空间. □

因此, 我们可以认为, 仿紧空间是度量空间的一种推广形式.

引理 12.1.1 对于任一空间 X, 它的任一 σ-局部有限的开覆盖必有一个局部有限的加细.

证明 设 $\mathfrak{R} = \bigcup_{n=1}^{\infty} \mathfrak{R}_n$ 是空间 X 的一个 σ-局部有限的开覆盖, 其中每个 $\mathfrak{R}_n$

都是局部有限的. 不妨设当 $m \neq n$ 时, $\Re_m \cap \Re_n = \varnothing$. 于是对于每个 $U \in \Re$, 存在唯一一个 $n \in \mathbb{N}$ 使得 $U \in \Re_n$, 令

$$U_n^* = U - \bigcup_{i<n} \left(\bigcup \Re_i\right), \quad \Re_n' = \{U_n^* | U \in \Re_n\}, \ \Re^* = \bigcup \{\Re_n^* | n \in \mathbb{N}\}.$$

下面证明 $\Re^*$ 就是 $\Re$ 的一个局部有限的加细.

首先, 由定义可知, 对任一 $U_n^* \in \Re^*$, 都有 $U_n^* \subset U \in \Re$; 其次, 对任一 $x \in X$, 存在最小的 $n \in \mathbb{N}$ 及某个 $U \in \Re_n$ 使得 $x \in U$, 从而 $x \in U_n^*$. 可见 $\Re^*$ 是 $\Re$ 的一个加细.

此外, 对上述 x, n, U, 对任意的 $m > n$ 及 $V \in \Re_m$, 从定义式知

$$U \cap V_m^* = U \cap \left(V - \bigcup_{i<m} \left(\bigcup \Re_i\right)\right) = \varnothing.$$

可见$U \cap \left(\bigcup_{m>n} \Re_m^*\right) = \varnothing$. 而对于每个 $k \leqslant n$, 由于 $\Re_k$ 局部有限, 故存在 $G_k \in \mathscr{N}(x)$ 使得 G_k 最多与 $\Re_k$ 中的有限个成员相交, 从而也只与 $\Re_k^*$ 的有限个成员相交. 令 $G = U \cap \bigcap_{k \leqslant n} G_k$, 则 $G \in \mathscr{N}(x)$, 并且 G 最多只与 $\Re^*$ 中的有限个成员相交. 故 $\Re^*$ 就是 $\Re$ 的一个局部有限的加细. □

引理 12.1.2　假设正则空间 X 的每个开覆盖都有一个局部有限的加细, 那么对于 X 的任一开覆盖 $\mathscr{U} = \{U_\lambda | \lambda \in \Lambda\}$, 必有一个局部有限的闭覆盖 $\mathscr{F} = \{F_\lambda | \lambda \in \Lambda\}$ 使得对每一 $\lambda \in \Lambda$, 都有 $F_\lambda \subset U_\lambda$.

证明　设 $\mathscr{U} = \{U_\lambda | \lambda \in \Lambda\}$ 是 X 的任一开覆盖. 则对任一 $x \in X$, 存在 $\lambda(x) \in \Lambda$ 使得 $x \in U_{\lambda(x)}$. 由于 X 是正则空间, 故存在开集 $V_x \in \mathscr{N}(x)$ 使得 $\overline{V_x} \subset U_{\lambda(x)}$. 这样得到 X 的一个开覆盖 $\mathscr{V} = \{V_x | x \in X\}$, 按假设, 它有一个局部有限的加细 $\Re$. 于是对任一 $B \in \Re$, 存在 $x_B \in X$, 使得 $B \subset V_{x_B}$. 从而有 $\overline{B} \subset \overline{V}_{x_B} \subset U_{\lambda(x_B)}$. 对于每个 $\lambda \in \Lambda$, 令 $F_\lambda = \bigcup \{\overline{B} | B \in \Re, \lambda_{x_B} = \lambda\}$, 则只需证明 $\mathscr{F} = \{F_\lambda | \lambda \in \Lambda\}$ 是所需的闭覆盖即可.

显然, 对每个 $\lambda \in \Lambda$, 都有 $F_\lambda \subset U_\lambda$. 注意到 $\Re$ 是局部有限的, 因此每个 F_λ 都是闭集. $\mathscr{F}$ 是 X 的覆盖是显然的, 因此只需再证明其局部有限性. 我们用反证法. 若 $\mathscr{F}$ 不是局部有限的, 则存在 $x^* \in X$ 使得每个 $U \in \mathscr{N}(x^*)$ 都至少与 $\mathscr{F}$ 的无限多个元素相交. 也即存在 Λ 的可数无限子集 $\{\lambda_n | n \in \mathbb{N}\}$, 使得当 $m \neq n$ 时, 都有 $\lambda_m \neq \lambda_n$, 并且对任一 $n \in \mathbb{N}$, 都有 $U \cap F_{\lambda_n} \neq \varnothing$. 任取一个 $y_n \in U \cap F_{\lambda_n}$, 则存在 $B_n \in \Re$ 使得 $\lambda(x_{B_n}) = \lambda_n, y_n \in \overline{B}_n$. 从而有 $y_n \in U \cap \overline{B}_n$. 由于当 $n \neq m$ 时 $\lambda(x_{B_n}) = \lambda_n \neq \lambda_m = \lambda(x_{B_m})$, 故知 $B_n \neq B_m$. 对任一 $n \in \mathbb{N}$, 由于 $U \in \mathscr{N}(y_n)$, 并

且 $y_n \in \overline{B}_n$, 因此 $U \cap B_n \neq \varnothing$. 这表明 $\mathfrak{R}$ 不是局部有限的, 矛盾! 故 $\mathscr{F}$ 是局部有限的. □

定理 12.1.2 (E. Michael) 设 X 是正则空间. 则下列各条件等价:

(1) X 是仿紧的;

(2) X 的每个开覆盖都有一个 σ-局部有限的开加细;

(3) X 的每个开覆盖都有一个局部有限的加细;

(4) X 的每个开覆盖都有一个局部有限的闭加细.

证明 (1) 蕴涵 (2). 显然成立.

(2) 蕴涵 (3). 由引理 12.1.1 可知.

(3) 蕴涵 (4). 由引理 12.1.2 可知.

(4) 蕴涵 (1). 设 $\mathscr{U}$ 是 X 的任一开覆盖, 则由假设, 它有一个局部有限的闭加细 $\mathscr{D}$. 对任一 $x \in X$, 存在开集 $V_x \in \mathscr{N}(x)$, 它最多与 $\mathscr{D}$ 中的有限多个元相交. 令 $\mathscr{V} = \{V_x \,|x \in X\}$, 则显然 $\mathscr{V}$ 是 X 的一个开覆盖, 因此它又有一个局部有限的闭加细 $\mathscr{B}$. 对每个 $D \in \mathscr{D}$, 令

$$D^* = X - \bigcup \{B \in \mathscr{B} \,|B \cap D = \varnothing\}.$$

则由 $\mathscr{B}$ 为局部有限的闭加细可知, D^* 是开集. 若 $x \notin D^*$, 则存在 $B \in \mathscr{B}$ 使得 $x \in B$, 且 $B \cap D = \varnothing$. 因此 $x \notin D$. 可见 $D \subset D^*$. 下面先证明

$$\text{若 } B \in \mathscr{B},\ D \in \mathscr{D},\ \text{则 } B \cap D^* \neq \varnothing \text{ 当且仅当 } B \cap D \neq \varnothing. \qquad (*)$$

事实上, 由 $D \subset D^*$ 知, 若 $B \cap D \neq \varnothing$, 必有 $B \cap D^* \neq \varnothing$. 反过来, 若 $B \cap D^* \neq \varnothing$, 则存在 $x \in B \cap D^*$, 从而 $x \in B$, 且 $x \in D^*$. 因此对每个 $B' \in \mathscr{B}$, 若 $B' \cap D = \varnothing$, 则 $x \notin B'$. 由此可知, $B \cap D \neq \varnothing$. 可见 $(*)$ 成立.

由于 $\mathscr{D}$ 是 $\mathscr{U}$ 的加细, 故对任一 $D \in \mathscr{D}$, 存在 $U_D \in \mathscr{U}$ 使得 $D \subset U_D$. 令

$$\mathscr{W} = \{D^* \cap U_D \,|D \in \mathscr{D}\}.$$

下面证明 $\mathscr{W}$ 就是 $\mathscr{U}$ 的局部有限开加细, 从而 X 是仿紧的.

首先, 每个 $D^* \cap U_D \in \mathscr{W}$ 显然都是开集; 其次, 由于对任一 $D \in \mathscr{D}$, 都有 $D \subset D^* \cap U_D \subset U_D \in \mathscr{U}$, 因此 $X = \bigcup \mathscr{D} \subset \bigcup \mathscr{W}$, 可见 $\mathscr{W}$ 是 $\mathscr{U}$ 的开加细. 又设 x 为 X 上任意一点, 则由于 $\mathscr{B}$ 是局部有限的, 故存在 $G \in \mathscr{N}(x)$ 及 $\mathscr{B}$ 的有限多个元 $B_1, B_2, \cdots, B_k$ 使得 $G \subset B_1 \cup B_2 \cup \cdots \cup B_k$, 同时对每个 $i \leqslant k$, 存在 $x_i \in X$ 使得 $B_i \subset V_{x_i}$. 于是 B_i 最多与 $\mathscr{D}$ 的有限多个元相交. 进而由 $(*)$ 知, 每个 B_i 最多与 $\mathscr{W}$ 的有限多个元相交. 故 G 最多与 $\mathscr{W}$ 的有限多个元相交. 因此 $\mathscr{W}$ 是局部有限的, 并且 $\mathscr{W}$ 就是 $\mathscr{U}$ 的一个局部有限的开加细. □

注意到可数子覆盖当然是原覆盖的 σ-局部有限的加细, 因此有下面的推论.

推论 12.1.2 正则的 Lindelöf 空间是仿紧空间. □

12.2　仿紧空间的性质

仿紧性并不是可遗传的拓扑性质.

例 10.2.1 表明, 序数空间 $[0,\Omega]$ 是紧致的, 从而也是仿紧的. 而序数空间 $[0,\Omega)$ 则是一个可数紧的 T_2 空间, 但不是紧空间. 因此, 由定理 10.2.3 可知, $[0,\Omega)$ 中的每个局部有限子集族都是有限的. 若 $[0,\Omega)$ 仿紧, 则其每个开覆盖都有局部有限的开加细, 而局部有限的开加细又是有限的, 自然就有有限的子覆盖了, 因此 $[0,\Omega)$ 就是紧空间了, 而这是不可能的. 因此 $[0,\Omega)$ 不是仿紧空间. 可见, 仿紧空间的子空间未必是仿紧空间.

但是, 仿紧性对闭子空间却是可遗传的.

定理 12.2.1　仿紧空间的闭子空间也是仿紧的.

证明　设 X 是仿紧空间, Y 是其闭子空间. 给定 Y 的任一开覆盖 $\mathscr{V}=\{V_\lambda\,|\,\lambda\in\Lambda\}$, 对任一 $\lambda\in\Lambda$, 存在 X 中的开集 U_λ 使得 $V_\lambda=U_\lambda\cap Y$. 于是得到 X 的一个开覆盖 $\mathscr{U}=\{U_\lambda\,|\,\lambda\in\Lambda\}\cup\{Y^c\}$. 由于 X 是仿紧的, 故 $\mathscr{U}$ 有局部有限的开加细 $\mathscr{W}$, 令

$$\mathscr{W}^*=\{W\cap Y\,|\,W\in\mathscr{W}\}.$$

则容易验证, $\mathscr{W}^*$ 是 $\mathscr{V}$ 的局部有限的开加细. 因此 Y 也是仿紧的. □

定理 12.2.2　设正则空间 X 的每个开覆盖都有一个 σ-局部有限的开加细, 则 X 是正规的.

证明　设 F 为正则空间 X 的任一闭集, $U\in\mathscr{N}(F)$, 由正则性, 对任一 $x\in F$, 存在开集 $V_x\in\mathscr{N}(x)$ 使得 $\overline{V}_x\subset U$. 于是得到 X 的一个开覆盖 $\{X-F\}\cup\{V_x\,|\,x\in F\}$. 由假设, 它有一个 σ-局部有限的开加细 $\bigcup\limits_{n\in\mathbb{N}}\Re_n$, 其中每个 $\Re_n$ 都是局部有限的. 对任一 $n\in\mathbb{N}$, 令 $U_n=\bigcup\{B\in\Re_n\,|\,B\cap F\neq\varnothing\}$, 则 U_n 是开集. 对任一 $B\in\Re_n$, 如果 $B\cap F\neq\varnothing$, 则存在 $x_B\in F$ 使得 $B\subset V_{x_B}$, 于是 $\overline{B}\subset\overline{V}_{x_B}\subset U$. 进而由 $\Re_n$ 的局部有限性, 有

$$\overline{U}_n=\bigcup\{\bar{B}\,|\,B\in\Re_n,B\cap F\neq\varnothing\}\subset U.$$

又显然有 $F\subset\bigcup\limits_{n\in\mathbb{N}}U_n$, 因此由定理 6.1.5 知, X 是正规的. □

推论 12.2.1　正则的仿紧空间是正规的. □

定理 12.2.3　仿紧的 Hausdorff 空间是正则的, 因而也是正规的.

证明　设 X 是个仿紧的 Hausdorff 空间, $x\in X-F$, 其中 F 是 X 的一个闭子集. 对任一 $y\in F$, 显然 $x\neq y$, 因此由 T_2 分离性, 存在开集 $G_y\in\mathscr{N}(x),U_y\in\mathscr{N}(y)$

使得 $G_y \cap U_y = \varnothing$, 从而 $G_y \cap \overline{U}_y = \varnothing$. 这样得到 X 的一个开覆盖

$$\mathscr{U} = \{U_y \,|y \in F\} \cup \{F^{\mathrm{c}}\}.$$

由于 X 是仿紧的, 故有局部有限的开加细 $\mathscr{V}$. 令

$$H = \bigcup\{V \in \mathscr{V}\,|V \cap F \neq \varnothing\}, \quad G = X - \overline{H}.$$

对任一 $V \in \mathscr{V}$, 若 $V \cap F \neq \varnothing$, 则存在 $y \in F$ 使得 $V \subset U_y$, 从而 $\overline{V} \cap G_y \subset \overline{U_y} \cap G_y = \varnothing$, 可见 $x \notin \overline{V}$. 因此由 $\mathscr{V}$ 的局部有限性可知, $x \notin \overline{H}$. 从而 $G \in \mathscr{N}(x), H \in \mathscr{N}(F)$, 且显然 $G \cap H = \varnothing$. 故 X 是正则的. 又由推论 12.2.1 知, X 也是正规的. □

因此在 T_1 仿紧空间范畴内, 正则性、正规性和 Hausdorff 分离性是等价的.

例 12.2.1 Sorgenfrey 直线 K 是仿紧的, 但 $K \times K$ 不是仿紧的. 这也说明了仿紧性甚至不是有限可乘性质.

证明 由于 Sorgenfrey 直线 K 是正则的, 下面我们证明它还是 Lindelöf 空间, 因此是仿紧的. 又因为 $K \times K$ 是正则而非正规的空间, 故 $K \times K$ 不是仿紧的.

下面证明 K 是 Lindelöf 空间. 设 $\mathscr{U} = \{U_\lambda \,|\lambda \in \Lambda\}$ 是 Sorgenfrey 直线 K 的任一开覆盖, 对任一 $\lambda \in \Lambda$, 令 V_λ 表示 U_λ 在 $\mathbb{R}^1$ 中的内部, 并记 $L = K - \bigcup\{V_\lambda \,|\lambda \in \Lambda\}$. 对任一 $x \in L$, 由 $\{U_\lambda \,|\lambda \in \Lambda\}$ 为覆盖可知, 存在一个 $\lambda_x \in \Lambda$ 使得 $x \in U_{\lambda_x}$. 由于 U_{λ_x} 是开集, 故存在一个有理数 $\delta_x > x$ 使得 $[x, \delta_x) \subset U_{\lambda_x}$. 从 L 的定义容易看出, 对于 L 中不同的两个点 x 与 x', 有 $[x, \delta_x) \cap [x', \delta'_x) = \varnothing$. 由有理数集的可数性, 可知 L 是个可数集.

对于 $K - L = \bigcup\{V_\lambda \,|\lambda \in \Lambda\}$, 由于它是实直线 $\mathbb{R}^1$ 的开子空间, 是第二可数空间, 且 $\{V_\lambda \,|\lambda \in \Lambda\}$ 是其开覆盖, 因此有可数子覆盖 $\{V_{\lambda_n} \,|\lambda_n \in \Lambda, n \in \mathbb{N}\}$. 于是得到 $\mathscr{U}$ 的可数子覆盖

$$\{U_{\lambda_n} \,|\lambda_n \in \Lambda, n \in \mathbb{N}\} \cup \{U_{\lambda_x} \,|\lambda_x \in \Lambda, x \in L\}.$$

可见, K 是 Lindelöf 空间. □

这个例子表明, 仿紧性不是有限可乘性质. 但是, 我们有如下的定理.

定理 12.2.4 紧空间与仿紧空间的积空间是仿紧的.

证明 设 X 为紧致空间, Y 为仿紧空间, $\mathscr{W}$ 是积空间 $X \times Y$ 的任一给定开覆盖. 对于固定的 $y \in Y$, 对任一 $x \in X$, 存在 $W \in \mathscr{W}$ 以及开集 $U(x, y) \in \mathscr{N}(x), V(x, y) \in \mathscr{N}(y)$ 使得 $U(x, y) \times V(x, y) \subset W$. 于是得到空间 X 的一个开覆盖 $\{U(x, y) \,|\, x \in X\}$. 由 X 的紧性, 存在有限个 $x_1^y, x_2^y, \cdots, x_{n_y}^y \in X$ 使得

$$X = \bigcup\{U(x_i^y, y) \,|\, i = 1, 2, \cdots, n_y\}.$$

令 $V(y) = \bigcap\{V(x_i^y, y) \,|\, i = 1, 2, \cdots, n_y\}$. 则 $V(y) \in \mathscr{N}(y)$, 且对每个 $i \in \{1, 2, \cdots, n_y\}$, 都存在一个 $W_{i,y} \in \mathscr{W}$ 使得 $U(x_i^y, y) \times V(y) \subset W_{i,y}$. 而 $\{V(y) \,|\, y \in Y\}$ 是 Y 的

一个开覆盖, 因此由 Y 的仿紧性, 它有一个局部有限的开加细 $\mathscr{V}$. 对每个 $V \in \mathscr{V}$, 取定一个 $y_V \in Y$ 使得 $V \subset V(y_V)$. 然后令

$$\mathscr{B} = \left\{ U(x_i^{y_V}, y_V) \times V \,\middle|\, V \in \mathscr{V}, V \subset V(y_V),\ i = 1, 2, \cdots, n_{y_V} \right\}.$$

则不难验证, $\mathscr{B}$ 是 $\mathscr{W}$ 的局部有限的开加细. 因此积空间 $X \times Y$ 是仿紧的. □

例 12.2.2 仿紧性并不能被连续映射所保持. 例如, 在例 12.2.1 中我们知道, 空间 $K \times K$ 不是仿紧的. 如果在集合 $K \times K$ 上赋以离散拓扑, 记所成的拓扑空间为 X, 则 X 是仿紧的, 并且恒同映射 $\mathrm{id} : X \to K \times K$ 显然是连续的满射. □

但是, 连续的闭映射却能够保持仿紧性, 即有如下的定理.

定理 12.2.5 若 X 是仿紧的 Hausdorff 空间, 且 $f : X \to Y$ 是连续的、闭的满映射, 则 Y 也是仿紧的.

证明 首先, 由定理 12.2.3 及定理 6.2.2 可知, 在定理假设下, Y 是满足 T_1, T_3 和 T_4 分离性的. 因此由定理 12.1.2, 为证明 Y 是仿紧的, 只需证明 Y 的每一开覆盖都有 σ-局部有限的开加细即可.

设 $\mathscr{U} = \{U_\lambda \,|\, \lambda \in \Lambda\}$ 是 Y 的一个给定的开覆盖. 首先由良序公理, 指标集 Λ 有一个良序 $<$. 我们先归纳地定义 X 的一列局部有限的闭覆盖 $\mathscr{F}_n = \{F_{\lambda,n} \,|\, \lambda \in \Lambda\}$ $(n = 1, 2, 3, \cdots)$ 使其满足以下性质:

(1) 对任意 $\lambda \in \Lambda$ 及 $n \in \mathbb{N}$, 都有 $F_{\lambda,n} \subset f^{-1}(U_\lambda)$.

(2) 对于 $n > 1$, 有 $f(F_{\lambda,n}) \cap f\left(\bigcup\limits_{\mu<\lambda} F_{\mu,n-1}\right) = \varnothing$.

由于 $\mathscr{U} = \{U_\lambda \,|\, \lambda \in \Lambda\}$ 是 Y 的一个开覆盖, 且 f 是连续映射, 故 $\{f^{-1}(U_\lambda) | \lambda \in \Lambda\}$ 是 X 的一个开覆盖. 于是由引理 12.1.2 可知, 存在 X 的一个局部有限的闭覆盖 $\{F_{\lambda,1} \,|\, \lambda \in \Lambda\}$, 使得对任一 $\lambda \in \Lambda$, 都有 $F_{\lambda,1} \subset f^{-1}(U_\lambda)$. 这样满足条件 (1) 和 (2) 的第一个闭覆盖 $\mathscr{F}_1 = \{F_{\lambda,1} \,|\, \lambda \in \Lambda\}$ 已经构造好.

设 $n > 1$, 并且满足条件 (1) 和 (2) 的闭覆盖 $\mathscr{F}_1, \mathscr{F}_2, \cdots, \mathscr{F}_{n-1}$ 已经构造好, 下面我们来构造 $\mathscr{F}_n$. 为方便起见, 对 $\lambda \in \Lambda, n > 1$, 记 $E_{\lambda,n-1} = \bigcup\limits_{\mu<\lambda} F_{\mu,n-1}$. 由 $\mathscr{F}_{n-1}$ 的局部有限性知, $E_{\lambda,n-1}$ 是闭集, 又由 f 为闭的连续映射知, $f^{-1}(f(E_{\lambda,n-1}))$ 也是闭集. 因此 $W_{\lambda,n} = f^{-1}(U_\lambda) - f^{-1}(f(E_{\lambda,n-1}))$ 为开集, 且显然有下面的性质:

(3) $W_{\lambda,n} \subset f^{-1}(U_\lambda)$.

对任一 $x \in X$, 记 λ_x 表示非空子集 $\{\mu \in \Lambda \,|\, x \in f^{-1}(U_\mu)\}$ 的最小元, 则也有 $x \in f^{-1}(U_{\lambda_x})$. 由 (1) 可知, $E_{\lambda_x,n-1} = \bigcup\limits_{\mu<\lambda_x} F_{\mu,n-1} \subset \bigcup\limits_{\mu<\lambda_x} f^{-1}(U_\mu)$, 再由 f 为满映射, 可得 $f^{-1}(f(E_{\lambda_x,n-1})) \subset \bigcup\limits_{\mu<\lambda_x} f^{-1}(U_\mu)$, 由此可知, $x \in W_{\lambda_x,n}$. 从而

$\mathscr{W}=\{W_{\lambda,n}\,|\lambda\in\Lambda\}$ 是 X 的一个开覆盖. 再由引理 12.1.2 可知, 有局部有限的闭覆盖 $\mathscr{F}_n=\{F_{\lambda,n}\,|\lambda\in\Lambda\}$ 使得对每个 $\lambda\in\Lambda$, 都有 $F_{\lambda,n}\subset W_{\lambda_x,n}$. 由 (3) 知, $\mathscr{F}_n$ 满足条件 (1) 和 (2). 整个归纳构造完成.

现在, 对每个 $\lambda\in\Lambda$ 及 $n\in\mathbb{N}$, 令 $V_{\lambda,n}=Y-f\left(\bigcup\limits_{\mu\neq\lambda}F_{\mu,n}\right)$, 则由 $\mathscr{F}_n$ 是 X 的局部有限闭覆盖及 f 为闭的满映射知, $V_{\lambda,n}$ 都是开集, 且 $V_{\lambda,n}\subset f(F_{\lambda,n})$. 因此显然有下面的性质:

(4) 若 $\lambda,\mu\in\Lambda$ 且 $\lambda\neq\mu$, 则对任一 $n\in\mathbb{N}$, 都有 $V_{\lambda,n}\cap V_{\mu,n}=\varnothing$.

并且, 还有下面的性质:

(5) $\mathscr{V}=\{V_{\lambda,n}\,|\lambda\in\Lambda,n\in\mathbb{N}\}$ 是 Y 的一个开覆盖.

事实上, 对任一 $y\in Y$, 对给定的 $n\in\mathbb{N}$, 由于 $\mathscr{F}_n$ 是 X 的覆盖, 故存在最小的 $\lambda_n\in\Lambda$ 使得 $y\in F_{\lambda_n,n}$. 记 $\lambda_m=\min\{\lambda_n\,|\,n\in\mathbb{N}\}$, 则 $y\in F_{\lambda_m,m}$. 若 $\mu<\lambda_m$, 则由 λ_m 的定义可知, $y\notin f(F_{\mu,m+1})$; 若 $\mu>\lambda_m$, 则由 (2) 可知, 也有 $y\notin f(F_{\mu,m+1})$. 因此 $y\in V_{\lambda_m,m+1}$. 可见 $\mathscr{V}$ 是 Y 的一个开覆盖.

对每个 $n\in\mathbb{N}$, 令 $V_n=\bigcup\{V_{\lambda,n}\,|\lambda\in\Lambda\}$, 则 $\{f^{-1}(V_n)\,|n\in\mathbb{N}\}$ 是 X 的开覆盖, 又由引理 12.1.2, 存在 X 的局部有限闭覆盖 $\mathscr{K}=\{K_n\,|n\in\mathbb{N}\}$ 使得对每个 $n\in\mathbb{N}$, 都有 $K_n\subset f^{-1}(V_n)$. 从而

$$f(K_n)\subset f(f^{-1}(V_n))=V_n.$$

由 f 为闭映射知, $f(K_n)$ 为闭集, 故由 Y 是正规的知, 存在开集 $G_n\subset Y$ 使得

(6) $f(K_n)\subset W_n\subset\overline{W}_n\subset V_n,\ n=1,2,3,\cdots$.

对任一 $n\in\mathbb{N}$, 令 $\mathscr{H}_n=\{V_{\lambda,n}\cap W_n\,|\lambda\in\Lambda\}$, 则由 (4) 和 (6) 容易看出, 每个 $\mathscr{H}_n$ 都是离散的 (当然更是局部有限的), 且 $\mathscr{H}=\bigcup\{\mathscr{H}_n\,|n\in\mathbb{N}\}$ 是 U 的一个 σ-离散的开加细. 证明完毕. □

定义 12.2.1 设 X 是一个拓扑空间. 对任一 $\lambda\in\Lambda, f_\lambda:X\to I$ 都是连续映射. 如果对任一 $x\in X$, 都有 $\sum\limits_{\lambda\in\Lambda}f_\lambda(x)=1$, 则称函数族 $\{f_\lambda:X\to I|\lambda\in\Lambda\}$ 是 X 上的一个**单位分解**.

注意, 定义中的和式应这样理解: 对任一 $x\in X$, Λ 都有一个相应的可数子集 $\Lambda_0=\{\lambda_1,\lambda_2,\cdots,\lambda_n,\cdots\}$, 使得对任一 $\lambda\in\Lambda-\Lambda_0$, 都有 $f_\lambda(x)=0$, 而且 $\sum\limits_{n=1}^{\infty}f_{\lambda_n}(x)=1$, 即该级数收敛于 1. 由于是正项级数, 故该正项级数的和与级数的项的排列无关. 因此和式 $\sum\limits_{\lambda\in\Lambda}f_\lambda(x)=1$ 也可写成

$$\sup\left\{\sum_{\lambda\in\Lambda_0}f_\lambda(x)\middle|\Lambda_0\subset\Lambda,|\Lambda_0|<\aleph_0\right\}=1.$$

定义 12.2.2 设 $\Omega=\{f_\lambda\,|\lambda\in\Lambda\}$ 是 X 上的一个单位分解.

(1) 如果 $\{f_\lambda^{-1}((0,1])\,|\lambda\in\Lambda\}$ 是 X 的局部有限的开覆盖, 则称 $\Omega=\{f_\lambda\,|\lambda\in\Lambda\}$ 是**局部有限的单位分解**;

(2) 如果 $\{f_\lambda^{-1}((0,1])\,|\lambda\in\Lambda\}$ 是 X 的覆盖 $\mathscr{U}$ 的开加细, 则称 $\Omega=\{f_\lambda\,|\lambda\in\Lambda\}$ 是 X 的**从属于覆盖 $\mathscr{U}$ 的单位分解**.

定理 12.2.6 设 X 是正则空间, 则下列各条件等价:

(1) X 是仿紧的;

(2) 对 X 的每个开覆盖 $\mathscr{U}$, X 上有一个局部有限的单位分解从属于 $\mathscr{U}$;

(3) 对 X 的每个开覆盖 $\mathscr{U}$, X 上有一个单位分解从属于 $\mathscr{U}$.

证明 (1) 蕴涵 (2). 设 $\mathscr{U}$ 是正则仿紧空间 X 的任一开覆盖. 则 $\mathscr{U}$ 有一个局部有限的开加细 $\{V_s\,|s\in S\}$, 并且可找到 X 的一个闭覆盖 $\{F_s\,|s\in S\}$ 使得对任一 $s\in S$, 都有 $F_s\subset V_s$. 由于正则仿紧空间是正规的, 由 Urysohn 引理可知, 对任一 $s\in S$, 存在连续函数 $g_s:X\to I$, 使得 $g_s(X-V_s)\subset\{0\},g_s(F_s)\subset\{1\}$. 令

$$g(x)=\sum_{s\in S}g_s(x),\quad x\in X.$$

下面先证明, 上式定义了一个连续映射 $g:X\to[1,+\infty)$.

首先, 对任一 $x\in X$, 存在 $s(x)\in S$ 使得 $x\in F_{s(x)}$. 于是 $g(x)\geqslant g_{s(x)}(x)=1$. 其次, 由 $\{V_s\,|s\in S\}$ 的局部有限性, 存在 $W_x\in\mathscr{N}(x)$ 及有限子集 $S_x=\{s_1,s_2,\cdots,s_n\}\subset S$ 使得

(A) 若 $s\in S-S_x$, 则 $W_x\cap V_s=\varnothing$. 于是 $g(x)\leqslant\sum\limits_{k=1}^{n}g_{s_k}(x)\leqslant n<+\infty$. 这表明 $g:X\to[1,+\infty)$ 确实是个映射. 同时, 显然有下面的性质:

(B) 对任一 $s\in S-S_x$, 任一 $y\in W_x$, 都有 $g_s(y)=0$.

从而 $g(y)=\sum\limits_{i=1}^{n}g_{s_i}(y)$. 由各 g_{s_i} 的连续性, 任给 $\varepsilon>0$, 存在 $G_i\in\mathscr{N}(x)$ 使得若 $y\in G_i$, 则

$$|g_{s_i}(y)-g_{s_i}(x)|<\frac{1}{n}\varepsilon.$$

令 $G=W_x\cap\bigcap\limits_{i=1}^{n}G_i$, 则 $G\in\mathscr{N}(x)$, 且若 $y\in G$, 则有

$$|g(y)-g(x)|\leqslant\sum_{i=1}^{n}|g_{s_i}(y)-g_{s_i}(x)|<\varepsilon.$$

因此 g 在任意点 $x \in X$ 处都连续, 故 g 是连续映射.

现在, 对任一 $s \in S$, 令

$$f_s : X \to I, \quad 使得对每一个\ x \in X, \quad f_s(x) = \frac{g_s(x)}{g(x)}.$$

则 f_s 也是连续映射. 下面证明 $\{f_s\,|s \in S\}$ 即为一个从属于 $\mathscr{U}$ 的局部有限的单位分解.

事实上, 对于任一 $x \in X$, 由 (B) 知 $g(x) = \sum_{i=1}^{n} g_{s_i}(x) \geqslant 1$, 故 $\sum_{s\in S} f_s(x) = \frac{1}{g(x)}\sum_{i=1}^{n} g_{s_i}(x) = 1$. 其次, 对任一 $s \in S - S_x$, 若 $y \in W_x$, 据 (A), $y \in X - V_s$, 从而 $f_s(y) = 0 \notin (0,1]$, 故 $W_x \cap f_s^{-1}((0,1]) = \varnothing$. 这表明, $\{f_s\,|s \in S\}$ 是一个局部有限的单位分解.

最后, 对任一 $s \in S$, 存在 $U_s \in \mathscr{U}$ 使得 $V_s \subset U_s$. 如果 $y \in f_s^{-1}((0,1])$, 那么 $g_s(y) > 0$, 从而必有 $y \in V_s$. 故 $f_s^{-1}((0,1]) \subset V_s \subset U_s$. 因此 $\{f_s\,|s \in S\}$ 从属于 $\mathscr{U}$.

(2) 蕴涵 (3). 显然.

(3) 蕴涵 (1). 设 $\mathscr{U}$ 是 X 的任一开覆盖. 由假设, X 上有一个从属于 $\mathscr{U}$ 的单位分解 $\{f_s\,|s \in S\}$. 下面我们先证明下面的结论:

(C) 设 $g : X \to I$ 连续且使得 $g(t) > 0$, 则存在 $U \in \mathscr{N}(t)$ 及有限子集 $S_0 \subset S$ 使得: 只要 $x \in U$, 并且 $s \in S - S_0$, 必有 $f_s(x) < g(x)$.

事实上, 注意到 $\sum_{s\in S} f_s(t) = 1 > 1 - g(t)$, 因此存在 $S_0 = \{s_1, s_2, \cdots, s_k\} \subset S$ 使得 $\sum_{i=1}^{k} f_{s_i}(t) > 1 - g(t)$. 令 $U = \left\{x \in X \,\middle|\, \sum_{i=1}^{k} f_{s_i}(x) > 1 - g(x)\right\}$, 则显然 $U \in \mathscr{N}(t)$. 若 $x \in U$, 且 $s \in S - S_0$, 则有

$$\sum_{i=1}^{k} f_{s_i}(x) + g(x) > 1 \geqslant \sum_{i=1}^{k} f_{s_i}(x) + f_s(x).$$

故 $g(x) > f_s(x)$.

(D) 对每个固定的 $t \in X$, 存在 $s(t) \in S$ 使得 $f_{s(t)}(t) > 0$.

由 (C) 知, 存在 $U_t \in \mathscr{N}(t)$ 以及有限子集 $S_t \subset S$ 使得若 $x \in U$ 且 $s \in S - S_t$, 则 $f_s(x) < f_{s(t)}(x)$. 令

$$f(z) = \sup\{f_s(z)|s \in S\} \quad (z \in X).$$

则对任一 $z \in X$, 都有 $f(z) \geqslant f_{s(z)}(z) > 0$. 又若 $x \in U_t$, 则

$$(f|_{U_t})(x) = \sup\{f_s(x)|s \in S_t\} = \max\{(f_s\,|_{U_t})(x)|s \in S_t\}.$$

由此可知, $f|_{U_t}: U_t \to (0,1]$ 连续, 且 $\{U_t \,|\, t \in X\}$ 是 X 的一个开覆盖, 从而由粘接引理的一般形式 (定理 3.2.1*) 知, $f: X \to (0,1]$ 连续.

最后, 对任一 $s \in S$, 令 $V_s = \left\{x \in X \,\middle|\, f_s(x) > \dfrac{1}{2}f(x)\right\}$, 则 V_s 是 X 的开集. 下面证明: 开集族 $\{V_s \,|\, s \in S\}$ 就是 $\mathscr{U}$ 的局部有限的开加细, 从而完成证明.

事实上, 设 $x \in X$, 由于 $f(x) = \sup\{f_s(x)|s \in S\} > \dfrac{1}{2}f(x)$, 故存在 $s_0 \in S$ 使得 $f_{s_0}(x) > \dfrac{1}{2}f(x)$, 从而有 $x \in V_{s_0}$. 可见 $\{V_s \,|\, s \in S\}$ 是 X 的一个开覆盖. 此外, 由 $\{f_s \,|\, s \in S\}$ 从属于 $\mathscr{U}$ 知, 对任一 $s \in S$, 存在 $U_s \in \mathscr{U}$ 使得 $f_s^{-1}((0,1]) \subset U_s$. 可见 $V_s \subset f_s^{-1}((0,1]) \subset U_s$. 因此 $\{V_s \,|\, s \in S\}$ 是 $\mathscr{U}$ 的一个开加细. 下面再证明它还是局部有限的. 事实上, 若 $t \in X$, 由 $\dfrac{1}{2}f(t) > 0$ 及 (A), 存在 $W(t) \in \mathscr{N}(t)$ 及有限子集 $S_t \subset S$ 使得若 $x \in W(t)$, 且 $s \in S - S_t$, 则 $f_s(x) < \dfrac{1}{2}f(x)$, 因此 $x \notin V_s$, 即对任一 $s \in S - S_t$, 都有 $W(t) \cap V_s = \varnothing$. 由此可见 $\{V_s|s \in S\}$ 是局部有限的. □

习 题

12.1 一个局部紧空间 X 如果可以表示为最多可数个紧空间的并, 则称之为 σ-紧的.

(1) 证明 $\mathbb{R}^n$ 是 σ-紧的;

(2) 试举例说明: 可数多个紧空间的并未必是 σ-紧的.

12.2 证明下列三条是等价的:

(1) 空间 X 是 σ-紧的;

(2) 空间 X 可以表示成 $X = \bigcup\limits_{n=1}^{\infty} U_n$, 其中每个 U_n 都是相对紧的开集, 并且对任一 $n \in \mathbb{N}, \overline{U}_n \subset U_{n+1}$;

(3) 空间 X 是局部紧的 Lindelöf 空间.

12.3 空间 X 的一个开覆盖 $\{U_\lambda|\lambda \in \Lambda\}$ 称为**星形有限的**, 是指每个 U_λ 最多与有限多个其他的成员 U_μ 相交. 试证明: 如果 X 是 σ-紧的, 则它的每个开覆盖都有一个星形有限的开加细.

12.4 设 $\mathscr{B}$ 是拓扑空间 X 的一个基. 若由 $\mathscr{B}$ 的元组成的 X 的每个覆盖都有一个局部有限开加细, 则 X 是仿紧的.

12.5 证明: 空间 X 是遗传仿紧的 (即每个子空间都是仿紧的) 当且仅当 X 的每个开子空间是仿紧的.

12.6 设 X 是仿紧空间, 子集 $A \subset X$ 具有下列性质: 对每个包含 A 的开集 U, 都有一个 F_σ-集 F 使得 $A \subset F \subset U$. 证明: A 是仿紧的.

12.7 证明: 可数紧致的仿紧空间是紧致空间.

12.8 直接证明: T_2 仿紧空间是正规的.

12.9　(C. H. Dowker) 设 X 是一个仿紧空间, $g: X \to \mathbb{R}^1$ 是下半连续函数, $G: X \to \mathbb{R}^1$ 是上半连续函数, 满足: 对任一 $x \in X$, 都有 $G(x) < g(x)$, 则存在一个连续函数 $f: X \to \mathbb{R}^1$ 使得对任一 $x \in X$, 都有 $G(x) < f(x) < g(x)$.

12.10　设 X 是正则空间, $\{F_\lambda \mid \lambda \in \Lambda\}$ 是它的一个局部有限的闭集族. 如果每个 F_λ 都是仿紧的, 证明: $\bigcup\limits_{\lambda\in\Lambda} F_\lambda$ 也是仿紧的.

12.11　设 X 是仿紧空间, $\{U_\lambda \mid \lambda \in \Lambda\}$ 是它的一个局部有限的开覆盖. 假设对每个 U_λ, 有一个给定的实数 $a_\lambda > 0$. 证明: 存在一个连续函数 $f: X \to \mathbb{R}^1$ 使得

$$\forall x \in X, \quad 0 < f(x) \leqslant \sup\{a_\lambda | x \in U_\lambda\}.$$

12.12　证明: 仿紧空间 X 中的 F_σ-集都是仿紧的.

12.13　设 $\mathscr{U} = \{U_\lambda \,|\lambda \in \Lambda\}$ 是拓扑空间 X 的一个覆盖. 对每个 $A \subset X$, 定义

$$\mathrm{St}(A, \mathscr{U}) = \bigcup\{U \in \mathscr{U} \,| U \cap A \neq \varnothing\},$$

称为 A 关于 $\mathscr{U}$ 的星形. 当 $A = \{x\}$ 时, 简记为 $\mathrm{St}(A, \mathscr{U}) = \mathrm{St}(x, \mathscr{U})$. 若 $\mathscr{V}$ 是 X 的另一个覆盖, 且 $\{\mathrm{St}(x, \mathscr{V}) \,|x \in X\}$ 是 $\mathscr{U}$ 的加细, 则称 $\mathscr{V}$ 是 $\mathscr{U}$ 的重心加细. 若 $\{\mathrm{St}(V, \mathscr{V}) \,|V \in \mathscr{V}\}$ 是 $\mathscr{U}$ 的加细, 则称 $\mathscr{V}$ 是 $\mathscr{U}$ 的星形加细. 试证明:

(1) 设 X 是一个正规空间, $\mathscr{U} = \{U_\lambda \,|\lambda \in \Lambda\}$ 是其局部有限的开覆盖, 则 $\mathscr{U}$ 有一个开的重心加细 $\mathscr{V}$;

(2) 若 $\mathscr{V}$ 是 $\mathscr{U}$ 的重心加细, $\mathscr{W}$ 是 $\mathscr{V}$ 的星形加细, 则 $\mathscr{W}$ 是 $\mathscr{U}$ 的星形加细;

(3) 若 $\mathscr{F} = \{F_\lambda \,|\lambda \in \Lambda\}$ 是 X 的局部有限的闭覆盖, 则 $\{\mathrm{Int}[\mathrm{St}(y, \mathscr{F})] \,|y \in Y\}$ 是 X 的一个开覆盖;

(4) (A. H. Stone) 一个 T_1 空间 X 是仿紧的当且仅当 X 的每个开覆盖都有开的重心加细.

12.14　设 $\mathscr{U} = \{U_\lambda \,|\lambda \in \Lambda\}$ 是 X 的开覆盖, 一个开覆盖序列 $\langle \mathscr{U}_n \rangle$ 称为关于 $\mathscr{U}$ 是局部星形的, 是指它满足: 对任一 $x \in X$, 都存在 $V(x) \in \mathscr{N}(x)$ 和一个 $n \in \mathbb{N}, \lambda \in \Lambda$ 使得 $\mathrm{St}(V(x), \mathscr{U}_n) \subset U_\lambda$. 试证明 (Arhangel'skii, 1983): 一个 T_1 空间 X 是仿紧的当且仅当对 X 的每个开覆盖 $\mathscr{U}$, 都有一个关于 $\mathscr{U}$ 是局部星形的开覆盖序列 $\langle \mathscr{U}_n \rangle$.

12.15　证明: 仿紧的可分空间都是 Lindelöf 空间.

第13讲　连通性与道路连通性

连通性讨论的是拓扑空间中的"隔离"状态，它与我们前面讨论过的那些拓扑性质没有什么必然的蕴涵关系. 连通性概念最早是由 Jordan(1893) 针对平面上紧子集类提出来的，推广到抽象空间的工作属于 Lennes(1911) 和 Hausdorff(1914)，后者同时也定义了连通分支和拟分支的概念.

13.1　连通性的概念

定义 13.1.1　给定拓扑空间 X, 如果它不能分解为两个非空的不相交的开集的并, 则称为**连通的**(connected). 反之, 如果存在两个非空的不相交开集 A, B 使得 $X = A \cup B$, 则称 X 为**不连通的**. 如果空间 X 的子集 A 作为子空间是连通的, 则称 A 为 X 的连通子集.

定理 13.1.1　给定拓扑空间 X, 则下列条件相互等价:

(1) X 是连通的;

(2) X 不能分解为两个非空的不相交的闭集的并;

(3) X 没有非空的既开又闭的真子集;

(4) X 的既开又闭子集只有 X 和 $\varnothing$;

(5) 从 X 到含有不少于两个点的离散空间的连续映射必为常值映射.

证明　由于证明比较简单, 我们只证明 (1) 与 (5) 相互等价, 其他各条的等价性证明由读者自行完成.

(1) 蕴涵 (5). 设 X 为连通的拓扑空间. Y 是一个含有不少于两个点的离散空间, $f: X \to Y$ 是一个连续映射. 若 f 不是常值映射, 则存在 $x_1, x_2 \in X$ 使得 $f(x_1) \neq f(x_2)$. 由于 Y 是离散空间, 故 $\{f(x_1)\}$ 是既开又闭的集合, 因此

$$X = f^{-1}(Y) = f^{-1}(\{f(x_1)\} \cup (Y - \{f(x_1)\})) = f^{-1}(\{f(x_1)\}) \cup f^{-1}(Y - \{f(x_1)\}).$$

由于 f 连续, 故 $f^{-1}(\{f(x_1)\})$ 与 $f^{-1}(Y - \{f(x_1)\})$ 是 X 的不交开集, 且它们分别含有点 x_1 与 x_2, 因此都是非空的. 这与 X 的连通性矛盾! 故 f 必为常值映射.

(5) 蕴涵 (1). 设从 X 到含有不少于两个点的离散空间的连续映射必为常值映射, 如果 X 不连通, 则 X 有两个非空的不相交的开集 U, V 使得 $X = U \cup V$. 设 $\{0,1\}$ 带离散拓扑, 定义

$$f: X \to \{0,1\}, \quad f(x) = \begin{cases} 0, & x \in U, \\ 1, & x \in V. \end{cases}$$

则 f 是连续的非常值映射, 矛盾! 因此 X 为连通的. □

例 13.1.1 实直线 $\mathbb{R}^1$ 是连通的. 因为如果 $\mathbb{R}^1$ 不是连通的, 则存在 $\mathbb{R}^1$ 的非空的、不相交的既开又闭集 A, B 使得 $\mathbb{R}^1 = A \cup B$. 任取 $a \in A, b \in B$. 不妨设 $a < b$, 记 $I = [a, b]$, $\lambda = \inf(I \cap B)$. 则 $\lambda \leqslant b$. 由于 B 是闭集, 故 $\lambda \in B$. 从而 $a < \lambda$. 又由 B 是开集知, 存在 $\varepsilon > 0$ 使得

$$0 < \varepsilon < \lambda - a, \quad 且 \quad (\lambda - \varepsilon, \lambda + \varepsilon) \subset B \cap (a, +\infty).$$

因此 $\lambda - \frac{1}{2}\varepsilon \in I \cap B$. 于是又有 $\lambda = \inf(I \cap B) \leqslant \lambda - \frac{1}{2}\varepsilon$. 矛盾! 故 $\mathbb{R}^1$ 是连通的. □

例 13.1.2 实直线 $\mathbb{R}^1$ 的有理数子空间与无理数子空间都是不连通的. 如果记有理数子空间与无理数子空间分别为 $\mathbb{Q}$ 和 P, 则有

$$\mathbb{Q} = \left(\mathbb{Q} \cap \left(-\infty, \sqrt{2}\right)\right) \cup \left(\mathbb{Q} \cap \left(\sqrt{2}, +\infty\right)\right), \quad P = (P \cap (-\infty, 0)) \cup (P \cap (0, +\infty)).$$

即 $\mathbb{Q}$ 和 P 都可以表示为两个非空且不相交的开集之并, 因而都是不连通的. □

例 13.1.3 $(\mathbb{R}, \Im_f), (\mathbb{R}, \Im_c)$ 都是连通的. 因为它们的任意两个非空开集都至少相交于不可数多个点, 因而不存在不相交的两个非空的开集, 其并集等于该空间. □

例 13.1.4 Sorgenfrey 直线 K 不是连通的. 因为它有既开又闭的真子集, 比如 $[0, 1)$ 就是 K 的一个既开又闭的真子集. □

13.2 连通空间的性质

定理 13.2.1 设空间 X 为连通的, 映射 $f: X \to Y$ 连续. 则 $f(X)$ 也是连通的.

证明 若 $f(X)$ 不是连通的, 则 $f(X)$ 中存在两个非空的不相交开集 A, B 使得 $f(X) = A \cup B$, 于是存在 Y 中的开集 U, V 使得 $A = f(X) \cap U, B = f(X) \cap V$. 从而 $X = f^{-1}(U) \cup f^{-1}(V)$, 且 $f^{-1}(U)$ 与 $f^{-1}(V)$ 是 X 的两个非空的不相交开集. 这与 X 为连通的矛盾! 因此 $f(X)$ 是连通的. □

该定理表明, 连通空间的连续像是连通的, 因此连通性是一种拓扑性质.

例 13.2.1 单位圆周 S^1 是连通的. 因为 $f: \mathbb{R}^1 \to S^1, f(x) = \mathrm{e}^{2\pi x\mathrm{i}}$ 是连续的满映射, 这表明 S^1 是连通空间 $\mathbb{R}^1$ 的连续像, 因而是连通的. □

引理 13.2.1 若 X_0 是 X 的既开又闭子集, A 是 X 的连通子集, 则或者 $A \subset X_0$, 或者 $A \cap X_0 = \varnothing$.

证明 在引理的假设下, $A \cap X_0$ 是连通子集 A 的既开又闭子集, 因而或者 $A \cap X_0 = \varnothing$, 或者 $A \cap X_0 = A$. 而 $A \cap X_0 = A$ 即意味着 $A \subset X_0$, 故引理成立. □

定理 13.2.2 若 X 有一个连通的稠密子集, 则 X 连通.

证明 设 A 是 X 的一个连通的稠密子集. X_0 是 X 的既开又闭子集. 若 $X_0 \neq \varnothing$, 则 $A \cap X_0 \neq \varnothing$. 从而由引理 13.2.1 知, $A \subset X_0$. 于是 $X = \overline{A} \subset \overline{X_0} = X_0$. 这表明 $X_0 = X$. 因此, X 的既开又闭子集只有空集和 X, 故 X 连通. □

推论 13.2.1 若 A 是 X 的连通子集, 且 $A \subset Y \subset \overline{A}$, 则 Y 也连通. □

例 13.2.2 设 S 表示实平面 $\mathbb{R}^2$ 的子集 $S = \left\{\left(x, \sin\dfrac{1}{x}\right) \middle| 0 < x \leqslant 1\right\}$, 记 $A = S \cup \{(0, y) | -1 \leqslant y \leqslant 1\}$. 通常把 A 称为**拓扑学家的正弦曲线**. 由于开区间 $(0,1)$ 与 $\mathbb{R}^1$ 同胚, 故 $(0,1)$ 是连通的, 从而由推论 13.2.1 知, $(0,1]$ 也是连通的. 由于映射

$$f : (0,1] \to (0,1] \times [-1,1], \quad f(x) = \left(x, \sin\frac{1}{x}\right)$$

是个连续映射, 故 $S = \left\{\left(x, \sin\dfrac{1}{x}\right) \middle| 0 < x \leqslant 1\right\}$ 作为连通子集 $(0,1]$ 在连续映射 f 下的像也是连通的. 由于 S 是 A 的稠密子集, 由推论 13.2.1 可知 A 也是连通的.□

例 13.2.3 实直线 $\mathbb{R}^1$ 的一个子集 A 是连通的当且仅当 A 是一个区间.

证明 由于开区间都与 $\mathbb{R}^1$ 同胚, 因此都是连通的. 而闭区间或半开区间都以其内部开区间为稠密子集, 故由推论 13.2.1 可知, 闭区间或半开区间也都是连通的.

反之, 设 $A \subset \mathbb{R}^1$ 是连通子集, 若 A 不是区间, 则存在一个 $a \in \mathbb{R}^1 - A$ 使得

$$A \cap (-\infty, a) \neq \varnothing, \quad \text{且 } A \cap (a, +\infty) \neq \varnothing.$$

由于 $A \cap (-\infty, a)$ 与 $A \cap (a, +\infty)$ 都是子空间 A 的开集, 两者不相交, 且

$$A = (A \cap (-\infty, a)) \cup (A \cap (a, +\infty)),$$

因此 A 不连通. 矛盾! 故 A 必为区间. □

由此可得如下的推论.

推论 13.2.2 设空间 X 为连通的, 映射 $f : X \to \mathbb{R}^1$ 连续, 则 $f : X \to \mathbb{R}^1$ 满足介值性质. □

定理 13.2.3 如果 X 有一个由连通子集构成的覆盖, 且 X 有一连通子集 A 与该覆盖的每一个成员都相交, 则 X 连通.

证明 设 X_0 是 X 的既开又闭集, 需证明或者 $X_0 = \varnothing$, 或者 $X_0 = X$. 由于 A 连通, 故 $A \cap X_0 = \varnothing$, 或者 $A \subset X_0$. 设 $\mathfrak{R}$ 是 X 的由连通子集构成的覆盖.

若 $A \cap X_0 = \varnothing$, 则对任一 $U \in \mathfrak{R}$, 因为 $U \cap A \neq \varnothing$, 故 $U \not\subset X_0$, 因此由引理 13.2.1 知必有 $U \cap X_0 = \varnothing$. 从而 $X_0 \cap \left(\bigcup \mathfrak{R}\right) = \varnothing$, 即 $X_0 \cap X = \varnothing$, 所以 $X_0 = \varnothing$.

若 $A \subset X_0$, 则对任一 $U \in \Re$, 有 $U \cap X_0 \supset U \cap A \neq \varnothing$. 从而由引理 13.2.1 可知, 有 $U \subset X_0$, 进而有 $X = \bigcup \Re \subset X_0 \subset X$. 可见 $X_0 = X$. □

下面, 我们从另外一个角度来看看连通性.

定义 13.2.1 如果拓扑空间 X 的两个子集 A 与 B 满足: $\overline{A} \cap B = \varnothing$, 并且 $A \cap \overline{B} = \varnothing$, 则称它们为**隔离的**.

命题 13.2.1 拓扑空间 X 是连通的当且仅当它没有两个互补的非空的隔离子集.

证明 设 X 是连通的, 若它有两个互补的非空的隔离子集 A 和 B, 则 $X = A \cup B$. 由于 A 和 B 隔离, 故 $\overline{A} \cap B = \varnothing$, 且 $A \cap \overline{B} = \varnothing$. 由此不难看出, A 与 B 是两个互不相交的既开又闭的非空子集, 这与 X 是连通的矛盾!

反过来, 设 X 没有两个互补的非空的隔离子集. 如果 X 不连通, 则存在两个非空的互不相交的开集 A 和 B, 使得 $X = A \cup B$. 此时 A 与 B 正是两个互补的非空的隔离子集. 矛盾! 故 X 是连通的. □

命题 13.2.2 设 C 是空间 X 的一个子集.

(1) 子空间 C 连通当且仅当 C 没有由 X 内的两个隔离子集组成的划分.

(2) 如果 C 是 X 的连通子集, 且 A 与 B 是 X 内的两个隔离子集, 使得 $C \subset A \cup B$, 则或者 $C \subset A$, 或者 $C \subset B$.

证明 (1) 对任意 $A, B \subset C$, 由于 $A \cap \mathrm{Cl}_C B = A \cap \overline{B} \cap C = A \cap \overline{B}$. 故

$$A \cap \mathrm{Cl}_C B = \varnothing \text{ 当且仅当 } A \cap \overline{B} = \varnothing.$$

由此可知, A, B 在 C 内隔离当且仅当 A, B 在 X 内隔离, 因此 (1) 真.

(2) 反证. 若 $C \subset A$ 与 $C \subset B$ 皆不成立, 则存在 $c \in C - B$. 但 $c \in C \subset A \cup B$, 故 $c \in C \cap A$. 因而 $C \cap A \neq \varnothing$. 同理, $C \cap B \neq \varnothing$. 而 $C = (C \cap A) \cup (C \cap B)$, 并且

$$(C \cap A) \cap \overline{(C \cap B)} \subset A \cap \overline{B} = \varnothing, \quad \overline{(C \cap A)} \cap (C \cap B) \subset \overline{A} \cap B = \varnothing,$$

因此 $C \cap A$ 与 $C \cap B$ 是隔离的非空子集. 于是由 (1) 知, C 不连通, 矛盾! □

定理 13.2.4 设 $\Re$ 是由空间 X 的一些连通子集组成的集族, 且存在 $D \in \Re$ 使得对每个 $A \in \Re$, 都有有限序列 $\{A_1, A_2, \cdots, A_k\} \subset \Re$ 满足

$$A_1 = D, \quad A_k = A, \quad \text{且 } \forall i = 1, 2, \cdots, k-1, A_i \text{ 与 } A_{i+1} \text{ 不隔离}.$$

则 $\bigcup \Re$ 连通.

证明 (反证法) 若 $\bigcup \Re$ 不连通, 则存在两个非空隔离子集 E, F 使得 $\bigcup \Re = E \cup F$. 于是 $D \subset E \cup F$, 由命题 13.2.2, 要么 $D \subset E$, 要么 $D \subset F$. 不妨设 $D \subset E$. 对每个 $A \in \Re$, 由假设, 存在有限序列 $\{A_1, A_2, \cdots, A_k\} \subset \Re$ 满足

$$A_1 = D, \quad A_k = A, \quad \text{且 } \forall i = 1, 2, \cdots, k-1, A_i \text{ 与 } A_{i+1} \text{ 不隔离}.$$

因为 $A_1 \subset E$ 且 E 与 F 隔离, 故 $A_2 \subset E$. 同理可得 $A_3 \subset E, \cdots, A_k = A \subset E$. 因此 $\bigcup \Re \subset E$. 进而可知, $F \subset \bigcup \Re \subset E$, 矛盾! 故 $\bigcup \Re$ 连通. □

定理 13.2.5　积空间 $X = \prod\limits_{\lambda \in \Lambda} X_\lambda$ 是连通的当且仅当对任一 $\lambda \in \Lambda$, 因子空间 X_λ 都是连通的.

证明　必要性由投射为满连续映射及定理 13.2.1 可知.

下面证明充分性. 设对每个 $\lambda \in \Lambda$, X_λ 都是连通的非空空间. 先任意取定一个点 $a = (a_\lambda)_{\lambda \in \Lambda} \in X$, 并记

$$A = \{x = (x_\lambda)_{\lambda \in \Lambda} \in X \mid |\{\lambda \in \Lambda \,|x_\lambda \neq a_\lambda\}| < \aleph_0\},$$

即对任一 $x \in A$, x 与 a 只有有限个坐标不相同. 对 X 的标准基中的每个元素, 显然都含有 A 中的点. 因此 A 在 X 中是稠密的. 于是我们只需再证明 A 是连通的即可. 由于单点集 $\{a\}$ 是连通的, 利用定理 13.2.3, 只需再证明: 对每个点 $y \in A, A$ 都包含有一个连通子集 $C_y \supset \{y, a\}$.

这样的 C_y 是容易取得的. 记 $y = (y_\lambda)_{\lambda \in \Lambda} \in A$, 则存在 Λ 的一个有限子集 $\Lambda_0 = \{\lambda_1, \lambda_2, \cdots, \lambda_n\}$ 使得当 $\lambda \in \Lambda - \Lambda_0$ 时, $y_\lambda = a_\lambda$. 于是令 C_y 为下面 n 个连通子集之并:

$$C_1 = X_{\lambda_1} \times \{a_{\lambda_2}\} \times \{a_{\lambda_3}\} \times \cdots \times \{a_{\lambda_n}\} \times \prod_{\lambda \in \Lambda - \Lambda_0} \{a_\lambda\},$$

$$C_2 = \{y_{\lambda_1}\} \times X_{\lambda_2} \times \{a_{\lambda_3}\} \times \cdots \times \{a_{\lambda_n}\} \times \prod_{\lambda \in \Lambda - \Lambda_0} \{a_\lambda\},$$

$$\cdots\cdots$$

$$C_n = \{y_{\lambda_1}\} \times \{y_{\lambda_2}\} \times \cdots \times \{y_{\lambda_{n-1}}\} \times X_{\lambda_n} \times \prod_{\lambda \in \Lambda - \Lambda_0} \{a_\lambda\},$$

即 $C_y = \bigcup\limits_{i=1}^{n} C_i$. 由于每个 $C_i (1 \leqslant i \leqslant n)$ 与 X_{λ_i} 同胚, 因而是连通的, 并且它们相邻相交. 故 C_y 也是连通的, 并且显然有 $a \in C_1, y \in C_n$, 故 $C_y \supset \{y, a\}$. 因此 $X = \prod\limits_{\lambda \in \Lambda} X_\lambda$ 是连通的. □

例 13.2.4　由于 $\mathbb{R}^n \cong \mathbb{R}^1 \times \mathbb{R}^1 \times \cdots \times \mathbb{R}^1$, 且 $\mathbb{R}^1$ 是连通的, 故 $\mathbb{R}^n$ 是连通的. 又球极投影

$$f : S^n - \{(0, 0, \cdots, 0, 1)\} \to \mathbb{R}^n,$$

$$f(x_1, x_2, \cdots, x_n, x_{n+1}) = \left(\frac{x_1}{1 - x_{n+1}}, \frac{x_2}{1 - x_{n+1}}, \cdots, \frac{x_n}{1 - x_{n+1}}\right),$$

给出了 S^n 的稠密子空间 $S^n-\{(0,0,\cdots,0,1)\}$ 到连通空间 $\mathbb{R}^n$ 的同胚, 故知 S^n 也是连通的. □

13.3 连 通 分 支

定义 13.3.1 设 X 为一个拓扑空间. 记 $\Sigma=\{A\subset X\,|\,A$ 是 X 的连通子集$\}$. 则显然 $(\Sigma,\subset)$ 是一个偏序集. 对于每一个全序子族 $\Sigma'\subset\Sigma$, 令 $B=\bigcup\Sigma'$, 则容易看出, B 也是连通的, 且为 Σ' 的上界. 因此由 Zorn 引理知, 偏序集 $(\Sigma,\subset)$ 必定有极大元. 我们把 $(\Sigma,\subset)$ 的每个极大元称为 X 的一个**连通分支**.

连通分支的定义还有如下几种等价方式.

(1) X 的不是其他连通子集的真子集的连通集称为 X 的连通分支.

(2) 在拓扑空间 X 上定义一个等价关系 R 如下: 对任意 $x,y\in X$, xRy 当且仅当存在 X 的连通子集 A 使得 $x,y\in A$. 则等价关系 R 的每个等价类称为 X 的一个连通分支.

(3) 对任一 $x\in X$, 含有点 x 的所有连通子集的并集 $C(x)$ 称为含有点 x 的连通分支.

容易证明, 这几个定义是相互等价的 (我们把它作为一个习题留给读者去证明), 并且 X 的所有连通分支构成 X 的一个划分.

例 13.3.1 在 $\mathbb{R}^1$ 的子空间 $A=\{0\}\cup\left\{\frac{1}{n}\middle|n\in\mathbb{N}\right\}$ 中, 尽管 0 是一个聚点, 但是包含点 0 的连通分支只能是 $\{0\}$. 因为对任一 $n\in\mathbb{N}$, 集合 $\{0\}\cup\left\{\frac{1}{m}\middle|m>n\right\}$ 与 $\left\{\frac{1}{k}\middle|k=1,2,\cdots,n-1,n\right\}$是两个分别含有点 0 和 $\frac{1}{n}$ 的隔离子集, 因此 0 和 $\frac{1}{n}$ 不会在同一个连通分支里. 显然, 对于不同的自然数 m 和 n, 点 $\frac{1}{m}$ 与 $\frac{1}{n}$也不会在同一连通分支里. 因此 A 中每个点所在的连通分支都只含有这一个点. 但是, 需要注意的是, A 并不是离散空间. □

定理 13.3.1 拓扑空间的每个连通分支均为闭集.

证明 设 A 为拓扑空间 X 的一个连通分支, 则 A 是连通的, 并且在包含的意义下是极大的. 而由推论 13.2.2 知, $\overline{A}$ 也连通, 且显然 $A\subset\overline{A}$. 故由极大性可得 $A=\overline{A}$. 因此 A 为闭集. □

13.4 局部连通性

定义 13.4.1 给定拓扑空间 X, 如果对任一 $x\in X$ 及任一 $U\in\mathscr{N}(x)$, 都存

在 x 的连通开邻域 V 使得 $V \subset U$, 则称 X 为 **局部连通的**(locally connected).

下面这个命题是显然的.

命题 13.4.1 X 是局部连通的当且仅当 X 有一个由连通开集构成的拓扑基. □

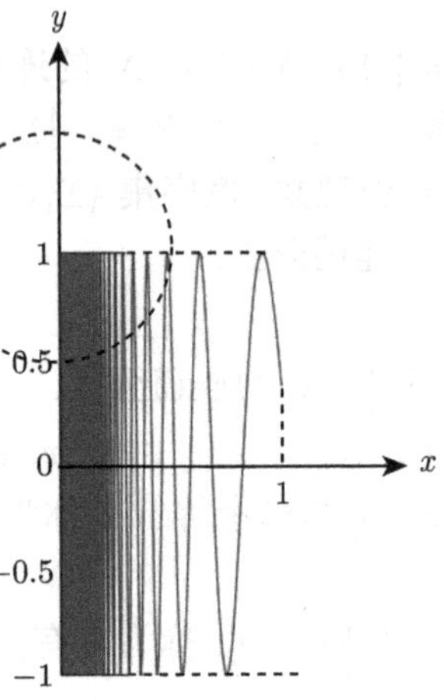

图 13-1

需要特别注意的是, 局部连通性是以邻域基的方式定义的, 而不仅仅是每一点都有一个连通邻域. 这与紧性的局部定义完全不一样! 由此也导致连通空间不一定局部连通这样一个事实. 这样定义当然更切合实际.

例 13.4.1 连通而非局部连通的例子: 前面例 13.2.2 中的拓扑学家的正弦曲线 A 就是一个连通而非局部连通的空间. 连通性我们已经知道, 至于非局部连通, 只需考察位于 y 轴上的点, 比如点 $(0,1)$, 当 $0<\varepsilon<1$ 时, 该点的 ε-邻域由无数段相互分割开的小曲线段构成 (图 13-1), 当然不会包含一个连通的邻域. □

例 13.4.2 连续映射无法保持局部连通性.

比如, 设 $X=\{0,1,2,3,\cdots\}$ 和 $Y=\left\{0,1,\dfrac{1}{2},\dfrac{1}{3},\cdots\right\}$都是 $\mathbb{R}^1$ 的子空间. 则 X 是离散的, 因此容易看出是局部连通的. 但是 Y 却不是局部连通的, 因为在 Y 中, 点 0 的任一邻域都不连通. 定义 $f: X \to Y$ 使得 $f(0)=0$, 而对每个 $n \neq 0, f(n)=\dfrac{1}{n}$. 则容易验证, f 是连续的双射. 因此, 局部连通的空间 X 在连续映射下的像 Y 并不局部连通. □

定理 13.4.1 局部连通空间的连通分支均为既开又闭集.

证明 定理 13.3.1 已经告诉我们, 连通分支均为闭集. 因此只需证明局部连通空间的连通分支均为开集. 设拓扑空间 X 局部连通, A 为其一个连通分支. 对任一 $x \in A, X$ 是其邻域. 故存在连通邻域 $U \in \mathscr{N}(x)$. 由 A 的极大性知, $U \subset A$. 故 $x \in A^\circ$. 从而可知 $A=A^\circ$ 为开集. □

定理 13.4.2 空间 X 是局部连通的当且仅当每个开子空间的每个连通分支都是开集.

证明 设 U 是 X 的开子空间, K 是它的一个连通分支, 而 $\{V_\lambda \mid \lambda \in \Lambda\}$ 是 U 的连通开集构成的拓扑基. 显然, 每个 V_λ 也是 X 的开集. 由 X 的局部连通性, 对任一 $x \in K$, 存在 $\lambda_x \in \Lambda$ 使得 $x \in V_{\lambda_x}$, 由 K 的极大性, 显然有 $V_{\lambda_x} \subset K$. 因此 x

是 K 的内点, 从而 K 是开集.

反过来, 如果每个开子集的每个连通分支都是开集, 则对任一 $U \in \mathscr{N}(x)$, 不妨设 U 为开集, 则 x 应在 U 的某个连通分支 V 中. 由假设, V 为开集, 故 V 为 x 的连通开邻域, 且 $V \subset U$. 因此 X 是局部连通的. □

定理 13.4.3 若 X 是局部连通空间, $f: X \to Y$ 是开的连续满映射, 则 Y 也是局部连通的.

证明 设 X 是局部连通空间, $f: X \to Y$ 是开的连续满映射. 对任一 $y \in Y$ 及任一 $V \in \mathscr{N}(y)$, 由 f 是满连续映射知, 存在 $x \in X$ 使得 $f(x) = y$, 并且 $f^{-1}(V) \in \mathscr{N}(x)$. 由 X 的局部连通性, 存在一个开的连通子集 U 使得 $x \in U \subset f^{-1}(V)$. 再由 f 是连续的开映射知, $f(U)$ 是 Y 的连通开集, 且

$$y = f(x) \in f(U) \subset f(f^{-1}(V)) = V.$$

即 y 有连通开邻域 $f(U)$ 使得 $f(U) \subset V$. 因此 Y 也是局部连通的. □

定理 13.4.4 积空间 $X = \prod\limits_{\lambda \in \Lambda} X_\lambda$ 是局部连通空间的充分必要条件是: 对任一 $\lambda \in \Lambda$, 因子空间 X_λ 都是局部连通的, 并且存在有限集 $\Lambda_0 \subset \Lambda$ 使得对任一 $\lambda \in \Lambda - \Lambda_0$, X_λ 都是连通的.

证明 必要性. 设积空间 $X = \prod\limits_{\lambda \in \Lambda} X_\lambda$ 是局部连通的, 则由于每个投射 $\pi_\lambda: X \to X_\lambda$ 都是连续的、开的满映射, 故每个 X_λ 都是局部连通的. 又对任一 $x \in X$, 有一个连通开集 $W \in \mathscr{N}(x)$, 从而存在标准基元

$$B = \bigcap_{i=1}^{n} \pi_{\lambda_i}^{-1}(U_i) \quad (\text{其中 } U_i \text{ 为 } X_{\lambda_i} \text{ 中的开集}),$$

使得 $x \in B \subset W$. 令 $\Lambda_0 = \{\lambda_1, \lambda_2, \cdots, \lambda_n\}$, 则对任一 $\lambda \in \Lambda - \Lambda_0$, $X_\lambda = \pi_\lambda(W)$ 是连通的.

充分性. 设对任一 $\lambda \in \Lambda$, 空间 X_λ 都是局部连通的, 并且存在有限集 $\Lambda_0 \subset \Lambda$ 使得对任一 $\lambda \in \Lambda - \Lambda_0$, X_λ 都是连通的. 对每一 $x = (x_\lambda)_{\lambda \in \Lambda} \in X$ 及任一 $W \in \mathscr{N}(x)$, 存在标准基元

$$B = \bigcap_{i=1}^{n} \pi_{\lambda_i}^{-1}(U_i) \quad (\text{其中 } U_i \text{ 为 } X_{\lambda_i} \text{ 中的开集}),$$

使得 $x \in B \subset W$. 对任一 $i \leqslant n, U_i \in \mathscr{N}(x_{\lambda_i})$, 因此由 X_{λ_i} 的局部连通性, 存在一个连通开集 $V_{\lambda_i} \subset X_{\lambda_i}$ 使得 $x_{\lambda_i} \in V_{\lambda_i} \subset U_i$. 而对于 $\lambda \in \Lambda_0 - \{\lambda_1, \lambda_2, \cdots, \lambda_n\}$, 由 X_λ 的局部连通性, 有连通开集 $V_\lambda \in \mathscr{N}(x_\lambda)$. 记 $\Lambda_1 = \Lambda_0 \cup \{\lambda_1, \lambda_2, \cdots, \lambda_n\}$, 则由连通

性的可乘性知

$$U = \prod_{\lambda \in \Lambda_1} V_\lambda \times \prod_{\lambda \in \Lambda - \Lambda_1} X_\lambda = \bigcap_{\lambda \in \Lambda_1} \pi_\lambda^{-1}(V_\lambda)$$

是连通开集, 且 $x \in U \subset B \subset W$. 因此 X 是局部连通的. □

13.5 道路与道路连通空间

定义 13.5.1 设 X 是一个拓扑空间. 一个连续映射 $\alpha: I \to X$ 称为 X **上的一条道路**. 点 $\alpha(0)$ 与 $\alpha(1)$ 分别称为道路 α 的**起点**与**终点**, 统称为端点. 习惯上也称 α 是连接 $\alpha(0)$ 与 $\alpha(1)$ 的道路. 特别地, 当 $\alpha(0) = \alpha(1)$ 时称 α 为一条**闭路**. 当 $\alpha(I)$ 为单点集 $\{x\}$(即 α 为常值映射) 时, 称 α 为**点道路**, 通常记之为 e_x.

特别需要注意的是, 道路 α 是映射, 而非映射的像. 这主要是因为同样的像可以对应于无穷多个互不相同的映射, 而用映射作为道路则区别清楚且便于运算.

定义 13.5.2 对于 X 中的道路 $\alpha: I \to X$, 称满足 $\overline{\alpha}(t) = \alpha(1-t)$ 的道路 $\overline{\alpha}: I \to X$ 为 α 的**逆道路**, 简称为 α 的逆.

显然, α 与 $\overline{\alpha}$ 的起点与终点互易, 像却是一样的, 只是走向相反而已.

定义 13.5.3 对于 X 中的两条道路 $\alpha: I \to X$ 与 $\beta: I \to X$, 如果满足条件 $\alpha(1) = \beta(0)$, 则可以定义它们的**乘积** $\alpha\beta: I \to X$ 如下:

$$\alpha\beta(t) = \begin{cases} \alpha(2t), & 0 \leqslant t \leqslant \dfrac{1}{2}, \\ \beta(2t-1), & \dfrac{1}{2} < t \leqslant 1. \end{cases}$$

由粘接引理知, 这样定义的映射 $\alpha\beta: I \to X$ 确实是连续的. $\alpha\beta$ 称为 α 与 β 的**积道路**.

积道路 $\alpha\beta$ 的起点是 $\alpha(0)$, 终点是 $\beta(1)$. 如果用走路来解释乘积这个概念, 相当于前半个小时沿着道路 α 从起点 $\alpha(0)$ 走到 $\alpha(1)$, 后半个小时沿着道路 β 从 $\beta(0) = \alpha(1)$ 走到终点 $\beta(1)$.

对道路的逆与积这两种运算, 下列几条性质是明显的:

(1) 对任一点道路 e_x, 有 $\overline{e_x} = e_x$;

(2) 对任一道路 $\alpha: I \to X$, 都有 $\overline{\overline{\alpha}} = \alpha$;

(3) 当 $\alpha\beta$ 有意义时, 有 $\overline{\alpha\beta} = \overline{\beta}\overline{\alpha}$.

定义 13.5.4 给定拓扑空间 X, 如果对任意两点 $x, y \in X$, 都存在 X 中以 x 和 y 为起点与终点的道路, 则称 X 为**道路连通的**(path connected).

注 这里定义的道路连通有的书称为弧连通, 但在一些重要的参考书 (如文献 (Dugundji, 1966)) 中, **弧连通**(arcwise connected) 空间常要求连接两不同点的道路是同胚嵌入, 因而与道路连通有所不同. 不过, 在 Hausdorff 空间范畴内, 可以证明, 两者其实是一致的.

由于单位区间 I 作为 $\mathbb{R}^1$ 的子空间是连通的, 故道路的像都是连通的, 因此下面的命题自然成立.

命题 13.5.1 道路连通空间都是连通的. □

例 13.5.1 欧氏空间 $\mathbb{R}^n$ 中的任一凸集 A 是道路连通的. 事实上, 对任意两点 $x, y \in A$, 由

$$\alpha: I \to A, \quad \alpha(t) = ty + (1-t)x, \quad t \in [0,1]$$

所定义的道路 α 就是 A 中以 $x = \alpha(0)$ 为起点, $y = \alpha(1)$ 为终点的道路, 这是一条直线道路, 其图像是一条直线. □

例 13.5.2 拓扑学家的正弦曲线 A 是连通, 但非道路连通的空间.

证明 在例 13.2.2 中我们已经知道, A 是连通的. 因此只需证明 A 不是道路连通的就可以了. 为此只需证明: 不存在以原点 O 为起点, 以 $S = \left\{(x,y) \middle| y = \sin\dfrac{1}{x}, 0 < x \leqslant 1\right\}$ 中的点为终点的道路.

我们采用反证法. 假设 $\alpha: I \to A$ 是一条以原点 O 为起点, S 上某点为终点的道路. 为方便起见, 记

$$B = \{t \in I \,|\alpha(t) \in \{0\} \times [-1,1]\}.$$

即 B 为 A 中位于 Y 轴上的那些点在映射 α 下的原像全体构成的集合. 由于 A 中位于 Y 轴上的点的全体构成一个闭集, 故 B 是 I 的闭子集. 因此 B 有最大元, 记为 t_0, 显然 $t_0 < 1$. 限制映射

$$\beta = \alpha\left|_{[t_0,1]}\right. : [t_0, 1] \to A,$$

把 t_0 映到 $\{0\} \times [-1,1]$ 中, 而把 $(t_0, 1]$ 全部映到 S 中, 因此 β 也是一条连接 $\alpha(t_0)$ 到 $\alpha(1)$ 的道路. 为讨论方便, 不妨设 $t_0 = 0$, 并记 $\alpha(t) = (x(t), y(t))$, 则 $x(0) = 0$, 且当 $t > 0$ 时, 都有 $x(t) > 0, y(t) = \sin\dfrac{1}{x(t)}$.

对任一 $n \in \mathbb{N}$, 利用函数 $\sin\dfrac{1}{x}$ 在 $x = 0$ 附近无限振荡的特性, 可选取一个 $u_n \in \left(0, x\left(\dfrac{1}{n}\right)\right)$ 使得 $\sin\dfrac{1}{u_n} = (-1)^n$. 由于 $x(t)$ 连续, 故由介值定理可知, 存在一个满足 $0 < t_n < \dfrac{1}{n}$ 的 t_n 使得 $x(t_n) = u_n$, 从而 $y(t_n) = (-1)^n$. 这样一来, 我们得到一个点列 $\langle t_n \rangle$. 显然, 当 $n \to \infty$ 时 $t_n \to 0$, 但由于 $y(t_n) = (-1)^n$, 因此当 $n \to \infty$ 时 $y(t_n)$ 并不收敛. 而这显然与 $\alpha: I \to A$ 的连续性矛盾!

因此, 不存在一条以原点 O 为起点, S 上某点为终点的道路. 因此, A 不是道路连通空间. □

道路连通性的一个简单而有用的描述是如下的命题.

命题 13.5.2　设 X 是一个拓扑空间, $x_0 \in X$, 则 X 是道路连通的当且仅当每个 $x \in X$ 都有一条道路与 x_0 相连. □

定理 13.5.1　道路连通空间在连续映射下的像也是道路连通的.

证明　设 X 是道路连通的, $f: X \to Y$ 是连续映射. 对于 $f(X) \subset Y$ 中任意两点 y_1, y_2, 任意选取两点 $x_1, x_2 \in X$ 使得 $f(x_1) = y_1, f(x_2) = y_2$. 由于 X 是道路连通的, 存在道路 $\alpha: I \to X$ 使得 $\alpha(0) = x_1$, 且 $\alpha(1) = x_2$. 容易看出 $f \circ \alpha: I \to Y$ 是 Y 中连接 y_1 与 y_2 的道路. 故 $f(X)$ 道路连通. □

由此可见, 道路连通性是一种拓扑性质.

定理 13.5.2　设 X 是连通空间, 且对每一点 $x \in X$, 都有一个道路连通子空间 $B_x \subset X$ 使得 $x \in B_x^\circ$. 则 X 是道路连通空间.

证明　任意取定一点 $x_0 \in X$, 令 $A = \{x \in X \big| X$ 内有一条连接 x_0 与 x 的道路 $\}$. 显然 A 是道路连通的子空间. 剩下只需证明 $X = A$. 事实上, 由于常值道路 $\alpha: I \to X, \alpha(t) \equiv x_0$ 连接 x_0 与 x_0, 故 $x_0 \in A$. 可见 A 是非空的. 因为 X 连通, 为证 $X = A$, 只需证明 A 是既开又闭的子集即可.

先证 A 是开集. 设 $x \in A$, 则存在连续映射 $\alpha: I \to X$ 使得 $\alpha(0) = x_0, \alpha(1) = x$. 又由假设, 有一个道路连通子空间 $B_x \subset X$ 使得 $x \in B_x^\circ$. 对任一 $t \in B_x^\circ$, 存在连续映射 $\beta: I \to B_x$ 使得 $\beta(0) = x, \beta(1) = t$. 则 $\alpha\beta: I \to X$ 连续, 且不难检验, $\alpha\beta$ 是 X 内连接 x_0 与 t 的一条道路, 故 $t \in A$. 因此 $x \in B_x^\circ \subset A$. 可见 A 是开的子集.

再证 A 是闭集. 设 $x \in X - A$. 由假设, 有一个道路连通子空间 B_x 使得 $x \in B_x^\circ$. 下面证明 $B_x^\circ \subset X - A$, 从而 $X - A$ 是开集, A 是闭集. 采用反证法. 若不然, 则存在 $t \in B_x^\circ \cap A$, 则 X 内有一条道路 α 连接 x_0 与 t. 又由 B_x 的道路连通性知, X 内有一条道路 β 连接 t 与 x. 于是 $\alpha\beta$ 是 X 内连接 x_0 与 x 的一条道路. 从而 $x \in A$. 矛盾! 因此 $B_x^\circ \subset X - A$. □

推论 13.5.1　欧氏空间 $\mathbb{R}^n$ 的开子空间是道路连通的当且仅当它是连通的. □

定理 13.5.3　积空间 $\prod\limits_{\lambda \in \Lambda} X_\lambda$ 是道路连通空间的充分必要条件是: 每个因子空间 X_λ 是道路连通的.

证明　必要性. 由定理 13.5.1 知.

充分性. 假设每个因子空间 X_λ 都是道路连通的. 对于积空间 $X = \prod\limits_{\lambda \in \Lambda} X_\lambda$ 中任意给定的两个点 $x = (x_\lambda)_{\lambda \in \Lambda}, y = (y_\lambda)_{\lambda \in \Lambda}$, 对任一 $\lambda \in \Lambda$, 由于 X_λ 是道路连通

的, 故存在道路 $\alpha_\lambda: I \to X_\lambda$ 使得 $\alpha_\lambda(0) = x_\lambda, \alpha_\lambda(1) = y_\lambda$. 定义

$$\alpha: I \to \prod_{\lambda\in\Lambda} X_\lambda, \quad \alpha(t) = (\alpha_\lambda(t))_{\lambda\in\Lambda} \quad (t \in I).$$

由于每个分量 $\alpha_\lambda(t)$ 均连续, 故由定理 5.2.3 知, $\alpha: I \to X$ 也连续, 并且易见 $\alpha(0) = x, \alpha(1) = y$. 因此积空间 $X = \prod_{\lambda\in\Lambda} X_\lambda$ 道路连通. □

13.6 道路连通分支

定义 13.6.1 在拓扑空间X上我们可以定义一个二元关系 R: 对任意 x, y, xRy 当且仅当存在一条连接 x 与 y 的道路. 利用道路运算容易验证, R 是 X 上的一个等价关系. X 关于 R 的每个等价类称为 X 的一个**道路连通分支**, 简称**道路分支**.

正如连通分支一样, 道路连通分支同样也是道路连通子集在包含关系下的极大元. 这一概念也有与连通分支类似的几种定义方式, 它们是相互等价的, 请读者自己给出这几种定义方式.

道路连通分支的下列几个性质也是显然的, 我们把证明略去, 留作习题, 由读者自己去完成.

命题 13.6.1 设 X 是任一拓扑空间, 则

(1) 对任一 $x \in X, x$ 属于 X 的唯一一个道路连通分支;

(2) 每个道路连通子集包含在某个道路连通分支中;

(3) 空间 X 道路连通的充分必要条件是它只有一个道路连通分支;

(4) X 的连通分支是一些道路连通分支的并集. □

例 13.6.1 道路连通分支与连通分支不完全一样, 它未必是闭集. 比如, 在拓扑学家的正弦曲线这一例子中, S 是 $A = \overline{S}$ 的道路连通分支, 但 S 在 $\overline{S}$ 中不是闭集, 而是开集. □

13.7 局部道路连通

定义 13.7.1 设 X 是一个拓扑空间, 若对每个 $x \in X$, x 的道路连通开邻域都构成 x 处的邻域基, 则称 X 为**局部道路连通的**.

依定义, 很容易看出, 有如下的命题.

命题 13.7.1 局部道路连通空间都是局部连通空间. □

例 13.7.1 道路连通空间同样未必是局部道路连通的. 例如, 实平面 $\mathbb{R}^2$ 的子空间

$$K = (\{0\} \times [0,1]) \cup ([0,1] \times \{0\}) \cup \bigcup_{n\in\mathbb{N}} \left(\left\{\frac{1}{n}\right\} \times [0,1]\right)$$

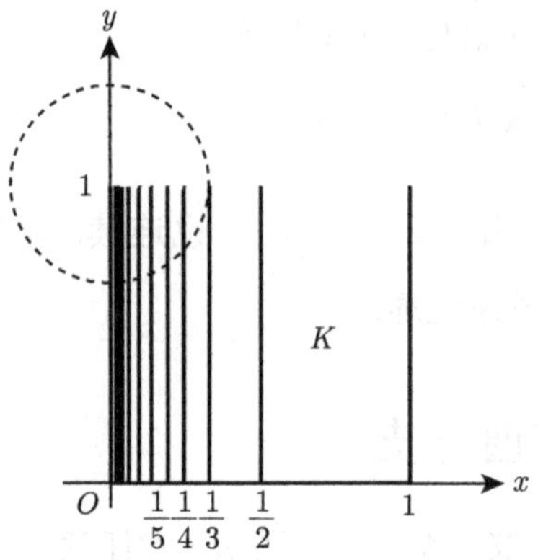

图 13-2

就是道路连通而非局部道路连通的空间 (图 13-2). 道路连通性是显然的. 至于非局部道路连通, 只需考察点 $(0,1)$ 就可以知道. 当 $0<\varepsilon<1$ 时, 点 $(0,1)$ 的 ε-邻域由无数条相互分离的直线段构成, 当然不是道路连通的. 事实上, 它甚至不是局部连通的. □

命题 13.7.2　如果拓扑空间 X 的每个点 x 都有邻域 U_x 使得 x 与 U_x 中每一点都可用 X 上道路连接. 则

(1) X 上的道路连通分支都是既开又闭的;

(2) X 上的连通分支就是道路连通分支.

证明　(1) 命题的条件表明, 对任一 $x\in X$, 有邻域 U_x, 它与 x 属于同一道路连通分支. 因而 x 是其所在道路连通分支的内点. 于是每个道路连通分支都是开集; 而由道路连通分支互不相交, 又可知每个道路连通分支也都是闭集.

(2) 设 A 是道路连通分支, B 是包含 A 的连通分支. 则由 (1) 知 A 是 B 的一个既开又闭的非空子集, 因此必然有 $A=B$. □

定理 13.7.1　设 X 是局部道路连通空间, 则 X 的道路连通分支就是连通分支, 它们都是既开又闭集; 当 X 连通时, 它一定也道路连通.

证明　由命题 13.7.2 和定理 13.4.1 即知. □

命题 13.7.3　局部连通 (局部道路连通) 空间的开子空间也是局部连通 (局部道路连通) 的.

证明　若 X 是局部连通 (局部道路连通) 空间, Y 是 X 的开子空间. 对任一 $x\in Y$, 对 x 在 Y 中的任一邻域 V, V 也是 x 在 X 中的一个邻域, 因此由 X 局部连通 (局部道路连通) 可知, 有连通 (道路连通) 邻域 $U\in\mathscr{N}(x)$ 使得 $x\in U\subset V$. 显然, U 也是 x 在 Y 中的连通 (道路连通) 邻域, 因此 Y 也是局部连通 (局部道路连通) 的. □

定理 13.7.2　空间 X 是局部道路连通空间当且仅当 X 中的任何一个开集的每一个道路连通分支都是开集.

证明　假设 X 是局部道路连通空间, U 是 X 的一个开集, C 是 U 的一个道路连通分支. 则由定理 13.7.1 知, C 是 U 的既开又闭集. 从而 C 是 X 的一个开集.

反之, 若 X 中开集的每一个道路连通分支都是开集, 则对任一 $x\in X$ 及任一开的 $U\in\mathscr{N}(x)$, 令 C 是 U 中包含 x 的道路连通分支. 由假设, C 是开的. 故

$C \in \mathscr{N}(x)$ 且 $C \subset U$. 故 X 在 x 处局部道路连通. 由 x 的任意性知, X 是局部道路连通空间. □

习　题

13.1　证明: 欧氏空间 $\mathbb{R}^n$ 中的球 D^n 是连通的.

13.2　设 X 是满足 T_1, T_4 公理的连通空间, 并且至少含有两个点. 试证明 X 是不可数的. (提示: 借助于 Urysohn 引理可知存在满连续映射 $f: X \to I$)

13.3　设 X 是 $\mathbb{R}^2$ 的子集, $X = \{(x, y) | x, y \text{不全为无理数}\}$, 证明 X 连通.

13.4　设 X 是紧致 Hausdorff 空间, $\mathfrak{R}$ 是 X 的一族连通的闭子集, 满足: $\mathfrak{R}$ 中任何两个成员之交是非空连通集. 试证明: $\bigcap\limits_{F \in \mathfrak{R}} F$ 是非空的连通集.

13.5　举例说明: 连通空间的开子集未必连通, 闭子集也未必连通.

13.6　如果 A, B 是空间 X 的两个闭子集, 它们的并与交都是连通的, 证明: A, B 本身都是连通子集. 然后举例说明, 题目中 A, B 是闭子集这个条件是必要的.

13.7　证明: 设 X 为拓扑空间, 则下列条件相互等价:

(1) X 是不连通的空间;

(2) X 中存在两个非空的闭集 A, B 使得 $X = A \cup B, A \cap B = \varnothing$;

(3) X 中存在两个非空的开集 A, B 使得 $X = A \cup B, A \cap B = \varnothing$;

(4) X 中存在既开又闭的非空真子集.

13.8　(1) 空间 X 是连通的当且仅当它的每个开覆盖 $\{U_\lambda | \lambda \in \Lambda\}$ 都有下列性质: 对每对开集 $U_{\lambda_1}, U_{\lambda_n}$, 都有有限个 $U_{\lambda_2}, \cdots, U_{\lambda_{n-1}}$ 使得 $U_{\lambda_i} \cap U_{\lambda_{i+1}} \neq \varnothing (i = 1, 2, \cdots, n-1)$.

(2) 空间 X 是连通的当且仅当它的每个闭覆盖 $\{F_\lambda \mid \lambda \in \Lambda\}$ 都有下列性质: 对每对闭集 $F_{\lambda_1}, F_{\lambda_n}$, 都有有限个 $F_{\lambda_2}, \cdots, F_{\lambda_{n-1}}$ 使得 $F_{\lambda_i} \cap F_{\lambda_{i+1}} \neq \varnothing (i = 1, 2, \cdots, n-1)$.

13.9　证明: 本讲中给出的三个连通分支的定义是相互等价的.

13.10　在空间 X 中, 定义一个关系: 对任意 $x, y \in X, x \sim y$ 当且仅当 X 没有这样的分解 $X = U \cup V$, 其中 U, V 是两个不交的开集, 一个包含点 x, 另一个包含点 y.

(1) 证明: 这是 X 上的一个等价关系, 其等价类称为 X 的**拟分支**(quasi-component);

(2) 证明: 每个拟分支都是包含某个给定点的所有既开又闭集的交集;

(3) 证明: 每个连通分支都包含于某个拟分支.

(4) 在 $\mathbb{R}^2$ 中, 设 $L_1 := \{(1, y) | y \in \mathbb{R}\}, L_2 := \{(-1, y) | y \in \mathbb{R}\}$ 是两条直线. 对每个正整数 n, 令 $R_n := \left\{(x, y) \,\middle|\, |x| \leqslant \dfrac{n}{n+1}, |y| \leqslant n\right\}$ 表示矩形. 再令

$$X = L_1 \cup L_2 \cup \bigcup_{n \in \mathbb{N}} \mathrm{Fr}(R_n)$$

为 $\mathbb{R}^2$ 的子空间. 这里 $\mathrm{Fr}(R_n) = \overline{R}_n \cap \overline{R}_n^{\mathrm{c}}$ 是 R_n 的边界 (图 13-3). 证明: 包含点 $(1, 0)$ 的连通分支是 L_1, 而包含点 $(1, 0)$ 的拟分支是 $L_1 \cup L_2$.

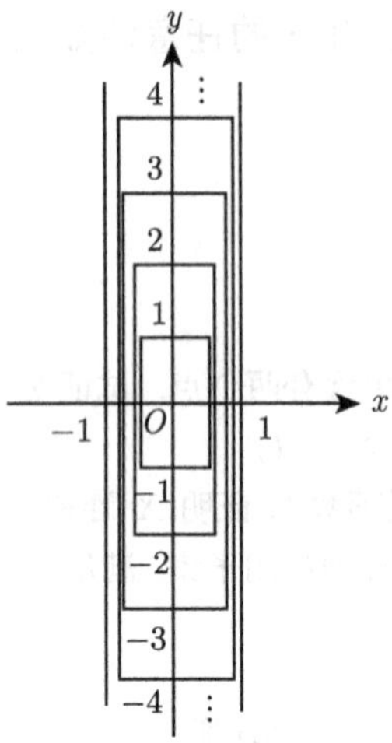

图 13-3

(5) 证明: 如果 x_1, x_2(对应地, y_1, y_2) 同时属于空间 X(对应地, 空间 Y) 的某个拟分支, 则 (x_1, y_1) 与 (x_2, y_2) 属于空间 $X \times Y$ 的同一个拟分支.

13.11　设 X 是局部连通的, $A \subset X$ 为任一子集. 如果 $\mathrm{Fr}(A)$ 是局部连通的, 则 $\overline{A}$ 也是局部连通的.

13.12　证明命题 13.6.1.

13.13　证明: 实直线 $\mathbb{R}^1$ 的子集 A 是道路连通的当且仅当它是连通的, 当且仅当它是一个区间.

13.14 设拓扑空间 X 有一由道路连通子集构成的覆盖 $\mathfrak{R} = \{A_\lambda \mid \lambda \in \Lambda\}$, 并且对于任意的 $\lambda, \mu \in \Lambda$, 都存在 Λ 的有限个元素 $\lambda_1 = \lambda, \lambda_2, \cdots, \lambda_n = \mu$ 使得 $A_{\lambda_i} \cap A_{\lambda_{i+1}} \neq \varnothing (i = 1, 2, \cdots, n-1)$. 则 X 是道路连通的.

13.15　证明: 在 Hausdorff 空间范畴内, 道路连通与弧连通是等价的.

13.16　设 X_1, X_2 都是空间 X 的开 (闭) 子集, $X = X_1 \cup X_2$. 若 X 和 $X_1 \cap X_2$ 都是道路连通的, 则 X_1 和 X_2 都是道路连通的.

13.17　证明: $\mathbb{R}^2$ 中可数集的余集是道路连通的.

13.18　设 X_1, X_2 都是空间 X 的开子集, $X = X_1 \cup X_2$. 又 $\alpha : I \to X$ 是一条道路, $\alpha(0) \in X_1, \alpha(1) \in X_2$. 证明:

$$\alpha^{-1}(X_1 \cap X_2) \neq \varnothing.$$

13.19　证明: $n \geqslant 1$ 时, 曲面 S^n 是道路连通的.

13.20　称函数 $f : \mathbb{R}^1 \to \mathbb{R}^1$ 或者单调递增 (即 $x \leqslant y$ 意味着 $f(x) \leqslant f(y)$), 或者单调递减 (即 $x \leqslant y$ 意味着 $f(x) \geqslant f(y)$), 则称 $f : \mathbb{R}^1 \to \mathbb{R}^1$ 是单调的. 证明: 函数 $f : \mathbb{R}^1 \to \mathbb{R}^1$ 是单调的当且仅当对任一 $x \in \mathbb{R}^1, f^{-1}(x)$ 都是 $\mathbb{R}^1$ 的连通子区间.

13.21　Niemytzki 平面 L 是道路连通的.

13.22　连通的紧空间称为一个**连续统** (continuum), 称一个连续统 X 在其两个点 $x, y \in X$ 间是不可约的, 是指若 X' 是 X 中同时含有点 x, y 的连续统, 则必有 $X = X'$.

(1) 证明: 一个满足 T_2 分离性的连续统 X 不可能表示为可数多个不同于 X 的两两互不相交的闭集的并;

(2) 试给出一个满足 T_2 分离性的连通而非局部连通的连续统的例子;

(3) 设 X 是个满足 T_2 分离性的连续统, A, B 是其两个不相交的非空闭集, 证明: $X - (A \cup B)$ 有一个连通分支, 其闭包与 A, B 都相交;

(4) 设 X 是个满足 T_2 分离性的连续统, U 是其一个开集, 且 $U \neq X$. 证明: U 的任一连

通分支的闭包都与 $X-U$ 相交;

(5) 设 X 是个满足 T_2 分离性的连续统, 则对每一对点 $x,y\in X$ 都有一个不可约的连续统同时含有这两个点;

(6) 证明: 每个满足 T_2 分离性的连通且局部连通的连续统都是闭区间的连续像.

第 14 讲　度量空间的完备性与完备化

度量空间毫无疑问是一类非常重要的拓扑空间, 而完备度量空间又是度量空间中最重要的一个家族. 这一节我们就介绍与度量空间的完备性相关的知识.

14.1　Cauchy 序列

定义 14.1.1　设 (X,ρ) 是一个度量空间, X 中的一个序列 $\langle x_n\rangle$ 如果满足条件:

对任一 $\varepsilon>0$, 都存在 $k\in\mathbb{N}$, 使得当 $m,n\geqslant k$ 时, 恒有 $\rho(x_m,x_n)<\varepsilon$,

则称 $\langle x_n\rangle$ 为一个 ρ-Cauchy 序列, 在不必言明具体度量时, 直接称 $\langle x_n\rangle$ 为一个 Cauchy 序列.

值得注意的是, 度量空间中一个序列是否为 Cauchy 序列, 与度量有关, 与度量所诱导的拓扑关系并不明显. 下面这个例子很好地说明了这一点.

例 14.1.1　在实数集 $\mathbb{R}$ 上, 我们定义如下两个度量:

$$\rho_1:\mathbb{R}\times\mathbb{R}\to\mathbb{R}^1,\quad \rho_1(x,y)=|x-y|,$$

$$\rho_2:\mathbb{R}\times\mathbb{R}\to\mathbb{R}^1,\quad \rho_2(x,y)=\left|\frac{x}{1+|x|}-\frac{y}{1+|y|}\right|.$$

这里 ρ_1 就是熟知的欧氏度量, ρ_2 也是一个度量, 它们诱导的拓扑都是欧氏拓扑, 即它们是等价度量 (这几个结论的验证作为习题 14.1, 读者自行完成). 序列 $\langle n\rangle$ 在 $(\mathbb{R},\rho_1)$ 中显然不是一个 ρ_1-Cauchy 序列, 但却是一个 ρ_2-Cauchy 序列. 我们验证如下: 对任一正数 $\varepsilon>0$, 由于 $\lim\limits_{n\to\infty}\dfrac{1}{1+n}=0$, 故存在 $k\in\mathbb{N}$, 当 $n\geqslant k$ 时, 恒有 $\dfrac{1}{1+n}<\varepsilon$. 于是当 $m\geqslant n\geqslant k$ 时, $\rho_2(m,n)=\left|\dfrac{n}{1+n}-\dfrac{m}{1+m}\right|=\left|\dfrac{m-n}{(1+m)(1+n)}\right|\leqslant\dfrac{1}{1+n}<\varepsilon$. 因此 $\langle n\rangle$ 是一个 ρ_2-Cauchy 序列. □

定理 14.1.1　设 (X,ρ) 是一个度量空间, 则

(1) X 中的每个收敛序列都是 ρ-Cauchy 序列;

(2) ρ-Cauchy 序列的每个子序列也是 ρ-Cauchy 序列;

(3) 如果 ρ-Cauchy 序列 $\langle x_n\rangle$ 有一个聚点 x^*, 则 $\langle x_n\rangle$ 必收敛于 x^*. 因此, 一个 ρ-Cauchy 序列或者收敛, 或者没有收敛子列.

证明 (1) 设 X 中序列 $\langle x_n\rangle$ 收敛于 x^*, 则对任一 $\varepsilon>0$, 存在一个 $k\in\mathbb{N}$, 当 $n\geqslant k$ 时 $x_n\in B_\rho\left(x^*,\dfrac{\varepsilon}{2}\right)$. 从而当 $m,n\geqslant k$ 时, $\rho(x_m,x_n)\leqslant\rho(x_m,x^*)+\rho(x^*,x_n)<\dfrac{\varepsilon}{2}+\dfrac{\varepsilon}{2}=\varepsilon$. 可见 $\langle x_n\rangle$ 是 ρ-Cauchy 序列.

(2) 这是显然的, 略去验证.

(3) 若 ρ-Cauchy 序列 $\langle x_n\rangle$ 有一个聚点 x^*, 则 $\langle x_n\rangle$ 有一个子序列 $\langle x_{n_i}\rangle$ 收敛于 x^*. 于是对任一正数 ε, 存在一个 $k_1\in\mathbb{N}$, 当 $i\geqslant k_1$ 时, 恒有 $x_{n_i}\in B_\rho\left(x^*,\dfrac{\varepsilon}{2}\right)$. 同时, 由于 $\langle x_n\rangle$ 是 ρ-Cauchy 序列, 又存在一个 $k_2\in\mathbb{N}$, 当 $m,n\geqslant k_2$ 时, 恒有 $\rho(x_m,x_n)<\dfrac{\varepsilon}{2}$. 取 $K=\max\{k_2,n_{k_1}\}$, 则当 $m\geqslant K$ 时, 有

$$\rho(x_m,x^*)\leqslant\rho(x_m,x_{n_m})+\rho(x_{n_m},x^*)<\frac{\varepsilon}{2}+\frac{\varepsilon}{2}=\varepsilon.$$

故 $x_m\in B_\rho(x^*,\varepsilon)$. 因此 $\langle x_n\rangle$ 收敛于 x^*. □

14.2 完备度量空间

定义 14.2.1 设 (X,ρ) 是一个度量空间, 如果每个 ρ-Cauchy 序列在 X 中都收敛, 则称 ρ 为 X 上的一个完备度量.

定义 14.2.2 设 X 是一个度量空间, 若有一个等价的完备度量存在, 就称该度量空间是 (拓扑) 完备空间. 如果 ρ 是 X 的完备度量, 则称 X 是 ρ-完备的.

例 14.2.1 就像我们在例 14.1.1 中看到的那样, 度量的完备性仅仅是一个度量性质, 也就是说, 一个度量完备时, 与它等价的另一个度量未必完备: $\mathbb{R}^1$ 是 ρ_1-完备的 (见后面的例 14.2.3), 但却不是 ρ_2-完备的, 因为 ρ_2-Cauchy 序列 $\langle n\rangle$ 并不收敛! □

例 14.2.2 Hilbert 空间 H 是拓扑完备的.

证明 注意, $H=\left\{x=(x_n)_{n\in\mathbb{N}}\;\middle|\;\text{对任一 } n\geqslant1, x_n\in\mathbb{R}, \text{ 且 }\sum\limits_{n=1}^{\infty}x_n^2<+\infty\right\}$, 下面我们证明其所带度量

$$\rho(x,y)=\sqrt{\sum_{n=1}^{\infty}(x_n-y_n)^2},\quad x=(x_n)_{n\in\mathbb{N}},\ y=(y_n)_{n\in\mathbb{N}}\in H$$

就是完备度量. 事实上, 若 $\langle(x^{(i)})\rangle_{i\in\mathbb{N}}$ 是 H 中一个 ρ-Cauchy 序列, 其中对每个 $i\in\mathbb{N}$, 记 $x^{(i)}=(x_n^{(i)})_{n\in\mathbb{N}}$. 则对于每个固定的 $n\in\mathbb{N}$, 由于 $\left|x_n^{(i)}-x_n^{(j)}\right|\leqslant\rho\left(x^{(i)},x^{(j)}\right)$, 故序列 $\left(x_n^{(i)}\right)_{i\in\mathbb{N}}$ 是 $\mathbb{R}^1$ 中的 ρ_1-Cauchy 序列, 因此收敛于某个 $x_n^*\in\mathbb{R}^1$. 记 $x^*=$

$(x_n^*)_{n\in\mathbb{N}}$, 只需证明 $x^*\in H$, 且在度量 ρ 意义下, $\langle(x^{(i)})\rangle_{i\in\mathbb{N}}\to x^*$.

(1) $x^*\in H$. 任给 $\varepsilon>0$, 由 $\langle(x^{(i)})\rangle_{i\in\mathbb{N}}$ 为 ρ-Cauchy 序列知, 存在 $N\in\mathbb{N}$, 当 $i,j>N$ 时均有

$$\sqrt{\sum_{n=1}^{\infty}\left(x_n^{(i)}-x_n^{(j)}\right)^2}=\rho\left(x^{(i)},x^{(j)}\right)<\varepsilon.$$

从而对任意 $k\in\mathbb{N}$ 都有 $\sqrt{\sum_{n=1}^{k}\left(x_n^{(i)}-x_n^{(j)}\right)^2}<\varepsilon$. 对此式关于 j 取极限, 得到 $\sqrt{\sum_{n=1}^{k}\left(x_n^{(i)}-x_n^*\right)^2}\leqslant\varepsilon$. 再关于 k 取极限, 得到 $\sqrt{\sum_{n=1}^{\infty}\left(x_n^{(i)}-x_n^*\right)^2}\leqslant\varepsilon$. 这表明 $x^{(i)}-x^*\in H$, 再由 $x^{(i)}\in H$ 可知, 也有 $x^*\in H$.

(2) 在度量 ρ 意义下, $\langle(x^{(i)})\rangle_{i\in\mathbb{N}}\to x^*$. 在 (1) 的证明中我们已经看到, 任给 $\varepsilon>0$, 存在 $N\in\mathbb{N}$, 当 $i>N$ 时均有 $\rho\left(x^{(i)},x^*\right)=\sqrt{\sum_{n=1}^{\infty}\left(x_n^{(i)}-x_n^*\right)^2}\leqslant\varepsilon$. 由此可见, 在度量 ρ 意义下, $\langle(x^{(i)})\rangle_{i\in\mathbb{N}}\to x^*$. □

定理 14.2.1　设度量空间 (X,ρ) 满足性质:

存在一个正数 ε, 使得对每个 $x\in X$, $\overline{B_\rho(x,\varepsilon)}$ 都是紧的,

则 ρ 是完备度量.

证明　设 $\langle x_n\rangle$ 是 X 中的任一 ρ-Cauchy 序列, 则存在一个 $n\in\mathbb{N}$ 使得 $m,k\geqslant n$ 时有 $\rho(x_m,x_k)<\frac{\varepsilon}{3}$. 因此集合 $\{x_m|m\geqslant n\}$ 的直径 $D(\{x_m|m\geqslant n\})\leqslant\frac{\varepsilon}{3}$. 于是有 $\overline{\{x_m|m\geqslant n\}}\subset\overline{B_\rho(x_n,\varepsilon)}$. 由假设 $\overline{B_\rho(x_n,\varepsilon)}$ 是紧的. 因为 (X,ρ) 是 Hausdorff 空间, 故 $\overline{\{x_m|m\geqslant n\}}$ 也是紧的. 因此 $\langle x_n\rangle$ 必有聚点 x^*, 再由定理 14.1.1(3) 知, $\langle x_n\rangle$ 收敛于 x^*. 从而可知, ρ 是完备度量. □

例 14.2.3　$\mathbb{R}^n$ 中的欧氏度量是完备的, 因为对 $\mathbb{R}^n$ 中的欧氏度量 ρ 来说, 对任一 $x\in\mathbb{R}^n$, $\overline{B_\rho(x,1)}$ 是有界闭集, 所以是紧的. 因此由定理 14.2.1 知, $\mathbb{R}^n$ 是 ρ-完备的. □

推论 14.2.1　紧度量空间都是完备的. □

定理 14.2.2　设 (X,ρ) 是一个度量空间, 则 ρ 是完备度量的充分必要条件是: 对于 X 中任意一个满足有限交性质的闭集族 $\{F_\lambda|\lambda\in\Lambda\}$, 若诸 F_λ 的直径的下确界 $\inf\{D(F_\lambda)|\lambda\in\Lambda\}=0$, 则存在 $x^*\in X$ 使得 $\bigcap_{\lambda\in\Lambda}F_\lambda=\{x^*\}$.

证明　充分性. 设 $\langle x_n\rangle$ 是 (X,ρ) 中任一 ρ-Cauchy 序列. 对每个 $n\in\mathbb{N}$, 令 $F_n=\overline{\{x_m|m\geqslant n\}}$, 则 $\{F_n|n\in\mathbb{N}\}$ 是一个具有有限交性质的闭集族, 且显然

$\inf\{D(F_n)|n\in\mathbb{N}\}=0$. 因此由假设, 存在 $x^*\in X$ 使得 $\bigcap\limits_{n\in\mathbb{N}}F_n=\{x^*\}$. 由于显然有 $D(F_{n+1})\leqslant D(F_n)$, 因此 $\lim\limits_{n\to\infty}D(F_n)=0$. 故对任一 $\varepsilon>0$, 存在 $k\in\mathbb{N}$, 当 $n\geqslant k$ 时, 都有 $F_n\subset B(x^*,\varepsilon)$. 可见 $\lim\limits_{n\to\infty}x_n=x^*$. 因此, ρ 是完备度量.

必要性. 设 ρ 是完备度量, $\{F_\lambda|\lambda\in\Lambda\}$ 是 X 中任一满足条件 $\inf\{D(F_\lambda)\,|\,\lambda\in\Lambda\}=0$ 的具有有限交性质的闭集族. 对每个 $n\geqslant 1$, 可以找到一个 $\lambda_n\in\Lambda$ 使得 $D(F_{\lambda_n})<\dfrac{1}{n}$. 令 $A_n=\bigcap\limits_{i=1}^{n}F_{\lambda_i}$, 则 A_n 为非空闭集, 且满足

$$A_1\supset A_2\supset\cdots\supset A_n\supset A_{n+1}\supset\cdots,\quad \text{并且对任一 } n\in\mathbb{N},\quad D(A_n)<\frac{1}{n}.$$

对每个 $n\geqslant 1$, 任取一点 $x_n\in A_n$, 则显然当 $m,k\geqslant n$ 时恒有 $\rho(x_m,x_k)<\dfrac{1}{n}$. 因此 $\langle x_n\rangle$ 是一个 ρ-Cauchy 序列. 由 ρ 的完备性知, 存在 $x^*\in X$ 使得 $\lim\limits_{n\to\infty}x_n=x^*$. 由于当 $m\geqslant n$ 时恒有 $x_m\in A_n$, 且 A_n 是闭集, 故容易看出, $\bigcap\limits_{n=1}^{\infty}A_n=\{x^*\}$.

下面只需再证明 $\bigcap\limits_{\lambda\in\Lambda}F_\lambda=\{x^*\}$. 为此, 实际上只需证明对任一 $\lambda\in\Lambda$, 都有 $x^*\in F_\lambda$. 事实上, 对任一取定的 $\lambda\in\Lambda$, 对每一自然数 $n\geqslant 1$, 令 $B_n=A_n\cap F_\lambda$, 则同样可以得到 $\bigcap\limits_{n=1}^{\infty}B_n=\{x^*\}$. 可见 $x^*\in F_\lambda$. □

定理 14.2.3 与 (拓扑) 完备的度量空间同胚的空间也是 (拓扑) 完备的度量空间.

证明 设 X 是 ρ-完备的度量空间, $f:X\to Y$ 是同胚映射, 定义

$$d:Y\times Y\to\mathbb{R}^1,\quad d(y_1,y_2)=\rho(f^{-1}(y_1),f^{-1}(y_2))\quad (y_1,y_2\in Y).$$

则容易验证, Y 是 d-完备的度量空间 (具体验证留作习题). □

定理 14.2.4 完备度量空间的闭子空间也是完备度量空间.

证明 设 X 是 ρ-完备的度量空间, A 为其一个闭子空间, 定义 $\rho_A:=\rho|_{A\times A}$. 则不难验证 (具体验证留作习题), A 是 ρ_A-完备的度量空间. □

定理 14.2.5 设对任一 $n\in\mathbb{N}$, (X_n,ρ_n) 都是度量空间, $D(X_n)$ 表示 X_n 在度量 ρ_n 下的直径. 对 $\prod\limits_{n=1}^{\infty}X_n$中的每对点 $x=(x_1,x_2,x_3,\cdots)$ 和 $y=(y_1,y_2,y_3,\cdots)$, 定义 $\rho(x,y)=\sup\{\rho_n(x_n,y_n)|n\in\mathbb{N}\}$. 则

(1) 若存在 $n_0\in\mathbb{N},M>0$ 使得当 $n\geqslant n_0$ 时一致地有 $D(X_n)\leqslant M$, 则 ρ 是 $\prod\limits_{n=1}^{\infty}X_n$ 上的一个度量;

(2) ρ 诱导 $\prod_{n=1}^{\infty} X_n$ 上的 Tychonoff 积拓扑当且仅当 $\lim_{n\to\infty} D(X_n)=0$.

证明 (1) 若存在 $n_0\in\mathbb{N}, M>0$ 使得当 $n\geqslant n_0$ 时一致地有 $D(X_n)\leqslant M$, 则对任意两点 $x,y\in\prod_{n=1}^{\infty} X_n$, $\rho(x,y)=\sup\{\rho_n(x_n,y_n)\,|\,n\in\mathbb{N}\}$ 是一个非负实数. 显然 ρ 满足非负性和对称性, 因此为证明 ρ 是度量, 只需再证明 ρ 还满足三角不等式. 对 $\prod_{n=1}^{\infty} X_n$ 中任意三个点 $x=(x_n)_{n\in\mathbb{N}}, y=(y_n)_{n\in\mathbb{N}}, z=(z_n)_{n\in\mathbb{N}}$, 有

$$\begin{aligned}\rho(x,z)&=\sup\{\rho_n(x_n,z_n)|n\in\mathbb{N}\}\leqslant\sup\{\rho_n(x_n,y_n)+\rho_n(y_n,z_n)|n\in\mathbb{N}\}\\&\leqslant\sup\{\rho_n(x_n,y_n)|n\in\mathbb{N}\}+\sup\{\rho_n(y_n,z_n)|n\in\mathbb{N}\}=\rho(x,y)+\rho(y,z).\end{aligned}$$

可见 ρ 确实满足三角不等式. 因此, ρ 是 $\prod_{n=1}^{\infty} X_n$ 上的一个度量.

(2) 设 $\lim_{n\to\infty} D(X_n)=0$. 则存在 $n_0\in\mathbb{N}, M>0$ 使得当 $n\geqslant n_0$ 时一致地有 $D(X_n)\leqslant M$, 因此由 (1) 可知, 此时 ρ 是 $\prod_{n=1}^{\infty} X_n$ 上的一个度量, 我们需证明其诱导拓扑 $\Im_\rho$ 恰好等于 $\prod_{n=1}^{\infty} X_n$ 上的 Tychonoff 积拓扑 τ. 我们分两步证明如下:

(a) $\Im_\rho\subset\tau$. 我们只需证明, 对任一 $x^*=(x_n^*)_{n\in\mathbb{N}}\in\prod_{n=1}^{\infty} X_n$ 及 $\varepsilon>0$, 都有 $B_\rho(x^*,\varepsilon)\in\tau$.

设 $x=(x_n)_{n\in\mathbb{N}}\in B_\rho(x^*,\varepsilon)$, 则 $\rho(x,x^*)<\varepsilon$. 记 $\delta=\varepsilon-\rho(x,x^*)$, 则 $0<\delta\leqslant\varepsilon$. 由 $\lim_{n\to\infty} D(X_n)=0$ 知, 存在 $n_0\in\mathbb{N}$ 使得当 $n\geqslant n_0$ 时恒有 $D(X_n)<\frac{1}{2}\delta$. 令 $U_x=\prod_{i=1}^{n_0} B_{\rho_i}\left(x_i,\frac{\delta}{2}\right)\times\prod_{n>n_0} X_n$, 则对任一 $y=(y_n)_{n\in\mathbb{N}}\in U_x$, 则 $\rho_i(x_i,y_i)<\frac{\delta}{2}(1\leqslant i\leqslant n_0)$, 且此不等式对 $i>n_0$ 也成立, 故对每个 $i\in\mathbb{N}$, 都有

$$\rho_i(y_i,x_i^*)\leqslant\rho_i(y_i,x_i)+\rho_i(x_i,x_i^*)<\frac{\delta}{2}+\rho(x,x^*)<\delta+\rho(x,x^*)=\varepsilon.$$

故 $\rho(y,x^*)<\varepsilon$, 这表明 $U_x\subset B_\rho(x^*,\varepsilon)$. 注意到 $U_x\in\tau$, 因此 $B_\rho(x^*,\varepsilon)=\bigcup\{U_x\,|\,x\in B_\rho(x^*,\varepsilon)\}\in\tau$.

(b) $\tau\subset\Im_\rho$. 为此, 只需证明: 对 τ 的任一标准子基元素 $U=\prod_{i=1}^{n} B_{\rho_i}(x_i,\varepsilon_i)\times\prod_{k>n} X_k$, 都有 $U\in\Im_\rho$ 即可. 设 $y=(y_i)_{i\in\mathbb{N}}\in U$, 则 $\rho_i(x_i,y_i)<\varepsilon_i(1\leqslant i\leqslant n)$. 记

$\delta_y = \min\{\varepsilon_i - \rho_i(x_i, y_i) \mid 1 \leqslant i \leqslant n\}$, 则 $\delta_y > 0$. 对任一 $z = (z_i)_{i\in\mathbb{N}} \in B_\rho(y, \delta_y)$ 及 $1 \leqslant i \leqslant n$, 有

$$\rho_i(z_i, x_i) \leqslant \rho_i(z_i, y_i) + \rho_i(y_i, x_i) \leqslant \rho(y, z) + \rho_i(y_i, x_i) < \delta_y + \rho_i(y_i, x_i) \leqslant \varepsilon_i,$$

因此 $z \in U$. 这表明 $B_\rho(y, \delta_y) \subset U$. 因此 $U = \cup\{B_\rho(y, \delta_y) : y \in U\} \in \Im_\rho$.

(a) 和 (b) 表明, $\Im_\rho = \tau$.

反过来, 假设 $\Im_\rho = \tau$, 我们需要证明 $\lim\limits_{n\to\infty} D(X_n) = 0$. 采用反证法. 若 $\lim\limits_{n\to\infty} D(X_n) = 0$ 不成立, 则存在一个正数 ε 及无限个自然数 n_i, 使得对每个 $i \in \mathbb{N}$, 都存在 $x^*_{n_i}, y^*_{n_i} \in X_{n_i}$ 使得 $\rho_{n_i}(x^*_{n_i}, y^*_{n_i}) \geqslant \varepsilon$. 任意取定一个点 $x^* \in \prod\limits_{n=1}^{\infty} X_n$ 使得其第 n_i 个坐标恰好是 $x^*_{n_i}$, 则不可能有 Tychonoff 积中的开集 U 使得 $x^* \in U \subset B_\rho(x^*, \varepsilon)$. 因为若有这样的 U 存在, 则 U 只能限制有限个坐标, 而其他坐标却是自由的, 因此在 U 中必有这样的点 $z = (z_n)_{n\in\mathbb{N}}$, 使得当 $n \neq n_i$ 时 $z_n = x^*_n$, 同时对每个 $i \in \mathbb{N}$, 又有 $z_{n_i} = y^*_{n_i}$. 于是由 ρ 的定义可知, $\rho(z, x^*) \geqslant \varepsilon$. 矛盾! 可见 $B_\rho(x^*, \varepsilon) \in \Im_\rho - \tau$. 而这又与 $\Im_\rho = \tau$ 矛盾! 故必有 $\lim\limits_{n\to\infty} D(X_n) = 0$. □

定理 14.2.6 可数个度量空间的积空间 $\prod\limits_{n=1}^{\infty} X_n$ 是完备的当且仅当每个因子空间 X_n 都是完备的.

证明 若积空间 $\prod\limits_{n=1}^{\infty} X_n$ 是完备的, 则由于每个因子空间 X_n 都同胚于 $\prod\limits_{n-1}^{\infty} X_n$ 的一个闭子空间, 故由定理 14.2.3 和定理 14.2.4 知, X_n 也是完备的.

反之, 设每个因子空间 X_n 都是 ρ_n-完备的. 首先, 对每个 $n \in \mathbb{N}$, 定义

$$d_n : X_n \times X_n \to \mathbb{R}^1, \quad d_n(x, y) = \min\left\{\frac{1}{n}, \rho_n(x, y)\right\} \quad (x, y \in X_n).$$

则不难验证, d_n 是 X_n 上的与 ρ_n 等价的完备度量. 定义 $d : \prod\limits_{n=1}^{\infty} X_n \times \prod\limits_{n=1}^{\infty} X_n \to \mathbb{R}^1$ 使得

$$\text{对任意 } x = (x_n)_{n\in\mathbb{N}}, y = (y_n)_{n\in\mathbb{N}} \in \prod_{n=1}^{\infty} X_n, \quad d(x, y) = \sup\{d_n(x_n, y_n) | n \in \mathbb{N}\},$$

则由定理 14.2.5 知, d 是 $\prod\limits_{n=1}^{\infty} X_n$ 上的一个度量. 下面我们证明, d 还是完备度量.

设 $\langle x^{(n)}\rangle$(每个 $x^{(n)} = (x^{(n)}_i)_{i\in\mathbb{N}}$) 是 $\prod\limits_{n=1}^{\infty} X_n$ 中任一 d-Cauchy 序列, 则由 $d_i(x^{(n)}_i,$

$y_i^{(n)}) \leqslant d(x^{(n)}, y^{(n)})$ 可知, 对每个 $i \in \mathbb{N}, \langle x_i^{(n)} \rangle$ 是 X_i 中的一个 d_i-Cauchy 序列, 因此由完备性假设, 存在 $x_i^* \in X_i$ 使得 $\langle x_i^{(n)} \rangle$ 收敛于 x_i^*. 记 $x^* = (x_i^*)_{i\in\mathbb{N}} \in \prod_{i=1}^{\infty} X_i$, 则不难验证, $\langle x^{(n)} \rangle$ 收敛于 x^*. 因此 d 是完备度量. □

定理 14.2.7 (R. Baire)　每个完备度量空间都是 Baire 空间.

证明　设 $G_1, G_2, G_3, \cdots$ 是完备度量空间 X 的一列稠密开集, ρ 是 X 上的完备度量. 为证明 $\bigcap_{n=1}^{\infty} G_n$ 是稠密的, 只需证明, 对 X 中任一非空开集 U, 都有 $U \cap \bigcap_{n=1}^{\infty} G_n \neq \varnothing$.

首先, 由于 G_1 是稠密开集, 故 $U \cap G_1$ 为非空开集, 故存在一点 $x_1 \in U \cap G_1$, 从而存在一个开 ρ-球 B_1 使得 $x_1 \in \overline{B_1} \subset U \cap G_1$, 并且 $D(\overline{B_1}) \leqslant 1$. 又由于 G_2 是稠密开集, 故 $B_1 \cap G_2$ 是非空开集, 因此存在一个 $x_2 \in B_1 \cap G_2$ 及一个开 ρ-球 B_2 使得 $x_2 \in \overline{B_2} \subset B_1 \cap G_2$, 并且 $D(\overline{B_2}) \leqslant \frac{1}{2}$. 如此继续, 由归纳法, 我们可以得到一列开 ρ-球 $\{B_n | n \in \mathbb{N}\}$ 使得: 对每个 $n \in \mathbb{N}$, 都有 $x_{n+1} \in B_{n+1} \subset \overline{B_{n+1}} \subset B_n \cap G_{n+1}, D(\overline{B_n}) \leqslant \frac{1}{n}$. 不难看出, $\langle x_n \rangle$ 是一个 ρ-Cauchy 序列. 由 ρ 的完备性, $\langle x_n \rangle$ 收敛于某一点 x^*. 由于当 $k \geqslant n$ 时, $x_k \in \overline{B_n}$, 且 $\overline{B_n}$ 是闭集, 故 $x^* \in B_n$(对每个 $n \in \mathbb{N}$). 由此可知, $x^* \in U \cap \bigcap_{n=1}^{\infty} G_n$. □

例 14.2.4　带通常拓扑的单位区间 I 中的所有有理数构成的子空间 $\mathbb{Q}_I$ 不是完备的, 但是 I 中的所有无理数构成的子空间 P_I 却是完备的.

证明　事实上, 对每个 $r \in \mathbb{Q}_I, \{r\}$ 都是 $\mathbb{Q}_I$ 的闭集, 并且 $\{\{r\} | r \in \mathbb{Q}_I\}$ 构成 $\mathbb{Q}_I$ 的可数闭覆盖. 因此由定理 11.3.2 知, 若 $\mathbb{Q}_I$ 是 Baire 空间, 则至少有一个 $r \in \mathbb{Q}_I$ 使得 $(\{r\})^\circ \neq \varnothing$, 而这是不可能的. 因此 $\mathbb{Q}_I$ 不是 Baire 空间. 从而由定理 14.2.7 知, $\mathbb{Q}_I$ 不是完备空间.

不过, I 中的所有无理数构成的子空间 P_I 却是完备的, 证明如下:

我们把每个无理数 $a \in P_I$ 表示成无限不循环小数 $a = 0.a_1a_2a_3\cdots$, 定义 $\rho: P_I \times P_I \to \mathbb{R}^1$ 使得对不同的两个无理数 $a, b \in P_I$, 有

$$\rho(a,b) = \begin{cases} \dfrac{1}{n(a,b)}, & a = 0.a_1a_2a_3\cdots, b = 0.b_1b_2b_3\cdots, a \neq b, \\ 0, & a = b, \end{cases}$$

其中 $n(a,b)$ 是使得 $a_n \neq b_n$ 成立的第一个自然数. 下面我们只需验证, ρ 是 P_I 上的一个等价于欧氏度量的度量, 并且是完备的即可.

ρ 满足非负性和对称性是显然的, 为验证 ρ 是度量, 只需再验证三角不等式. 我们考虑 P_I 中任意三个不同的无理数 $a = 0.a_1a_2a_3\cdots, b = 0.b_1b_2b_3\cdots, c = 0.c_1c_2c_3\cdots$, 不难看出, $n(a,b), n(b,c), n(a,c)$ 这三个自然数至少有两个是相等的, 且不一定与另外两个相等的那一个必定更大. 不妨设 $n(a,b) = n(b,c) < n(a,c)$, 则显然三个不等式

$$\frac{1}{n(a,b)} \leqslant \frac{1}{n(a,c)} + \frac{1}{n(c,b)}, \quad \frac{1}{n(a,c)} \leqslant \frac{1}{n(a,b)} + \frac{1}{n(b,c)}, \quad \frac{1}{n(b,c)} \leqslant \frac{1}{n(b,a)} + \frac{1}{n(a,c)}$$

都是成立的, 即

$$\rho(a,b) \leqslant \rho(a,c) + \rho(c,b), \quad \rho(a,c) \leqslant \rho(a,b) + \rho(b,c), \quad \rho(b,c) \leqslant \rho(b,a) + \rho(a,c)$$

都是成立的. 这表明三角不等式成立. 因此, ρ 是 P_I 上的一个度量.

ρ 等价于欧氏度量是显然的, 因为 $\rho(a,b) < \dfrac{1}{n} \Leftrightarrow |a-b| < \dfrac{1}{10^n}$.

剩下只需证明 ρ 是完备的. 事实上, 若 $\langle a^{(n)} \rangle$ 是 P_I 中的一个 ρ-Cauchy 序列, 则必有 $a \in P_I$ 使得当 n 越来越大时, a 与 $a^{(n)}$ 的小数表示式中的最初不同项的项数越来越大且无限增大, 因此 $\lim\limits_{n\to\infty} a^{(n)} = a$. 可见 ρ 是完备的. □

14.3 度量空间的完全有界性

定义 14.3.1 设 ρ 是 X 上一个度量. 如果对每个正数 ε, 都存在有限子集 $A \subset X$ 使得

$$X = \bigcup \{B_\rho(x,\varepsilon) | x \in A\},$$

则称 X 是 ρ-完全有界的. 此时, A 也称为 (X,ρ) 的 ε-网.

值得注意的是, 有界的度量空间未必会是完全有界的.

例 14.3.1 当实数集 $\mathbb{R}$ 带上离散度量 $\rho(x,y) = \begin{cases} 1, & x \neq y, \\ 0, & x = y \end{cases}$ 时, 度量 ρ 是有界的, 但度量空间 $(\mathbb{R},\rho)$ 却不是完全有界的. 因为对 $\varepsilon = \dfrac{1}{2}$, $\mathbb{R}$ 就没有有限的 ε-网存在.

完全有界性也是一个度量本身的性质, 与完全有界度量等价的度量未必一定是完全有界的. □

例 14.3.2 在实直线上, 欧氏度量当然不是完全有界的, 然而与之等价的如下度量

$$d: \mathbb{R}^1 \times \mathbb{R}^1 \to \mathbb{R}^1, \quad d(x,y) = \left| \frac{x}{1+|x|} - \frac{y}{1+|y|} \right| \quad (x, y \in \mathbb{R}^1)$$

却是完全有界的. 因为对任意 $\varepsilon > 0$, 存在自然数 $n \in \mathbb{N}$ 使得 $\dfrac{1}{n} < \varepsilon$. 于是当实数 $x > n$, 有

$$d(x,n) = \left|\frac{x}{1+|x|} - \frac{n}{1+|n|}\right| = \frac{x-n}{(1+|x|)(1+n)} < \frac{1}{1+n} < \varepsilon.$$

当 $x < -n$ 时, 有

$$d(x,-n) = \left|\frac{x}{1+|x|} - \frac{-n}{1+|-n|}\right| = \frac{|x+n|}{(1+|x|)(1+n)} < \frac{1}{1+n} < \varepsilon.$$

由此及 $d(x,y) \leqslant |x-y|$ 不难看出, 若用 $x_0, x_1, x_2, \cdots, x_{2n^2}$ 表示把区间 $[-n,n]$ 做 $2n^2$ 等分的分点 (包括两个端点), 则有限集 $\{x_0, x_1, x_2, \cdots, x_{2n^2}\}$ 就是 ε-网. 因此实直线是 d-完全有界的. □

定理 14.3.1 一个度量空间 (X,ρ) 是紧的当且仅当有一个与 ρ 等价的度量 ρ' 既是完备的, 又是完全有界的.

证明 设度量空间 (X,ρ) 是紧的, 首先则由推论 14.2.1 知, ρ 是完备的. 其次, 由于 (X,ρ) 是紧的, 故对任一正数 ε, 开覆盖 $\{B_\rho(x,\varepsilon)\,|\,x \in X\}$ 有有限子覆盖 $\{B_\rho(x_i,\varepsilon)|i = 1,2,\cdots,n\}$, 可见 $\{x_1,x_2,\cdots,x_n\}$ 即为有限的 ε-网. 故 ρ 是完全有界的.

反过来, 不妨设 ρ 是完全有界的, 也是完备的, 我们要证明 (X,ρ) 是紧的. 由于 (X,ρ) 是度量空间, 故只需证明它是列紧的即可. 为此, 只需证明每个无限子集都有聚点.

设 A 是 X 的一个给定的无限子集. 由于 (X,ρ) 是完全有界的, 故对每个正整数 n, 都存在有限集 $\{x_i^n|1 \leqslant i \leqslant k_n\}$ 构成 (X,ρ) 的 $\dfrac{1}{2n}$-网, 记 $B_i^n = B_\rho\left(x_i^n, \dfrac{1}{2n}\right)$, 则

$$\bigcup_{i=1}^{k_n} B_i^n = X, \quad 且对任一\ 1 \leqslant i \leqslant k_n, \quad 都有\ D(B_i^n) \leqslant \frac{1}{n}. \tag{$*$}$$

由于 A 是无限的, 故存在一个 $i \leqslant k_1$ 使得 $A_1 = A \cap B_i^1$ 是无限集, 且 $D(A_1) \leqslant D(B_i^1) \leqslant 1$. 同样由于 A_1 是无限的, 存在一个 $i \leqslant k_2$ 使得 $A_2 = A_1 \cap B_i^2$ 是无限的, 且 $D(A_2) \leqslant \dfrac{1}{2}$. 如此继续, 通过归纳法, 我们可以找到一列无限子集 $A_1, A_2, \cdots, A_n, \cdots$ 使其满足

$$A_1 \supset A_2 \supset \cdots \supset A_n \supset \cdots, \quad 且对任一\ n \in \mathbb{N}, \quad 都有\ D(A_n) \leqslant \frac{1}{n}. \tag{$**$}$$

显然, $\inf\left\{D(\overline{A_n})|n \in \mathbb{N}\right\} = 0$, 因此由完备性及定理 14.2.2 可知, 存在一个 $x^* \in X$ 使得 $\bigcap\limits_{n=1}^{\infty} \overline{A_n} = \{x^*\}$. 对于任一正数 ε, 存在一个 $n \in \mathbb{N}$ 使得 $\dfrac{1}{n} < \varepsilon$, 因此 $A_n \subset$

$B_\rho(x^*, \varepsilon)$. 这表明点 x^* 的任一邻域中都含有 A 中无限多个点, 因此 x^* 是 A 的聚点. □

推论 14.3.1 设度量空间 (X, ρ) 是 ρ-完备的, 则子集 $A \subset X$ 的闭包 $\overline{A}$ 是紧的当且仅当 (A, ρ_A) 是完全有界的.

证明 首先由定理 14.2.4 知, $\overline{A}$ 是 $\rho_{\overline{A}}$-完备的, 因此由定理 14.3.1, 为完成证明, 只需证明 $(\overline{A}, \rho_{\overline{A}})$ 完全有界当且仅当 (A, ρ_A) 完全有界. 由于 $A \subset \overline{A}$ 及 $(\rho_{\overline{A}})_A = \rho_A$, 因此当 $(\overline{A}, \rho_{\overline{A}})$ 完全有界时, (A, ρ_A) 必完全有界. 反之, 设 (A, ρ_A) 完全有界, 我们来证明 $(\overline{A}, \rho_{\overline{A}})$ 完全有界. 对任一 $\varepsilon > 0$, 由于 (A, ρ_A) 完全有界, 存在 A 的开覆盖 $\left\{B_\rho\left(a_i, \dfrac{1}{2}\varepsilon\right) \middle| a_i \in A, i = 1, 2, \cdots, n\right\}$. 于是, 在 X 中有

$$\overline{A} \subset \overline{\bigcup_{i=1}^{n} B_\rho\left(a_i, \frac{1}{2}\varepsilon\right)} = \bigcup_{i=1}^{n} \overline{B_\rho\left(a_i, \frac{1}{2}\varepsilon\right)} \subset \bigcup_{i=1}^{n} B_{\bar{\rho}}(a_i, \varepsilon).$$

可见 $\{a_1, a_2, \cdots, a_n\}$ 是 $\overline{A}$ 的一个 ε-网. 因此, $(\overline{A}, \rho_{\overline{A}})$ 完全有界. □

定义 14.3.2 设 (X, ρ) 是一个度量空间, $f: X \to X$ 是一个映射. 如果存在一个小于 1 的非负数 α, 使得对任意两个 $x, y \in X$, 都有 $\rho(f(x), f(y)) \leqslant \alpha\rho(x, y)$, 则称 f 是一个 ρ-收缩的映射.

定理 14.3.2 (S. Banach) 设 X 是一个 ρ-完备的度量空间, $f: X \to X$ 是一个 ρ-收缩的映射, 则 f 是连续的, 并且有唯一的不动点.

证明 由于 $f: X \to X$ 是个 ρ-收缩的映射, 故对任意两个 $x, y \in X$, 以及任一 $\varepsilon > 0$, 若 $\rho(x, y) < \varepsilon$, 则 $\rho(f(x), f(y)) \leqslant \alpha\rho(x, y) < \varepsilon$. 因此 f 是连续的. 下面我们证明它有唯一的不动点. 任取一点 $x_0 \in X$, 记

$$x_1 = f(x_0), x_2 = f(x_1) = f^2(x_0), \cdots, x_n = f(x_{n-1}) = f^n(x_0), \cdots,$$

则得到一个点列 $\langle x_n \rangle$. 我们先证明, $\langle x_n \rangle$ 是一个 ρ-Cauchy 序列. 对每个 $n \geqslant 1$, 有

$$\rho(x_n, x_{n+1}) \leqslant \alpha\rho(x_{n-1}, x_n) \leqslant \cdots \leqslant \alpha^n \rho(x_0, x_1).$$

对任一 $\varepsilon > 0$, 由于 $0 \leqslant \alpha < 1$, 故 $\lim\limits_{n\to\infty} \dfrac{\alpha^n}{1-\alpha} = 0$, 因此存在 $k \in \mathbb{N}$ 使得当 $n \geqslant k$ 时, $\dfrac{\alpha^n}{1-\alpha}\rho(x_0, x_1) < \varepsilon$. 于是, 当 $m > n \geqslant k$ 时, 利用三角不等式可得

$$\begin{aligned}
\rho(x_m, x_n) &\leqslant \rho(x_{n+1}, x_n) + \rho(x_{n+2}, x_{n+1}) + \cdots + \rho(x_m, x_{m-1}) \\
&\leqslant (\alpha^n + \alpha^{n+1} + \cdots + \alpha^m)\rho(x_0, x_1) \\
&= \frac{\alpha^n(1 - \alpha^{m-n+1})}{1-\alpha}\rho(x_0, x_1)
\end{aligned}$$

$$\leqslant \frac{\alpha^n}{1-\alpha}\rho(x_0,x_1) < \varepsilon.$$

因此 $\langle x_n \rangle$ 是一个 ρ-Cauchy 序列. 于是由 X 是 ρ-完备的及 f 的连续性可知, 存在 $x^* \in X$ 使得

$$x^* = \lim_{n\to\infty} x_n = \lim_{n\to\infty} f(x_{n-1}) = f(\lim_{n\to\infty} x_{n-1}) = f(x^*).$$

即 x^* 是 f 的一个不动点.

最后证明不动点的唯一性. 若 x^{**} 也是 f 的不动点, 则由

$$\rho(x^*, x^{**}) = \rho(f(x^*), f(x^{**})) \leqslant \alpha\rho(x^*, x^{**})$$

及 $0 \leqslant \alpha < 1$ 可知, $\rho(x^*, x^{**}) = 0$, 因此 $x^{**} = x^*$. 这表明 f 的不动点是唯一的. □

14.4　完备度量空间的子空间

完备空间的子空间未必是完备的, 比如 $\mathbb{R}^1$ 对欧氏度量而言是完备的, 但是其子空间 $(0,1)$ 对欧氏度量却不是完备的. 当然, 完备度量空间的闭子空间是完备的, 这是我们已经知道的结论. 不过, 并不是只有闭子空间才是完备的. 比如, 在例 14.2.4 中, 我们已经看到, 单位区间 I 的所有无理数构成的子空间 P_I 是完备的, 但它并非 I 的闭子空间. 那么, 完备度量空间的什么样的子空间才是完备的呢?

下面我们用滤子这一工具介绍一个子集为完备子集的充分必要条件.

引理 14.4.1　映射 $f: X \to Y$ 连续当且仅当对每个 $x \in X$ 及收敛于 x 的任一滤子 $\mathscr{F} = \{F_\lambda | \lambda \in \Lambda\}$ 都有 $f(\mathscr{F}) \to f(x)$(其中 $f(\mathscr{F}) = \{f(F_\lambda) | \lambda \in \Lambda\}$).

证明　必要性. 设映射 $f: X \to Y$ 是连续的. 给定 $x \in X$ 及一个收敛于 x 的滤子 $\mathscr{F} = \{F_\lambda | \lambda \in \Lambda\}$, 不难验证, $f(\mathscr{F})$ 是 Y 中的一个滤子. 对于任一 $V \in \mathscr{N}(f(x))$, 由 f 的连续性, 存在 $U \in \mathscr{N}(x)$ 使得 $f(U) \subset V$. 由于 $\mathscr{F}$ 收敛于 x, 故存在一个 $\lambda \in \Lambda$ 使得 $F_\lambda \subset U$. 从而 $f(F_\lambda) \subset f(U) \subset V$. 可见 $f(\mathscr{F})$ 收敛于 $f(x)$.

充分性. 假设条件成立, 对每个非空子集 A 及 $a \in \overline{A}$, 令 $\mathscr{F} = \{A \cap U | U \in \mathscr{N}(a)\}$, 则不难验证, $\mathscr{F}$ 是收敛于 a 的一个滤子. 因此由假设, $f(\mathscr{F})$ 收敛于 $f(a)$. 由于 $f(\mathscr{F})$ 是 $f(A)$ 上的滤子, 因此 $f(a) \in \overline{f(A)}$. 这表明, $f(\overline{A}) \subset \overline{f(A)}$. 因此, 映射 $f: X \to Y$ 是连续的. □

引理 14.4.2　设 D 是 X 的一个稠密子集, Y 是正则 Hausdorff 空间, $f: D \to Y$ 是连续映射, 则 f 有连续扩张 $F: X \to Y$ 当且仅当对每个 $x \in X$, 滤子基 $\mathscr{F} = \{f(D \cap U) | U \in \mathscr{N}(x)\}$ 都是收敛的. 并且在扩张 F 存在时是唯一的.

证明　充分性. 由于 D 是稠密的, 因此对每个给定的 $x_0 \in X$ 及 $U \in \mathscr{N}(x_0)$, $U \cap D \neq \varnothing$. 因此集族 $\{D \cap U | U \in \mathscr{N}(x_0)\}$ 是一个收敛于 x_0 的滤子基. 由于 f :

$D \to Y$ 连续, 故

$$\mathscr{F} = \{f(D \cap U) | U \in \mathscr{N}(x_0)\}$$

是 Y 中的一个收敛的滤子基, 设其收敛于 $F(x_0)$, 则由 Y 是正则 Hausdorff 空间可知, $F(x_0)$ 是唯一确定的. 这样实际上就已经定义好了一个映射 $F : X \to Y$. 下面我们证明, F 是连续的.

任给 $x \in X, V \in \mathscr{N}(F(x))$, 由于 Y 是正则的, 故存在 $V_1 \in \mathscr{N}(F(x))$ 使得 $\overline{V_1} \subset V$. 于是由 $\{f(D \cap U)|U \in \mathscr{N}(x)\} \to F(x)$ 可知, 存在 $U \in \mathscr{N}(x)$ 使得 $f(U \cap D) \subset V_1$. 剩下只需证明 $F(U) \subset V$ 就可以了. 对于任一 $x' \in U$, 令

$$\mathscr{F}(x') = \{V_1 \cap f(D \cap W)|W \in \mathscr{N}(x')\},$$

则对任一 $W \in \mathscr{N}(x')$, 有 $D \cap U \cap W \neq \varnothing$, 且

$$f(D \cap U \cap W) \subset f(D \cap U) \cap f(D \cap W) \subset V_1 \cap f(D \cap W).$$

因此 $\mathscr{F}(x')$ 是一个滤子基. 记 $\mathscr{F}' = \{f(D \cap W)|W \in \mathscr{N}(x')\}$, 由于 $\mathscr{F}(x') \mapsto \mathscr{F}'$ 且 $\mathscr{F}' \to F(x')$, 故 $\mathscr{F}(x') \to F(x')$. 而 $\mathscr{F}(x')$ 是 V_1 中的一个滤子基, 故 $F(x') \in \overline{V_1} \subset V$. 可见 $F(U) \subset V$ 成立.

最后, 我们证明扩张的唯一性. 事实上, 若 $G : X \to Y$ 也是 f 的连续扩张, 令

$$A = \{x \in X \,|F(x) = G(x)\},$$

则显然 $D \subset A$. 由于 D 是稠密的, 只需证明 A 是闭集, 就可得到 $F \equiv G$. 设 $x \in X - A$, 则 $F(x) \neq G(x)$, 于是由 Y 是 Hausdorff 空间可知, 存在两个不相交的开集 $V_1 \in \mathscr{N}(F(x)), V_2 \in \mathscr{N}(G(x))$. 由 F 与 G 的连续性, 存在 $U_1, U_2 \subset \mathscr{N}(x)$ 使得 $F(U_1) \subset V_1, G(U_2) \subset V_2$. 令 $U = U_1 \cap U_2$, 则 $U \in \mathscr{N}(x)$, 并且显然有 $F(U) \cap G(U) = \varnothing$. 因此 $U \subset X - A$. 可见 $X - A$ 是开集, 从而 A 是闭集.

必要性. 设 f 有连续扩张 $F : X \to Y$, 由于 D 是稠密的, 故对每个 $x \in X$ 及任一 $U \in \mathscr{N}(x)$, 都有 $D \cap U \neq \varnothing$, 从而 $f(D \cap U) \neq \varnothing$. 由此容易看出, $\mathscr{F} = \{f(D \cap U) \,| \,U \in \mathscr{N}(x)\}$ 是一个滤子基. 对于任一 $V \in \mathscr{N}(F(x))$, 由 F 的连续性, 存在 $U \in \mathscr{N}(x)$ 使得 $F(U) \subset V$. 注意到 F 是 f 的连续扩张, 故

$$f(D \cap U) = F(D \cap U) \subset F(U) \subset V.$$

因此 $\mathscr{F}$ 收敛于 $F(x)$. □

引理 14.4.3 设 X 是一个度量空间, A 是其一个非空子集, Y 是一个完备度量空间, $f : A \to Y$ 是一个连续映射, 则 f 有到某个 G_δ-集 $G \supset A$ 上的连续扩张 $F : G \to Y$.

证明　由于 A 在 $\overline{A}$ 中是稠密的, 因此由引理 14.4.2 知, f 可以连续地扩张到集合

$$G=\left\{x\in\overline{A}\,\middle|\, \text{滤子基 } \left\{f(A\cap U)\,\middle|\, U\in\mathscr{N}(x)\right\} \text{ 收敛 }\right\}$$

上. 以下只需证明 G 是个 G_δ-集即可.

对每个自然数 $n\geqslant 1$, 令

$$G_n=\left\{x\in\overline{A}\,\middle|\,\text{存在 } U\in\mathscr{N}(x) \text{ 使得直径 } D[f(A\cap U)]<\frac{1}{n}\right\}.$$

则不难看出, $G=\bigcap\limits_{n=1}^{\infty}G_n$. 若 $x\in G_n$, 则存在 $U\in\mathscr{N}(x)$ 使得 $D[f(A\cap U)]<\dfrac{1}{n}$, 因此 $\overline{A}\cap U\subset G_n$. 可见 G_n 是 $\overline{A}$ 中的开集. 于是存在 X 中的开集 U_n 使得 $G_n=\overline{A}\cap U_n$. 从而

$$\begin{aligned}G&=\bigcap_{n=1}^{\infty}(\overline{A}\cap U_n)=\overline{A}\cap\bigcap_{n=1}^{\infty}U_n=\bigcap_{n=1}^{\infty}\left\{x\in X\,\middle|\,d(x,A)<\frac{1}{n}\right\}\cap\bigcap_{n=1}^{\infty}U_n\\&=\bigcap_{n=1}^{\infty}\left(\left\{x\in X\,\middle|\,d(x,A)<\frac{1}{n}\right\}\cap U_n\right)\end{aligned}$$

可见, G 是 G_δ-集. □

定理 14.4.1 (S. Mazurkiewicz)　设 X 是一个拓扑完备的度量空间, 则 $A\subset X$ 是其一个拓扑完备的子集当且仅当 A 是一个 G_δ-集.

证明　必要性. 设 ρ_A 是 A 上的一个完备度量, 而 d 是 X 上的一个完备度量. 由于 ρ_A 与 d 在 A 上的诱导度量 d_A 等价, 因此恒等映射 $i:(A,d)\to(A,\rho_A)$ 是个连续映射. 因此由引理 14.4.3 知, 存在一个 G_δ-集 $G\supset A$ 使得 i 可以连续扩张到 G 上, 即有连续扩张 $i^*:G\to(A,\rho_A)$. 为完成必要性的证明, 只需证明 $G\subset A$. 注意, 这里的

$$G=\left\{x\in\overline{A}\,\middle|\,\text{滤子基 } \left\{A\cap U\,\middle|\,U\in\mathscr{N}(x)\right\}\rho_A\text{-收敛 }\right\}.$$

设 $x\in G$, 由于滤子基 $\{A\cap U\,|U\in\mathscr{N}(x)\}$ 总是 ρ_A-收敛于 x, 且 A 是 ρ_A-完备的, 故 $x\in A$. 可见 $G\subset A$.

充分性. 设 $A=\bigcap\limits_{n=1}^{\infty}U_n$, 其中每个 U_n 都是开集. 不妨设 $U_1\supset U_2\supset\cdots\supset U_n\supset\cdots$. 首先, 我们证明下面的结论.

(1) A 可以作为一个闭子集嵌入积空间 $\prod\limits_{n=1}^{\infty}U_n$ 中.

对每个 $n\geqslant 1$, 记 $X_n=X$, 且让 $i_n:X\to X_n$ 表示恒等映射. 定义

$$i : X \to \prod_{n=1}^{\infty} X_n, \quad i(x) = (i_n(x))_{n\in\mathbb{N}} \quad (x \in X).$$

则不难验证, i 是个嵌入映射, 即有 $i : X \cong i(X)$. 由于 $\prod\limits_{n=1}^{\infty} X_n$ 是可度量空间, 故对角线 $i(X)$ 是其闭集. 不难看出, $\lambda = i|_A : A \to \prod\limits_{n=1}^{\infty} U_n \subset \prod\limits_{n=1}^{\infty} X_n$ 也是嵌入映射, 且 $\lambda(A) = i(X) \cap \prod\limits_{n=1}^{\infty} U_n$ 是 $\prod\limits_{n=1}^{\infty} U_n$ 的闭集. 这表明 A 可以作为一个闭子集嵌入积空间 $\prod\limits_{n=1}^{\infty} U_n$ 中.

其次, 我们证明下面的结论.

(2) 拓扑完备的度量空间的开子空间也是拓扑完备的.

设 ρ 是空间 X 的完备度量, U 是其一个非空开集, 不妨设 $U \neq X$. 定义

$$f : U \to \mathbb{R}^1, \quad f(x) = \frac{1}{\rho(x, X - U)} \quad (x \in U).$$

则显然 f 是连续映射, 因此 f 的图 $G = \{(x, f(x)) | x \in U\} \subset U \times \mathbb{R}^1$ 同胚于 U. 记 $i : U \times \mathbb{R}^1 \to X \times \mathbb{R}^1$ 表示含入映射, 则 $G \cong i(G)$. 再定义

$$g : X \times \mathbb{R}^1 \to \mathbb{R}^1, \quad g(x, t) = t \cdot \rho(x, X - U) \quad (x \in X, t \in \mathbb{R}^1).$$

则 g 也是连续映射, 且 $i(G) = g^{-1}(1)$, 因此 $i(G)$ 是 $X \times \mathbb{R}^1$ 中的闭集. 从而 U 同胚于 $X \times \mathbb{R}^1$ 中的闭集 $i(G)$, 而 $X \times \mathbb{R}^1$ 是拓扑完备的, 因此 U 也是拓扑完备的.

最后, 由 (2) 知, 每个 U_n 都是拓扑完备的. 由定理 14.2.6 知, $\prod\limits_{n=1}^{\infty} U_n$ 是拓扑完备的. 再由 (1) 及定理 14.2.4 知, A 是拓扑完备的. □

14.5 度量空间的完备化

一个度量空间未必是完备的, 但是它总是可以看作一个完备度量空间的稠密子空间. 换句话说, 任何一个非完备的度量空间都有完备化.

定义 14.5.1 设 $(X, \rho), (Y, d)$ 是两个度量空间, $f : X \to Y$ 为映射. 若 f 满足条件:

$$\text{对任意 } x, x' \in X, \text{ 都有 } d(f(x), f(x')) = \rho(x, x'),$$

则称 f 为保距映射. 若存在一个从 (X, ρ) 到 (Y, d) 上的保距的满映射, 则称 X 与 Y 是等距的.

下面这个定理是显然的, 证明留作练习.

定理 14.5.1　(1) 保距的满映射都是同胚映射.

(2) 等距关系是度量空间之间的等价关系. □

定义 14.5.2　设 (X,ρ) 是度量空间, (X^*,ρ^*) 是完备度量空间, 若存在保距映射 $f: X \to X^*$ 使得 $f(X)$ 为 X^* 的稠密子集, 则称 (X^*,ρ^*) 为 (X,ρ) 的一个完备化.

引理 14.5.1　设 (X,ρ) 是度量空间, $A \subset X$. 若 A 中的 ρ-Cauchy 序列均在 X 中收敛, 则 $\overline{A}$ 中的 ρ-Cauchy 序列也均在 X 中收敛.

证明　设 $\langle x_n\rangle$ 为 $\overline{A}$ 中的任一 ρ-Cauchy 序列. 首先, 对每个 $n \geqslant 1$, 存在 $x'_n \in A$ 使得 $\rho(x_n,x'_n) < \dfrac{1}{n}$. 这样得到 A 中的一个序列 $\langle x'_n\rangle$. 对任意 $\varepsilon > 0$, 存在 $k \in \mathbb{N}$ 使得 $\dfrac{1}{k} < \dfrac{\varepsilon}{4}$, 且当 $m,n > k$ 时 $\rho(x_m,x_n) < \dfrac{\varepsilon}{2}$. 于是由三角不等式可知, 当 $m,n > k$ 时, 有

$$\begin{aligned}\rho(x'_m,x'_n) \leqslant& \rho(x'_m,x_m)+\rho(x_m,x_n)+\rho(x_n,x'_n)\\ <&\frac{1}{m}+\rho(x_m,x_n)+\frac{1}{n}<\frac{\varepsilon}{4}+\frac{\varepsilon}{2}+\frac{\varepsilon}{4}=\varepsilon.\end{aligned}$$

可见 $\langle x'_n\rangle$ 也是 ρ-Cauchy 序列. 由假设, $\langle x'_n\rangle$ 收敛于某个 $x \in X$, 则由

$$\rho(x,x_n) \leqslant \rho(x,x'_n)+\rho(x'_n,x_n) < \rho(x,x'_n)+\frac{1}{n}$$

可知, $\langle x_n\rangle$ 也收敛于 x. □

Cauchy 实数理论构造法可以很好地用于建立如下重要的完备化定理.

定理 14.5.2　每个度量空间都有完备化, 并且在等距的意义下, 完备化是唯一的.

证明　(1) 先证明完备化的存在性. 设 (X,ρ) 是一个度量空间, 记 X^+ 为 X 中所有 ρ-Cauchy 序列全体构成的集合. 首先在 X^+ 上建立一个二元关系 $\sim$ 如下:

$$\text{对任意两个 } \langle x_n\rangle,\langle y_n\rangle \in X^+,\quad \langle x_n\rangle \sim \langle y_n\rangle \text{ 当且仅当 } \lim_{n\to\infty}\rho(x_n,y_n)=0.$$

不难验证, $\sim$ 是 X^+ 上的一个等价关系 (留作练习). 记 $X^* = X^+/\sim$, 同时, 为方便起见, 把 X^* 中的元素 $[\langle x_n\rangle]$ 简记为 $[x_n]$. 先在 X^* 上定义一个度量 ρ^*:

$$\rho^*: X^*\times X^* \to \mathbb{R}^1,\quad \rho^*([x_n],[y_n]) = \lim_{n\to\infty}\rho(x_n,y_n)\quad ([x_n],[y_n]\in X^*).$$

则不难验证, ρ^* 是 X^* 上的一个度量 (留作练习). 这样一来, (X^*,ρ^*) 是一个度量空间, 剩下只需证明, 它就是 (X,ρ) 的一个完备化. 为达成此目标, 利用引理 14.5.1, 我们只需证明 (X^*,ρ^*) 有一个稠密子集 A 使得 A 中的每个 ρ^*-Cauchy 序列都在 X^* 中收敛, 并且 (X,ρ) 与 (A,ρ^*) 等距即可.

定义

$$f: X \to X^* \text{ 使得 } f(x) = [x] \quad (x \in X)$$

(其中 $[x]$ 表示常值序列 $x, x, \cdots$ 的 $\sim$ 等价类). 则对任意两个 $x, y \in X$, 有

$$\rho^*(f(x), f(y)) = \rho^*([x],[y]) = \lim_{n\to\infty} \rho(x,y) = \rho(x,y).$$

可见 f 是保距映射. 记 $A = f(X)$, 则 (X,ρ) 与 (A,ρ^*) 显然等距.

对任一 $x^* = [x_n] \in X^*$, 其中 $\langle x_n \rangle$ 为 X 中的 ρ-Cauchy 序列. 由 f 的保距性质知, $\langle f(x_n) \rangle$ 为 A 中的 ρ^*-Cauchy 序列, 并且 $\rho^*(x^*, f(x_n)) = \lim_{m\to\infty} \rho(x_m, x_n)$. 因此

$$\lim_{n\to\infty} \rho^*(x^*, f(x_n)) = \lim_{n\to\infty}\lim_{m\to\infty} \rho(x_m, x_n) = 0. \qquad (*)$$

可见, $\langle f(x_n) \rangle$ 收敛于 x^*. 这表明, A 在 X^* 中稠密.

若 $\langle f(x_n) \rangle$ 为 A 中任一 ρ^*-Cauchy 序列, 则 $\langle x_n \rangle$ 为 X 中的 ρ-Cauchy 序列, 于是由定义可知, $x^* = [x_n] \in X^*$. 进而由 $(*)$ 式可知, $\langle f(x_n) \rangle$ 收敛于 x^*.

(2) 再证完备化的唯一性. 若 (X_1^*, ρ_1^*) 和 (X_2^*, ρ_2^*) 是 (X,ρ) 的两个完备化, 我们证明, 它们是等距的. 首先由定义, 存在 X_1^* 的稠密子集 X_1 和 X_2^* 的稠密子集 X_2 使得 (X,ρ) 分别与 (X_1,ρ_1^*) 和 (X_2,ρ_2^*) 都等距, 从而 (X_1,ρ_1^*) 与 (X_2,ρ_2^*) 等距, 即存在保距的满映射 $g: (X_1,\rho_1^*) \to (X_2,\rho_2^*)$.

对于任一 $x_1^* \in X_1^*$, 由 X_1 的稠密性, 有 X_1 中的序列 $\langle x_{1n}^* \rangle$ 收敛于 x_1^*. 自然, $\langle x_{1n}^* \rangle$ 是 ρ_1^*-Cauchy 序列. 于是由 g 的保距性, $\langle g(x_{1n}^*) \rangle$ 为 X_2 中的 ρ_2^*-Cauchy 序列, 因此收敛于某一 $x_2^* \in X_2^*$. 而且, 不难验证, x_2^* 只与 x_1^* 有关, 与收敛于 x_1^* 的序列 $\langle x_{1n}^* \rangle$ 的选取无关. 这样, 实际上已经定义好了一个映射

$$G: X_1^* \to X_2^*, \quad G(x_1^*) = x_2^* \quad (x_1^* \in X_1^*).$$

剩下只需证明, G 就是我们所需的等距即可.

若 $x_1^*, y_1^* \in X_1^*$, 且 X_1 中的序列 $\langle x_{1n}^* \rangle$ 和 $\langle y_{1n}^* \rangle$ 分别收敛于 x_1^* 和 y_1^*, 则

$$\begin{aligned}\rho_2^*(G(x_1^*), G(y_1^*)) &= \rho_2^*(\lim_{n\to\infty} g(x_{1n}^*), \lim_{n\to\infty} g(y_{1n}^*)) = \lim_{n\to\infty} \rho_2^*(g(x_{1n}^*), g(y_{1n}^*)) \\ &= \lim_{n\to\infty} \rho_1^*(x_{1n}^*, y_{1n}^*) = \rho_1^*(\lim_{n\to\infty} x_{1n}^*, \lim_{n\to\infty} y_{1n}^*) = \rho_1^*(x_1^*, y_1^*).\end{aligned}$$

可见, G 是保距的.

对每个 $x_2^* \in X_2^*$, 有 X_2 中的序列 $\langle x_{2n}^* \rangle$ 收敛于 x_2^*, 则 $\langle x_{2n}^* \rangle$ 是 ρ_2^*-Cauchy 序列. 由于保距映射 g 是一一对应, 因此 $\langle g^{-1}(x_{2n}^*) \rangle$ 是 X_1 中的 ρ_1^*-Cauchy 序列. 由 (X_1^*, ρ_1^*) 的完备性知, $\langle g^{-1}(x_{2n}^*) \rangle$ 收敛于某一点 $x_1^* \in X_1^*$. 不难看出, $G(x_1^*) = x_2^*$. 可见, G 是满射.

因此, (X_1^*, ρ_1^*) 与 (X_2^*, ρ_2^*) 等距. □

推论 14.5.1 若 (X, ρ) 是完备度量空间, 则 (X, ρ) 与其完备化 (X^*, ρ^*) 等距. □

习 题

14.1 验证例 14.1.1 中的 ρ_2 是 $\mathbb{R}$ 上的一个度量, 并且其所诱导的拓扑正是欧氏拓扑.

14.2 设 X 是 ρ-完备的度量空间, $f: X \to Y$ 是同胚映射, 定义

$$d: Y \times Y \to \mathbb{R}^1, \quad d(y_1, y_2) = \rho(f^{-1}(y_1), f^{-1}(y_2)) \quad (y_1, y_2 \in Y).$$

则 d 是 Y 上的完备度量.

14.3 设 ρ 是 X 上的完备度量, A 为 X 的一个闭子空间, 定义 $\rho_A := \rho|_{A\times A}$, 则 ρ_A 是 A 上的完备度量.

14.4 (1) 定理 14.5.1 证明中的 $\sim$ 是 X^+ 上的一个等价关系.

(2) 定理 14.5.1 证明中的 ρ^* 是 X^* 上的一个度量.

14.5 每个离散空间都是拓扑完备的.

14.6 设 X 是 ρ-完备的, $\{A_n \,|n \in \mathbb{N}\}$ 是其一个可数子集族, 满足: 对任意两个 $m, n \in \mathbb{N}$, 都有 $A_m \cap A_n \neq \varnothing$, 并且 $\sum\limits_{n=1}^{\infty} D(A_n) < +\infty$. 试证明: 存在 $x_0 \in X$ 使得对任一 $U \in \mathscr{N}(x_0)$, 存在 $k \in \mathbb{N}$ 使得当 $n > k$ 时都有 $A_n \subset U$.

14.7 证明: X 是 ρ-完全有界的当且仅当 X 中的任一无限序列 $\langle x_n \rangle$ 都含有一个 ρ-Cauchy 子列.

14.8 证明: 拓扑完备空间 X 的开 (闭) 子空间都是 Baire 空间.

14.9 设度量空间 X 是完备的, 若对每个 $n \in \mathbb{N}, G_n$ 都是 X 的稠密的 G_δ-集, 则 $\bigcap\limits_{n=1}^{\infty} G_n$ 也是稠密的.

14.10 证明: Cantor 三分集在 $\mathbb{R}^1$ 中是无处稠密的.

14.11 若 X 是非离散的拓扑完备空间, 则 $|X| > \aleph_0$.

14.12 设 (X, ρ) 是紧度量空间, $A \subset X$ 是稠密的, Y 是 d-完备的, 则映射 $f: A \to Y$ 有连续扩张 $F: X \to Y$ 当且仅当 f 是一致连续的.

14.13 设度量空间 X, Y 都是完备的, $f: X \to Y$ 是一致连续映射, $A \subset X$. 若 A 是相对紧集, 则 $f(A)$ 也是相对紧集.

14.14 设度量空间 X, Y 都是完备的, $A \subset X, B \subset Y$, 且 $h: A \to B$ 是同胚映射. 试证明: 存在 h 的同胚扩张 $H: G \to G'$, 其中 G, G' 分别为 X, Y 中的 G_δ-集, 且 $A \subset G, B \subset G'$.

14.15 设 (X, ρ) 是个度量空间, 证明:

(1) X 的任意多个 ρ-完备的子空间的交也是 ρ-完备的;

(2) X 的任意有限个 ρ-完备的子空间的并也是 ρ-完备的.

14.16　设 (X,ρ) 和 (Y,d) 都是度量空间, $f:X\to Y$ 是个同胚, 且存在一个正常数 λ 使得对任意 $x,x'\in X$, 都有 $\rho(x,x')\leqslant\lambda d(f(x),f(x'))$. 证明: 若 ρ 是完备度量, 则 d 也是完备度量.

14.17　设 (X,ρ) 是个度量空间, $\langle x_n\rangle,\langle y_n\rangle$ 是其两个 Cauchy 序列, 证明: $\lim\limits_{n\to\infty}\rho(x_n,y_n)$ 存在, 其值称为 Cauchy 序列 $\langle x_n\rangle$ 与 $\langle y_n\rangle$ 之间的振幅.

14.18　证明: 一个完备的度量空间可以同胚于一个非完备的度量空间.

14.19　设 X 是一个完备的度量空间, $M\subset X$ 是一个 G_δ-集. 证明: 子空间 M 同胚于某个完备的度量空间.

14.20　设 Y 是 Hausdorff 空间 X 的一个稠密子空间, 证明: 若 Y 是完备的可度量空间, 则 Y 是 X 的 G_δ-集.

14.21　设 X 是一个完备的度量空间, 证明: 子空间 $M\subset X$ 同胚于某个完备的度量空间当且仅当 M 是一个 G_δ-集.

14.22　证明: Hilbert 空间 H 是完备的可分空间.

14.23　设 (X,d) 和 (Y,ρ) 都是度量空间, 证明: 映射 $f:(X,d)\to(Y,\rho)$ 是一致连续的当且仅当对任意 $A,B\subset X$, 只要 $d(A,B)=0$, 也有 $\rho(f(A),f(B))=0$.

14.24　设 (X,d) 和 (Y,ρ) 都是度量空间, $f:(X,d)\to(Y,\rho)$ 是一致连续的满映射. 证明: 若 (X,d) 是完全有界的, 则 (Y,ρ) 也是完全有界的.

14.25　设 (X,d) 是完备的度量空间, (Y,ρ) 是度量空间, 且 $f:(X,d)\to(Y,\rho)$ 是一致连续的满映射. 试问: (Y,ρ) 也一定是完备的吗?

14.26　设 (X,d) 是度量空间, (Y,ρ) 是完备的度量空间, 且 $f:(X,d)\to(Y,\rho)$ 是一致连续的同胚映射. 证明: (X,d) 也是完备的. 如果逆映射的连续性条件去掉, 结论是否还成立?

第 15 讲　商空间与商映射

由已知拓扑空间通过构造商空间可以得到许多非常有意思的空间. 商空间最早是出现在 L. Moore (1925) 和 Alexandroff (1927) 的论文里, 仅仅是讨论由上半连续分解所确定的商空间这种特殊情形. 一般的商空间和商映射的概念则是由 Baer 和 Levi (1932) 引入的, 其后由 Bourbaki 在 1940 年出版的《一般拓扑》中做了系统的讨论. 我们这里介绍的是商空间的一些基本知识.

15.1　商　空　间

定义 15.1.1　设 X 是一个集合, R 是 X 上一个等价关系. X 上所有等价类的集合记作 X/R, 称为 X 关于 R 的**商集**. 对任一 $x \in X, x$ 所在的等价类简记为 $[x]$, 映射

$$p: X \to X/R, \quad p(x) = [x] \quad (x \in X)$$

称为**粘合映射**, 也叫作**自然映射**.

给定一个拓扑空间 (X, τ). 设 R 是集合 X 上的一个等价关系. 在商集 X/R 上定义子集族

$$\tilde{\tau} = \{V \subset X/R \mid p^{-1}(V) \in \tau\}.$$

命题 15.1.1　$\tilde{\tau}$ 是 X/R 上的一个拓扑, 称为 τ 在 R 下的**商拓扑** (或者 τ **关于 R 的商拓扑**).

证明　由于 $p^{-1}(X/R) = X \in \tau, p^{-1}(\varnothing) = \varnothing \in \tau$, 因此 $X/R \in \tilde{\tau}, \varnothing \in \tilde{\tau}$. 故 $\tilde{\tau}$ 满足第一条拓扑公理.

任给一子族 $\{V_\lambda | \lambda \in \Lambda\} \subset \tilde{\tau}$, 则对每个 $\lambda \in \Lambda, p^{-1}(V_\lambda) \in \tau$. 因为 τ 是拓扑, 故

$$p^{-1}\left(\bigcup \{V_\lambda | \lambda \in \Lambda\}\right) = \bigcup \{p^{-1}(V_\lambda) | \lambda \in \Lambda\} \in \tau,$$

这表明, $\bigcup \{V_\lambda | \lambda \in \Lambda\} \in \tilde{\tau}$. 因此 $\tilde{\tau}$ 满足第二条拓扑公理.

再设 $V_1, V_2 \in \tilde{\tau}$ 为任给两个元素, 则 $p^{-1}(V_1) \in \tau, p^{-1}(V_2) \in \tau$, 故

$$p^{-1}(V_1 \cap V_2) = p^{-1}(V_1) \cap p^{-1}(V_2) \in \tau.$$

这表明 $V_1 \cap V_2 \in \tilde{\tau}$. 因此 $\tilde{\tau}$ 满足第三条拓扑公理. 故 $\tilde{\tau}$ 是 X/R 上的一个拓扑.　□

$(X/R, \tilde{\tau})$ 称为 (X, τ) 关于 R 的**商空间**, 简记为 X/R. 商空间实际上就是把 X 中的每个子集 $[x]$ “粘合” 成一个点而得到的空间, 因此又叫**粘合空间.**

从商拓扑的定义可知, $\tilde{\tau}$ 包含了所有保证自然映射 $p: X \to X/R$ 连续的那样一些 “开集”, 因此自然地有如下这个命题.

命题 15.1.2 X/R 上的商拓扑 $\tilde{\tau}$ 是 X/R 上使自然映射 $p: X \to X/R$ 连续的最大拓扑.

证明 当 X/R 带上商拓扑 $\tilde{\tau}$ 时, 自然映射是连续的, 这一点从商拓扑的定义即可知道. 下面证明 $\tilde{\tau}$ 的最大性. 假设 $\Im$ 是 X/R 上的一个拓扑, 使得自然映射 $p: (X, \tau) \to (X/R, \Im)$ 是连续的, 则对每个 $V \in \Im$, 有 $p^{-1}(V) \in \tau$. 因此 $V \in \tilde{\tau}$. 故 $\Im \subset \tilde{\tau}$. 这表明 $\tilde{\tau}$ 是 X/R 上使自然映射 $p: X \to X/R$ 连续的最大拓扑. □

以后如果没有特别说明, X/R 上的拓扑均指商拓扑. 在商空间 X/R 里, 子集 $B \subset X/R$ 是开集当且仅当 $p^{-1}(B)$ 是 (X, τ) 中的开集; 子集 $F \subset X/R$ 是闭集当且仅当 $p^{-1}(F)$ 是 (X, τ) 中的闭集. 可见理解商空间和商拓扑的关键, 在于理解自然映射 $p: X \to X/R$.

定理 15.1.1 设 X, Y 是两个拓扑空间, R 是集合 X 上一个等价关系, 则映射 $g: X/R \to Y$ 连续当且仅当复合映射 $g \circ p: X \to Y$ 连续.

证明 必要性显然成立, 下面证明充分性. 设 $g \circ p: X \to Y$ 连续, 则对 Y 中任一开集 V, $(g \circ p)^{-1}(V) = p^{-1} \circ g^{-1}(V)$ 是 X 的开集. 于是按商拓扑的定义即可知, $g^{-1}(V)$ 是 X/R 中的开集. 这说明映射 $g: X/R \to Y$ 连续 (图 15-1). □

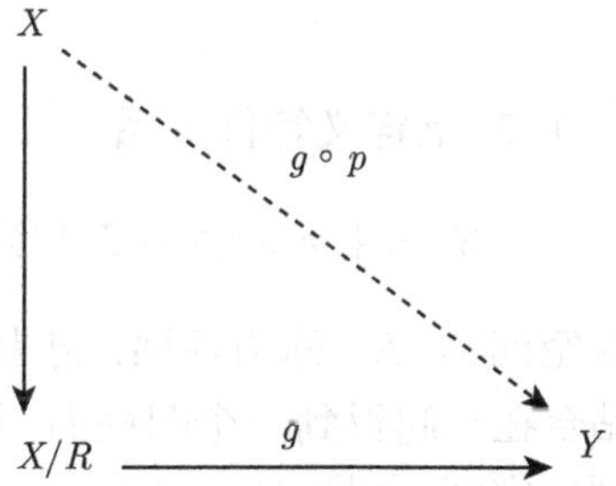

图 15-1

下面我们用商空间的语言来讲述几个重要空间的制作过程, 使直观的 “粘合” 通过商映射而严格化. 考虑 $\mathbb{R}^2$ 中的正方形子空间 $X = \{(x, y) \,|\, 0 \leqslant x \leqslant 1, 0 \leqslant y \leqslant 1\}$, 在其上定义一个等价关系

$$R_1 = \{(x, x) \,|\, x \in X\} \cup \{((0, t), (1, t)) \,|\, 0 \leqslant t \leqslant 1\},$$

则商空间 X/R_1 称为**平环** (或者**圆柱面**). 直观地看, 就是把正方形的两条侧边同向地粘合在一起而得到的空间, 如图 15-2 所示. 圆柱面经过对称轴上一点的定点投射, 投射到平面上即得到一个平环, 因此我们直接把 X/R_1 称为平环.

在 X 上定义等价关系

$$R_2 = \{(x, x) \,|\, x \in X\} \cup \{((0, t), (1, 1 - t)) \big|\, 0 \leqslant t \leqslant 1\},$$

则商空间 X/R_2 称为 Möbius **带**. 直观地看, Möbius 带就是把正方形的两条侧边扭转 180° 后再粘合在一起而得到的空间, 如图 15-3 所示.

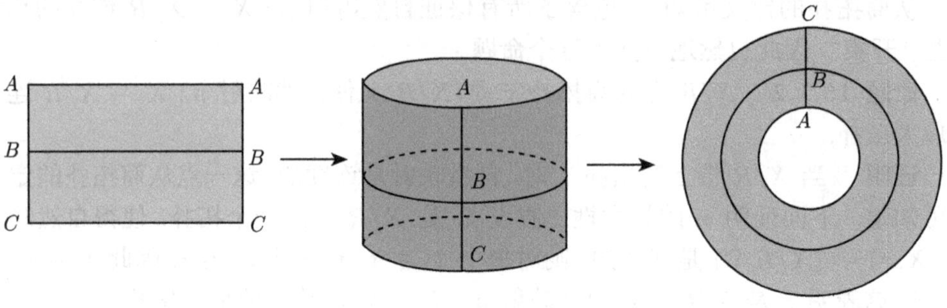

图 15-2

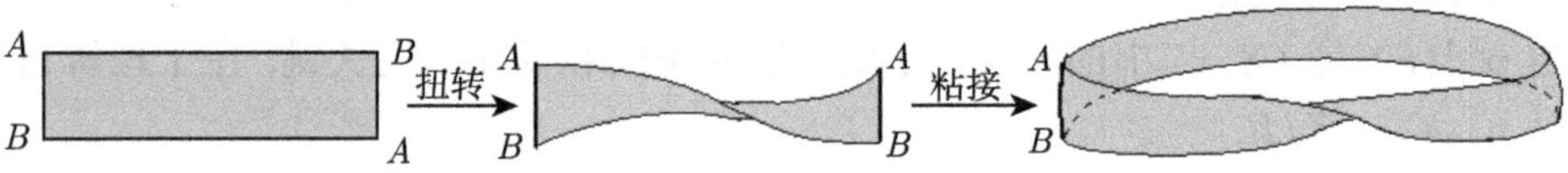

图 15-3

在 X 上定义等价关系

$$R_3 = \{(x,x)\,|x\in X\}\cup\{((0,t),(1,t)),((s,0),(s,1))\,|0\leqslant t,s\leqslant 1\},$$

则商空间 X/R_3 称为**环面**, 记为 T^2. 直观地看, T^2 就是把正方形的两条侧边同向地粘合在一起得到一个圆柱面, 然后把圆柱面的两个圆口按照相同方向粘合起来而得到的空间, 如图 15-4 所示.

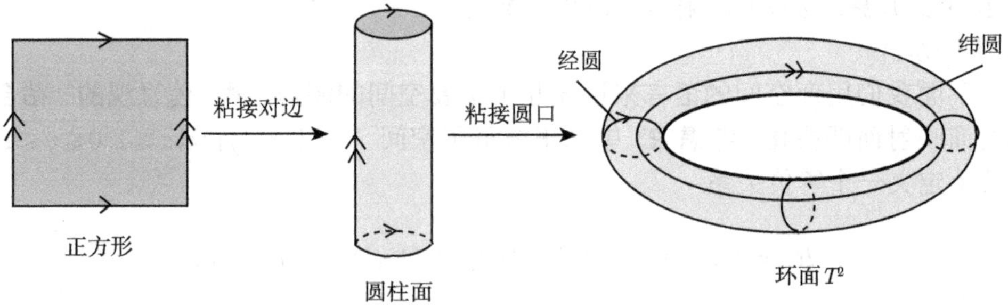

图 15-4

在 X 上定义等价关系为

$$R_4 = \{(x,x)\,|x\in X\}\cup\{((0,t),(1,t)),((s,0),(1-s,1))\,|0\leqslant t,s\leqslant 1\},$$

则商空间 X/R_4 称为 Klein **瓶**. 直观地看, Klein 瓶就是把正方形的两条侧边同向地粘合在一起得到一个圆柱面, 再把圆柱面的一个边界圆周扭转 180° 后再与另一个边界圆周粘合在一起而得到的空间, 如图 15-5 所示. 不过这个图形其实没法在三维空间中实际地画出来!

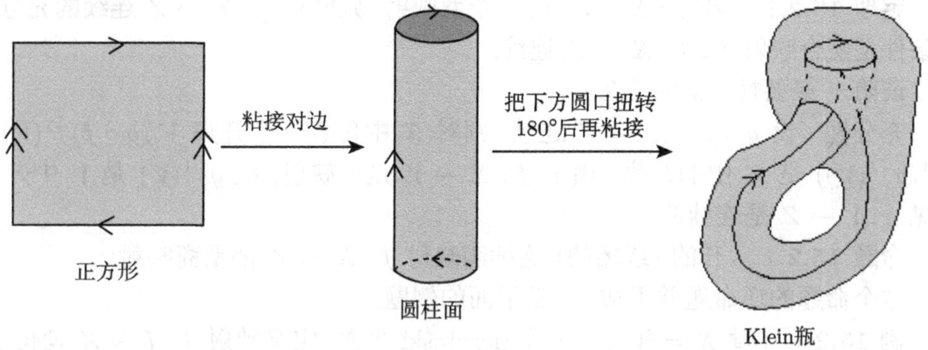

图 15-5

在 X 上定义等价关系为

$$R_5 = \{(x,x)\,|x \in X\} \cup \{((0,t),(1,1-t)),((s,0),(1-s,1))\,|0 \leqslant t,s \leqslant 1\}.$$

则商空间 X/R_5 称为**射影平面**, 记为 P^2. 当然, 得到射影平面还有另外几种方法, 我们下面一并加以描述:

(1) 在单位圆盘 D^2 定义等价关系 $R = \{(x,x)\,|x \in D^2\} \cup \{(x,-x)\,|x \in S^1\}$, 则其商空间 D^2/R 是射影平面 P^2. 即把单位圆盘 D^2 的边界圆周 S^1 按对径点粘合, 也可得到 P^2.

(2) 在二维球面 S^2 上定义等价关系 $R = \{(x,x),(x,-x)\,|x \in S^2\}$, 则商空间 S^2/R 也是射影平面. 即把二维球面 S^2 上的对径点相互粘合也可以得到射影平面 P^2.

(3) 在 $\mathbb{R}^3 - \{O\}$ 中定义等价关系 $R = \{(x,y)|x,y \in \mathbb{R}^3 - \{O\}$ 且位于过原点的同一条直线上$\}$, 则商空间 $(\mathbb{R}^3 - \{O\})/R$ 也是射影平面 P^2, 即 $\mathbb{R}^3 - \{O\}$ 中所有过原点的直线组成的空间 (即把每条直线看作一个点) 也是 P^2.

15.2 商 映 射

定义 15.2.1 设 X,Y 是两个拓扑空间, 如果 $f: X \to Y$ 是连续的满映射, 并且满足:

对每个 $B \subset Y$, 若 $f^{-1}(B)$ 是 X 的开集, 则 B 也是 Y 的开集.

则称 f 为一个**商映射**.

容易看出, 商映射即是满足下列两个 (等价的) 条件之一的满映射 $f: X \to Y$:

(1) $B \subset Y$ 是开集当且仅当 $f^{-1}(B)$ 是 X 的开集;

(2) $F \subset Y$ 是闭集当且仅当 $f^{-1}(F)$ 是 X 的闭集.

定理 15.2.1　若 $f: X \to Y$ 是一个商映射, 则映射 $g: Y \to Z$ 连续的充分必要条件是复合映射 $g \circ f: X \to Z$ 连续.

证明　必要性. 显然成立.

充分性. 设 $g \circ f: X \to Z$ 连续, 则对 Z 中任意一个开集 $V, (g \circ f)^{-1}(V) = f^{-1}(g^{-1}(V))$ 是 X 中的开集. 由于 $f: X \to Y$ 是商映射, 故 $g^{-1}(V)$ 是 Y 中开集. 可见 $g: Y \to Z$ 是连续的. □

命题 15.2.1　开的 (或闭的) 连续满映射 $f: X \to Y$ 都是商映射. □

这个命题的逆命题并不成立, 见下面的例题.

例 15.2.1　设 $X = \{0, 1\}$ 表示 Sierpinski 平面, 定义映射 $f: I \to X$ 使得

$$f(x) = \begin{cases} 0, & 0 \leqslant x < \dfrac{1}{2}, \\ 1, & \dfrac{1}{2} \leqslant x \leqslant 1. \end{cases}$$

容易验证, f 是连续的满映射. 由于 X 只有四个子集 $\varnothing, X, \{0\}, \{1\}$, 且

$$f^{-1}(\varnothing) = \varnothing, \quad f^{-1}(X) = I, \quad f^{-1}(\{0\}) = \left[0, \frac{1}{2}\right), \quad f^{-1}(\{1\}) = \left[\frac{1}{2}, 1\right].$$

其中逆像为开集的只有 $\varnothing, X, \{0\}$ 三个, 它们恰好是 X 的开集. 因此 f 是一个商映射. 但是由于开集 $\left(\dfrac{1}{2}, 1\right)$ 的像 $f\left(\left(\dfrac{1}{2}, 1\right)\right) = \{1\}$ 不是开集, 闭集 $\left[0, \dfrac{1}{3}\right]$ 的像 $f\left(\left[0, \dfrac{1}{3}\right]\right) = \{0\}$ 不是闭集, 故 f 既不是开映射, 也不是闭映射. □

定理 15.2.2　如果 X 是紧致的, Y 是 T_2 空间, 则连续满映射 $f: X \to Y$ 都是商映射.

证明　只需证明 f 是闭映射即可. 对于 X 中的任一闭子集 F, 由于 X 是紧空间, 故 F 也是紧子集, 从而由 f 的连续性知, $f(F)$ 是 Y 的紧子集. 由于 Y 是 T_2 空间, 故 $f(F)$ 是闭的. 因此 f 是闭映射. □

下面这个命题是容易验证的.

命题 15.2.2　商映射的复合映射仍然是商映射. □

对于任给映射 $f: X \to Y$, 可以定义集合 X 上的一个等价关系 $\stackrel{f}{\approx}$ 如下:

$$\text{对任意 } x, x' \in X, x \stackrel{f}{\approx} x' \text{ 当且仅当 } f(x) = f(x').$$

于是我们有如下的定理.

定理 15.2.3 设 $f: X \to Y$ 是一个映射, $p: X \to X/\overset{f}{\approx}$ 表示自然映射, 则

(1) 存在唯一的映射 $f^*: X/\overset{f}{\approx} \to Y$ 使得 $f^* \circ p = f$, 即图 15-6 可交换, 且 f^* 是单射. f^* 叫 f 的诱导映射;

(2) f^* 是满射当且仅当 f 是满射;

(3) f^* 连续当且仅当 f 连续.

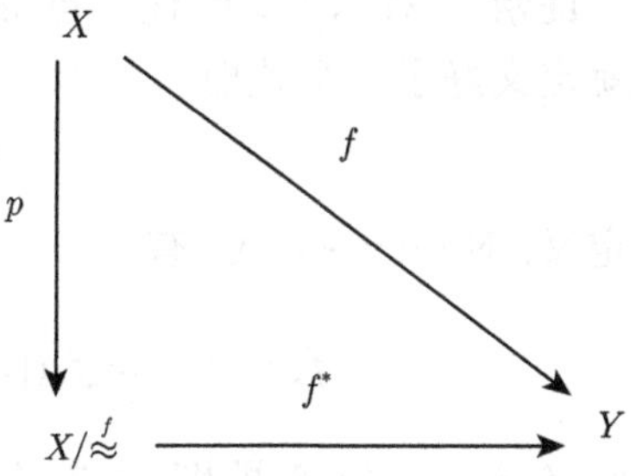

图 15-6

证明 (1) 定义 $f^*: X/\overset{f}{\approx} \to Y$, $f^*([x]) = f(x)$. 由于

$$[x] = [y] \text{ 当且仅当 } f(x) = f(y), \quad \text{即 } f^*([x]) = f^*([y]),$$

故 f^* 是一个映射, 并且是一个单射. 其次, 对于任意一个 $x \in X$, 有 $f^* \circ p(x) = f^*([x]) = f(x)$, 因此 $f^* \circ p = f$.

假设还有一个函数 $f': X/\overset{f}{\approx} \to Y$ 合于 $f' \circ p = f$. 则对任一 $x \in X$, 有

$$f'([x]) = f' \circ p(x) = f(x) = f^* \circ p(x) = f^*([x]),$$

因此 $f^* = f'$. 可见, 满足 $f^* \circ p = f$ 的诱导映射 f^* 是唯一的.

(2) 对任一 $y \in Y$, 存在 $[x] \in X/\overset{f}{\approx}$, 使得 $f^*([x]) = y$ 当且仅当对于任一 $y \in Y$, 存在 $x \in X$, 使得 $f(x) = y$. 可见, f^* 是满射当且仅当 f 是满射.

(3) 由定理 15.2.1 可知, $f^*: X/\overset{f}{\approx} \to Y$ 连续当且仅当 $f^* \circ p = f: X \to Y$ 连续. □

定理 15.2.4 若 $f: X \to Y$ 是商映射, 则商空间 $X/\overset{f}{\approx}$ 与 Y 同胚.

证明 记 $p: X \to X/\overset{f}{\approx}$ 为粘合映射. 令 $f^*: X/\overset{f}{\approx} \to Y$ 表示由 $f^*([x]) = f(x)$ 定义的诱导映射. 则由定理 15.2.3 知 f^* 是一一对应, 且 $f^* \circ p = f, (f^*)^{-1} \circ f = p$. 由于 f 与 p 都是连续映射, 因此由定理 15.2.1 可知, f^* 与 $(f^*)^{-1}$ 都是连续的. 故 f^* 是一个同胚. □

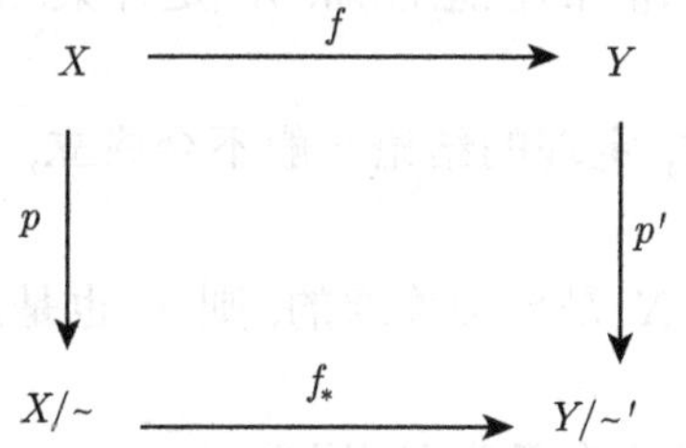

图 15-7

定理 15.2.5 设 X, Y 是两个拓扑空间, $\sim$ 和 $\sim'$ 分别为 X 和 Y 上的等价关系, $f: X \to Y$ 是一个连续映射, 且保持等价关系, 即对任意两个 $x, x' \in X$, 若 $x \sim x'$, 则有 $f(x) \sim' f(x')$. 那么一定存在一个连续映射 $f_*: X/\sim \to Y/\sim'$ 使得图 15-7 是个交换图 (其中 $p: X \to X/\sim$ 和 $p': Y \to Y/\sim'$ 均表示自然映射), 并且当 f 是商映射时, f_* 也是商映射.

证明 对 $X/\sim$ 中任一点 $[x]$, 定义 $f_*([x]) = [f(x)]$, 由于 f 保持关系, 因此这样就定义好了一个映射

$$f_* : X/\sim \to Y/\sim'.$$

由定义, 对任一 $x \in X$, 有

$$f_* \circ p(x) = f_*([x]) = [f(x)] = p'(f(x)) = p' \circ f(x).$$

因此 $f_* \circ p = p' \circ f$. 即图 15-7 是个交换图. 又由于 $p' \circ f$ 连续, p 是商映射, 因此由定理 15.2.1 知, f_* 是连续的.

如果 f 是商映射, 则 $p' \circ f$ 也是商映射, 从而由交换性知 $f_* \circ p$ 也是商映射, 故 f_* 是满射. 再由 p 也为商映射可知, 对于任一 $V \subset Y$, $(f_* \circ p)^{-1}(V) = p^{-1}(f_*^{-1}(V))$ 是开集当且仅当 $f_*^{-1}(V)$ 是开集, 可见 f_* 也是商映射. □

定理 15.2.6 (J. H. C. Whitehead, 1948) 设 $f : X \to Y$ 是商映射, Z 是局部紧致的 Hausdorff 空间, $\mathrm{id} : Z \to Z$ 表示恒同映射. 则积映射 $f \times \mathrm{id} : X \times Z \to Y \times Z$ 也是商映射.

证明 记 $F = f \times \mathrm{id}$. 显然它是连续的满映射. 设 $W \subset Y \times Z$ 使得 $F^{-1}(W)$ 是 $X \times Z$ 的开集, 我们要证明 W 是开集. 对任一 $(y_0, z_0) \in W$, 由于 f 是满射, 可取 $x_0 \in f^{-1}(y_0)$, 则 $(x_0, z_0) \in F^{-1}(W)$. 由于 $F^{-1}(W)$ 是开集, 故有 z_0 的邻域 B 使得 $\{x_0\} \times B \subset F^{-1}(W)$. 即 $\{y_0\} \times B \subset W$. 由于 Z 是局部紧致的 Hausdorff 空间, 因此可以假设 B 是紧致的.

记 $V = \{y \in Y \,|\, \{y\} \times B \subset W\}$, 则 $y_0 \in V$, 且 $V \times B \subset W$. 如果 $f(x) = y$, 则 $F(\{x\} \times B) = \{y\} \times B$. 因此 $y \in V$ 当且仅当 $\{x\} \times B \subset F^{-1}(W)$. 再令 $U = f^{-1}(V)$, 则容易看出

$$U = \left\{x \in X \,|\, \{x\} \times B \subset F^{-1}(W)\right\}.$$

由于 B 是紧致的, $F^{-1}(W)$ 是开集, 且对任一 $x \in U$, 有 $\{x\} \times B \subset F^{-1}(W)$. 由 Wallace 定理可知, x 有邻域 U_x 使得 $U_x \times B \subset F^{-1}(W)$, 因此 $U_x \subset U$. 可见, U 是开集. 由于 $f : X \to Y$ 是商映射, 故 V 应是 Y 的开集. 于是 (y_0, z_0) 有邻域 $V \times B \subset W$. 这表明 (y_0, z_0) 是 W 的内点. 由 (y_0, z_0) 的任意性知, W 是开集. 故 $f \times \mathrm{id} : X \times Z \to Y \times Z$ 也是商映射. □

注意, 当 Z 不是局部紧致的 Hausdorff 空间时, 定理的结论一般不会成立, 习题 15.20 就提供了一个反例.

定理 15.2.7 设 $f : X \to Y$ 是商映射, 并且 X 是局部连通的, 则 Y 也是局部连通的.

证明 设 U 是 Y 的任一开集, K 是 U 的任一连通分支, 据定理 13.4.2, 只需证明 K 是开集. 由于 f 是商映射, 只需证明 $f^{-1}(K)$ 是开集. 设 $x \in f^{-1}(K)$,

则 x 属于 $f^{-1}(U)$ 的某个连通分支 $C(x)$, 且由定理 13.4.2 知, $C(x)$ 是开集. 而 $f(C(x))$ 是连通的, 并且含有点 $f(x) \in K$, 由连通分支定义知 $f(C(x)) \subset K$, 可见 $x \in C(x) \subset f^{-1}(K)$. 这表明 x 是 $f^{-1}(K)$ 的内点. 由 x 的任意性知, $f^{-1}(K)$ 是开集. □

*15.3 拓扑锥与贴空间

通过给定的拓扑空间构造拓扑锥与贴空间是构造新空间的重要方法.

定义 15.3.1 设 A 是拓扑空间 X 的一个闭子集. 在 X 上规定一个等价关系

$$R = \{(x,x)\,|x \in X\} \cup \{(x,y)\,|x,y \in A\}.$$

即 A 中点相互等价, 其他点只与自身等价. 这样得到一个商空间 X/R, 习惯上记为 X/A.

直观地说, X/A 就是把子集 A 捏成一个点而得的商空间.

定义 15.3.2 给定拓扑空间 X, 称商空间 $(X \times I)/(X \times \{1\})$ 为 X **上的拓扑锥**, 记为 CX (图 15-8).

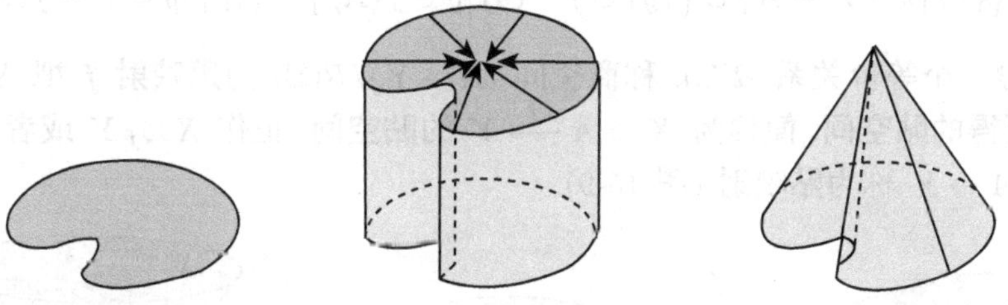

X $X\times I$ CX

图 15-8

如果 $X \subset \mathbb{R}^n$, 任取一点 $a \in \mathbb{R}^{n+1} - \mathbb{R}^n$, 则 $\mathbb{R}^{n+1}$ 的子集 $aX = \{ta + (1-t)x | t \in [0,1], x \in X\}$ 称为 X 上以 a 为顶点的**几何锥**. 它是所有连接 a 到 X 上的点 x 的直线段全体的并集. 如果 X 是 $\mathbb{R}^n$ 的紧致子集, 则连续映射

$$f: X \times I \to aX, \quad f(x,t) = (1-t)x + ta$$

所诱导的映射 $f^*: CX \to aX$ 是个同胚. 因此我们可以把拓扑锥看成几何锥的推广形式.

例 15.3.1 $CS^1 \cong D^2$. 一般地, 对任一整数 $n \geqslant 0$, 都有 $CS^n \cong D^{n+1}$.

直观地说, 对于 S^1, 积空间 $S^1 \times I$ 是个圆柱面, 也就是一个平环, 当把其内圆周 $S^1 \times \{1\}$ 捏成一个点时, 所得就是个圆盘 D^2. 而对于 S^2, 积空间 $S^2 \times I$ 相当于一个加厚的球面, 即相当于两个同心球面及其之间的部分, 而 $S^2\times\{1\}$ 可以看作内球面, 当把内球面捏成一个点时, 自然就成了一个球 D^3.

一般地, 连续映射

$$f: S^n\times I\to D^{n+1},\quad f((x_1,x_2,\cdots,x_{n+1}),t)=(1-t)(x_1,x_2,\cdots,x_{n+1})$$

的诱导映射 $f^*: CS^n\to D^{n+1}$ 就是同胚. □

定义 15.3.3　设 $(X,\Im)$ 和 (Y,τ) 是两个不相交的拓扑空间, 在其并集 $X\cup Y$ 上定义

$$\sigma=\left\{U\subset X\cup Y\,\middle|\,U\cap X\in\Im,\ \text{且}\ U\cap Y\in\tau\right\},$$

则不难验证, σ 是 $X\cup Y$ 上的一个拓扑, 称为 $\Im$ 与 τ 的**和拓扑**, 而空间 $(X\cup Y,\sigma)$ 则称为 $(X,\Im)$ 与 (Y,τ) 的**和空间**, 记为 $X+Y$.

显然, X 作为 $X+Y$ 的子空间是既开又闭的, 同样 Y 作为 $X+Y$ 的子空间也是既开又闭的.

定义 15.3.4　设 X 是一个拓扑空间, A 是其一个闭子集, $f: A\to Y$ 是一个连续映射. 在 $X+Y$ 上定义一个划分

$$\Sigma=\{\{x\}\,|x\in X-A\}\cup\left\{\{y\}\cup f^{-1}(y)\,|y\in f(A)\right\}\cup\{\{y\}\,|y\in Y-f(A)\},$$

则 Σ 诱导一个等价关系 $R(\Sigma)$. 称商空间 $(X+Y)/R(\Sigma)$ 为**用映射 f 把 X 粘贴到 Y 上去所得的贴空间**, 简称为 $X\supset A\xrightarrow{f}Y$ 的**贴空间**, 记作 $X\cup_f Y$ 或者 $Y\cup_f X$. 其中 $f: A\to Y$ 称为**贴映射** (图 15-9).

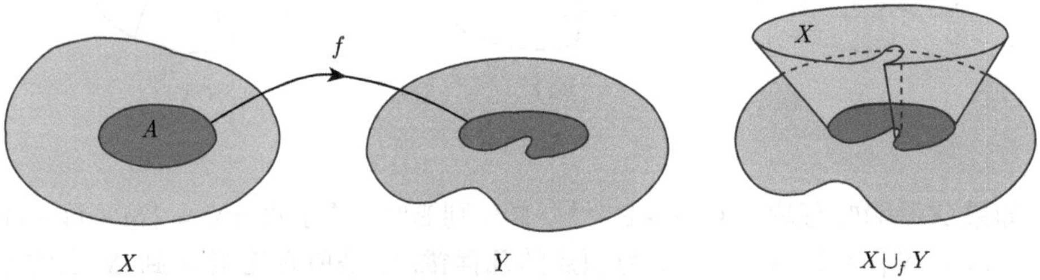

图 15-9

等价关系 $R(\Sigma)$ 规定任意 $a\in A$, a 与 $f(a)$ 等价, 而其他点只与自身等价. 注意, f 可能不是单射, 因此当 $f(a_1)=f(a_2)$ 时, 则 $a_1,a_2,f(a_1)$ 都在同一个等价类中.

如果记 $i_X: X\to X+Y$ 和 $i_Y: Y\to X+Y$ 分别表示含入映射, $p: X+Y\to X\cup_f Y$ 表示自然映射, 则复合映射

$$j_X=p\circ i_X: X\to X\cup_f Y,\quad j_Y=p\circ i_Y: Y\to X\cup_f Y$$

都是连续映射.

命题 15.3.1 子集 $C \subset X \cup_f Y$ 是开 (闭) 集当且仅当 $j_X^{-1}(C)$ 为 X 中的开 (闭) 集, 且 $j_Y^{-1}(C)$ 为 Y 中的开 (闭) 集.

证明 由于 j_X 与 j_Y 的连续性, 必要性是显然的.

下面证明充分性. 设 $C \subset X \cup_f Y$, 且 $j_X^{-1}(C)$ 为 X 中的开集, $j_Y^{-1}(C)$ 为 Y 中的开集. 则由于

$$j_X^{-1}(C) = i_X^{-1}(p^{-1}(C)) = p^{-1}(C) \cap X, \quad j_Y^{-1}(C) = i_Y^{-1}(p^{-1}(C)) = p^{-1}(C) \cap Y,$$

因此 $p^{-1}(C)$ 为 $X+Y$ 中的开集. 于是由 p 为商映射可知, C 为 $X \cup_f Y$ 的开集.

利用 De Morgan 律, 闭集情形自然也成立. □

下面这个命题的证明留给读者.

命题 15.3.2 (1) 对任一 $E \subset X$, 有

$$j_X^{-1} \circ j_X(E) = E \cup f^{-1} \circ f(E \cap A), \quad j_Y^{-1} \circ j_X(E) = f(A \cap E).$$

(2) 对任一 $F \subset Y$, 有 $j_X^{-1} \circ j_Y(F) = f^{-1}(F), j_Y^{-1} \circ j_Y(F) = F$. □

由命题 15.3.2 中的 (2), 若 F 是 Y 的闭子集, 则由 f 的连续性知, $f^{-1}(F)$ 为 X 的闭集, 由于

$$j_X^{-1} \circ j_Y(F) = p^{-1}(j_Y(F)) \cap X = f^{-1}(F), \quad j_Y^{-1} \circ j_Y(F) = p^{-1}(j_Y(F)) \cap Y = F,$$

故知 $p^{-1}(j_Y(F))$ 是 $X+Y$ 中的闭集. 再由 p 为商映射可知, $j_Y(F)$ 为 $X \cup_f Y$ 的闭集. 这表明 j_Y 是个闭映射. 注意到 j_Y 是单射, 因此 j_Y 是嵌入映射, 并且 $j_Y(Y)$ 为 $X \cup_f Y$ 的闭集.

若 $E \subset X - A$ 为开集, 则由命题 15.3.2 中的 (1), 有

$$j_X^{-1} \circ j_X(E) = E \cup f^{-1} \circ f(E \cap A) = E, \quad j_Y^{-1} \circ j_X(E) = f(A \cap E) = \varnothing.$$

由此可知, $j_X(E)$ 为 $X \cup_f Y$ 的开集. 这表明 $j_X|_{X-A} : X - A \to X \cup_f Y$ 是开映射. 由于 $j_X|_{X-A}$ 是单射, 故 $j_X|_{X-A}$ 也是一个嵌入映射, 且 $j_X(X-A)$ 是 $X \cup_f Y$ 的开集. 同时不难看出, $j_X(X-A)$ 与 $j_Y(Y)$ 是互补的.

因此可以说 Y 自然地含入 $X \cup_f Y$ 而成为闭子空间, $X-A$ 自然地含入 $X \cup_f Y$ 而成为开子空间. 不过要注意, X 一般来说不是 $X \cup_f Y$ 的子空间. 因为粘合映射 $p : X+Y \to X \cup_f Y$ 在 X 上有粘合, 可能不是一对一的 (图 15-9).

仔细看一下图 15-9, X 像不像一块在 A 处涂有药膏的膏药? 在贴的过程中, A 处可能有褶皱, 因此 X 一般来说不是 $X \cup_f Y$ 的子空间. 这里, 一个自然的问题是, 如果 f 是单射, X 是否可以看作 $X \cup_f Y$ 的子空间? 读者可以自己去思考.

例 15.3.2　设 A 是拓扑空间 X 的闭子集, 通过映射 $f: A \to \{y_0\}$ 把 X 贴到一个点 y_0 上, 则所得贴空间 $X \cup_f \{y_0\}$ 与商空间 X/A 同胚. 事实上, 如果定义

$$\varphi: X \to X + \{y_0\}, \quad \varphi(x) = x \quad (x \in A),$$

$$\psi: X + \{y_0\} \to X, \quad \psi(x) = x, \quad \psi(y_0) \in A \quad (x \in X),$$

则 φ 和 ψ 都是连续映射, 并且保持粘合所给出的等价关系. 因此由定理 15.2.5, 它们诱导的映射

$$\varphi_*: X/A \to X \cup_f \{y_0\} \quad 和 \quad \psi_*: X \cup_f \{y_0\} \to X/A$$

正好是互逆的两个同胚.

特别地, 通过映射 $f: \{0,1\} \to \{y_0\}$ 可把单位区间 I 贴成单位圆周 S^1, 它实际上就是把单位区间 I 的两个端点粘合在一个点 y_0 上.

更一般地, 通过映射 $f: S^{n-1} \to \{y_0\}$ 可把单位球 $D^n = \{x \in \mathbb{R}^n \,|\, \|x\| \leqslant 1\}$ 贴成 n 维球面 S^n. □

例 15.3.3　通过一个映射

$$f: X \times \{0,1\} \times Y \to X + Y, \quad f(x,0,y) = x, \ f(x,1,y) = y \quad (x \in X, y \in Y),$$

把积空间 $X \times I \times Y$ 贴到和空间 $X + Y$ 上, 得到一个贴空间, 称为 **X 与 Y 的统联** (join), 记为 $X * Y$. 这相当于由空间 X 和 Y 以及所有连接 $x \in X$ 与 $y \in Y$ 的线段构成的空间 (这里不同的线段只在端点处相交). 比如, 可以验证: $X * \{y_0\} \cong CX$.□

关于贴空间, 下面这个定理是重要的.

定理 15.3.1　若 X, Y 都是正规空间, A 是 X 的闭子空间, $f: A \to Y$ 是连续映射, 则贴空间 $X \cup_f Y$ 也是正规空间.

证明　设 F_1, F_2 是贴空间 $X \cup_f Y$ 上任意两个不相交的闭集, 则 $Y \cap p^{-1}(F_1), Y \cap p^{-1}(F_2)$ 是 Y 的两个不交闭集. 由于 Y 正规, 故对每个 $i = 1, 2$, 存在 Y 中开集 V_i 使得 $Y \cap p^{-1}(F_i) \subset V_i$, 并且 $\overline{V_1} \cap \overline{V_2} = \varnothing$. 由于 j_Y 是嵌入映射, 并且 $j_Y(Y)$ 为 $X \cup_f Y$ 的闭集, 故 $p\left(\overline{V_i}\right) = j_Y\left(\overline{V_i}\right)$ 在 $X \cup_f Y$ 中仍然是闭的. 因此 $X \cap p^{-1}\left(F_1 \cup p\left(\overline{V_1}\right)\right)$ 与 $X \cap p^{-1}\left(F_2 \cup p\left(\overline{V_2}\right)\right)$ 是 X 中的两个不相交的闭集, 所以由 X 的正规性, 有不相交的两个开集 $U_1, U_2 \subset X$ 使得 $X \cap p^{-1}\left(F_i \cup p\left(\overline{V_i}\right)\right) \subset U_i (i = 1, 2)$. 注意到

$$F_1 \subset p[(U_1 - A) \cup V_1], \quad F_2 \subset p[(U_2 - A) \cup V_2],$$

并且

$$p((U_1 - A) \cup V_1) \cap p((U_2 - A) \cup V_2) = \varnothing.$$

下面我们证明, $p((U_1 - A) \cup V_1)$ 与 $p((U_2 - A) \cup V_2)$ 也是 $X \cup_f Y$ 上的开集, 从而完成证明.

注意到

$$Y \cap p^{-1} \circ p((U_i - A) \cup V_i) = V_i \quad (i = 1, 2),$$

$$X \cap p^{-1} \circ p((U_i - A) \cup V_i) = (U_i - A) \cup f^{-1}(V_i) \quad (i = 1, 2),$$

因此只需证明 $(U_i - A) \cup f^{-1}(V_i)$ 是 X 中的开集即可. 由于 $X \cap p^{-1} \circ p(V_i) \subset U_i$, 因此 $f^{-1}(V_i) \subset U_i$, 并且 $f^{-1}(V_i)$ 是 A 中开集, 故存在 X 中开集 W_i 使得 $f^{-1}(V_i) = W_i \cap A$. 于是

$$(U_i - A) \cup f^{-1}(V_i) = (U_i - A) \cup (U_i \cap W_i \cap A) = U_i \cap (W_i \cup A^c),$$

确实是 X 中的开集. □

特别地, 有下面这个重要的推论.

推论 15.3.1 若 X 是正规空间, A 是 X 的闭子空间, 则商空间 X/A 是正规的. □

*15.4 映射柱与映射锥

定义 15.4.1 设 $f: X \to Y$ 是连续映射. 我们把 $X \times \{0\}$ 就看成 X, 则 $CX \supset X \times \{0\} \xrightarrow{f} Y$ 的贴空间 $Y \cup_f CX$ 称为 $f: X \to Y$ **的映射锥** (mapping cone), 记为 Cf. 而 $X \times I \supset X \times \{0\} \xrightarrow{f} Y$ 的贴空间 $Y \cup_f (X \times I)$ 则称为**映射柱** (mapping cylinder), 记为 Zf (图 15-10).

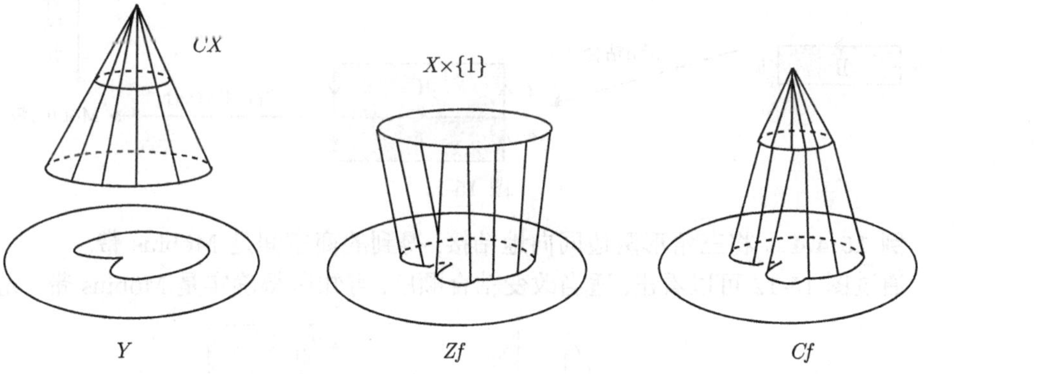

图 15-10

当然, 映射锥 Cf 也可以看成是映射柱 Zf 的上底 $X \times \{1\}$ 捏成一点而得的商空间 $Zf/X \times \{1\}$. 特别地, X 到单点空间的映射 $f: X \to \{y_0\}$ 的映射锥 Cf, 也

就是把柱形 $X \times I$ 的上底 $X \times \{1\}$ 和下底 $X \times \{0\}$ 分别捏成两个点所得的商空间，称为 X **上的双角锥** (suspension)，记作 ΣX.

例 15.4.1 积 $S^1 \times I$ 是一个圆柱面，当其上下底 $S^1 \times \{1\}$ 和 $S^1 \times \{0\}$ 分别被捏成一个点时，就成了球面 S^2. 也就是说，$\Sigma S^1 \cong S^2$. 更一般地，有 $S^n \cong \Sigma S^{n-1}$，即球面可看作其赤道上的双角锥. □

最后，我们再看几个商空间方面的例子.

例 15.4.2 设 S^1 表示 D^2 的边界圆周，则 $D^2/S^1 \cong S^2$，即把 D^2 的边界捏成一点得到球面 S^2.

事实上，定义 $f: D^2 \to S^2$ 使得

$$f(re^{i\theta}) = \left(2\sqrt{r(1-r)}\cos\theta, 2\sqrt{r(1-r)}\sin\theta, 2r-1\right) \quad (0 \leqslant r \leqslant 1, 0 \leqslant \theta \leqslant 2\pi).$$

则由于 D^2 是紧致的，S^2 是 Hausdorff 空间，且 f 显然是满连续映射，故 f 是商映射. 而且不难看出，诱导关系 $\overset{f}{\approx}$ 就是实现捏合 S^1 为一点的等价关系. 因此由定理 15.2.4 知，$D^2/S^1 = D^2/\overset{f}{\approx} \cong S^2$. □

例 15.4.3 把平环的一条边界上的对径点粘合，得到的商空间 X 是 Möbius 带. 从图 15-11 我们可以看出，同样的两个长方形，先粘合 a 和 b，再粘合 c，得到空间 X；而先粘合 c，再粘合 a 和 b，则得到 Möbius 带. 显然粘合顺序的先后不影响最终结果. 因此 X 就是 Möbius 带. □

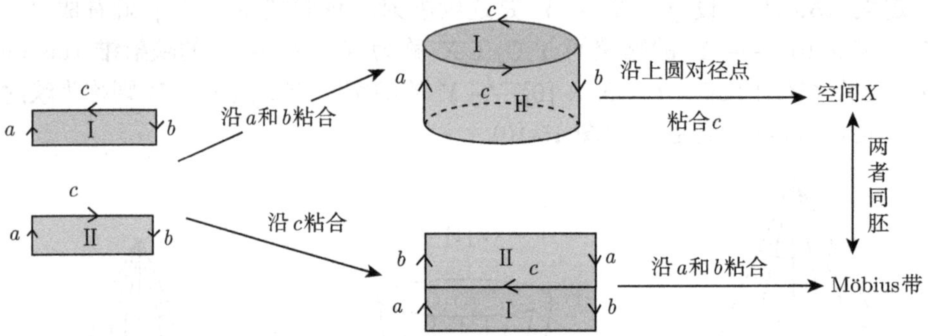

图 15-11

例 15.4.4 将三角形两边同向地粘接，得到的商空间是 Möbius 带.

通过图 15-12 可以看出，适当改变粘合顺序，可知所得确实是 Möbius 带：先沿

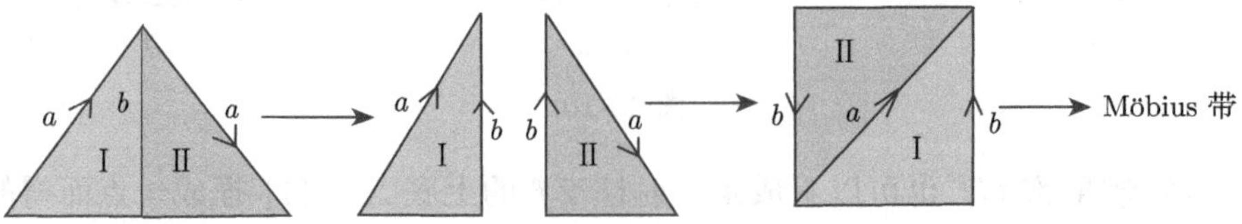

图 15-12

b 剪开, 再粘合 a, 最后把 b 粘合, 即知所得到的商空间是 Möbius 带. □

例 15.4.5　沿边界将 Möbius 带与 D^2 粘合在一起, 所得商空间是射影平面 P^2.

实际上, 例 15.4.3 已经表明, 平环的外边界按对径点粘合得到 Möbius 带. 故当在内边界粘上一个圆盘后, 结果相当于一个圆盘粘合边界的对径点所得的空间. 因此沿边界将 Möbius 带与 D^2 粘合在一起, 得到的是一个射影平面 P^2. □

例 15.4.6　两个 Möbius 带沿边界粘合得到 Klein 瓶.

图 15-13 显示的即为实现过程: 两个三角形分别表示经过顺向粘接两条边而得的两条 Möbius 带, 这样三角形的第三条边就是对应的 Möbius 带的边界. 把这两条边界粘接在一起, 得到一个空间, 即四边形按照第二个图粘接四条边 a, a, b, b 而得的空间. 为看出这个空间是什么, 先沿对角线 c 剪开, 然后把 b 边粘接, 得到第三个图所显示的粘接四条边 c, a, c, a 而得的商空间. 由于这次是把四边形的两对对边方向粘接, 因此所得正是一个 Klein 瓶. □

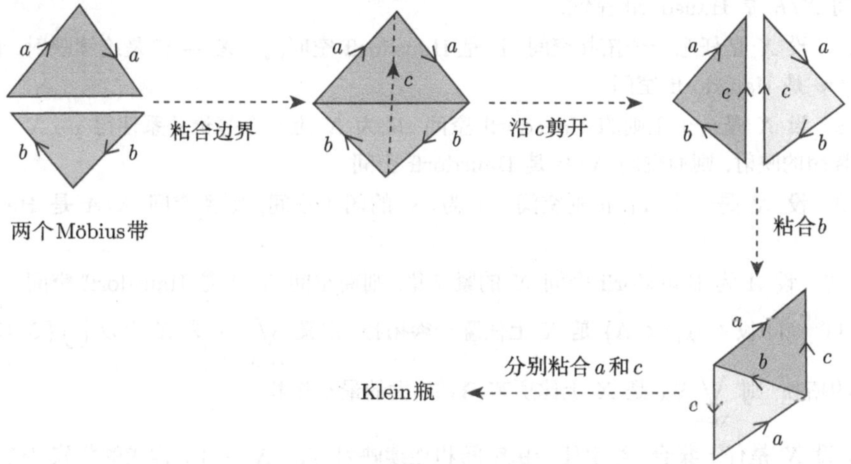

图 15-13

习　题

15.1　设对每个 $\lambda \in \Lambda, p_\lambda : X_\lambda \to Y_\lambda$ 是开的、连续的满映射, 则映射

$$p = \prod_{\lambda \in \Lambda} p_\lambda : \prod_{\lambda \in \Lambda} X_\lambda \to \prod_{\lambda \in \Lambda} Y_\lambda, \quad p\left((x_\lambda)_{\lambda \in \Lambda}\right) = \left(p_\lambda(x_\lambda)\right)_{\lambda \in \Lambda}$$

是商映射.

15.2　设 X 是一个拓扑空间, A 为其子空间. 如果存在收缩映射 $r : X \to A$, 则该收缩映射是商映射.

15.3　证明：一个连续映射 $f: X \to Y$ 诱导一个连续映射 $f_C: CX \to CY$，且满足：$f_C([(x,t)]) = [(f(x),t)]$. 这里 $[a]$ 表示 a 的等价类.

15.4　设 X 是一个拓扑空间. 证明：

(1) $\Sigma X \cong CX/X$;

(2) CX 同胚于子空间 $\left\{[(x,t)] \in \Sigma X \middle| t \geqslant \frac{1}{2}\right\}$;

(3) 一个连续映射 $f: X \to Y$ 诱导一个连续映射 $f_\Sigma: \Sigma X \to \Sigma Y$，且满足：$f_\Sigma([(x,t)]) = [(f(x),t)]$.

15.5　设 A 为 X 的闭子空间，证明：CA 同胚于 CX 的一个闭子空间.

15.6　设 X 是任意一个拓扑空间，R 为 X 上一个等价关系，$p: X \to X/R$ 是粘合映射，如果

(1) $R \subset X \times X$ 是 $X \times X$ 中闭集;

(2) p 是开映射，

则商空间 X/R 是 Hausdorff 空间.

15.7　设 X 是任意一个拓扑空间，Y 是 Hausdorff 空间，$f: X \to Y$ 是连续映射. 证明商空间 $X/\overset{f}{\approx}$ 是 Hausdorff 空间.

15.8　设 X 是一个正则的 Hausdorff 空间，R 为 X 上一个等价关系使得 $p: X \to X/R$ 是既开且闭的映射，则商空间 X/R 是 Hausdorff 空间.

15.9　设 X 是一个 T_1 正则空间，A 为 X 的闭子空间，则商空间 X/A 是 Hausdorff 空间.

15.10　设 A 为 Hausdorff 空间 X 的紧子集，则商空间 X/A 是 Hausdorff 空间.

15.11　(1) 设 $\{\Im_\lambda | \lambda \in \Lambda\}$ 是 X 上任意一族拓扑，定义 $\bigvee\limits_{\lambda\in\Lambda} \Im_\lambda$ 为 X 上以 $\bigcup\{\Im_\lambda | \lambda \in \Lambda\}$ 为子基的拓扑. 则 $\bigvee\limits_{\lambda\in\Lambda} \Im_\lambda$ 是 X 上比所有 $\Im_\lambda$ 都大的最小拓扑.

(2) 设 X 是任一集合，给定任一由空间和连续映射 $f_\lambda: X \to Y_\lambda$ 构成的集族 $\{(Y_\lambda, \Im_\lambda), f_\lambda | \lambda \in \Lambda\}$，“$X$ 上**由这个族所确定的投影极限拓扑** (projective limit topology)” 就是 $\bigvee\limits_{\lambda\in\Lambda} f_\lambda^{-1}(\Im_\lambda)$. 试证明：

① 如果定义 $g: X \to \prod\limits_{\lambda\in\Lambda} Y_\lambda, g(x) = (f_\lambda(x))_{\lambda\in\Lambda}$，则 $\bigvee\limits_{\lambda\in\Lambda} f_\lambda^{-1}(\Im_\lambda) = \left\{g^{-1}(V) | V \text{ 是 } \prod\limits_{\lambda\in\Lambda} Y_\lambda \text{ 中的开集}\right\}$;

② 如果只要 $x \neq x'$，必存在 $\lambda \in \Lambda$ 使得 $f_\lambda(x) \neq f_\lambda(x')$，则当 X 带有拓扑 $\bigvee\limits_{\lambda\in\Lambda} f_\lambda^{-1}(\Im_\lambda)$ 时，映射 g 是嵌入;

③ 设 X 带由 $\{(Y_\lambda, \Im_\lambda), f_\lambda | \lambda \in \Lambda\}$ 所确定的投影极限拓扑，Z 是任一拓扑空间. 证明：映射 $f: Z \to X$ 连续当且仅当每个 $f_\lambda \circ f$ 都连续.

15.12　设 $f: X \to Y$ 是一个连续的、开的满映射, 且每个纤维 $f^{-1}(y)$ 都是连通的. 对任一 $B \subset Y$, 证明: B 是连通的当且仅当 $f^{-1}(B)$ 是连通的.

15.13　定义 $f: (-1,2) \to [0,1]$ 使得 $f(x) = \begin{cases} |x|, & -1 < x \leqslant 0, \\ x, & 0 < x \leqslant 1, \\ 1, & 1 < x < 2. \end{cases}$ 证明:

(1) f 是商映射;

(2) f 既不是开映射, 也不是闭映射.

15.14　设 A 表示环面 T^2 上一个经圆与一个纬圆的并集, 证明: $T^2/A \cong S^2$.

15.15　设 $p: \mathbb{R}^1 \to \mathbb{R}^1/(0,1]$ 是粘合映射.

(1) 证明: p 既不是开映射, 也不是闭映射;

(2) 记 $A = \mathbb{R}^1 - (0,1]$, 证明: $p|_A : A \to p(A)$ 不是商映射.

15.16　设 $f: S^2 \to \mathbb{R}^4$ 由 $f(x,y,z) = (x^2 - y^2, xy, xz, yz)$ 给出. 证明: $f(S^2) \cong P^2$.

15.17　证明: 由 $f(x,y) = (\cos(2\pi x), \cos(2\pi y), \sin(2\pi y), \sin(2\pi x)\cos(\pi y), \sin(2\pi x) \cdot \sin(\pi y))$ 给出的映射 $f: I \times I \to \mathbb{R}^5$ 的像 $f(I \times I)$ 同胚于 Klein 瓶.

15.18　证明命题 15.3.2.

15.19　设 $X \subset \mathbb{R}^n$, $a \in \mathbb{R}^{n+1} - \mathbb{R}^n$. 如果 X 是 $\mathbb{R}^n$ 的紧致子集, 试证明 $aX \cong CX$.

15.20　设 $X_1 = Y_1 = \mathbb{R} - \left\{ \frac{1}{n} \middle| n = 2,3,4,\cdots \right\}$ 带实直线 $\mathbb{R}^1$ 的子空间拓扑. 令 $f_1 = \mathrm{id}_{X_1} : X_1 \to Y_1$, 再令 $X_2 = \mathbb{R}^1$, Y_2 是把 X_2 中正整数集粘合成一点而得的商空间. 记 $f_2 : X_2 \to Y_2$ 就是相应的粘合映射. 则映射 $f = f_1 \times f_2 : X_1 \times X_2 \to Y_1 \times Y_2$ 不是商映射.

15.21　设 $f: X \to Y$ 是个连续映射, $A \subset X, B \subset Y$, 且 f_A 表示限制映射 $f|_A : A \to Y$. 试检验下列命题的真伪:

(1) 若 $A \subset X$ 是闭子空间, 且 f 是闭映射, 则 f_A 也是闭映射;

(2) 若 $A \subset X$ 是开子空间, 且 f 是开映射, 则 f_A 也是开映射;

(3) 若 $A \subset X$ 是既开又闭子空间, 且 f 是商映射, 则 f_A 也是商映射;

(4) 若 f 是商映射, 且 $f(A) = Y$, 则 f_A 也是商映射.

15.22　设 $f: X \to Y$ 是个商映射, $B \subset Y, A = f^{-1}(B)$, 且 f_B 表示限制映射 $f|_A : A \to B$. 试证明:

(1) 若 B 是开子空间, 则 f_B 也是商映射;

(2) 若 B 是闭子空间, 则 f_B 也是商映射;

(3) 若 B 既不是开子空间, 也不是闭子空间, 则 f_B 不可能是商映射.

15.23　一个连续映射 $f: X \to Y$ 称为伪开映射是指它满足: 对任一 $y \in Y$ 及任一 $U \in \mathscr{N}(f^{-1}(y))$, 都有 $y \in [f(U)]^\circ$. 试证明:

(1) 两个伪开映射的复合映射仍然是伪开的;

(2) 每个连续闭映射都是伪开的;

(3) 每个连续开映射都是伪开的;

(4) 每个伪开的满映射都是商映射.

15.24　设 $f: X \to Y$ 是个商映射, F 是个满足 T_2 分离性的连续统, $i: F \to F$ 表示恒等映射, 则积映射 $f \times i: X \times F \to Y \times F$ 也是商映射.

15.25　映射 $f: X \to Y$ 称为点 $y \in Y$ 处的双商映射, 是指它满足: 对 $f^{-1}(y)$ 在 X 中的每一开覆盖 $\mathscr{U}$, 都存在有限个元素 $U_1, U_2, \cdots, U_n$ 使得 $y \in \operatorname{Int}(f(U_1) \cup f(U_2) \cup \cdots \cup f(U_n))$. 如果映射 $f: X \to Y$ 是每一点 $y \in Y$ 处的双商映射, 则称 f 是个双商映射.

(1) 每个双商映射都是商映射;

(2) 每个双商映射都是伪开映射;

(3) 一个具有紧纤维的映射是双商映射当且仅当它是伪开映射;

(4) 一个满映射 $f: X \to Y$ 是双商映射当且仅当对 Y 中的每个滤子 $\mathscr{F}$ 及其每一聚点 y, 都有一个点 $x \in f^{-1}(y)$ 使得它是 $f^{-1}(\mathscr{F}) = \{f^{-1}(F) \,|\, F \in \mathscr{F}\}$ 的聚点;

(5) 局部紧空间在双商映射下的像也是局部紧的;

(6) 双商映射的积映射也是双商映射.

15.26　设 $f: X \to Y$ 是商映射, Y 是一个 Hausdorff 空间, 且 $f(X) = Y$. 又 $y \in Y$ 使得 $f^{-1}(y)$ 是一个 Lindelöf 子空间, 且 Y 在点 y 处有可数邻域基, 则 $f: X \to Y$ 是点 y 处的双商映射.

15.27　设 X 是个第二可数空间, Y 是第一可数的 Hausdorff 空间, 且 $f: X \to Y$ 是商映射, 则 Y 也是第二可数空间.

15.28　设 X 是个第二可数的局部紧空间, Y 是第一可数的 Hausdorff 空间, 且 $f: X \to Y$ 是商映射, 则 Y 也是第二可数的局部紧空间.

第16讲　函数空间

在从一个拓扑空间 X 到另一个拓扑空间 Y 的所有连续映射的集合 Y^X 上赋予适当的拓扑，这一思想在近代分析中起着重要的作用. 这个连续映射的集合带上适当的拓扑之后所成的拓扑空间就称为函数空间. 由于在一个元素足够多的集合上可以定义足够多的拓扑，因此在 Y^X 上也可以定义足够多的拓扑. 然而，在 Y^X 上的所有拓扑中，能够与 X 和 Y 上的拓扑有"自然的"联系的拓扑才是我们感兴趣的拓扑. 因此我们这里要简略地介绍的，是最经典的，也是最重要的三种拓扑——点式收敛拓扑、一致收敛拓扑和紧开拓扑.

16.1　点式收敛拓扑

定义 16.1.1　设 X, Y 是两个拓扑空间，Y^X 表示从 X 到 Y 的所有连续映射构成的集合. 对于任意的 $A \subset X$ 和 $B \subset Y$，令 $M(A,B) = \{f \in Y^X \,|\, f(A) \subset B\}$. 记 $\Re$ 为 X 上所有有限子集构成的集合，τ 表示 Y 上的拓扑，则容易验证，集族

$$\Re^* = \left\{ \bigcap_{i=1}^{n} M(A_i, U_i) \,\middle|\, n \in \mathbb{N},\ \text{对任一}\ i \leqslant n,\ \text{都有}\ A_i \in \Re, U_i \in \tau \right\}$$

是 Y^X 上一个拓扑基，由它所生成的拓扑称为 Y^X 上的**点式收敛拓扑** (topology of pointwise convergence).

如果对每个 $x \in X$，记 $Y_x = Y$，则 Y^X 显然可以看成是笛卡儿积 $\prod\limits_{x \in X} Y_x$ 的一个子集.

命题 16.1.1　Y^X 上的点式收敛拓扑与 Y^X 作为积空间 $\prod\limits_{x \in X} Y_x$ 的子空间的拓扑是一致的.

证明　注意到子空间拓扑的每个开集都是若干个形如

$$Y^X \cap \bigcap_{i=1}^{n} \pi_{x_i}^{-1}(U_i) \quad (\text{其中}\ x_i \in X, U_i \in \tau, i = 1, 2, \cdots, n)$$

的集合的并集，而 $Y^X \cap \pi_x^{-1}(U) = M(\{x\}, U)$，因此所有形如 $Y^X \cap \bigcap\limits_{i=1}^{n} \pi_{x_i}^{-1}(U_i)$ 的

集合都是点式收敛拓扑中的开集, 从而子空间拓扑的每个开集都是点式收敛拓扑中的开集.

反过来, 对于任一有限子集 $F=\{x_1,x_2,\cdots,x_n\}\in\Re$ 和开集 $U\in\tau$, 有 $M(F,U)=Y^X\cap\bigcap\limits_{i=1}^{n}\pi_{x_i}^{-1}(U)$, 因此 $M(F,U)$ 是子空间拓扑的开集, 从而 $\Re^*$ 是子空间拓扑的开集族. 可见点式收敛拓扑中的每个开集也都是子空间拓扑的开集. □

利用积空间中的相关结论以及某些拓扑性质的可遗传性, 不难得到如下的定理.

定理 16.1.1 如果空间 Y 是 $T_i\left(i=1,2,3,3\frac{1}{2}\right)$ 空间, 则对任一拓扑空间 X, 带有点式收敛拓扑的函数空间 Y^X 也是 T_i 空间. □

定理 16.1.2 带有点式收敛拓扑的函数空间 Y^X 中的一个网 $(f_\lambda)_{\lambda\in\Lambda}$ 收敛于 $f\in Y^X$ 当且仅当对每个 $x\in X$, 网 $(f_\lambda(x))_{\lambda\in\Lambda}$ 收敛于 $f(x)$. □

定理 16.1.3 设 Y^X 带点式收敛拓扑, 如果 $F\subset Y^X$ 是积空间 $\prod\limits_{x\in X}Y_x$ 的闭子集, 并且对每个 $x\in X$, $\overline{F(x)}$ 是 Y 的紧子集 (其中 $F(x)=\{f(x)|f\in F\}$), 则 F 是紧的.

证明 任一给定的 $f\in F$, 由于对任一 $x\in X$, 都有 $f(x)\in F(x)\subset\overline{F(x)}$, 因此 $f\in\prod\limits_{x\in X}\overline{F(x)}$, 从而 $F\subset\prod\limits_{x\in X}\overline{F(x)}$. 由已知条件以及 Tychonoff 定理知, $\prod\limits_{x\in X}\overline{F(x)}$ 是紧的, 故其闭子空间 F 也是紧的. □

16.2 $\mathbb{R}^X$ 上的一致收敛拓扑

为方便起见, 下面我们把 $\mathbb{R}^1$ 简记为 $\mathbb{R}$. 设 X 是一个拓扑空间, $A\subset\mathbb{R}^X$, 定义一个闭包运算如下:

$$\overline{A}=\left\{f\in\mathbb{R}^X\,\middle|\,\text{对任意 } n\in\mathbb{N},\text{ 存在 } f_n\in A \text{ 使得 } \langle f_n\rangle \text{ 一致地收敛于 } f\right\}.$$

则有下面的命题.

命题 16.2.1 上面定义的闭包运算满足 Kuratowski 闭包公理.

证明 (1) $\overline{\varnothing}=\varnothing$: 显然成立.

(2) 对任一 $A\subset\mathbb{R}^X, A\subset\overline{A}$, 如果 $f\in A$, 对任一 $\forall n\in\mathbb{N}$, 令 $f_n\equiv f$, 则显然一致地有 $f=\lim\limits_{n\to\infty}f_n$, 故 $f\in\overline{A}$.

(3) 对任意两个 $A,B\subset\mathbb{R}^X,\overline{A\cup B}=\overline{A}\cup\overline{B}$, 从该闭包运算的定义容易看出, 若 $A\subset B$, 则 $\overline{A}\subset\overline{B}$. 因此有 $\overline{A}\cup\overline{B}\subset\overline{A\cup B}$. 反过来, 对任一 $f\in\overline{A\cup B}$, 则存在序列

$f_n \in A \cup B(n=1,2,\cdots)$ 使得 $\langle f_n \rangle$ 一致地收敛于 f. 而这些 f_n, 必有无限多个属于 A 和 B 中的某一个, 比方说 A, 因此 $\langle f_n \rangle$ 有一个位于 A 中的子序列 $\langle f_{n_k} \rangle$, 且显然 $\langle f_{n_k} \rangle$ 也一致地收敛于 f, 因此 $f \in \overline{A} \subset \overline{A} \cup \overline{B}$. 于是有 $\overline{A \cup B} \subset \overline{A} \cup \overline{B}$. 因此 $\overline{A \cup B} = \overline{A} \cup \overline{B}$.

(4) 对任一 $A \subset \mathbb{R}^X, \overline{(\overline{A})} = \overline{A}$, 由 (2) 知, $\overline{(\overline{A})} \supset \overline{A}$. 因此只需证明 $\overline{(\overline{A})} \subset \overline{A}$. 任取一个 $f \in \overline{(\overline{A})}$, 则有属于 $\overline{A}$ 的序列 $\langle f_n \rangle$ 一致地收敛于 f. 对每个自然数 n, 存在一个自然数 $m(n) > n$ 使得

(a) 对每个 $x \in X$, 都有 $\left|f(x) - f_{m(n)}(x)\right| < \dfrac{1}{2n}$.

又由于 $f_{m(n)} \in \overline{A}$, 因此存在 A 中序列 $\langle g_i^n \rangle$ 一致地收敛于 $f_{m(n)}$, 故存在自然数 $i(n) > n$ 使得

(b) 对每个 $x \in X$, 都有 $\left|f_{m(n)}(x) - g_{i(n)}^n(x)\right| < \dfrac{1}{2n}$.

这样我们可以得到 A 中的一个序列 $\langle g_{i(n)}^n \rangle$, 且由 (a) 和 (b) 可知, 对任一 $x \in X$,

$$\left|f(x) - g_{i(n)}^n\right| \leqslant \left|f(x) - f_{m(n)}(x)\right| + \left|f_{m(n)}(x) - g_{i(n)}^n(x)\right| < \frac{1}{2n} + \frac{1}{2n} = \frac{1}{n}.$$

因此 $\langle g_{i(n)}^n \rangle$ 一致地收敛于 f. 可见 $f \in \overline{A}$. 因此 $\overline{(\overline{A})} \subset \overline{A}$. □

定义 16.2.1　上面所定义的这个闭包算子可以在 $\mathbb{R}^X$ 上诱导一个拓扑 τ, 即

$$\tau = \left\{ U \subset \mathbb{R}^X \,\middle|\, \overline{\mathbb{R}^X - U} = \mathbb{R}^X - U \right\}.$$

这个 τ 称为 $\mathbb{R}^X$ 上的**一致收敛拓扑** (topology of uniform convergence).

命题 16.2.2　设 X 是一个拓扑空间, 对任一 $n \in \mathbb{N}$ 及 $f \in \mathbb{R}^X$, 令

$$U_n(f) = \left\{ g \in \mathbb{R}^X \,\middle|\, \text{存在 } 0 < \varepsilon < \frac{1}{n}, \text{ 对任一 } x \in X, \text{ 有 } |f(x) - g(x)| < \varepsilon \right\}.$$

则可数族 $\{U_n(f) \,|n \in \mathbb{N}\}$ 是带有一致收敛拓扑的函数空间 $\mathbb{R}^X$ 在点 f 处的邻域基. 因此带有一致收敛拓扑的函数空间 $\mathbb{R}^X$ 都是第一可数空间.

证明　首先, 不难看出, 对任一 $n \in \mathbb{N}$ 及 $f \in \mathbb{R}^X$, $U_n(f)$ 是带有一致收敛拓扑的函数空间 $\mathbb{R}^X$ 中的开集. 其次, 设 $f \in \mathbb{R}^X$, 且 U 是 f 的任一给定的一致收敛拓扑意义下的开邻域. 如果对任一 $n \in \mathbb{N}$, 都没有 $U_n(f) \subset U$ 成立, 则对任一 $n \in \mathbb{N}$, 存在 $f_n \in U_n(f) - U$. 于是由 $U_n(f)$ 的定义, 存在 $0 < \varepsilon_n < \dfrac{1}{n}$ 使得

$$\text{对任一 } x \in X, \text{ 都有 } |f_n(x) - f(x)| < \varepsilon_n.$$

现在, 对任意 $\varepsilon > 0$, 存在 N 使得 $\dfrac{1}{N} < \varepsilon$. 于是当 $n > N$ 时, 对任一 $x \in X$, 都有

$$|f_n(x) - f(x)| < \varepsilon_n < \frac{1}{n} < \frac{1}{N} < \varepsilon.$$

这说明 $\langle f_n\rangle$ 一致地收敛于 f. 但是由于 $f_n \in U^c$, 且 U^c 是在一致收敛拓扑意义下的闭集, 故当 $\langle f_n\rangle$ 一致地收敛于 f 时, 应该有 $f\in U^c$, 矛盾! 因此, 必存在一个 $n\in\mathbb{N}$ 使得 $U_n(f)\subset U$. 所以, $\{U_n(f)\,|n\in\mathbb{N}\}$ 是带有一致收敛拓扑的函数空间 $\mathbb{R}^X$ 在点 f 处的邻域基. □

定理 16.2.1 设 X 为任一拓扑空间, 函数空间 $\mathbb{R}^X$ 带有一致收敛拓扑, 则 I^X 作为 $\mathbb{R}^X$ 的子空间是闭的.

证明 设对任一 $n\in\mathbb{N}$, $f_n\in I^X$, 并且 $\langle f_n\rangle$ 一致地收敛于 f, 只需证明 $f\in I^X$.

对任一 $x\in X$ 及 $n\in\mathbb{N}$, 由于 $f_n\in I^X$, 故 $f_n(x)\in I$. 又由 $\langle f_n\rangle$ 一致地收敛于 f 可知, $f(x)=\lim\limits_{n\to\infty} f_n(x)$. 由于 I 是紧的, 故 $f(x)\in I$. 可见 $f:X\to I$. 只需再证明 $f:X\to I$ 还是连续的.

首先, 由 $\langle f_n\rangle$ 一致地收敛于 f 知, 对任一 $\varepsilon>0$, 都存在 $N_1\in\mathbb{N}$ 使得当 $n>N_1$ 时, 有

对任一 $x\in X$, 都有

$$|f(x)-f_n(x)|<\frac{1}{3}\varepsilon. \tag{$*$}$$

而对任意给定的 $x_0\in X$, 任取一个 $n>N_1$, 由于 f_n 在 x_0 处连续, 故存在 $U\in\mathscr{N}(x_0)$ 使得

$$\text{对任一 } x\in U, \text{ 都有 } |f_n(x)-f_n(x_0)|<\frac{1}{3}\varepsilon. \tag{$**$}$$

于是, 对每个 $x\in U$, 由 $(*)$ 和 $(**)$ 可得

$$\begin{aligned}|f(x)-f(x_0)| &\leqslant |f(x)-f_n(x)|+|f_n(x)-f_n(x_0)|+|f_n(x_0)-f(x_0)|\\ &<\frac{1}{3}\varepsilon+\frac{1}{3}\varepsilon+\frac{1}{3}\varepsilon=\varepsilon.\end{aligned}$$

可见 f 在点 x_0 处是连续的. 由 x_0 的任意性知 $f:X\to I$ 是连续的. 这表明, $f\in I^X$. □

定理 16.2.2 对任意拓扑空间 X, $\mathbb{R}^X$ 上的一致收敛拓扑比点式收敛拓扑更大.

证明 设 τ_1,τ_2 分别表示 $\mathbb{R}^X$ 上的一致收敛拓扑和点式收敛拓扑, 则只需证明恒等映射

$$\mathrm{id}_{\mathbb{R}^X}:(\mathbb{R}^X,\tau_1)\to(\mathbb{R}^X,\tau_2)$$

连续就可以了. 为此, 只需证明: 如果 $f\in\mathbb{R}^X$ 在 $A\subset\mathbb{R}^X$ 的相对于一致收敛拓扑的闭包中, 它必定也在 A 的相对于点式收敛拓扑的闭包中. 设 f 在 A 的相对于一致收敛拓扑的闭包中, 并且 $U=Y^X\cap\bigcap\limits_{i=1}^{k}\pi_{x_i}^{-1}(U_i)$ 是 f 在点式收敛拓扑中的一个 (标准基) 邻域, 只需证明 $U\cap A\neq\varnothing$. 由于 U_i 是 $\mathbb{R}$ 中的开集, 故存在正数 ε 使得

$(f(x_i)-\varepsilon, f(x_i)+\varepsilon) \in U_i(i=1,2,\cdots,k)$. 由假设, 存在 $f_n \in A(n \in \mathbb{N})$ 使得 $\langle f_n \rangle$ 一致地收敛于 f. 因此存在某个 n_0 使得

$$\text{对任意的 } x \in X, \text{ 都有 } |f(x) - f_{n_0}(x)| < \varepsilon.$$

可见 $f_{n_0}(x_i) \in U_i(i=1,2,\cdots,k)$. 这表明 $f_{n_0} \in U \cap A$, 因此 $U \cap A \neq \varnothing$. 可见, f 也在 A 的相对于点式收敛拓扑的闭包中. □

例 16.2.1 在 $\mathbb{R}^{\mathbb{N}}$ 上 (这里的 $\mathbb{N}$ 作为 $\mathbb{R}^1$ 的子空间带离散拓扑), 一致收敛拓扑与点式收敛拓扑不同. 事实上, 若定义函数

$$f_0 : \mathbb{N} \to \mathbb{R}, \quad f_0(n) \equiv 0 \quad (n \in \mathbb{N}).$$

又记 $A = \left\{ f \in \mathbb{R}^{\mathbb{N}} \,\middle|\, f(\mathbb{N}) \subset \{0,1\}, \text{ 且 } \left|f^{-1}(0)\right| < \aleph_0 \right\}$, 则 f_0 属于 A 的相对于点式收敛拓扑的闭包, 却不属于 A 的相对于一致收敛拓扑的闭包. 由此可见, $\mathbb{R}^{\mathbb{N}}$ 上的两种拓扑是不一样的.

事实上, 对于 f_0 在点式收敛拓扑下的任意一个标准基邻域 $U = \mathbb{R}^{\mathbb{N}} \cap \bigcap_{i=1}^{k} \pi_{n_i}^{-1}(U_i)$ (其中每个 U_i 都是 $\mathbb{R}^1$ 中的开区间 $(i=1,2,\cdots,k)$). 定义

$$g : \mathbb{N} \to \mathbb{R}^1, \quad g(n) = \begin{cases} 0, & n = n_i, i = 1,2,\cdots,k, \\ 1, & \text{其他}. \end{cases}$$

则 $g \in A \cap U$. 因此 f_0 属于 A 的相对于点式收敛拓扑的闭包. 然而, 如果 A 中有序列 $\langle f_n \rangle$ 使得一致地有 $f_0 = \lim\limits_{n\to\infty} f_n$, 则对于 $\varepsilon = \dfrac{1}{2}$, 存在自然数 m, 当 $n > m$ 时, 对一切自然数 k, 都有

$$|f_0(k) - f_n(k)| = |f_n(k)| < \frac{1}{2}.$$

由于 $f_n(k)$ 只可取 0 和 1 两个值, 因此当 $n > m$ 时, 对一切自然数 k, $f_n(k) \equiv 0$. 而这与 $f_n \subset A$ 矛盾! 因此 f_0 不属于 A 的相对于一致收敛拓扑的闭包. □

16.3 紧开拓扑

设 X, Y 是两个拓扑空间, Y^X 表示所有从 X 到 Y 的连续函数构成的集合.

命题 16.3.1 Y^X 的子集族

$$\Re = \{M(C,U) | C \text{ 为 } X \text{ 的紧子集}, U \text{ 为 } Y \text{ 的开子集}\}$$

是集合 Y^X 上的一个拓扑子基.

证明　对任一 $f \in Y^X$, 任取一点 $x \in X$ 及开集 $U \in \mathscr{N}(f(x))$, 则显然 $f \in M(\{x\}, U) \in \Re$. 因此 $\Re$ 是 Y^X 的一个覆盖, 可见 $\Re$ 是集合 Y^X 上的一个拓扑子基. □

定义 16.3.1　Y^X 上由子基 $\Re$ 诱导的拓扑称为集合 Y^X 上的**紧开拓扑** (compactopen topology), 它有一个标准基

$$\mathscr{B} = \left\{ \bigcap_{i=1}^{n} M(C_i, U_i) \middle| C_i \text{ 为 } X \text{ 的紧子集}, U_i \text{ 为 } Y \text{ 的开子集}, i \leqslant n, n \in \mathbb{N} \right\}.$$

由于有限集总是紧的, 因此下面这个命题是显然的.

命题 16.3.2　Y^X 上的紧开拓扑比点式收敛拓扑更细. □

定理 16.3.1　设 Y^X 带紧开拓扑, 那么

(1) 若 Y 是 Hausdorff 空间, 则 Y^X 也是 Hausdorff 空间;

(2) 若 Y 是正则空间, 则 Y^X 也是正则空间;

(3) 若 Y 是完全正则空间, 则 Y^X 也是完全正则空间.

证明　(1) 设 $f, g \in Y^X$ 是任意两个不同函数, 则存在 $x \in X$ 使得 $f(x) \neq g(x)$. 由于 Y 是 Hausdorff 空间, 故存在 Y 中的不交开集 U, V 使得 $f(x) \in U, g(x) \in V$. 令 $G = M(\{x\}, U), H = M(\{x\}, V)$, 则

$$M(\{x\}, U) \in \mathscr{N}(f), \quad M(\{x\}, V) \in \mathscr{N}(g),$$

并且 $M(\{x\}, U) \cap M(\{x\}, V) = \varnothing$. 因此 Y^X 也是 Hausdorff 空间.

(2) 设 Y 是正则空间. 取定一个函数 $f \in Y^X$, 对于紧开拓扑的标准子基中任一含有 f 的元 $M(C, U)$, 由于 $f(C) \subset U$, 且 Y 是正则的, 因此对任一 $y \in f(C)$, 必定存在 Y 中开集 V_y 使得 $y \in V_y \subset \overline{V_y} \subset U$. 于是开集族 $\{V_y | y \in f(C)\}$ 是紧集 $f(C)$ 的覆盖, 因此有 $f(C)$ 中有限个点 $y_1, y_2, \cdots, y_n$ 使得

$$f(C) \subset V := \bigcup_{i=1}^{n} V_{y_i} \subset \overline{V} \subset U.$$

可见, $f \in M(C, V) \subset M(C, \overline{V}) \subset M(C, U)$.

下面只需再证明: 在紧开拓扑中, 有 $\overline{M(C, V)} \subset M(C, \overline{V})$. 事实上, 由于

$$\begin{aligned} M(C, \overline{V}) &= \bigcap \{ M(\{x\}, \overline{V}) | x \in C \} \\ &= \bigcap \left\{ \left\{ f \in Y^X \middle| f(x) \in \overline{V} \right\} \middle| x \in C \right\} = \cap \left\{ \pi_x^{-1}(\overline{V}) \middle| x \in C \right\}. \end{aligned}$$

其中 $\pi_x : Y^X \to Y_x = Y$ 是投射 $\pi_x : \prod\limits_{t \in X} Y_t \to Y_x$ 在 Y^X 上的限制, 因此 $\pi_x^{-1}(\overline{V})$ 是点式收敛拓扑的闭集, 从而由命题 16.3.2 可知, $\pi_x^{-1}(\overline{V})$ 也是紧开拓扑的闭集. 于是有 $\overline{M(C, V)} \subset M\left(C, \overline{V}\right)$.

(3) 设 Y 是完全正则空间, F 是 Y^X 的一个闭集, $f \in Y^X - F$. 于是存在 X 的紧子集 $C_1, C_2, \cdots, C_n$ 以及 Y 的开子集 $U_1, U_2, \cdots, U_n$ 使得 $f \in \bigcap_{i=1}^{n} M(C_i, U_i) \subset Y^X - F$. 对 $i \leqslant n$, 由 Y 的完全正则性及 $f(C_i) \subset U_i$ 知, 对于任意的 $p \in f(C_i)$, 都有连续函数 $\varphi_p : Y \to [-1, 1]$ 使得

$$\varphi_p(p) = -1, \quad \varphi_p(Y - U_i) \subset \{1\}.$$

令 $V(i,p) = \{y \in Y \,|\, \varphi_p(y) < 0\}$, 则 $\{V(i,p) \,|\, p \in f(C_i)\}$ 构成了紧集 $f(C_i)$ 的一个开覆盖. 因此存在 $f(C_i)$ 中的有限个点 $p_{i,1}, p_{i,2}, \cdots, p_{i,k_i}$ 使得 $f(C_i) \subset V(i, p_{i,1}) \cup V(i, p_{i,2}) \cup \cdots \cup V(i, p_{i,k_i})$. 令

$$\varphi_i = \max\left\{\min\left\{\varphi_{p_{i,1}}, \varphi_{p_{i,2}}, \cdots, \varphi_{p_{i,k_i}}\right\}, 0\right\}.$$

则 $\varphi_i : Y \to I$ 连续, 并且容易验证, $\varphi_i(f(C_i)) = \{0\}, \varphi_i(Y - U_i) \subset \{1\}$.

对每个 $i \leqslant n$, 定义一个实值映射 $\psi_i : Y^X \to [0,1]$ 使得对任一 $g \in Y^X$,

$$\psi_i(g) = \max\{\varphi_i(p) \,|\, p \in g(C_i)\}.$$

则容易看出, $\psi_i(f) = 0, \psi_i(Y^X - M(C_i, U_i)) \subset \{1\}$. 下面证明映射 ψ_i 是连续的.

对任一给定的 $g_0 \in Y^X$, 由于 $g_0(C_i)$ 是紧的, 因此存在点 $p_0 \in g_0(C_i)$ 使得

$$\varphi_i(p_0) = \max\{\varphi_i(p) \,|\, p \in g_0(C_i)\}.$$

对任一 $\varepsilon > 0$, 由 φ_i 连续知, 存在开集 $W_{p_0} \in \mathscr{N}(p_0)$ 使得对每个 $p \in W_{p_0}$, 都有 $|\varphi_i(p) - \varphi_i(p_0)| < \varepsilon$. 任取一点 $x_0 \in g_0^{-1}(p_0) \cap C_i$, 记 $W = \{p \in Y \,|\, \varphi_i(p) < \varphi_i(p_0) + \varepsilon\}$, 再令

$$V = M(\{x_0\}, W_{p_0}) \cap M(C_i, W),$$

则由 $g_0(x_0) = p_0 \in W_{p_0}$ 及 $g_0(C_i) \subset W$ 知, $V \in \mathscr{N}(g_0)$.

另一方面, 若 $g \in V$, 则 $g_0(x_0) \in W_{p_0}$. 由 W_{p_0} 的性质, 有 $\varphi_i(g(x_0)) > \varphi_i(p_0) - \varepsilon$. 由于 $x_0 \in C_i$, 故 $g_0(x_0) \in g(C_i)$. 于是由 ψ_i 的定义, 可得

$$\psi_i(g) = \max\{\varphi_i(p) \,|\, p \in g(C_i)\} > \varphi_i(p_0) - \varepsilon.$$

再由 $g(C_i) \subset W$ 可得, $\psi_i(g) < \varphi_i(p_0) + \varepsilon$. 而由 p_0 的定义易知, $\varphi_i(p_0) = \psi_i(g_0)$. 因此当 $g \in V$ 时, 有 $\psi_i(g_0) - \varepsilon < \psi_i(g) < \psi_i(g_0) + \varepsilon$. 这表明 ψ_i 确实是连续的.

最后, 令 $\psi = \max\{\psi_1, \psi_2, \cdots, \psi_n\}$, 则 $\psi : Y^X \to [0,1]$ 连续, 并且 $\psi(f) = 0, \psi(F) \subset \{1\}$. 因此 Y^X 是完全正则的. □

定义 16.3.2　设 X, Y 为两个拓扑空间, $F = \{f_\lambda : X \to Y \,|\, \lambda \in \Lambda\}$ 是一个映射族, 则称映射

$$p : X \times F \to Y, \quad p(x, f_\lambda) = f_\lambda(x) \quad (x \in X, \lambda \in \Lambda)$$

为**赋值映射**.

定理 16.3.2　设 X 是局部紧空间, Y 为任意拓扑空间, Y^X 带紧开拓扑. 如果 X 为 Hausdorff 空间, 或者正则空间, 则赋值映射 $p : X \times Y^X \to Y$ 是连续的.

证明　(1) X 为局部紧 Hausdorff 空间的情形.

对于任一 $(x, f) \in X \times Y^X$ 及 $U \in \mathscr{N}(f(x))$, 由 f 的连续性以及 X 的局部紧性, 存在 $V \in \mathscr{N}(x)$ 使得 $f(V) \subset U$. 又由正则性, 存在 $W \in \mathscr{N}(x)$ 使得 $\overline{W} \subset V$, 且 $\overline{W}$ 是紧的. 于是

$$W \times M(\overline{W}, U) \in \mathscr{N}((x, f)),$$

并且易见, 对任一 $(x', g) \in W \times M(\overline{W}, U)$, 有

$$p(x', g) = g(x') \in g(W) \subset g(\overline{W}) \subset U.$$

可见 $p\left(W \times M\left(\overline{W}, U\right)\right) \subset U$. 因此赋值映射 $p : X \times Y^X \to Y$ 是连续的.

(2) X 为局部紧正则空间的情形. 证明略去, 留作练习, 由读者自己完成它. □

定理 16.3.3　若 X 为紧空间, 则对任一度量空间 (Y, d), 带紧开拓扑的函数空间 Y^X 都是可度量空间.

证明　首先, 由于 X 为紧空间, 故对任一 $f \in Y^X$, $f(X)$ 是 (Y, d) 中的紧子集, 因而是有界的. 对任意两个 $f, g \in Y^X$, 定义

$$d^+(f, g) = \sup\{d(f(x), g(x)) \,|\, x \in X\}.$$

则不难验证, d^+ 是 Y^X 上的一个度量. 为完成证明, 只需再证明: d^+ 诱导的拓扑 τ_{d^+} 与紧开拓扑是一致的即可. 为方便起见, 记 Y^X 上的紧开拓扑为 τ.

给定 $f \in Y^X$ 及正数 ε, 对任一 $x \in X$, 由连续性知, 存在开集 $U_x \in \mathscr{N}(x)$ 使得 $f(\overline{U_x}) \subset B_d\left(f(x), \dfrac{1}{8}\varepsilon\right)$. 于是 $f(\overline{U_x})$ 的直径 $\delta(f(\overline{U_x})) < \dfrac{1}{4}\varepsilon$. 由于 X 是紧的, 故有有限子覆盖 $\{U_{x_1}, U_{x_2}, \cdots, U_{x_n}\}$. 令

$$V_i = \left\{ y \in Y \,\middle|\, d\left(y, f\left(\overline{U_{x_i}}\right)\right) < \frac{1}{4}\varepsilon \right\} \quad (i = 1, 2, \cdots, n),$$

则 V_i 是开集, 且 $f(\overline{U_{x_i}}) \subset V_i$. 因此 $M(\overline{U_{x_i}}, V_i) \in \tau$. 若 $g \in \bigcap\limits_{i=1}^{n} M(\overline{U_{x_i}}, V_i) \in \tau$, 则显

然有 $d^+(f,g)<\varepsilon$. 因此

$$f\in\bigcap_{i=1}^{n}M(\overline{U_{x_i}},V_i)\subset B_{d^+}(f,\varepsilon).$$

这表明 $\tau_{d^+}\subset\tau$.

反过来, 对任一 $f\in Y^X$ 及满足 $f(C)\subset V$ 的紧集 $C\subset X$ 和开集 $V\subset Y$, 由于 $f(C)$ 的紧性, 常数 $\varepsilon=d(f(C),Y-V)>0$. 因此 $f\in B_{d^+}\left(f,\dfrac{1}{2}\varepsilon\right)\subset M(C,V)$. 这表明 $\tau\subset\tau_{d^+}$.

可见, $\tau=\tau_{d^+}$. □

16.4　k-空间与 Ascoli 定理

定义 16.4.1　设 X,Y 是任意两个拓扑空间, $F=\{f_\lambda:X\to Y\,|\,\lambda\in\Lambda\}$ 是一个映射族. 称映射族 F 是**均匀连续的** (evenly continuous) 是指它满足:

对任意的 $x\in X,y\in Y$ 及 $V\in\mathscr{N}(y)$, 都存在 $U\in\mathscr{N}(x)$ 及 $W\in\mathscr{N}(y)$ 使得 $p(U\times(F\cap M(\{x\},W)))\subset V$.

其中 $p:X\times F\to Y$ 是赋值映射, 即赋值映射 $p:X\times Y^X\to Y$ 在 $X\times F$ 上的限制映射.

从定义不难看出, 有下面的命题.

命题 16.4.1　F 是均匀连续的当且仅当对任意的 $x\in X,y\in Y$ 及 $V\in\mathscr{N}(y)$, 都存在 $U\in\mathscr{N}(x)$ 及 $W\in\mathscr{N}(y)$ 使得若 $f\in F$ 使得 $f(x)\in W$, 则 $f(U)\subset V$. □

而从上述命题, 显然又可以得到下面的命题.

命题 16.4.2　若 F 是均匀连续的, 则 $F\subset Y^X$. □

定理 16.4.1　设 Y 是正则空间, $F\subset Y^X$ 是均匀连续的映射族, 则 F 在积空间 $\prod\limits_{x\in X}Y_x$ (其中每个 $Y_x=Y$) 中的闭包 $\overline{F}$ 也是均匀连续的映射族.

证明　对任意给定的 $x_0\in X,y_0\in Y$ 及 $V\in\mathscr{N}(y_0)$, 由于 Y 是正则的, 存在 $V^*\in\mathscr{N}(y_0)$, 使得 $\overline{V^*}\subset V$. 因为 F 是均匀连续的, 故对上述 V^*, 存在 $U_V\in\mathscr{N}(x_0),W_V\in\mathscr{N}(y_0)$ 使得

$$p(U_V\times(F\cap M(\{x_0\},W_V)))\subset V^*.$$

为方便起见, 记

$$F(x_0,y_0,V)=\left\{f\in\prod_{x\in X}Y_x\,\middle|\,\text{若 } f(x_0)\in W_V,\ \text{则 } f(U_V)\subset\overline{V}^*\right\},$$

则由 F 均匀连续容易看出, $F \subset F(x_0, y_0, V)$, 并且

$$F(x_0, y_0, V) = \pi_{x_0}^{-1}(Y - W_V) \cup \bigcap_{x \in U_V} \pi_x^{-1}\left(\overline{V^*}\right).$$

显然 $F(x_0, y_0, V)$ 是闭集, 因此 $\overline{F} \subset F(x_0, y_0, V)$, 于是

$$\overline{F} \subset \cap \{F(x, y, V) \,|\, x \in X, y \in Y, V \in \mathscr{N}(y)\}.$$

而这恰好表明 $\overline{F}$ 是均匀连续的映射族. □

引理 16.4.1 设 F 是从 X 到 Y 的均匀连续的映射族, 则赋值映射 $p : X \times F \to Y$ 关于 F 的点式收敛拓扑是连续的, 从而关于 F 的紧开拓扑也是连续的.

证明 对任一 $x \in X$ 及 $f \in F$, 记 $y = f(x)$. 对任一 $V \in \mathscr{N}(y)$, 由于 F 是均匀连续的, 故存在 $U \in \mathscr{N}(x)$ 及 $W \in \mathscr{N}(y)$ 使得 $p(U \times (F \cap M(\{x\}, W))) \subset V$. 在紧开拓扑中, $M(\{x\}, W) \in \mathscr{N}(f)$, 因此 $U \times (F \cap M(\{x\}, W))$ 就是 (x, f) 在 $X \times F$ 中的一个邻域, 可见 p 是连续的. □

引理 16.4.2 设 Y 是正则的 T_1 空间, X 是任一拓扑空间, Y^X 带点式收敛拓扑. 如果 $F \subset Y^X$ 是紧的, 且赋值映射 $p : X \times F \to Y$ 连续, 则 F 是均匀连续的.

证明 对任意给定的 $x \in X, y \in Y$ 及 $V \in \mathscr{N}(y)$, 由于 Y 是正则的, 存在 $W \in \mathscr{N}(y)$, 使得 $\overline{W} \subset V$. 注意到

$$M\left(\{x\}, \overline{W}\right) = Y^X - M\left(\{x\}, Y - \overline{W}\right)$$

是 Y^X 的闭子集, 因此 $F_0 = F \cap M\left(\{x\}, \overline{W}\right)$ 是紧的. 又由于 $p(\{x\} \times F_0) \subset \overline{W} \subset V$, 故 $\{x\} \times F_0 \subset p^{-1}(V)$. 由 F_0 的紧性可知, 存在 $U \in \mathscr{N}(x)$ 使得 $p(U \times F_0) \subset V$. 从而

$$p(U \times (F \cap M(\{x\}, W))) \subset p(U \times F_0) \subset V.$$

因此映射族 F 是均匀连续的. □

定义 16.4.2 如果一个 Hausdorff 空间 X 是某个局部紧空间在商映射下的像, 则称该空间为一个 **k-空间** (k-space).

显然, 每个局部紧空间都是 k-空间.

定义 16.4.3 对给定的三个拓扑空间 X, Y 和 Z, 我们用 ${}^XY$ 表示所有从 X 到 Y 的映射 (无论连续与否) 构成的集合, 定义**指数映射** $\Lambda : {}^{Z \times X}Y \to {}^Z({}^XY)$ 使得

$$\text{对任意的 } f \in {}^{Z \times X}Y, z \in Z, x \in X, \quad ([\Lambda(f)](z))(x) = f(z, x).$$

容易看出, 指数映射是个一一对应. 利用指数映射, 我们给出定义.

定义 16.4.4 Y^X 上的一个拓扑 τ 称为**适当的** (proper), 是指对任一空间 Z, 只要 $f \in Y^{Z \times X}$, 就有 $\Lambda(f) \in (Y^X)^Z$. 反过来, Y^X 上的一个拓扑 τ 称为**容许的**

(admissible), 是指对任一空间 Z, 只要 $g \in (Y^X)^Z$, 就有 $\Lambda^{-1}(g) \in Y^{Z\times X}$. Y^X 上一个既是适当的又是容许的拓扑称为**可接受的** (acceptable) **拓扑**.

命题 16.4.3 Y^X 上的拓扑 τ 是容许的当且仅当赋值映射 $p : X \times Y^X \to Y$ 是连续的.

证明 设 Y^X 上的拓扑 τ 是容许的, 则对 $Z = Y^X$ 和 $g = \mathrm{id}_{Y^X}$, 映射 $\Lambda^{-1}(g) : X \times Y^X \to Y$ 是连续的. 由于对任一 $f \in Y^X$, $([\Lambda(p)](f))(x) = p(x, f) = f(x)$, 因此 $\Lambda(p) = \mathrm{id}_{Y^X}$, 故 $p = \Lambda^{-1}(g)$ 是连续的.

反过来, 如果赋值映射 $p : X \times Y^X \to Y$ 是连续的, 则对任一空间 Z 及任一 $g \in (Y^X)^Z$, $\Lambda^{-1}(g)$ 都是连续的, 因为对任一 $(z, x) \in Z \times X$, 有

$$((\Lambda(p(g \times \mathrm{id}_X)))(z))(x) = (p(g \times \mathrm{id}_X))(z, x) = p(x, g(z)) = (g(z))(x).$$

因此 $\Lambda(p(g \times \mathrm{id}_X)) = g$, 从而 $\Lambda^{-1}(g) = p(g \times \mathrm{id}_X) \in Y^{Z\times X}$. 因此 τ 是容许的. □

命题 16.4.4 对每对拓扑空间 X, Y 来说, Y^X 上的紧开拓扑总是适当的.

证明 设 Z 是一个拓扑空间, $f \in Y^{Z\times X}$. 任取一个集合 $M(C, U)$ (其中 C 为 X 的紧子集, U 是 Y 的开集), 都有

$$\begin{aligned}
[\Lambda(f)]^{-1}(M(C,U)) &= \left\{z \in Z \,\middle|\, \text{对任一 } x \in C, \text{都有 } ([\Lambda(f)](z))(x) \in U\right\} \\
&= \left\{z \in Z \,\middle|\, \text{对任一 } x \in C, \text{都有 } f(z, x) \in U\right\} \\
&= \{z \in Z \,|\, f(\{z\} \times C) \subset U\} \\
&= \left\{z \in Z \,\middle|\, \{z\} \times C \subset f^{-1}(U)\right\}.
\end{aligned}$$

而由 C 为紧集易知, 最后那个集合是开集. 同时由于所有形如 $M(C, U)$ 的集合构成 Y^X 上紧开拓扑的基, 因此 $\Lambda(f) \in (Y^X)^Z$. □

引理 16.4.3 设 X, Y, Z 是任意拓扑空间, 定义

$$\Omega : Z^Y \times Y^X \to Z^X, \quad \Omega(g, h) = g \circ h.$$

若函数空间 Z^Y, Y^X, Z^X 都带紧开拓扑, 且 Y 是局部紧的 Hausdorff 空间, 则 Ω 连续.

证明 只需证明, 对于任一紧子集 $C \subset X$ 及开集 $W \subset Z$, $\Omega^{-1}(M(C, W))$ 是开集即可. 事实上, 对任一 $(g, h) \in \Omega^{-1}(M(C, W))$, 有 $(g \circ h)(C) \subset W$, 即有 $h(C) \subset g^{-1}(W)$. 由于 Y 是局部紧的 Hausdorff 空间, 故存在开集 $U \subset Y$ 使得 $h(C) \subset U \subset \overline{U} \subset g^{-1}(W)$, 并且 $\overline{U}$ 是紧子集. 不难看出, 有

$$(g, h) \in M(\overline{U}, W) \times M(C, U) \subset \Omega^{-1}(M(C, W)).$$

这表明, (g, h) 是 $\Omega^{-1}(M(C, W))$ 的内点, 因此 $\Omega^{-1}(M(C, W))$ 是开集. □

命题 16.4.5　如果 X 是局部紧的, 则对每个空间 Y, Y^X 上的紧开拓扑是可接受的.

证明　由命题 16.4.4, 只需证明 Y^X 上的紧开拓扑是容许的即可. 任意取定一个点 a, 记 $\{a\}$ 表示单点空间, 则 $\mathrm{id}_X : X \to X^{\{a\}}$ 与 $\mathrm{id}_Y : Y \to Y^{\{a\}}$ 都是同胚. 注意到赋值映射 $p : X \times Y^X \to Y$ 实际上就是复合映射

$$X \times Y^X \xrightarrow{j} Y^X \times X \xrightarrow{\mathrm{id}_{Y^X} \times \mathrm{id}_X} Y^X \times X^{\{a\}} \xrightarrow{\Omega} Y^{\{a\}} \xrightarrow{\mathrm{id}_Y^{-1}} Y,$$

其中 $j : X \times Y^X \to Y^X \times X, j(x, f) = (f, x)$ 自然是连续的. 因此, 由引理 16.4.3 知, 赋值映射 p 是连续的. 进而由命题 16.4.3 知, Y^X 上的紧开拓扑是容许的. □

定理 16.4.2 (Arzela-Ascoli 定理)　设 X 是一个 k-空间, Y 是一个正则的 T_1 空间, 如果 Y^X 带紧开拓扑, 则闭集 $F \subset Y^X$ 是紧的当且仅当 F 是均匀连续的, 并且对任一 $x \in X, p(\{x\} \times F) = \{f(x) \,|\, f \in F\}$ 都有紧的闭包.

证明　为方便起见, 记 $F(x) = \{f(x) \,|\, f \in F\}$. 设 F 是均匀连续的, 并且对任一 $x \in X$, $\overline{F(x)} \subset Y$ 都是紧的. 则积空间 $\prod\limits_{x\in X} \overline{F(x)}$ 是紧的, 因而是闭的. 注意到在积空间 $\prod\limits_{x\in X} Y_x$ (其中对每个 $x \in X$, $Y_x = Y$) 中, 显然有 $F \subset \prod\limits_{x\in X} \overline{F(x)}$, 因此 $\overline{F} \subset \prod\limits_{x\in X} \overline{F(x)}$. 故 $\overline{F}$ 也是紧的. 由引理 16.4.2 知, $\overline{F} \subset Y^X$ 是均匀连续的. 再由引理 16.4.1 知, 赋值映射 $p : X \times \overline{F} \to Y$ 是连续的. 于是由命题 16.4.4 可得, $\Lambda(p) \in (Y^X)^{\overline{F}}$ (这里 Y^X 带紧开拓扑). 由于对每个 $f \in \overline{F}$, $[\Lambda(p)](f) = f$, 故在 $\overline{F}$ 上紧开拓扑与点式收敛拓扑是一样的. 因此有 $\overline{F} = F$, 从而 F 是紧的.

反过来, 设闭集 F 是 Y^X 的紧子集. 由引理 16.4.2 和命题 16.3.2, 只需证明 $p : X \times F \to Y$ 是连续的. 由定理 15.2.6 可知, $X \times F$ 也是一个 k-空间. 因此只需验证, 对 X 的每个紧子集 C, 限制映射

$$p_0 = p|_{C\times F} : C \times F \to Y$$

都是连续的即可. 由命题 16.4.4 及命题 16.4.5 可知, 赋值映射 $p_c : C \times Y^C \to Y$ 是连续的. 同时, 不难看出,

$$p_0 = p_c \circ (\mathrm{id}_C \times \varphi_i|_F)$$

(其中 $\varphi_i : Y^X \to Y^C, \varphi_i(f) = f \circ i$, 而 $i : C \to X$ 为含入映射, 都是连续的), 故知 p_0 是连续的. □

最后我们介绍一个与 k-空间有关的定理来结束这一讲.

定理 16.4.3　设 X 是一个 Hausdorff 空间, 则下列三个条件相互等价:

(1) X 是 k-空间;

(2) 对每一个 $A \subset X$, 只要对每个紧子集 C, $A \cap C$ 在子空间 C 中为闭集, 则 A 为 X 的闭集;

(3) 对每一个 $A \subset X$, 只要对每个紧子集 C, $A \cap C$ 在子空间 C 中为开集, 则 A 为 X 的开集.

证明　(2) 与 (3) 等价是显然的, 故只需证明 (1) 与 (2) 等价.

(1) 蕴涵 (2). 设 X 是 k-空间, 则存在局部紧空间 Y 及商映射 $f: Y \to X$. 假定集合 $A \subset X$ 与每个紧子集 $C \subset X$ 的交 $A \cap C$ 在子空间 C 中为闭集. 任取一点 $y \in \overline{f^{-1}(A)}$ 及一个开集 $U \in \mathscr{N}(y)$, 使得 $\overline{U}$ 为 Y 的紧子集. 则 $f\left(\overline{U}\right)$ 是 X 中的紧子集, 从而由假设, $A \cap f\left(\overline{U}\right)$ 为 $f\left(\overline{U}\right)$ 中的闭集, 因此也是 X 中的闭集. 由 f 的连续性, $f^{-1}\left(A \cap f\left(\overline{U}\right)\right) \subset f^{-1}(A)$ 是 Y 中闭集, 并且

$$f^{-1}(A) \cap \overline{U} \subset f^{-1}(A) \cap f^{-1}(f(\overline{U})) = f^{-1}(A \cap f(\overline{U})).$$

因此

$$\begin{aligned} y \in \overline{f^{-1}(A)} \cap U &\subset \overline{f^{-1}(A) \cap U} \subset \overline{f^{-1}(A) \cap \overline{U}} \\ &\subset \overline{f^{-1}(A \cap f(\overline{U}))} \subset f^{-1}(A \cap f(\overline{U})) \subset f^{-1}(A). \end{aligned}$$

这表明 $\overline{f^{-1}(A)} \subset f^{-1}(A)$. 因此 $f^{-1}(A)$ 为闭集. 由于 f 是商映射, 故 A 也为闭集.

(2) 蕴涵 (1). 设 X 是 Hausdorff 空间, $\Sigma(X)$ 表示 X 的所有非空紧子空间构成的集族, 则容易看出, 和空间 $\widetilde{X} = \bigoplus\limits_{C \in \Sigma(X)} C$ 是局部紧的, 并且组合映射

$$f := \mathop{\nabla}_{C \in \Sigma(X)} i_C : \widetilde{X} \to X$$

是连续的 (这里每个 $i_C : C \to X$ 是子空间 C 在 X 中的嵌入). 此外, 如果 "对 $A \subset X$, 只要对一切 $C \in \Sigma(X)$, $A \cap C$ 在子空间 C 中为闭集, 则 A 为 X 的闭集", 则 f 为一个商映射, 这表明, X 是一个 k-空间. □

习　题

16.1　设 $\Re$ 是拓扑空间 Y 的一个子基, 则对任一 $X \neq \varnothing$, 集族

$$\Re^* = \{M(\{x\}, U) \,|\, x \in X, U \in \Re\}$$

是 Y^X 上点式收敛拓扑的子基.

16.2　证明: 对 $A, A_i \subset X, W, W_i \subset Y (i = 1, 2, \cdots, n)$, 有

(1) $\bigcap\limits_{i=1}^{n} M(A_i, W) = M\left(\bigcup\limits_{i=1}^{n} A_i, W\right)$;

(2) $\bigcap_{i=1}^{n} M(A, W_i) = M\left(A, \bigcap_{i=1}^{n} W_i\right)$;

(3) $\bigcap_{i=1}^{n} M(A_i, W_i) \subset M\left(\bigcup_{i=1}^{n} A_i, \bigcup_{i=1}^{n} W_i\right)$, 并且包含关系通常不能改为相等关系.

16.3　对于任意拓扑空间 X, Y 和 Z, 如果函数空间均带点式收敛拓扑, 则指数映射

$$\Lambda : Y^{Z\times X} \to (Y^X)^Z, \quad ([\Lambda(f)](z))(x) = f(z,x) \quad (f \in^{Z\times X} Y, z \in Z, x \in X)$$

是同胚嵌入.

16.4　设 X, Y 是任意两个拓扑空间, $\{f_n | n \in \mathbb{N}\} \subset Y^X$ 是任意一列连续映射. 假设 f_n 点式收敛于某个函数 $f : X \to Y$, 并且 Y 是第二可数空间, 则存在一个无处稠密的子集 $A \subset X$ 使得限制映射 $f|_{X-A}$ 是连续的.

16.5　设 Y 是 Hausdorff 空间, 证明: 如果 Y^X 带紧开拓扑, 则集合

$$A = \{(f, x, y) | f(x) = y\} \subset Y^X \times X \times Y$$

是闭集.

16.6　设 $f : X \to Y$ 是满射, 证明: 对任意空间 Z, 映射

$$f^+ : Z^Y \to Z^X, \quad f^+(g) = g \circ f$$

是单射.

16.7　设 X 是局部紧空间, Y^X 带紧开拓扑. 证明: 如果 $F \subset Y$ 是一给定的闭集, 则 $A = \{(f, x) | f(x) \in F\}$ 是 $Y^X \times X$ 的闭子集.

16.8　设 X 是紧空间, Y^X 带紧开拓扑. $F \subset Y$ 是闭集, $U \subset X$ 是开集, 则 $\{f | f^{-1}(F) \subset U\}$ 是 Y^X 的开集.

16.9　设 $A_i (i = 1, 2, \cdots, n)$ 是空间 X 的 n 个紧子集, Y 是任一紧空间. 证明:

(1) $\left[\bigcup_{i=1}^{n} A_i\right] * Y \cong \bigcup_{i=1}^{n} [A_i * Y]$;

(2) $\left[\bigcap_{i=1}^{n} A_i\right] * Y \cong \bigcap_{i=1}^{n} [A_i * Y]$.

16.10　Y^X 上的点式收敛拓扑都是适当的, 但未必是容许的; $\mathbb{R}^X$ 上的一致收敛拓扑都是容许的, 但未必是适当的.

16.11　(1) 设 X 是紧 Hausdorff 空间, Y 是 Hausdorff 空间, 则所有从 X 到 Y 的满连续映射构成的集合在带紧开拓扑的函数空间 Y^X 中是闭集.

(2) 设 X 是紧 Hausdorff 空间, 则所有从 X 到自身的同胚映射构成的集合 H 在带紧开拓扑的函数空间 X^X 中是闭集, 并且对每个 $h \in H$, 其逆映射 $h^{-1} \in H$ 定义了 H 到自身的一个同胚.

16.12　局部紧的 Hausdorff 空间与 k-空间的积空间仍然是 k-空间.

16.13　若 X 是个 k-空间, $f: X \to Y$ 是个商映射, 其中 Y 是 Hausdorff 空间. 则 Y 也是 k-空间.

16.14　若 $f_i: X_i \to Y_i (i=1,2)$ 都是商映射, 且 X_1 和 $Y_1 \times Y_2$ 都是 k-空间, 则积映射 $f_1 \times f_2: X_1 \times X_2 \to Y_1 \times Y_2$ 也是商映射.

16.15　和空间 $\bigoplus\limits_{\lambda \in \Lambda} X_\lambda$ 是 k-空间当且仅当对任一 $\lambda \in \Lambda, X_\lambda$ 都是 k-空间.

附录　处处连续但处处不可导的函数的存在性证明

引理 1　设 $C(I)$ 表示 I 上全体连续实函数构成的集合, 则 $C(I)$ 是完备可度量空间.

证明　首先, 我们在 $C(I)$ 上定义一个度量

$$\rho: C(I) \times C(I) \to \mathbb{R}^1, \quad \rho(f,g) = \sup\{|f(t)-g(t)| \,|t \in I\} \quad (f,g \in C(I)).$$

则不难验证, ρ 是 $C(I)$ 上的一个度量. 剩下只需证明, ρ 是 $C(I)$ 上的一个完备度量. 设 $\langle f_n \rangle$ 是 $C(I)$ 上的一个 ρ-Cauchy 序列, 则对任一 $t \in I$, 由于 $|f_m(t) - f_n(t)| \leqslant \rho(f_m, f_n)$, 故 $\langle f_n(t) \rangle$ 是 $\mathbb{R}^1$ 中的一个 Cauchy 序列, 因此收敛于某个 $f(t) \in \mathbb{R}^1$. 这样定义好了一个函数 $f: I \to \mathbb{R}^1$. 并且

(1) f 是连续的. 事实上, 对任一 $t \in I$ 及任一 $\varepsilon > 0$, 由于 $\langle f_n \rangle$ 是 ρ-Cauchy 序列, 故存在 $K \in \mathbb{N}$, 当 $i, j > k$ 时都有 $\rho(f_i, f_j) < \dfrac{1}{5}\varepsilon$. 取定一个 $n > K$, 由于 f_n 在 t 处连续, 故存在 $\delta > 0$ 使得对任一 $s \in B(t,\delta) \cap I$ 都有 $|f_n(t) - f_n(s)| < \dfrac{1}{5}\varepsilon$. 再由 $f_i(t) \to f(t)$ 及 $f_i(s) \to f(s)$, 存在 $K' \in \mathbb{N}$ 使得 $m > k'$ 时都有

$$|f_m(t) - f(t)| < \frac{1}{5}\varepsilon \quad 及 \quad |f_m(s) - f(s)| < \frac{1}{5}\varepsilon.$$

取定一个这样的 $m > \max\{K, K'\}$, 则有

$$\begin{aligned}
|f(s) - f(t)| &\leqslant |f(s) - f_m(s)| + |f_m(s) - f_n(s)| + |f_n(s) - f_n(t)| + |f_n(t) - f_m(t)| \\
&\quad + |f_m(t) - f(t)| \\
&\leqslant |f(s) - f_m(s)| + \rho(f_m, f_n) + |f_n(s) - f_n(t)| + \rho(f_m, f_n) \\
&\quad + |f_m(t) - f(t)| \\
&\leqslant \frac{1}{5}\varepsilon + \frac{1}{5}\varepsilon + \frac{1}{5}\varepsilon + \frac{1}{5}\varepsilon + \frac{1}{5}\varepsilon = \varepsilon.
\end{aligned}$$

可见, f 是连续的.

(2) 函数列 $\langle f_n \rangle \rho$-收敛于 f. 由于 $\langle f_n \rangle$ 是 ρ-Cauchy 序列, 对任意给定的 $\varepsilon > 0$, 存在 $k \in \mathbb{N}$, 当 $m, n > k$ 时, 有 $\rho(f_m, f_n) < \varepsilon$. 从而对一切 $t \in I$, 都有 $|f_m(t) - f_n(t)| \leqslant$

$\rho(f_m, f_n) < \varepsilon$. 令 $m \to \infty$, 则有 $|f(t) - f_n(t)| \leqslant \varepsilon$ (对任意 $t \in I$). 从而 $n > k$ 时, $\rho(f, f_n) \leqslant \varepsilon$. 可见 $\langle f_n \rangle \rho$-收敛于 f.

故 $C(I)$ 是 ρ-完备的. □

定义 1 设 X 是任一拓扑空间, 若子集 $A \subset \mathbb{R}^X$ 关于加法、乘法和数乘运算都是封闭的, 就称 A 为一个**代数**. 若代数 A 还含有常值函数 $\delta(x) \equiv 1$, 则称 A 为**酉代数** (也称为**单式代数**).

由习题 3.10 可知, 带紧开拓扑的函数空间 $\mathbb{R}^X$ 对加法、乘法和数乘运算是封闭的. 因此, $\mathbb{R}^X$ 本身是个酉代数.

容易验证, 对于任一非空子集 $D \subset \mathbb{R}^X$, 所有包含 D 的代数的交仍然是一个代数, 它也是包含 D 的最小代数, 称为由 D 生成的代数, 记为 $A(D)$. 且不难看出, $A(D)$ 就是所有形如 $p(f_1, f_2, \cdots, f_n)$ 的函数的集合, 其中 p 是不含常数项的 n 元多项式, $n \geqslant 1$, 而 $f_1, f_2, \cdots, f_n$ 都是 D 中的函数. 如果 D 中含有非零的常值函数, 则 $A(D)$ 是个酉代数. 此外, 如果 $A \subset \mathbb{R}^X$ 是个代数, 则 $\overline{A} \subset \mathbb{R}^X$ 也是代数.

定义 2 设 X 是拓扑空间, 称子集 $D \subset \mathbb{R}^X$ 是分离点的是指: 对 X 中任意两个不同的点 x, y, 都存在 $f \in D$ 使得 $f(x) \neq f(y)$.

引理 2 (M. Stone) 设 X 是任一拓扑空间, $D \subset \mathbb{R}^X$ 含有一个非零的常值函数, 并且是分离点的, 则 $A(D)$ 在 $\mathbb{R}^X$ 中稠密.

证明 我们把证明分为三步.

(1) 对 X 中任意两个不同点 x, y 以及任意常数 a, b, 存在 $f \in A(D)$ 使得 $f(x) = a, f(y) = b$.

首先, 由于 D 是分离点的, 存在一个 $g \in A(D)$ 使得 $g(x) = \alpha \neq \beta = g(y)$. 由于 D 含有一个非零的常值函数, 因此 $A(D)$ 含有所有常值函数, 故函数 $f(t) = a + \dfrac{b-a}{\beta-\alpha}(g(t) - \alpha)$ 即可满足要求.

为了完成引理的证明, 显然只需证明 $\overline{A(D)}$ 在 $\mathbb{R}^X$ 中稠密. 为此, 需要证明: 对于任一给定的 $f \in \mathbb{R}^X$ 以及 f 的任一邻域 $\bigcap\limits_{i=1}^{n} M(C_i, V_i)$ (其中 C_i 为 X 的紧子集, V_i 为 $\mathbb{R}^1$ 的开集), 都存在 $g \in \overline{A(D)} \cap \bigcap\limits_{i=1}^{n} M(C_i, V_i)$. 由于 $f(C_i) \subset V_i$ 且 $f(C_i)$ 为紧闭集 $(i = 1, 2, \cdots, n)$, 因此

$$\varepsilon = \min \{ d(f(C_i), X - V_i) \,|\, i = 1, 2, \cdots, n \}$$

是个正常数. 记 $C = \bigcup\limits_{i=1}^{n} C_i$, 则 C 是紧集. 寻找 g 可由如下两步来完成.

(2) 对每个固定的 $c_0 \in C$, 存在一个 $g \in \overline{A(D)}$ 使得 $g(c_0) = f(c_0)$, 且对任意 $c \in C, g(c) < f(c) + \varepsilon$.

事实上, 由 (1), 对每个 $c \in C$, 存在一个 $h_c \in A(D)$ 使得 $h_c(c_0) = f(c_0)$, 且 $h_c(c) < f(c) + \dfrac{\varepsilon}{2}$. 由于 h_c 连续, 因此存在 $V_c \in \mathscr{N}(c)$ 使得当 $x \in V_c$ 时都有 $h_c(x) < f(x) + \varepsilon$. 由于 C 的紧致性, 故存在有限个点 $c_1, c_2, \cdots, c_n \in C$ 使得 $\{V_{c_1}, V_{c_2}, \cdots, V_{c_n}\}$ 给出 C 的开覆盖. 令

$$g = \min\{h_{c_1}, h_{c_2}, \cdots, h_{c_n}\}.$$

则 $g \in \overline{A(D)}$ (证明略去). 对任一 $c \in C$, 存在 $i \leqslant n$ 使得 $c \in V_{c_i}$, 从而

$$g(c) \leqslant h_{c_i}(c) < f(c) + \varepsilon.$$

(3) 存在一个 $g \in \overline{A(D)}$ 使得对每个 $c \in C$, $|f(c) - g(c)| < \varepsilon$.

对于每一个 $c_0 \in C$, 令 g_{c_0} 表示由 (2) 所得到的函数, 并找一个邻域 V_{c_0} 使得只要 $x \in V_{c_0}$, 就有 $g_{c_0}(x) > f(x) - \varepsilon$. 由于 C 是紧集, 故存在有限个这样的邻域 $V_{c_1}, V_{c_2}, \cdots, V_{c_n}$ 覆盖 C. 定义

$$g = \max\{g_{c_1}, g_{c_2}, \cdots, g_{c_n}\},$$

则 $g \in \overline{A(D)}$. 由于对每个 $c \in C$, 存在某个 V_{c_i} 使得 $c \in V_{c_i}$, 从而

$$g(c) \geqslant g_{c_i}(c) > f(c) - \varepsilon.$$

再由 (2), 又有 $g_{c_i}(c) < f(c) + \varepsilon (i = 1, 2, \cdots, n)$. 因此也有

$$g(c) < f(c) + \varepsilon.$$

故当 $c \in C$ 时, $|f(c) - g(c)| < \varepsilon$.

显然, $g \in \overline{A(D)} \cap \bigcap_{i=1}^{n} M(C_i, V_i)$. □

例 1　令 D 表示由常值函数 $c_1 : I \to \mathbb{R}^1, c_1(x) \equiv 1$ 以及 $c_2 : I \to \mathbb{R}^1, c_2(x) = x$ 两个函数构成的集合, 则 D 显然是分离点的, 因此 $A(D)$ 也是分离点的, 由引理 2 可知, $A(D)$ 在 $\mathbb{R}^I$ 中稠密. 由于 I 是紧的, 因此由定理 16.3.3 知, $\mathbb{R}^I$ 是可度量的, 因此 $\mathbb{R}^I$ 中闭包可用序列的收敛性描述, 且 $\mathbb{R}^I$ 中的一个序列在 I 上收敛即意味着一致收敛. 由此不难看出, 对任一 $f \in \mathbb{R}^I$ 及正数 ε, 都存在一个多项式函数 $p_\varepsilon(x)$ 使得

$$对任意\ x \in I,\ 都有\ |f(x) - p_\varepsilon(x)| < \varepsilon.$$ □

定理 1　存在连续函数 $f: I \to \mathbb{R}^1$, 其在每一点 $x \in I$ 处都不可导.

证明　对每个 $n \geqslant 1$, 令

$$C_n(I) = \left\{ f \in C(I) \,\middle|\, \text{存在 } x \in \left[0, 1 - \frac{1}{n}\right] \text{ 使得对任意 } h \in \left(0, \frac{1}{n}\right], \right.$$
$$\left. \text{都有 } \left| \frac{f(x+h) - f(x)}{h} \right| \leqslant n \right\}.$$

如果 $f \in C(I)$ 在点 $x \in I - \{1\}$ 处可导, 则存在 $n \geqslant 1$ 使得 $x \in \left[0, 1 - \frac{1}{n}\right]$. 由 $\lim\limits_{h \to 0} \frac{f(x+h) - f(x)}{h} = f'(x)$ 存在, 令

$$g(h) = \begin{cases} \dfrac{f(x+h) - f(x)}{h}, & h \in \left(0, \dfrac{1}{n}\right], \\ f'(x), & h = 0. \end{cases}$$

则函数 $g(h)$ 在区间 $\left[0, \frac{1}{n}\right]$ 上连续, 故必有一个自然数 $m \geqslant n$ 使得 $|g(h)| \leqslant m$. 因此可知, $f \in C_m(I)$. 因此, 为完成证明, 只需证明式子 $C(I) - \bigcup\limits_{n \geqslant 1} C_n(I) \neq \varnothing$ 成立.

(1) 每个 $C_n(I)$ 都是闭集. 给定 $n \geqslant 1$, 由于赋值映射

$$\Omega: C(I) \times I \to \mathbb{R}^1, \quad \Omega(f, t) = f(t) \quad (f \in C(I), t \in I).$$

显然是连续的, 因此对给定的 $h_0 \in \left(0, \frac{1}{n}\right]$, 由下面表达式给出的两个定义在 $C(I) \times \left[0, 1 - \frac{1}{n}\right]$ 上的实函数

$$(f, x) \mapsto \frac{1}{h_0} \cdot f(x + h_0), \quad (f, x) \mapsto \frac{1}{h_0} \cdot f(x)$$

都是连续的, 从而由下式给出的映射

$$(f, x) \mapsto \left| \frac{f(x + h_0) - f(x)}{h_0} \right|$$

也是连续的. 故集合 $\left\{ (f, x) \in C(I) \times \left[0, 1 - \frac{1}{n}\right] \,\middle|\, \left| \frac{f(x + h_0) - f(x)}{h_0} \right| \leqslant n \right\}$ 是 $C(I) \times \left[0, 1 - \frac{1}{n}\right]$ 中的闭集, 因而其平行于紧轴 $\left[0, 1 - \frac{1}{n}\right]$ 的投影

$$C(I, n, h_0) = \left\{ f \,\middle|\, \text{存在 } x \in \left[0, 1 - \frac{1}{n}\right], \text{ 使得 } \left| \frac{f(x + h_0) - f(x)}{h_0} \right| \leqslant n \right\}$$

是 $C(I)$ 中的闭集, 而

$$C_n(I)=\bigcap\left\{C(I,n,h_0)\left|h_0\in\left(0,\frac{1}{n}\right]\right.\right\},$$

故 $C_n(I)$ 是闭集.

(2) 每个 $C_n(I)$ 的内部都是空集. 设 $f\in C_n(I)$, 只需证明, 在每个球形邻域 $B_{d^+}(f,\varepsilon)$(其中 d 表示 $\mathbb{R}^1$ 上的欧氏度量, $0<\varepsilon<1$) 内, 存在一个 $g\in C(I)-C_n(I)$, 即存在一个 $g\in C(I)$ 使得

(a) $d^+(f,g)<\varepsilon$;

(b) 对任意 $x\in\left[0,1-\dfrac{1}{n}\right]$, 存在 $h_x\in\left(0,\dfrac{1}{n}\right]$ 使得 $\left|\dfrac{g(x+h_x)-g(x)}{h_x}\right|>n.$

由例 1 知, 存在一个多项式函数 $p\in C(I)$ 使得 $d^+(f,p)<\dfrac{1}{3}\varepsilon$. 由于导函数 p' 也是 I 上的连续函数, 令

$$M=\max\{p'(x)\,|x\in I\}.$$

记 $q(x)$ 表示 I 上定义的这样一个非负连续函数, 其图像由一些直线段构成, 每段直线段的斜率的绝对值都是 $M+n+1$, 并且整个图像上任何一点与 x 轴的距离都小于 $\dfrac{1}{3}\varepsilon$. 则 $d^+(p+q,p)<\dfrac{\varepsilon}{3}$, 从而

$$d^+(f,p+q)\leqslant d^+(f,p)+d^+(p,p+q)<\frac{2\varepsilon}{3}<\varepsilon.$$

同时, 对任一 $x\in\left(0,1-\dfrac{1}{n}\right]$, 由于 p 可导, 且 $|p'(x)|\leqslant M$, 因此存在一个 $h\in\left(0,\dfrac{1}{n}\right]$ 使得

$$\left|\frac{q(x+h)-q(x)}{h}\right|=M+n+1,\quad 且\quad \left|\frac{p(x+h)-p(x)}{h}\right|\leqslant M+\varepsilon.$$

从而

$$\begin{aligned}\left|\frac{p(x+h)+q(x+h)-p(x)-q(x)}{h}\right|&\geqslant\left|\frac{q(x+h)-q(x)}{h}\right|-\left|\frac{p(x+h)-p(x)}{h}\right|\\&\geqslant M+n+1-M-\varepsilon>n.\end{aligned}$$

令 $g=p+q$, 则 g 满足条件 (a) 和 (b). 因此 (2) 真.

由 (1)、(2) 及 $C(I)$ 的完备性可知, $C(I)-\bigcup\limits_{n\geqslant 1}C_n(I)\neq\varnothing$. □

第 17 讲　同伦映射与空间的同伦等价

同伦与同伦等价是拓扑学 (特别是代数拓扑学) 中的基本概念. 同伦是一种 "柔性的" 连续变形, 它能保持一些重要的拓扑不变量, 比如同伦等价的空间, 其基本群是同构的, 其各个维数的同调群也是同构的. 本讲介绍与映射的同伦和空间的同伦等价相关的基本知识.

17.1　映射的同伦

对于给定的两个拓扑空间 X 与 Y, 在这一节, 我们用 $C(X,Y)$ 表示从 X 到 Y 的所有连续映射的集合.

定义 17.1.1　设 $f,g \in C(X,Y)$. 如果存在一个连续映射 $H: X\times I \to Y$ 使得

$$\text{对任一 } x \in X, \text{ 都有 } H(x,0)=f(x), H(x,1)=g(x),$$

则称 f **与** g **同伦**. 记作 $f \overset{H}{\approx} g$, 或者 $H: f \approx g$. 在不必强调 H 时, 简记为 $f \approx g$. 其中 H 称为从 f 到 g 的**同伦** (homotopy), 也称**伦移**.

直观上, 我们可以将一个同伦想象为从 X 到 Y 的映射的一个连续单参数族. 如果把参数 t 想象为时间变量, 那么当 t 从 0 变到 1 时, 同伦 H 将映射 f 连续地 "形变" 为映射 g. 也即如果记 $H(x,t)=h_t(x)$, 则对每个 $t\in[0,1]$, $h_t: X\to Y$ 均为连续映射, 同时它关于 t 也是连续的, 并且有 $h_0=f, h_1=g$ (图 17-1).

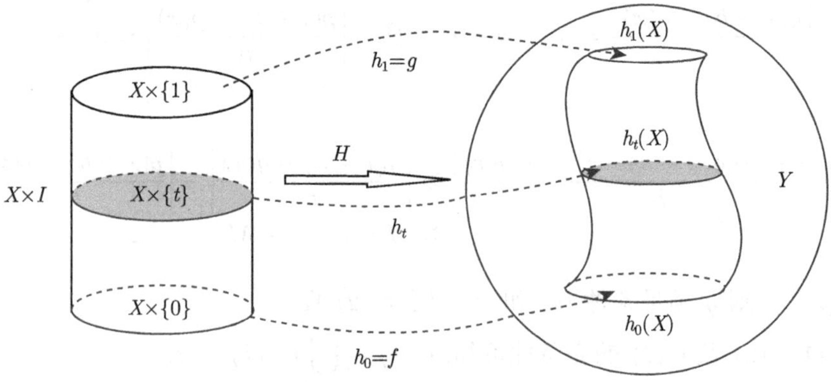

图 17-1

例 17.1.1 设 X 是一个拓扑空间, $f, g: X \to A$ 为任意两个给定的连续映射, 其中 A 为 $\mathbb{R}^n$ 中的一个凸集, 带子空间拓扑, 则映射

$$H: X \times I \to A, \quad H(x,t) = (1-t)f(x) + tg(x)$$

是连续的, 且对任一 $x \in X$, 有 $H(x,0) = f(x), H(x,1) = g(x)$. 因此 H 是从 f 到 g 的一个同伦. 这表明, 从任意一个拓扑空间 X 到 $\mathbb{R}^n$ 中的一个凸集的任意两个连续映射都是同伦的. □

例 17.1.2 设 X 是一个拓扑空间, $f, g: X \to S^n$ (其中 $n \geqslant 1$) 为任意两个给定的连续映射, 且假设对任一 $x \in X, f(x)$ 与 $g(x)$ 都不互为对径点, 这意味着对任一 $x \in X$, 在 $\mathbb{R}^{n+1}$ 中连接 $f(x)$ 与 $g(x)$ 的直线段都不经过原点. 因此按如下方式定义的映射

$$H: X \times I \to S^n, \quad H(x,t) = \frac{(1-t)f(x) + tg(t)}{\|(1-t)f(x) + tg(x)\|} \quad (t \in I, x \in X)$$

是连续的, 并且对任一 $x \in X$, 有 $H(x,0) = f(x), H(x,1) = g(x)$. 因此, H 就是从 f 到 g 的一个伦移. □

例 17.1.3 设 X 是一个拓扑空间, 而 $f, g: X \to S^1$ 为任意两个给定的连续映射, 且假设对任一 $x \in X, f(x)$ 与 $g(x)$ 总是互为对径点, 即对任一 $x \in X$, 都有 $g(x) = f(x)\mathrm{e}^{\mathrm{i}\pi}$. 令

$$H: X \times I \to S^1, \quad H(x,t) = \mathrm{e}^{\mathrm{i}t\pi} f(x).$$

则容易验证, H 是从 f 到 g 的一个伦移, 即 $H: f \approx g$. □

命题 17.1.1 同伦关系是 $C(X,Y)$ 中的一个等价关系.

证明 下面我们依次验证同伦关系满足等价关系的三个条件.

(自反性) 对任一 $f \in C(X,Y)$, 令 $H: X \times I \to Y, H(x,t) = f(x)$. 则 H 是从 f 到 f 的一个伦移.

(对称性) 设 $f, g \in C(X,Y)$, 若 H 是从 f 到 g 的伦移, 则 $G: X \times I \to Y, G(x,t) = H(x, 1-t)$ 是从 g 到 f 的一个伦移.

(传递性) 设 $f, g, h \in C(X,Y)$, 且 $f \overset{H}{\approx} g \overset{G}{\approx} h$. 定义 $K: X \times I \to Y$ 使得

$$K(x,t) = \begin{cases} H(x,2t), & 0 \leqslant t \leqslant \dfrac{1}{2}, \quad x \in X, \\ G(x,2t-1), & \dfrac{1}{2} < t \leqslant 1, \quad x \in X. \end{cases}$$

则由粘接引理可知, $K: X \times I \to Y$ 是连续映射, 并且对任意 $x \in X$, 有

$$K(x,0) = H(x,0) = f(x), \quad K(x,1) = G(x,1) = h(x).$$

可见 K 是从 f 到 h 的一个伦移, 即有 $f\overset{K}{\approx}h$. □

实际上, 在上述关于传递性的证明中, 对每个 $x\in X, H(x,t)$ 就是 Y 中的一条以 $f(x)$ 为起点, $g(x)$ 为终点的道路; 而 $G(x,t)$ 则是 Y 中的一条以 $g(x)$ 为起点, $h(x)$ 为终点的道路. 它们的乘积道路即是 Y 中的一条以 $f(x)$ 为起点, $h(x)$ 为终点的道路.

由命题 17.1.1, $C(X,Y)$ 在同伦关系下可划分成一些等价类, 这些等价类称为**映射类**. 所有映射类的集合记作 $[X,Y]$, 它是 $C(X,Y)$ 关于同伦关系的商集, 即 $[X,Y]=C(X,Y)/\approx$. 比如, 从例 17.1.1 可知, 当 Y 是 $\mathbb{R}^n$ 的凸子集时, $[X,Y]$ 中就只有一个映射类, 从而是一个单元集.

例 17.1.4　设 X 是单点空间 $\{x\}$, 则显然 $C(\{x\},Y)$ 与 Y 之间可以建立起一个一一对应 $f\mapsto f(x)$. 对任一 $y\in Y$, 若记 f_y 表示 $C(\{x\},Y)$ 中像点为 y 的映射, 则易见 f_{y_1} 与 f_{y_2} 同伦相当于 Y 中有一条从 y_1 到 y_2 的道路, 故 $f_{y_1}\approx f_{y_2}$ 当且仅当 y_1 与 y_2 在同一道路连通分支中. 于是映射类集 $[\{x\},Y]$ 与 Y 的道路连通分支之间有一个一一对应. 特别地, 当 Y 道路连通时, $[\{x\},Y]$ 就只有一个映射类.

更一般地, 对任意拓扑空间 X 和 Y, 两个常值映射 $f,g:X\to Y$ 同伦当且仅当像点 $f(X)$ 与 $g(X)$ 位于同一道路分支 (其证明留作练习). □

定理 17.1.1　(1) 若 $f_0\approx f_1:X\to Y, g_0\approx g_1:Y\to Z$, 则 $g_0\circ f_0\approx g_1\circ f_1:X\to Z$.

(2) 若 $f\approx g:X\to Y$, $A\subset X$ 为任一非空子集, 则 $f|_A\approx g|_A:A\to Y$.

(3) $f\approx g:X\to\prod\limits_{\lambda\in\Lambda}Y_\lambda$ 的充分必要条件是: 对任一 $\lambda\in\Lambda, \pi_\lambda\circ f\approx\pi_\lambda\circ g$.

(4) 设 $A\subset X$ 为任一非空闭子集, $f:A\to Y$ 为连续映射, $p:X+Y\to X\cup_f Y$ 表示商映射, 又 $g_0,g_1:X\to Z$ 和 $h_0,h_1:Y\to Z$ 是两组连续映射. 如果同伦映射 $G:g_0\approx g_1$ 和 $H:h_0\approx h_1$ 是相合的 (就是说, 对一切 $(a,t)\in A\times I, G(a,t)=H(f(a),t)$), 则

$$(g_0,h_0)\circ p^{-1}\approx(g_1,h_1)\circ p^{-1}:X\cup_f Y\to Z.$$

其中 $(g_0,h_0):X+Y\to Z$ 是 g_0 和 h_0 的唯一的共同扩张, 其定义为

$$(g_0,h_0)(u)=\begin{cases}g_0(u), & u\in X,\\ h_0(u), & u\in Y.\end{cases}$$

$(g_1,h_1):X+Y\to Z$ 的定义类似.

证明　(1) 设 F 是从 f_0 到 f_1 的伦移, G 是从 g_0 到 g_1 的伦移. 首先, 令

$$\widetilde{F}:X\times I\to Y\times I,\quad \widetilde{F}(x,t)=(F(x,t),t)$$

($\widetilde{F}$ 称为 F 的**柱化**). 由定理 5.2.3 知, $\tilde{F}$ 是连续映射. 于是映射 $G\circ\widetilde{F}:X\times I\to Z$ 也是连续的, 且满足

$$G\circ\widetilde{F}(x,0)=G(F(x,0),0)=g_0(F(x,0))=g_0\circ f_0(x),$$

$$G\circ\widetilde{F}(x,1)=G(F(x,1),1)=g_1(F(x,1))=g_1\circ f_1(x).$$

因此 $G\circ\widetilde{F}$ 为从 $g_0\circ f_0$ 到 $g_1\circ f_1$ 的伦移.

(2) 令 $i:A\to X$ 表示含入映射, 则 $f|_A=f\circ i, g|_A=g\circ i$. 因此由 (1) 可知, 命题真.

(3) 必要性. 由于每个投射 $\pi_\lambda:\prod\limits_{\mu\in\Lambda}Y_\mu\to Y_\lambda$ 都是连续的, 故由 (1) 可知.

充分性. 设对任一 $\lambda\in\Lambda$, 都有 $H_\lambda:\pi_\lambda\circ f\approx\pi_\lambda\circ g$. 定义

$$H:X\times I\to\prod_{\lambda\in\Lambda}Y_\lambda,\quad H(x,t)=(H_\lambda(x,t))_{\lambda\in\Lambda}\quad(x\in X,t\in I).$$

则由定理 5.2.3 知, H 是连续的, 且对任一 $x\in X$, 有

$$H(x,0)=(H_\lambda(x,0))_{\lambda\in\Lambda}=(\pi_\lambda\circ f(x))_{\lambda\in\Lambda}=f(x),$$

$$H(x,1)=(H_\lambda(x,1))_{\lambda\in\Lambda}=(\pi_\lambda\circ g(x))_{\lambda\in\Lambda}=g(x).$$

可见, $H:f\approx g$.

(4) 由于 $G:g_0\approx g_1$, $H:h_0\approx h_1$, 定义

$$K=(G,H):(X\times I)+(Y\times I)=(X+Y)\times I\to(X\cup_f Y)\times I$$

使得

$$K(u,t)=\begin{cases}G(u,t), & u\in X,t\in I,\\ H(u,t), & u\in Y,t\in I.\end{cases}$$

则由粘接引理知, K 是个连续映射. 由定理 15.2.6 知, $p\times\mathrm{id}_I:(X+Y)\times I\to(X\cup_f Y)\times I$ 也是商映射. 又由于对一切 $(a,t)\in A\times I$ 都有 $G(a,t)=H(f(a),t)$. 因此由定理 15.2.3 知, 诱导映射

$$K^*:(X\cup_f Y)\times I\to Z$$

是连续的, 且 $K^*\circ(p\times\mathrm{id}_I)=K$. 不难验证, K^* 还满足

$$K^*(u,0)=(g_0,h_0)\circ p^{-1}(u),\quad K^*(u,1)=(g_1,h_1)\circ p^{-1}(u).$$

因此 $K^*:(g_0,h_0)\circ p^{-1}\approx(g_1,h_1)\circ p^{-1}$. □

应用定理 17.1.1(1), 容易得到下面这个定理 (具体证明留作习题).

定理 17.1.2 给定两个拓扑空间 X,Y 及一个连续映射 $\varphi:X\to Y$.

(1) 对每个拓扑空间 Z, φ 诱导一个连续映射 $\varphi^*:[Y,Z]\to[X,Z]$ 使得 $\varphi^*(f)=[f\circ\varphi]$.

(2) 对每个拓扑空间 Z, φ 诱导一个连续映射 $\varphi_*:[Z,X]\to[Z,Y]$ 使得 $\varphi^*(g)=[\varphi\circ g]$.

(3) 若 $\varphi\approx\psi:X\to Y$, 则对每个拓扑空间 Z, 有

$$\varphi^*\approx\psi^*:[Y,Z]\to[X,Z],\quad 且\quad \varphi_*\approx\psi_*:[Z,X]\to[Z,Y].$$

(4) 若 $\psi:Y\to W$ 也是连续映射, 则对每个拓扑空间 Z, 有 $(\psi\circ\varphi)^*=\varphi^*\circ\psi^*$, $(\psi\circ\varphi)_*=\varphi_*\circ\psi_*$. □

引理 17.1.1 若映射 $h:X\to Z^Y$ 连续 (其中 Z^Y 带紧开拓扑), 且 $X\times Y$ 是 k-空间, 则映射

$$\tilde{h}:X\times Y\to Z,\quad \tilde{h}(x,y)=[h(x)](y)$$

也是连续映射.

证明 我们先证明, 若 C 是 Y 的紧子集, 则 $\tilde{h}|_{X\times C}:X\times C\to Z$ 是连续的. 记 $i:C\to Y$ 为含入映射, 定义

$$i^+:Z^Y\to Z^C,\quad i^+(g)(c)=g(c)\quad (g\in Z^Y,c\in C);$$

$$p:Z^C\times C\to Z,\quad p(f,c)=f(c)\quad (f\in Z^C,c\in C).$$

则容易验证 i^+ 与赋值映射 p 都是连续的. 因此 $\tilde{h}|_{X\times C}$ 作为下述映射列

$$X\times C\xrightarrow{h\times\mathrm{id}_C}Z^Y\times C\xrightarrow{i^+\times\mathrm{id}_C}Z^C\times C\xrightarrow{p}Z$$

的复合映射也是连续的.

现在, 设 $\pi_Y:X\times Y\to Y$ 表示投射, 则对每个紧子集 C, $\pi_Y(C)$ 是紧的, 且 $C\subset X\times\pi_Y(C)$, 因此由 $\tilde{h}|_{X\times\pi_Y(C)}$ 的连续性可知 $\tilde{h}|_C$ 也是连续的. 于是由 Z^Y 带紧开拓扑可知, $\tilde{h}$ 也是连续的. □

定理 17.1.3 设函数空间 Y^X 带紧开拓扑, 则

(1) 若 $f\approx g:X\to Y$, 则 f 与 g 位于 Y^X 的同一道路分支;

(2) 若 f 与 g 位于 Y^X 的同一道路分支, 且 X 是个 k-空间, 则 $f\approx g$.

证明 (1) 设 $H:f\approx g$, 则 $H:X\times I\to Y$ 是个连续映射, 定义

$$\hat{H}:I\to Y^X,\quad [\hat{H}(t)](x)=H(x,t).$$

则 $\hat{H}(0) = f, \hat{H}(1) = g$. 因此只要证明了 $\hat{H}$ 连续, 自然 $\hat{H}$ 就是 Y^X 中连接 f 与 g 的道路, 因此 f 与 g 在同一道路分支中. 对任一 $t \in I$ 及任一标准邻域 $M(C,U) \in \mathscr{N}(\hat{H}(t))$, 需要证明存在一个 $V \in \mathscr{N}(t)$ 使得 $\hat{H}(V) \subset M(C,U)$, 即 $H(C \times V) \subset U$. 由于 $C \times \{t\} \subset H^{-1}(U)$, 且 C 为紧子集, 故由定理 9.2.2 可知, 存在 $V \in \mathscr{N}(t)$ 使得 $C \times V \subset H^{-1}(U)$, 从而 $\hat{H}(V) \subset M(C,U)$. 因此 $\hat{H}$ 连续.

(2) 由于 X 是个 k-空间, 故存在一个局部紧空间 X^* 及一个商映射 $h: X^* \to X$. 由 Whitehead 定理 (定理 15.2.6) 知, $h \times \mathrm{id}_I : X^* \times I \to X \times I$ 也是商映射, 因此 $X \times I$ 也是 k-空间. 设 $\alpha : I \to Y^X$ 是 Y^X 中从 f 到 g 的一条道路, 定义

$$G : X \times I \to Y, \quad G(x,t) = [\alpha(t)](x) \quad (x \in X, t \in I).$$

则由引理 17.1.1 可知, G 是连续的. 直接验证可知, 有

$$G(x,0) = [\alpha(0)](x) = f(x), \quad G(x,1) = [\alpha(1)](x) = g(x).$$

因此, $G : f \approx g$. □

定义 17.1.2 同伦于常值映射的映射称为**零伦的** (null homotopic) 映射.

例 17.1.5 设 X 是 $\mathbb{R}^n$ 中的凸集, 则由例 17.1.1 可知, 恒等映射 $\mathrm{id}_X : X \to X$ 是零伦的. 设 e 是 X 到 X 的一个常值映射, 则通过直线同伦可知 $\mathrm{id}_X \approx e$. 于是, 对任何拓扑空间 Y 以及任一连续映射 $f : X \to Y$. 由定理 17.1.1, $f = f \circ \mathrm{id}_X \approx f \circ e$. 而 $f \circ e$ 也是常值映射, 因此 f 是零伦的. 可见, 当 X 是 $\mathbb{R}^n$ 中的凸集时, 任一连续映射 $f : X \to Y$ 都是零伦的. □

例 17.1.6 设 X 是任一拓扑空间, 则任一非满的连续映射 $f : X \to S^n$ 都是零伦的. 事实上, 任取一个点 $a \in S^n - f(X)$, 则 a 的对径点 $-a$ 与任一 $f(x)(x \in X)$ 均不成对径点. 容易验证, 映射

$$H : X \times I \to S^n, \quad H(x,t) = \frac{(1-t)f(x) + t(-a)}{\|(1-t)f(x) + t(-a)\|}$$

是从 f 到常值映射

$$e : X \to S^n, \quad e(x) \equiv -a \quad (x \in X)$$

的一个伦移. 因此 f 是零伦的. □

例 17.1.7 需要注意的是, 两个零伦的映射未必是同伦的. 事实上, 假设 Y 不是道路连通的, 取 y_1, y_2 为 Y 的不在同一道路分支的两个点, 则两个常值映射

$$f_{y_1} : X \to Y, \quad f_{y_1}(x) \equiv y_1 \quad (x \in X)$$

与

$$f_{y_2} : X \to Y, \quad f_{y_2}(x) \equiv y_2 \quad (x \in X)$$

自然都是零伦的, 但它们却不相互同伦. □

例 17.1.8 道路连通空间的任意两条道路都是同伦的. 事实上, 由于 $[0,1]$ 是凸集, 故由例 17.1.5 知, 拓扑空间 X 上的每条道路都同伦于点道路. 而在道路连通空间中, 对于任意两条点道路 e_1 与 e_2, 不妨设 $e_1(x)\equiv a, e_2(x)\equiv b$, 则 a 与 b 之间有道路 $\alpha: I\to X$ 以 a 为起点, b 为终点. 定义映射

$$H: I\times I\to X,\quad H(x,t)=\alpha(t),$$

则 H 即为从 e_1 到 e_2 的伦移. 从而由命题 17.1.1 可知, 道路连通空间的任意两条道路都同伦. 这同时也说明了, 仅仅用道路同伦反映的空间信息实际上是比较有限的. □

定义 17.1.3 设 $A\subset X, f,g\in C(X,Y)$. 如果存在一个从 f 到 g 的伦移 H 使得

$$\text{当 } a\in A \text{ 时, 对任意 } t\in I, \text{ 都有 } H(a,t)=f(a)=g(a).$$

则称 f **和** g **相对于** A **同伦**, 记作 $f\overset{H}{\approx}g(\mathrm{rel}A)$ 或 $H: f\approx g(\mathrm{rel}A)$, 并称 H 是**从** f **到** g **的相对于** A **的同伦**.

从直观上看, 相对于 A 的同伦相当于在伦移过程中, A 部分始终稳定不动, 其他部分才有变动.

例 17.1.9 设 Y 是 $\mathbb{R}^n$ 的凸集, $f,g\in C(X,Y)$. 记 $A=\{x\in X\,|\,f(x)=g(x)\}$. 如果 $A\neq\varnothing$, 则从 f 到 g 的直线同伦

$$H: X\times I\to Y,\quad H(x,t)=(1-t)f(x)+tg(x)$$

满足: 当 $a\in A$ 时, 对任意 $t\in I$, 都有 $H(a,t)=f(a)=g(a)$. 即 $H: f\approx g(\mathrm{rel}A)$. □

下面两个命题是显然的, 证明略去.

命题 17.1.2 取定 $A\subset X$, 则 $C(X,Y)$ 中相对于 A 的同伦关系是一个等价关系. □

命题 17.1.3 设 $f_0\approx f_1: X\to Y(\mathrm{rel}A)$, $g_0\approx g_1: Y\to Z(\mathrm{rel}B)$ 并且 $f_0(A)\subset B$, 则

$$g_0\circ f_0\approx g_1\circ f_1: X\to Z(\mathrm{rel}A). \qquad \square$$

定义 17.1.4 设 α,β 是空间 X 上的任意两条道路. 如果 $H:\alpha\approx\beta\,(\mathrm{rel}\,\{0,1\})$, 则称 H 为从 α 到 β 的**定端同伦**, 记作 $H:\alpha\underset{\bullet}{\approx}\beta$. 此时, 我们常常直接说 α 与 β 定端同伦, 记为 $\alpha\underset{\bullet}{\approx}\beta$.

显然, $\alpha\underset{\bullet}{\approx}\beta$ 的一个必要条件是 $\alpha(0)=\beta(0),\alpha(1)=\beta(1)$, 即 α 与 β 必须有相同的起点和相同的终点. α 到 β 的一个定端同伦是从矩形 $I\times I$ 到 X 的一个连续

映射, 它把矩形 $I\times I$ 的左右两条侧边分别映成 $\alpha(0)$ 与 $\alpha(1)$, 而把上下两底边分别映成 α 和 β 的像, 同时把从左侧边上任意一点到右侧边上任意一点的任意一条连续曲线映射成从 $\alpha(0)$ 到 $\alpha(1)$ 的 “道路”(这里实际上指一条道路的像) (图 17-2).

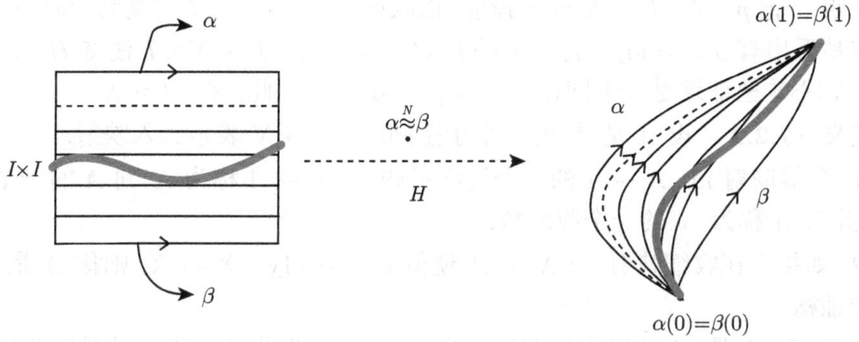

图 17-2

X 的所有道路之间的定端同伦 “$\overset{\bullet}{\approx}$” 关系当然也是一个等价关系. X 的所有道路在 “$\overset{\bullet}{\approx}$” 关系下分成的等价类称为 X 的**道路类**. 而起点与终点重合的道路类则称为**闭路类**. 在具有同一基点的闭路类集合上可以定义基本群, 我们这里不作介绍.

17.2 空间的同伦等价

定义 17.2.1 设 X 和 Y 是两个拓扑空间. 如果存在连续映射 $f:X\to Y$ 和 $g:Y\to X$ 使得

$$g\circ f\approx \mathrm{id}_X:X\to X,\quad 且\quad f\circ g\approx \mathrm{id}_Y:Y\to Y,$$

则称 X 和 Y 是**同伦等价的** (或有**相同的伦型**), 记作 $X\approx Y$. 而映射 f 和 g 则称为**同伦等价 (映射)**. g 称为 f 的**同伦逆**, 反之亦然.

命题 17.2.1 拓扑空间之间的同伦等价是一种等价关系. □

例 17.2.1 同胚的拓扑空间是同伦等价的. 事实上, 若 $f:X\to Y$ 是同胚, 设其逆映射为 $f^{-1}:Y\to X$, 那么 $f^{-1}\circ f=\mathrm{id}_X\approx \mathrm{id}_X, f\circ f^{-1}=\mathrm{id}_Y\approx \mathrm{id}_Y$. 因此 $X\approx Y$. □

例 17.2.2 同伦等价的空间未必同胚. 例如 $\mathbb{R}^1\approx\mathbb{R}^2$, 但 $\mathbb{R}^1\not\cong\mathbb{R}^2$. 我们证明如下. 记

$$r:\mathbb{R}^2\to\mathbb{R}^1,\quad r(x,y)=x,\quad i:\mathbb{R}^1\to\mathbb{R}^2,\quad i(x)=(x,0).$$

则 $r\circ i=\mathrm{id}_{\mathbb{R}^1}:\mathbb{R}^1\to\mathbb{R}^1$; 另一方面, 定义

$$H:\mathbb{R}^2\times I\to\mathbb{R}^2,\quad H((x,y),t)=(x,ty).$$

则不难验证, $H: i \circ r \approx \mathrm{id}_{\mathbb{R}^2}: \mathbb{R}^2 \to \mathbb{R}^2$. 这表明 $\mathbb{R}^1 \approx \mathbb{R}^2$. 但是由于 $\mathbb{R}^1 - \{0\}$ 有两个连通分支, 而 $\mathbb{R}^2$ 无论去掉哪个点都只有一个连通分支, 因此 $\mathbb{R}^1 \not\approx \mathbb{R}^2$. □

例 17.2.3 对任何拓扑空间 X, 都有 $X \times I \approx X$.

证明 记 $p: X \times I \to X$ 表示投射, 而映射 $i: X \to X \times I$ 定义为 $i(x) = (x, 0)$, 则很容易看出有 $p \circ i = \mathrm{id}_X$. 再定义映射 $H: (X \times I) \times I \to X \times I$ 使得 $H(x, s, t) = (x, st)$, 则不难验证这是一个同伦 $H: i \circ p \approx \mathrm{id}_{X \times I}$. 因此, $X \times I \approx X$. □

定义 17.2.2 设 A 是 X 的一个子空间, $i: A \to X$ 表示含入映射.

(1) 恒等映射 $\mathrm{id}: A \to A$ 的一个连续扩张 $r: X \to A$ 称为 X 到 A 的一个收缩映射, 此时 A 称为 X 的一个收缩核.

(2) 如果存在收缩映射 $r: X \to A$ 使得 $i \circ r \approx \mathrm{id}_X: X \to X$, 则称 A 是 X 的**形变收缩核**.

显然, 若 A 是 X 的形变收缩核, 则 $A \approx X$, 因为此时 i 和 r 就是互为同伦逆的同伦等价.

设 A 是 X 的形变收缩核, $H: X \times I \to X$ 是从 id_X 到 $i \circ r$ 的一个伦移, 则

(1) 对任意 $x \in X$, $H(x, 0) = \mathrm{id}_X(x) = x$;

(2) 对任意 $x \in X$, $H(x, 1) = i \circ r(x) \in A$;

(3) 对任意 $a \in A$, $H(a, 1) = a$.

一般地, 设 A 是 X 的子空间, 一个连续映射 $H: X \times I \to X$, 若满足以上三个条件, 就称 H 是从 X 到 A 的一个**形变收缩**. 若形变收缩的条件 (3) 加强为

(3′) 对任意的 $a \in A$ 及 $t \in I$, $H(a, t) = a$,

则形变收缩 H 称为**强形变收缩**. 此时 A 也称为 X 的**强形变收缩核**. 显然此时有 $H: \mathrm{id}_X \approx i \circ r(\mathrm{rel} A)$. 也就是说, 这是一个在形变过程中保持 A 中的点不动的形变收缩.

命题 17.2.2 设 A 是 X 的子集, 则 A 是 X 的收缩核的充分必要条件是对任一空间 Y, 每个连续映射 $f: A \to Y$ 都能够扩张成连续映射 $f: X \to Y$.

证明 若 A 是 X 的收缩核, 则有收缩映射 $r: X \to A$, 从而对任一拓扑空间 Y, 以及任一连续映射 $f: A \to Y$, 映射 $f \circ r: X \to Y$ 是连续的, 且显然是 $f: A \to Y$ 的扩张.

反过来, 若对任一空间 Y, 每个连续映射 $f: A \to Y$ 都能够扩张成连续映射 $f: X \to Y$. 则对 X 的子空间 A 以及恒等映射 $\mathrm{id}: A \to A$, 也可以扩张成连续映射 $r: X \to A$. 这个 $r: X \to A$ 显然就是收缩映射, 因此 A 是 X 的收缩核. □

例 17.2.4 S^2 是 $\mathbb{R}^3 - \{0\}$ 的强形变收缩核. 因为

$$r: \mathbb{R}^3 - \{0\} \to S^2, \quad r(x) = \frac{x}{\|x\|} \quad (x \in \mathbb{R}^3 - \{0\})$$

就是对应的一个收缩映射. 更一般地, S^n 是 $\mathbb{R}^{n+1}-\{0\}$ 的强形变收缩核. 因为

$$r:\mathbb{R}^{n+1}-\{0\}\to S^n,\quad r(x)=\frac{x}{\|x\|}\quad \left(x\in\mathbb{R}^{n+1}-\{0\}\right)$$

就是对应的一个收缩映射, 对应的强形变收缩可定义为

$$H:(\mathbb{R}^n-\{0\})\times I\to\mathbb{R}^n-\{0\},\quad H(x,t)=(1-t)x+t\frac{x}{\|x\|}.$$

同时, D^n 也是 $\mathbb{R}^n$ 的强形变收缩核. 因为由粘接引理, 容易看出

$$r:\mathbb{R}^n\to D^n,\quad r(x)=\begin{cases}\dfrac{x}{\|x\|}, & \|x\|\geqslant 1,\\ x, & \|x\|<1\end{cases}$$

就是对应的一个收缩映射, 强形变收缩可定义为

$$G:\mathbb{R}^n\times I\to D^n,\quad G(x,t)=(1-t)x+t\cdot r(x),$$

如图 17-3(a) 所示. □

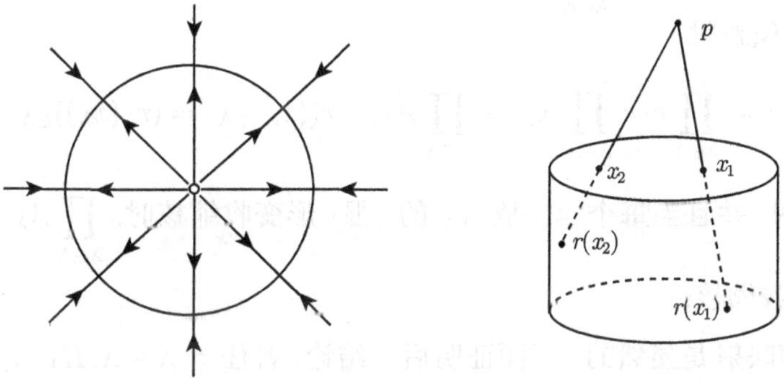

(a) (b)

图 17-3

例 17.2.5 $D^n\times\{0\}\cup S^{n-1}\times I$ 是 $D^n\times I$ 的强形变收缩核.

注意到 $D^n\times I$ 可看作 $\mathbb{R}^{n+1}$ 的一个子集

$$D^n\times I=\left\{(x_1,x_2,\cdots,x_n,x_{n+1})\,\middle|\,\sum_{i=1}^n x_i^2\leqslant 1\text{ 且 }x_{n+1}\in I\right\},$$

这是一个凸集. 由于凸集上的任意两个映射都是同伦的, 因此只需给出从 $D^n\times I$ 到 $D^n\times\{0\}\cup S^{n-1}\times I$ 的一个收缩映射即可. 为此, 取点 $P=(0,\cdots,0,2)\in\mathbb{R}^{n+1}$, 并以它为中心作中心投射 r, 将 $D^n\times I$ 上各点映射到 $D^n\times\{0\}\cup S^{n-1}\times I$ 上. 也

即对任一 $x \in D^n \times I, r(x)$ 是连接 x 和 P 的直线与 $D^n \times \{0\} \cup S^{n-1} \times I$ 的交点. 则 r 是一个收缩映射. 如图 17-3(b) 所示, r 把整段虚线映为同一个点. 具体写出来, 收缩映射就是

$$r: D^n \times I \to D^n \times \{0\} \cup S^{n-1} \times I, \quad r(x,t) = \begin{cases} \left(\dfrac{x}{\|x\|}, 2 - \dfrac{2-t}{\|x\|}\right), & \|x\| \geqslant \dfrac{2-t}{2}, \\ \left(\dfrac{2x}{2-t}, 0\right), & \|x\| < \dfrac{2-t}{2}, \end{cases}$$

而对应的强形变收缩 $H: (D^n \times I) \times I \to D^n \times I$ 则定义为

$$H((x,t),s) = \begin{cases} (1-s)(x,t) + s\left(\dfrac{x}{\|x\|}, 2 - \dfrac{2-t}{\|x\|}\right), & \|x\| \geqslant \dfrac{2-t}{2}, \\ (1-s)(x,t) + s\left(\dfrac{2x}{2-t}, 0\right), & \|x\| < \dfrac{2-t}{2}. \end{cases}$$

直观地, 如果把 I 看成一个小时的时间, 则形变收缩的过程就是每个点 $(x,t) \in D^n \times I$ 从该点出发在一个小时里沿直线方向匀速地走到 $r(x,t)$. □

例 17.2.6 设 $X = \prod\limits_{\lambda \in \Lambda} X_\lambda$ 为任一积空间, 对任一 $\lambda \in \Lambda, r_\lambda : X_\lambda \to A_\lambda$ 都是收缩映射, 则积映射

$$r = \prod_{\lambda \in \Lambda} r_\lambda : \prod_{\lambda \in \Lambda} X_\lambda \to \prod_{\lambda \in \Lambda} A_\lambda, \quad r((x_\lambda)_{\in\Lambda}) = (r_\lambda(x_\lambda))_{\in\Lambda}$$

也是收缩映射, 并且当每个 A_λ 是 X_λ 的 (强) 形变收缩核时, $\prod\limits_{\lambda \in \Lambda} A_\lambda$ 也是 $\prod\limits_{\lambda \in \Lambda} X_\lambda$ 的 (强) 形变收缩核.

r 是收缩映射是显然的. 下面证明后一结论. 若任一 $\lambda \in \Lambda, H_\lambda : i_\lambda \circ r_\lambda \approx \mathrm{id}_{X_\lambda}$ 都是 (强) 形变收缩映射 (其中 $i_\lambda : A_\lambda \to X_\lambda$ 表示含入映射), 则容易验证, 映射

$$H: \left(\prod_{\lambda \in \Lambda} X_\lambda\right) \times I \to \prod_{\lambda \in \Lambda} X_\lambda, \quad H((x_\lambda)_{\lambda \in \Lambda}, t) = (H(x_\lambda, t))_{\lambda \in \Lambda}$$

就是从 $i \circ r$ 到 id_X 的 (强) 形变收缩.

特别地, 若把积空间 $X \times I$ 的子集 $X_s = X \times \{s\}$ 称为其 s-切片, 由于 I 可以强形变收缩到单点集 $\{s\}$, 因此每个 s-切片都是 $X \times I$ 的强形变收缩核. □

例 17.2.7 图 17-4 中三个图显示的均为挖去两个点的平面的形变收缩核, 所需形变收缩映射可按箭头所示方向结合粘接引理给出. 因此它们之间相互同伦等价. 但应注意, 它们并不互相同胚. □

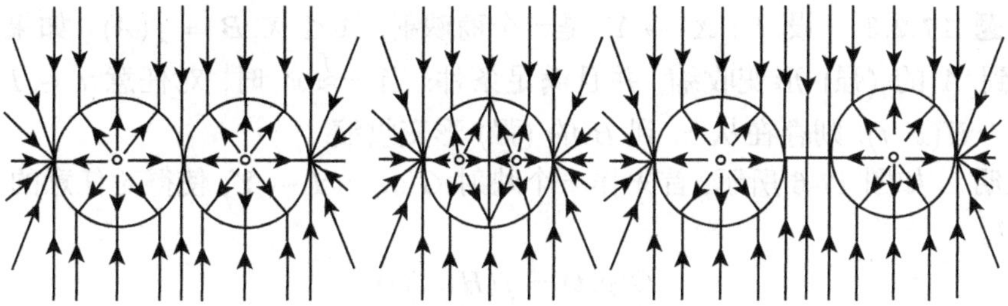

图 17-4

例 17.2.8 拓扑锥 CX 以锥顶为强形变收缩核.

设 $p: X\times I\to CX$ 是粘合映射, 其中 $CX = X\times I/X\times\{1\}$. 作 $X\times I$ 到 $X\times\{1\}$ 的强形变收缩

$$H:(X\times I)\times I\to X\times I,\quad H(x,t,s)=(x,(1-s)t+s).$$

于是由后面的命题 17.2.3 可知, H 诱导一个从 CX 到锥顶 $p(X\times\{1\})$ 的强形变收缩. □

例 17.2.9 设 X 是 $\mathbb{R}^2$ 的**篦形子集** $X=\{(x,y)|x$ 是有理数, 或者 $y=0\}$. 而 X 的子集 A 就是 Y 轴. 定义 X 到 A 的形变收缩 $H: X\times I\to A$ 为 (其连续性由粘接引理保证)

$$H((x,y),t)=\begin{cases}(x,(1-3t)y), & 0\leqslant t<\dfrac{1}{3},\\ ((2-3t)x,0), & \dfrac{1}{3}\leqslant t<\dfrac{2}{3},\\ (0,(3t-2)y), & \dfrac{2}{3}\leqslant t\leqslant 1,\end{cases}\qquad \forall (x,y)\in X,\forall t\in I.$$

这个形变收缩是这样实现的: 把一个小时分成三等份, 最初三分之一个小时让点沿平行于 y 轴方向匀速地走到 x 轴上; 中间三分之一小时让点沿着 x 轴匀速地走到原点; 最后三分之一小时让点沿着 y 轴匀速地走到与原先同一高度的地方. 因此 A 是 X 的形变收缩核. 不过, 这一形变收缩并不是强形变收缩. 实际上, 不存在从 X 到 A 的强形变收缩 (想想为什么?), 因此 A 不是 X 的强形变收缩核 (图 17-5). □

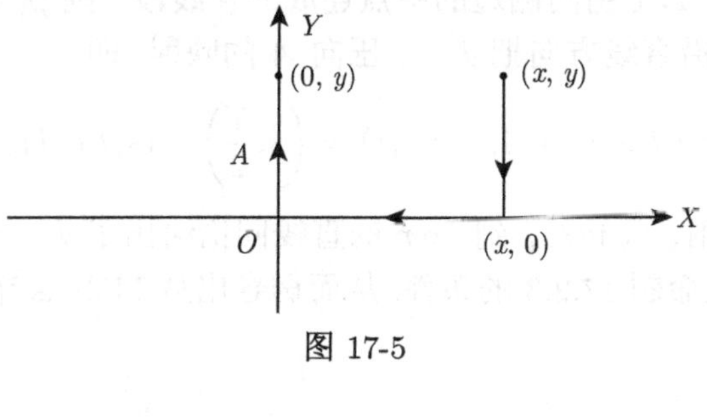

图 17-5

命题 17.2.3　设 $f: X \to Y$ 是一个商映射, $A \subset X, B = f(A)$. 如果 H 是从 X 到 A 的 (强) 形变收缩, 并且满足条件: 当 $x \overset{f}{\approx} x'$ 时, 对任意 $t \in I$, 都有 $H(x,t) \overset{f}{\approx} H(x',t)$. 则存在从 Y 到 B 的 (强) 形变收缩.

证明　如图 17-6 所示, 首先作一个映射 $G: Y \times I \to Y$, 使得对任意的 $y \in Y$ 及 $t \in I$,

$$G(y,t) = f(H(x,t)),$$

其中 $x \in f^{-1}(y)$. 由 H 所满足的条件可知, G 是一个确定的映射, 并且满足 $G \circ (f \times \mathrm{id}_I) = f \circ H$. 由 Whitehead 定理可知, $f \times \mathrm{id}_I : X \times I \to Y \times I$ 也是一个商映射. 又由于 $f \circ H$ 连续, 故由定理 15.2.1 知, G 也是连续映射.

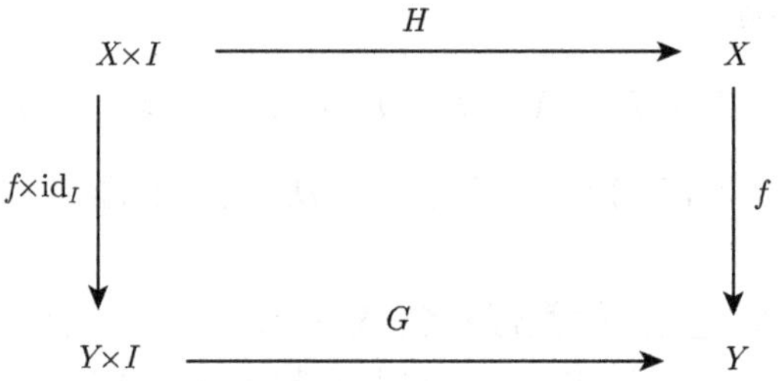

图 17-6

对于任一 $y \in Y$, 任取 $x \in f^{-1}(y)$, 则验算可知

$$G(y,0) = f(H(x,0)) = f(x) = y; \quad G(y,1) = f(H(x,1)) \in f(A) = B.$$

又对于任一 $b \in B$, 选取一个 A 中的点 a 使得 $f(a) = b$. 则 $G(b,1) = f(H(a,1)) = f(a) = b$. 因此 G 是 Y 到 B 的形变收缩. 此外, 如果 H 是强形变收缩, 则对任意 $t \in I$, 有

$$G(b,t) = f(H(a,t)) = f(a) = b.$$

可见 G 也是 Y 到 B 的强形变收缩. □

例 17.2.10　Möbius 带以其腰圆为强形变收缩核.

记 M 为 Möbius 带. 它由 $I \times I$ 粘合两侧边而得. 记 $p: I \times I \to M$ 为对应的粘合映射. A 为 $I \times I$ 上由两侧边的中点连成的直线段. 则 $p(A)$ 即为 M 的腰圆. 记 $r: I \times I \to A$ 是沿直线方向把 $I \times I$ 压向 A 的映射, 即

$$r: I \times I \to A, \quad r(s,t) = \left(s, \frac{1}{2}\right) \quad (s, t \in I),$$

则 r 是一个收缩映射, 从 $\mathrm{id}_{I \times I}$ 到 $i \circ r$ 的直线同伦给出了从 $I \times I$ 到 A 的一个强形变收缩, 并且满足命题 17.2.3 的条件. 从而诱导出从 Möbius 带 M 到其腰圆的强形变收缩. □

17.3 可缩空间

定义 17.3.1 与单点空间同伦等价的拓扑空间称为**可缩空间** (contractible space).

可缩空间是伦型最简单的一类空间. 由于可缩空间与道路连通的单点空间同伦等价, 因此是道路连通的.

命题 17.3.1 如果 X 是可缩空间. 则对任一 $x \in X$, $\{x\}$ 都是 X 的形变收缩核.

证明 记 $r : X \to \{x\}$, 显然它是个收缩映射. 由于 X 是可缩空间, 因而 r 是同伦等价. 又由于 X 是道路连通的, 故从 $\{x\}$ 到 X 的映射类只有一个. 由此可见, 每一个映射 $f : \{x\} \to X$ 都是 r 的同伦逆. 特别地, 含入映射 $i : \{x\} \to X$ 也是 r 的同伦逆. 即有 $i \circ r \approx \mathrm{id}_X$. 因此 $\{x\}$ 是 X 的形变收缩核. □

例 17.3.1 (1) 显然, $\mathbb{R}^n$ 中的凸集都是可缩空间. 特别地, $\mathbb{R}^n$ 是可缩空间;

(2) 对于任何拓扑空间 X, 由于锥顶是拓扑锥 CX 的强形变收缩核, 因此拓扑锥 CX 都是可缩空间;

(3) 例 17.2.9 中的篦形子集 $X = \{(x, y) \mid x$ 是有理数, 或者 $y = 0\}$ 也是可缩的, 因为

$$H : X \times I \to X, \quad H((x,y),t) = \begin{cases} (x, (1-2t)y), & 0 \leqslant t < \dfrac{1}{2}, \\ ((2-2t)x, 0), & \dfrac{1}{2} \leqslant t \leqslant 1 \end{cases}$$

就是强形变收缩, 因此 X 可形变收缩到原点 O. □

例 17.3.2 图 17-7 所示的空间 X 是一个可缩空间.

它是这样构成的: 一个带上下底的圆桶用一截面隔成上、下两室, 每一室再在另一室中开一个出口 (用与圆桶壁相切的小圆柱面做成). 它可以看成一个圆柱体的形变收缩核. 设想从圆柱体的上底面沿出口伸入一个手指, 把下室挤压到桶壁上去; 又从下底面伸入一个手指, 把上室挤压到桶壁上去. 这样即可得空间 X. 既然与圆柱体同伦等价, 而圆柱体是可缩的, 当然 X 也是可缩的. □

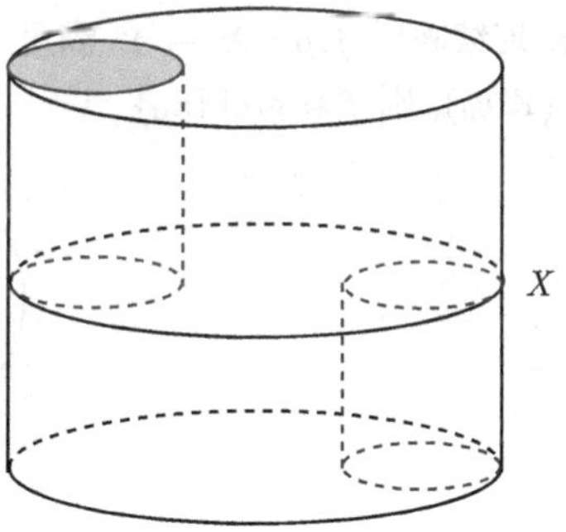

图 17-7

例 17.3.3 三角形的三条边按如图 17-8(a) 所示的那样进行粘接, 得到所谓的“蜷帽”, 记作 Q, 则 Q 也是可缩空间. 实际上, Q 也可以看成一个圆锥体的侧面粘合底边与一条母线而得的商空间 (图 17-8(b)). 现在作圆锥体的商空间 S, 它是把

圆锥体的底面圆周与一条母线粘合而得的商空间 (图 17-8(c)). 由于圆锥体的侧面是圆锥体的强形变收缩核, 因而 Q 是 S 的强形变收缩核. 由于 S 可强形变收缩为图 17-8(d) 中的图形, 而后者实际上是一个圆盘, 显然是可缩的. 因此 S 是可缩的. 从而 Q 也是可缩的. □

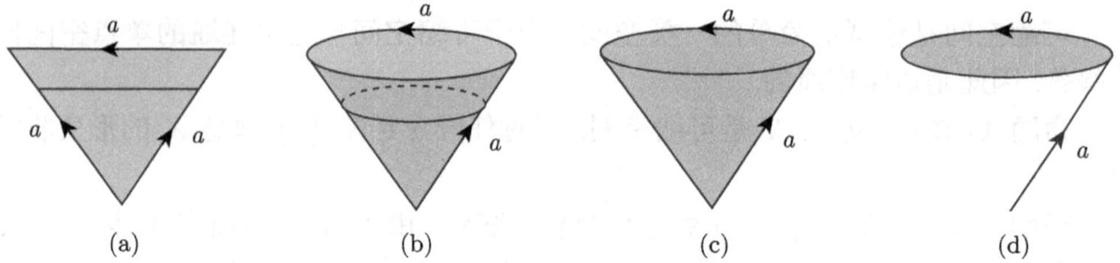

图 17-8

习　　题

17.1　对任意拓扑空间 X 和 Y, 两个常值映射 $f,g:X\to Y$ 同伦当且仅当像点 $f(X)$ 与 $g(X)$ 位于同一道路分支.

17.2　证明定理 17.1.2.

17.3　环面 T^2 去掉一点后, 以一个经圆和一个纬圆的一点并为强形变收缩核. 类似地, 任何一个闭曲面 Σ 去掉一点后, 可强形变收缩为曲面上的一个圆周束 (即两两相交于同一点的一组圆周的并集) $\bigvee\limits_{i=1}^{k} S_i^1$, 其中 $k=\begin{cases} 2n, & \Sigma=nT^2, \\ m, & \Sigma=mP^2. \end{cases}$

17.4*　设 X 由两个相切的圆周构成 (图 17-9), 切点记为 x_0. Y 是一个给定的拓扑空间, 连续映射 $f,g:X\to Y$ 满足 $f(x_0)=g(x_0)=y_0$. 试证明: 如果 $f_\pi=g_\pi:\pi_1(X,x_0)\to\pi_1(Y,y_0)$, 则 $f\approx g\,\mathrm{rel}\,\{x_0\}$.

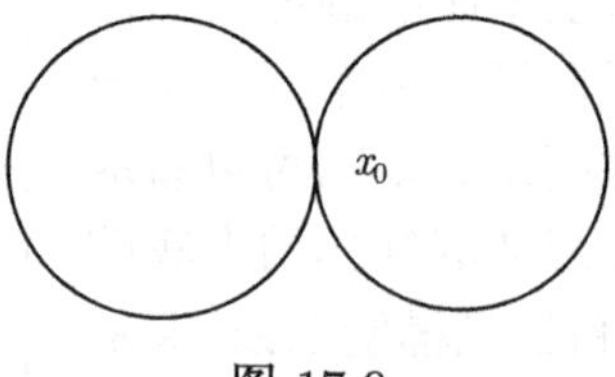

图 17-9

17.5　证明: 映射 $f:X\to Y$ 是零伦的当且仅当对每个空间 Z, 诱导映射 $f^*:[Y,Z]\to[X,Z]$ 满足: 对每一 $\varphi\in Z^Y$, $f^*([\varphi])$ 都是零伦的.

17.6　设 $\varphi:X\to Y$ 是连续映射, 证明: 对每个空间 Z, $\varphi^*:[Y,Z]\to[X,Z]$ 都是满射当且仅当存在一个连续映射 $\psi:Y\to X$ 使得 $\psi\circ\varphi=\mathrm{id}_X$.

17.7　设 $\varphi:X\to Y$ 是连续映射, 证明: 对每个空间 Z, $\varphi^*:[Y,Z]\to[X,Z]$ 都是单射当

且仅当存在一个连续映射 $\rho: Y \to X$ 使得 $\varphi \circ \rho = \mathrm{id}_Y$.

17.8　设 $A \subset B \subset X$, 假设 A 是 B 是收缩核, 且 B 是 X 是收缩核, 则 A 是 X 是收缩核.

17.9　设 $A \subset X$ 是 X 是收缩核, 则当函数空间带紧开拓扑时, 对任何空间 Y, B^Y 是 X^Y 是收缩核.

17.10　设 X 是局部紧的, 证明: Y 是 AR(normal) 当且仅当 Y^X 是 AR (normal).

17.11　设 $f, g: S^n \to X$ 是两个同伦的映射, 且 $\varPhi: f \approx g$. 令 $s_0 \in S^n$ 为任意一点, $\beta: I \to X, \beta(t) = \varPhi(s_0, t)$, 称为 s_0 的迹道路. 设 $\alpha: I \to X$ 是 X 中的另外一条道路, 使得 $\alpha \approx \beta$. 证明: f 与 g 可以以这样一种方式同伦, 其在伦移过程中, s_0 的迹道路恰好是 α.

17.12　设 $f, g: S^n \to X$ 是任意两个映射, $\alpha: I \to X$ 是一条道路, 满足 $\alpha(0) = f(0), \alpha(1) = g(0)$. 证明: f 与 g 可以以这样一种方式同伦, 其在伦移过程中, 原点 O 的迹道路恰好是 α.

17.13　设 A 是 X 是强形变收缩核, 证明: 对每个空间 Y 及每个连续映射 $f: A \to Y$, 子空间 Y 是贴空间 $X \cup_f Y$ 的形变收缩核.

17.14　令 $i: A \to X$ 表示含入映射, 则 $A \times \{1\}$ 是 $(X \times \{0\}) \cup (A \times I)$ 的收缩核当且仅当存在一个满射 $r: X \to A$ 使得 $r \circ i \approx \mathrm{id}_A$.

参 考 文 献

Arkhangel′skii A V, Ponomarev V I. 1983. Fundamentals of General Topology: Problems and Exercises[M]. Dordrecht: D. Reidel Publishing Company.

Armstrong M A. 2004. 基础拓扑学 [M]. 孙以丰, 译. 北京：北京大学出版社.

Dugundji J. 1966. Topology[M]. Boston: Allyn and Bacon.

Engelking R. 1977. General Topology[M]. Watszawa: Polish Scientific Publishers.

Kunen K, Vaughan J E. 1984. Handbook of Set-theoretic Topology[M]. Amsterdam: Elsevier Science Publishers.

Munkres J R. 2006. 拓扑学 [M]. 熊金城, 吕杰, 谭枫, 译. 北京：机械工业出版社.

Nagata J. 1985. Modern General Topology[M]. Amsterdam: Elsevier Science Publishers.

江辉有. 2013. 拓扑学 [M]. 北京：机械工业出版社.

江辉有. 2016. 拓扑学精选习题详解 [M]. 北京：机械工业出版社.

梁基华, 蒋继光. 2006. 拓扑学基础 [M]. 北京：高等教育出版社.

蒲保明, 蒋继光, 胡淑礼. 1985. 拓扑学 [M]. 北京：高等教育出版社.

尤承业. 1997. 基础拓扑学讲义 [M]. 北京：北京大学出版社.

索　　引

T

W

X

Y

Z

其他